U0504513

知识产权法
研究丛书

知识产权运营风险专论

发展权视角

张冬 著

商務印書館
创于1897
The Commercial Press

图书在版编目(CIP)数据

知识产权运营风险专论:发展权视角/张冬著.—北京:
商务印书馆,2022(2023.9 重印)
(知识产权法研究丛书)
ISBN 978-7-100-20929-8

Ⅰ.①知… Ⅱ.①张… Ⅲ.①知识产权—研究—
中国 Ⅳ.①D923.404

中国版本图书馆 CIP 数据核字(2022)第 044052 号

**本书由国家社科基金《知识产权商业化运营风险控制视阈下的
发展权研究》项目经费资助出版**

知识产权法研究丛书
知识产权运营风险专论
——发展权视角
张 冬 著

商 务 印 书 馆 出 版
(北京王府井大街36号 邮政编码100710)
商 务 印 书 馆 发 行
北京捷迅佳彩印刷有限公司印刷
ISBN 978-7-100-20929-8

2022 年 8 月第 1 版 开本 880×1230 1/32
2023 年 9 月北京第 2 次印刷 印张 13⅜
定价:88.00 元

前　言

　　《知识产权强国建设纲要(2021—2035年)》提出了构建知识产权运营服务体系的建设目标。有关知识产权运营中国化的研究，正方兴未艾；而中美贸易谈判引发的持久性科技战推动知识产权运营越发国际化和时政化，其进一步提升了知识产权的社会功能。高质量运营的体系化建设进程中，知识产权促进可持续创新发展的本质不会改变，而发展权理念下知识产权对私权利与社会公共利益平衡保护的问题将更显突出。

　　研究发现，在创设适合我国本土的知识产权运营框架方案时，发展权理念需要贯彻于知识产权运营的全过程，可以考虑从知识产权运营的权属识别到转让许可买卖等交易风险，从知识产权运营侵权到资本化，从国防专利运营的特殊性到我国知识产权运营的基本框架，全面设计我国知识产权运营风险防控的架构。诚然，知识产权中的私权获取并不是该制度创设的最终目的，以运用促发展，才是我国知识产权强国建设的新常态。

一、基于发展权的知识产权运营风险问题的提出与研究价值

　　所谓知识产权运营，是指对智慧成果从研发、使用、推广、交易到冲突解决进程中主动的经营行为，以规避风险、提升知识产权

价值及实现智慧成果综合效益的一系列动态的长期的行为过程。最基本的，它由专利运营、著作权运营和商标运营三部分构成。

中美贸易谈判实为以知识产权为利器的科技战过程，当下正是我国基于发展权理论强化知识产权运营的历史时期，任重道远。其实，这一点早在思科诉华为案和近年来的中德高铁声屏障专利案中就已经看得出来了。伴随科技战的国际化并常态化，我国知识产权保护的立法、执法呈现越来越严格的趋势。检索发现，知识产权运营在西方学术研究中风生水起，但是热中偏冷的，以过高的知识产权保护为目的实施知识产权运营，其潜在的阻碍发展中国家再创新、构成滥用及至垄断的风险问题，西方学者鲜有涉足。相比之下，我国社会学、法学学者关注了知识产权可持续发展的宏观问题，然而对知识产权运营风险阻碍本土再创新的发展权问题之系列研究尚待体系化。

对此，本书根植于发展权理念，通过对国内外现行知识产权法律制度、理论社会学及产业经济学对知识产权创新运用机制建设的可容性证成及国情比较，希望能为我国知识产权运营风险防控综合配套方案的构建，提供有实用价值的参考。

二、知识产权运营风险研究的主要内容和结构

本书共分为八章，从基础理论和现状调研，到权属、交易、侵权、资本化的一般法律风险和国防专利风险识别，再到知识产权运营风险控制中国化的整体框架与综合方案，渐次推进。首章是知识产权运营与发展权的基本理论，包括专利、商标、著作权运营的基本内涵和框架，以及基于发展权理念的知识产权运营之基本理论根据。理论根据是从知识产权运营风险控制问题溯源、利益平衡等理论基

石、创新激励原则这一产业航标、基于知识产权合理运营的发展权本质和我国相关法律规定五个层面予以梳理。第二章是知识产权运营发展报告，其中在专利运营的模式和示范中，归纳出国内外专利运营风险的代表性分类、表现形式和调研例证；在著作权运营的范围和立法比较里，探究了数字著作权运营的权利扩张、著作权运营风险的表现类型及国内外数字著作权运营的立法比较；在商标运营的模式和立法现状上，摸索了商标运营模式和国内外创造评估和交易保护阶段的立法现状；在此基础上，详细检讨了我国知识产权运营的内生、外生和后发风险，尤其对后发风险的混淆、间接侵权、限制竞争及美国 337 调查问题作了生动的剖析和例证。

第三、四、五、六章，分别详述了知识产权运营的权属、交易、侵权和资本化风险问题。其中在权属风险中，专利运营归属风险的一般识别和云计算为代表的特殊识别标准各异，著作权权属的判定原则及方法有待明晰，商标运营权属风险的三大根源不容忽视；在知识产权运营的交易风险上，专利转让、许可风险，以及著作权交易的立法、管理和技术层面法律风险尤为严重；在知识产权运营的侵权风险中，深挖了专利运营滥用和侵权风险的认定及司法实践，明晰了著作权运营侵权行为的构成要件、表现形式、归责原则和认定程序，探究了网络商标运营侵权的构成要件和侵权认定的博弈本质；在专利运营资本化过程中，应当对专利出资、质押、融资和证券化提高风险的认识和识别能力。

进而，第七章专门论述了国防知识产权运营的特殊性。在军民融合的专利权属问题上，探索性地对国内外军民融合专利运营的普遍性、特殊性和我国军民融合战略中专利运营的基本问题进行了系统阐述。军民融合战略下民参军提出了激发企业参军积极性的新要求，企业专利参军后产生的利益变动表明参军转化后的新专利不可机械套用旧的国防专利制度。基于民参军中企业专利转变的性质和其引发的权属争议，应当紧密结合民参军提出的新要求，防范企业参军热情减退的风险。合理的专利补偿制度正成为提升民参军对国防建设的贡献度和影响力的必要手段。

最后，建设性地提出了基于发展权理念的知识产权运营风险防控基本框架和综合配套方案。从梳理前面详述的发展权理念下知识产权运营风险本身的认定入手，明晰风险识别的基本路径，提炼风险防控的基本框架。最后，探索性地设计出框架落地的综合配套方案，包括立法、司法、企业科研院所和政府四个层面。

三、知识产权运营风险研究中的"发展权问题"和创新点

我国知识产权运营的基石是发展权理念。发展权与知识产权既有差异，又有交融之处，知识产权运营中的发展权理念不是为了限制权利人或义务人任何一方的利益，而是始终恪守公平合理的利益平衡。知识产权运营中的发展权可以以知识产权的立法本意、法益优先保护原则和利益平衡原则、权利限制理论作为理论依据。该权利是指权利主体能合法受益于智慧成果，并能依法利用知识产权实现自身发展需求的权利。这一权利不受地域、种族、性别和年龄等因素的限制，并且具有永续性和不可剥夺性，贯穿权利主体从诞生到消逝的整个生命周期。该权利的主体和客体是利益受到知识产权制度影响的各方，主体和客体具有相对性，在一定条件下可以互相转化。个人、集体、民族和国家都可以享有这一权利，发展中国家和发达国家、知识产权权利人和其对应的义务人都可能享有这

一权利。

知识产权运营中的发展权宗旨是共同发展、平等发展和持续发展，使社会能共享智慧成果产生的收益，保护文化传播和再创新不受阻碍，促进权利人和社会公众的利益平衡，使所有人能平等地使用智慧成果，以实现智慧成果的最优化配置。相应地，知识产权运营中的发展权之目标应当是改变全球范围内知识产权占有和发展的不平衡、不充分的现状，创建知识产权共同体，促进全球范围内智慧成果的传播和发展。所以，这一权利之核心是实现两种利益的平衡：权利人与社会公众的利益平衡，发达国家与发展中国家的利益平衡。

（一）基于发展权理念的知识产权运营基本特征

发展权理念下的知识产权运营，应当自始至终贯穿知识产权的整个建设过程，包括战略规划、权属界定、交易流通、投资融资、中介服务和争议解决等。研究发现，基于发展权的知识产权运营呈现出四大基本特征：第一，追求经济和文化等多方面的综合效益和注重整体效应。知识产权运营是一个复杂的行为，关联诸多环节，涉及各方主体。可以用"木桶效应"分析知识产权运营，一个木桶的容水量取决于最短的那块木板，类比到知识产权运营中，各运营主体就是木板，产生的经济效益就是木桶内盛的水，运营成果取决于各主体的密切协作程度。然目前在我国知识产权市场中，知识产权运营主体相对分散，彼此之间因缺少能够进行商业沟通的信任机制而落入谈判失败、错失良机的困境。

第二，知识产权运营具有极强的战略性。知识产权运营已从个体的逐利行为，上升到国家间综合国力竞争的高度，战略意义重大。知识产权运营的焦点是未来收益，需要长期的运营、持续的投入和敏锐的眼光。外商从 1999 年开始在中国大陆大量部署专利，其中，美国、日本、欧洲国家、韩国在中国大陆的专利部署最为活跃。当前频频发生在中国的外商与本土企业的专利战并非"一日之寒"，而是外商当年"放长线"如今"钓大鱼"的必然结果。目前我国企业尚缺乏专利布局意识，被动选择"坐吃山空"，封闭经营。在传统的商业战略中，专利权仅仅作为企业排除竞争对手、保护自身利益的一种合法手段。尤其是在封闭式创新环境下，专利战略大多是企业一体化管理的防御性策略。

第三，知识产权运营过程中的法律风险防控至关重要。法律风险贯穿于知识产权运营始终，需要时刻警惕，且这种风险多处于潜藏状态，一旦发生往往造成巨大损失，运营主体必须有较强的风险意识。然而，目前我国企业在知识产权国际化运营过程中，因缺乏法律风险防控意识而损失惨重的案例时有发生。

第四，运营主体需要具备多学科的复合能力。知识产权运营涉及法律、经济管理和行政管理等多个学科，兼有争议解决和风险预警等能力的复合型人才方能应对。《国家知识产权战略纲要》出台之后，我国出现了一批知识产权学院与知识产权人才培训机构，但目前我国知识产权运营仍面临人才短缺、良莠不齐的状况。一方面，大量机构的设置使得人员分散、资源浪费；另一方面，因缺乏统一的培训标准使人才供应与市场需求之间存在隔阂。

（二）知识产权运营风险防范体系的建设框架

我国基于发展权理念的知识产权运营实质应当是充分发挥智慧成果的综合效益，实现效益最大化，促进知识产权运营中国化的发展。进而，知识产权运营的具体原则可以概括为理性运营和市场主导。企业在进行知识产权运营时，要合理兼顾社会公众和同行业其他经营者的正当利益。市场是配置资源的最佳手段，根据市场反馈来规划运营，同时辅以行政等必要的手段，才能充分实现智慧成果的价值。框架设计要素主要有四：

首先，著作权运营基本框架的建设，应当首先考虑健全合理使用制度。根据发展权理论，实现知识产权合理运营就是针对利益冲突，切入点就是在权利人与社会公众之间划定一个合理使用制度的边界，以此保证双方对智慧成果的充分使用。数字时代，权利人对于智慧成果的控制已经从传统模式深入到网络模式，社会公众的合理使用空间正受到越来越多的限制，审慎扩大合理使用范围已确有必要，包括增加戏仿例外、远程教育例外和视障人士使用例外等。

其次，商标权运营基本框架的建设，可以适当调整保护天平。例如，重构驰名商标法律保护机制、强化对未注册在后商标使用者的并存式保护。

再次，专利权运营基本框架的建设，重点在于探寻利益平衡点。专利领域中的权利滥用行为实质上是权利人过于追求自身利益导致的，应加快对我国专利滥用规制体系的建设，为权利人和公众找到合理的利益平衡点，包括规范专利侵权诉讼行为和合理解决民生专利与公众需求之间的冲突。

最后，知识产权的合理运营离不开竞争法对相关滥用的规制。数字时代，加强经济法领域中竞争法对知识产权滥用的规制，更是知识产权运营健康发展的有力保障。需要从反不正当竞争法和反垄断法两个方面着手，重点涉及对损害赔偿额的调整，也须注意私力救济作用的充分发挥。

诚然，我国知识产权运营框架体系尚处在初创阶段，备受关注的国家知识产权运营服务体系建设方兴未艾。在知识产权运营生态圈中,发展是目的,鼓励可持续创新是核心,跨学科跨部门的多元共建更是大势所趋。

本书的酝酿与写作历时四年,其间得到了恩师、同仁、学生及家人的鼎力支持,在此特致谢忱。本书的出版尤其得益于商务印书馆编辑的辛勤付出。出版之后,笔者本人真诚欢迎国内外同仁对本书尚存的疏漏及错误给予批评指正。坚信本书的基础性研究,能够为知识产权学界、科技产业界和法务界深究知识产权运营问题提供些许有价值的参考。

张冬

2022 年立春

目　录

第一章　知识产权运营的基本理论

第一节　相关内涵和本质问题

法学家埃德加·博登海默称,概念是解决法律问题的必要工具。[①] 要清楚且理性地对"知识产权运营"进行分析,明晰内涵外延及其法律特征,是探究运营风险防控的前提。所谓知识产权运营是指对智慧成果从研发、使用、推广、交易到冲突解决进程中主动的经营行为,以规避风险、提升知识产权价值及实现智慧成果综合效益的一系列动态长期的行为过程。最基本的,它由专利运营、著作权运营和商标运营三部分构成。

一、专利运营的内涵和特征

(一)问题的提出:从发展权理念到专利运营说开去

发展权(The right to development)这一概念最初是由发展中国家提出的,《发展权利宣言》的通过标志着发展权作为一项人权为国际社会所公认。而发达国家的部分学者自始就从多个角度提出

---

① 〔美〕E. 博登海默:《法理学:法律哲学与法律方法》,邓正来译,中国政法大学出版社 1999 年版,第 40 页。

了对发展权的质疑。美国学者唐纳利在其《探寻独角兽——发展权的法理和政治》一文中提到发展权的权利义务关系模糊不清，权利主体究竟是个人、集体、国家和少数者中的哪一个或哪几个还未有定论，就算对于主体有了明确的结论，在法律上、道德上和逻辑上也都是说不通的。① 发展权还为专制政权提供了侵权途径，国家可能借助此权利来堂而皇之地侵犯个人人权。美国哥伦比亚大学教授、宪法学家路易斯·亨金也质疑发展权的合理性："发展还盗用人权的名义，把自己与人权连接起来，宣布自己是最年轻的一代人权之一。"②

　　发达国家和发展中国家对于发展权问题的分歧可以归纳为两种观点："基于权利的发展"观和"发展的权利"观。前者为发达国家所主张，本质上仅仅把发展权当作一个工具或手段，并不承认其人权地位。该观点的提出是为了解决南北问题，把发展权视为支援不发达国家或地区的一种措施，将发展援助同食物、水、医疗、住房、教育等基本人权结合起来，并且严格局限在现有的国际人权公约和文件范围来实施。其法哲学根基依旧是古典自然法学派的个人主义人权观。其所欲追求的核心还是公民个人对抗政府意义上的传统人权。这一权利并不是建立在平等互动的沟通模式上的，双方实际上是不平等且难沟通的。③ 发达国家的发展权简单来说就是发展

① Jack Donnelly , In Search of the Unicorn:The Jurisprudence and Politics of the Right to Development,*California Western International Law Journal*, Vol. 15, 1985.

② 〔美〕路易斯·亨金:《权利的时代》,信春鹰、吴玉章、李林译,知识出版社1997年版,第256页。

③ 参见汪习根:《发展权全球法治机制构建的新思路》,《苏州大学学报》(哲学社会科学版)2008年第5期。

援助，而且决定援助的标准也由其掌握。这种发展权是一种狭隘而又难以顺应时代发展的观点。后者则是一种新时代的发展权观点，赋予发展权人权的属性，强调其对于人的生存发展的重要意义。

同时，发达国家和发展中国家对于发展权的主体、发展权的内容和发展权的实现途径也有着不同看法。关于发展权的主体，发达国家认为发展权是一项个人权利；发展中国家则将其视为一项集体权利，享有权利的是国家及其国民。关于发展权的内容，发达国家认为发展权是一种公民政治、经济、社会和文化权利的综合体；发展中国家认为该权利还包括国家在国际方面所享有的权利和义务。关于实现发展权的途径，发达国家侧重于实现民主，保护人权，实行自由市场经济，消除社会腐败和非正义，发挥个人的积极性；发展中国家则认为最主要的是要创造一个有利的国际环境，改变发展中国家在国际经济领域的不利地位，缩小南北差距。[①]

目前，存在着许多阻碍发展权实现的因素。除经贸竞争的游戏规则不对等之外，日益猖獗的恐怖主义也是一大障碍。同时，部分发达国家奉行的单边主义更是破坏了国际合作的良好传统，任何国家都无法单独解决发展问题，合作的缺乏为发展权实现覆盖了一层阴霾。

譬如，美国发动贸易战时最常使用的 301 条款，还包括"特别301 条款"，就是针对那些美国认为对知识产权没有提供充分有效保护的国家和地区采取单边行动的立法授权条款。美国贸易代表办公室（USTR）每年发布"特别 301 评估报告"，全面评价与美国

---

① 参见朱炎生：《发展权的演变与实现途径——略论发展中国家争取发展的人权》，《厦门大学学报》（哲学社会科学版）2001 年第 3 期。

有贸易关系的国家的知识产权保护情况,并视其存在问题的程度,分别列入"重点国家""重点观察国家""一般观察国家",以及"301条款监督国家"。如果某国被列入"重点国家",USTR 就会在 30天内对其展开 6—9 个月的调查并进行谈判,迫使该国采取相应措施检讨和修正其政策,否则美国将采取贸易报复措施予以制裁;一旦被列入"301 条款监督国家",美国可不经过调查自行发动贸易报复。除了特别 301 条款之外,337 调查、WTO 框架下的《与贸易有关的知识产权协定》(Agreement on Trade-Related Aspects of Intellectual Property Rights,简称 TRIPs)也常被美国用来作为限制竞争对手的有力武器。

又如,文化冲突使本国文化受到严峻挑战,社会凝聚力也面临冲击,如果文化失去了自主性,国家也将名存实亡,最终沦为入侵国的文化殖民地,文化发展的危机亟待解决。原欧共体国家一度为应对美国影视文化的入侵,采取了对国产电影实行补贴和对电视节目实行配额制度的措施。1980 年 10 月欧共体通过一项指导政策,建议各国所有电影频道至少播放 50% 的欧洲原产电视节目。无独有偶,1998 年加拿大组织召开了反对外国文化支配的会议,讨论是否把文化产品从降低贸易壁垒的条约中排除在外。① 可见,政治领域的发展权无力为全球的经济政治文化等新问题提出有效措施,将发展权理论审慎落地,指导和缓解现代竞争矛盾,是历史发展的自然结果,更是现代人的理性选择。

诚然,维护国家利益是知识产权法及知识产权运营的应有之义。美国首位总统华盛顿在国会发表就职演说时针对专利法问题

---

① 孙晶:《文化霸权理论研究》,社会科学文献出版社 2004 年版,第 277—278 页。

曾经提出，农业、商业和制造业需要采取各种适当的方法促进其发展，大力鼓励从国外引进新而有用的发明，与大力鼓励才智以便在国内实施这些发明，同样都是有利的。日本更是将知识产权法视为增进国家实力的工具的典型。同样，我国《专利法》第一条明确："为了保护专利权人的合法权益，鼓励发明创造，推动发明创造的应用，提高创新能力，促进科学技术进步和经济社会发展，制定本法。"

1. 知识产权运营亟需发展权的理论指导

发展权的应用可以涉及诸多领域，促进发展和实现公平正义必然包含其中，而目前公平正义亟需平衡的重点领域就是知识产权。发展权有望为促进知识成果的广泛传播和公平正义的真正实现提供理论依据。众所周知，知识产权法有三重立法宗旨：保护私有权利、推动再创新和增进社会福祉。知识产权诞生于封建特许令状，自创始至今对于私权的保护越来越详实，世贸组织成员国同意为知识产权提供最低标准的保护，部分发达国家的标准更是超过了这一水平，在本国内还不断提升保护强度，譬如：著作权保护期限的不断延长，专利侵权诉讼赔偿额的不断增加，驰名商标的保护范围由"混淆理论"到"淡化理论"的不断扩大，等等。值得关注的，近年来发达国家积极推动更高保护水平的多边国际条约的签订，力图进一步提升全球统一的最低保护标准，《反假冒贸易协议》（Anti Counterfeiting Trade Agreement，简称 ACTA）、《跨太平洋伙伴关系协定》（Trans-Pacific Partnership Agreement，简称 TPP）及《跨大西洋贸易与投资伙伴关系协定》（Transatlantic Trade and Investment Partnership，简称 TTIP）等系列知识产权运营区域合作协议先后生效并不断演变，全球知识产权的高标准保护已然成为大趋势。

那么，保护权利人既得利益的同时，现行知识产权运营体系在多大程度上促进了社会再创新？理论上，可持续创新机制更加有利于社会福祉的普遍增加和社会发展的持久进步，应当对再创新给予更多的立法保护和政策激励，系统加大对社会公众利益的保护力度。然而在全球商业竞争和司法实践中，权利人与社会公众的利益天平常常失衡，知识产权的非理性运营越来越频繁。这种非理性运营无疑违背了知识产权法的立法初衷，产生了知识产权运营中的路径困惑和理论缺失。

事实上，从知识产权萌芽时起，就不断有学者质疑知识产权本身的合理性。归纳起来，这些质疑观点大体有三类，包括以美国的安纳托利·沃利耐茨（Anatoly Volynets）为代表的"知识产权怀疑论"、以美国的理查德·斯托曼（Richard Stallman）为代表的"反知识产权论"和以加拿大的丹尼尔·热尔韦（Daniel J. Gervais）为代表的"知识产权僵化论"。第一种观点质疑知识产权保护能否最终促进社会进步，并认为赋予权利人独占权有失社会公平。第二种观点认为知识产权制度加剧了社会的分配不公，扭曲了社会秩序的正常运行。第三种观点认为知识产权法不能为传统知识提供充分的法律保护，且难以适应互联网时代的迅速发展。这三种观点都对知识产权的理论根基产生了一定冲击。

诚然，知识产权制度具有保护私有权利和促进创新的积极作用，其存在的重大价值显而易见。同时，合理限制也十分必要。目前，知识产权非理性运营的问题越来越严峻，导致部分私人权利开始超过社会公众权利，威胁到了发展权的实现。这种威胁不只出现在诸多欠发达国家和地区，发达国家自身也难以幸免。具体的，知识产权的非理性运营在专利权、著作权和商标权领域里都有充分体现。

第一，最典型的就是专利流氓问题。专利流氓通过一系列的运营手段，以提起专利侵权诉讼相要挟，逼迫对方缴纳高昂的不合理的专利许可费用，包括华为、中兴、苹果及三星等在内的国内外高科技企业，都频受骚扰，被诉案件时有发生。这一现象的泛滥，使社会公众背负了沉重且不必要的专利负担，给企业和个人增加了机会成本，阻碍了再创新。目前，不少国家出台了规制专利滥用的相应法律法规，但是收效甚微。根据美国的一份调查报告，相比在诉讼中获胜的企业，输给专利流氓的企业平均每家至少减少了 2.1 亿美元的研究开发投入。[1] 有统计表明，专利流氓每获得 2700 万美元的净收益，就要增加被诉企业 4000 万美元的司法支出，外加 4000 万美元的和解费。[2] 这些数据充分表明专利流氓严重阻碍了企业和社会的发展。近年来，一些大型跨国公司频频利用专利权打压竞争对手，尤其是发展中国家的民族工业，严重限制了这些企业在国际和国内市场中的公平竞争。早年的 DVD 专利案，近年的思科诉华为案和德国旭普林诉上海中驰股份专利侵权案以及当下的 Windsurfing 案和 Rambus 案都是典型代表。

第二，著作权非理性运营主要表现在权利人对公众接触、获取和使用作品的途径进行过多限制，使公众享受不到作品产生的社会效益，并且造成不良影响。譬如，谷歌公司于 2004 年公布了谷歌图书搜索计划，拟根据著作权的不同状况向读者展示合理的书籍内容。[3] 谷歌的这一计划自始就遭遇了著作权侵权诉讼，直到 2013 年

---

① 　35 U. S. C. 284 Damages.

② 　John Amster, The Patent Troll Toll, *Intellectual Property*, June 2013.

③ 　参见文向华、宋军风:《从谷歌图书馆案件看我国著作权合理使用制度的判断标准》,《图书馆工作与研究》2015 第 7 期。

才开始在诉讼中取得胜利。[①] 北京大学购买爱思唯尔（Elsevier）数据库的费用从 2008 年到 2010 年就涨了 7 万美元，爱思唯尔的中国用户中有 197 家高校，平均年度涨幅高达 18%。[②] 可以看出，著作权人、数据库商、出版商对于著作权的严格限制，令图书馆的发展举步维艰，现行法律规定中关于图书馆的合理使用权利也不能满足其在新时代发展的需要。又如，著作权的非理性运营还体现在对传统知识的处理上。现行知识产权制度对传统知识保护畸弱而普遍被公众无偿使用，当利用传统知识创造出知识产权作品，权利人却可以向公众甚至是传统知识的所有人主张知识产权。迪斯尼动画片《狮子王》在当年获得了极高的票房收入，其中一首"雄狮今夜沉睡"的配乐，其著作权使用收入在 2000 万美元左右。这首乐曲最初是由非洲祖鲁族歌唱家林达根据本民族歌曲改编的，林达仅拿到象征性的 1 英镑。[③] 好莱坞根据中国传统人物花木兰拍成的娱乐大片，在中国挣得盆满钵满。这些都隐现出现行知识产权制度的利益失衡问题。

第三，商标权的非理性运营在驰名商标的保护上体现明显。商标权人享有禁用权，可以禁止他人使用不合理地影响到自己权益的商标，而这种限制通常只能发生在商标权人的同类商标领域，但是驰名商标由于其特殊性可以实现跨类别的保护。近年来驰名商标保护的理论从商标混淆理论发展到反淡化理论，商标权人频繁发动

① 姚鹤徵：《从美国谷歌图书馆案看网络时代版权合理使用制度的完善》，《图书馆》2016 年第 11 期。

② 刘兹恒、董舞艺、汤荷月：《图书馆数据库资源许可与合理使用新动向》，《大学图书馆学报》2015 年第 2 期。

③ 参见《民族传统资源保护需突破僵局》，《光明日报》2006 年 12 月 21 日。

侵权诉讼，并且滥用跨类别保护，不加区分地蛮横制止他人合理的商标使用行为。同时，大量注册"联合商标"和"防御商标"，而这些商标往往搁置不用，仅仅是为了限制他人可能的使用行为，其他经营者面对的往往是布满雷区的市场，严重阻碍了其他市场主体的发展空间和经营自由，进而威胁到社会公众利益。美国沃尔玛公司于 1996 年在我国注册了第 35 类推销服务上的中文"沃尔玛"商标，后来又在其他类别上注册了该商标，但不包括第 11 类"灯"类，被告童小菊在灯类商品上使用"沃尔玛"商标，却遭到原告美国沃尔玛公司的侵权指控，要求其停止生产、销售"沃尔玛"灯类产品，最终法院驳回了这一不合理的诉讼请求。[①]已经注册的驰名商标跨类保护的请求，应当受到其所欲跨类别商品上已经注册商标的限制。

可以看出，目前世界范围内的知识产权非理性运营现象愈演愈烈，威胁到了社会公众利益，阻碍了可持续创新，限制了公平竞争，应当予以合理防控，使知识产权保护的目标得以真正实现。正是发展权可以为限制上述知识产权不合理扩张和协调权利人与社会公众的平衡关系提供精当的理论依据。

2. 发展权和专利运营的研究现状

首先，检索发展权国外研究史及动态发现，发展权的理论研究属于跨学科的交叉体系，有关发展权的保护范围问题，从应然人权、法定人权及实然人权经历了三段理论积累：发展权萌生于将国际组织的存在价值与人权的基本目标定位于"发展"的国际人权法，《联合国宪章》《世界人权宣言》《经济、社会和文化权利国际公约》及《公民权利和政治权利国际公约》等都对发展权做出了阐述，体现

---

① 参见广东省深圳市中级人民法院(2004)深中法民三初字第 143 号民事判决书。

了其从应然人权向法定人权的转化。1969 年联合国大会通过的《社会进步与发展宣言》将发展与责任联结起来，赋予发展以权利的法定形式。

20 世纪 70 年代是发展权作为法定人权的强化阶段，区域发展权被含蕴于国际人权法和国内立法之中，美国 20 世纪初制定的《阿巴拉契亚区域开发法》《联邦受援区域及受援社区法》，1950 年日本制定的《北海道开发法》，1965 年德国制定的《联邦区域规划法》等，均承认了区域发展权的法定权利内容。1970 年塞内加尔最高法院院长凯巴·姆巴耶在斯特拉斯堡国际人权研究所演说中首次提出法学意义上的"发展权"概念。

20 世纪 80 年代起，发展权研究转移到实然人权上，即如何获取、实现和保障发展权的问题。1986 年第 41 届联合国大会通过的《发展权利宣言》，原则性地阐释了发展权的主体、内涵、地位、保护方式和实现途径等基本问题。90 年代以来，"可持续发展观"正在为发展中国家所关注。但是，以美国为代表的发达国家一直漠视发展权的实然人权属性。以知识产权国际保护为例，TRIPs 协定实施以来，美国等发达国家采取绕开 WTO、WIPO 体制，转向多边协定的措施，试看《2004 年 4 月 29 日欧洲议会和委员会有关知识产权执法的第 2004/48EC 号指令》，美国、日本先后引领的《跨太平洋伙伴关系协定》谈判，以及由美日欧等知识产权出口强国主导的多边国际条约《反假冒贸易协议》等，均偏重对新技术予以最大化的知识产权区域性保护，推广对知识产权商业化运营的竞争模式正成为西方学术研究的热点。其中热中偏冷的，以过高的知识产权保护为目的实施知识产权商业化竞争模式，潜存阻碍发展中国家再创新、构成滥用及至垄断的风险，是否侵犯了当地利益主体的实然发展权？欠发达地区应当对风险予以怎样控制的难题，西方学者鲜有涉足，认为如同减排一样，超过发展权保护的范围。

至于相关联的发展权之权属性质，法学解说观点各异，主要有二：一是认为发展权属于个人，发展权概念提出者凯巴·姆巴耶提出只有个人才是发展权的享有者。二是认为发展权应当属于集体，联合国教科文组织前法律顾问卡雷尔·瓦萨克提出，只有社会（Societies）、集团（Groups）或集体（Collectives）才是发展权的主体；维也纳国际研究所教授乔治·阿比-萨博（Georges Abi-Saab）认为发展权作为集体人权，是满足个人社会和经济权利的一个必要的前提条件。进入20世纪90年代中后期，社会学者从人类发展上来认识发展权属性，诠释其为（选择）发展方式的权利或（参与）发展进程的权利、人权途径的发展。显然，当下有关发展权的集体人权属性已经得到交叉理论的普遍论证。研究发现，虽然"发展权既包括个人也包括集体"的第三种说法，已被现代西方理论冷落，但是发展权的这种双重性质，确在经济欠发达国家和地区普遍存在，并出现个体集体化的权属转化趋势。我国作为最大发展中国家正处在社会主义市场经济的初级阶段，以知识产权商业化为例，发展权保护范围无疑会涉及国内广大的中小企业者及至公民个人，激发国民个体创新的发展权，其诉求主要指向政府，激励企业自主创新的发展权则主要针对整个国际社会。所以，尤其作为人口大国，我国政府应当拥有合法的权利和义务全面制定保护发展权的国内外政策，以依法控制阻碍再创新的社会风险。由此，本书倾向于合理借鉴非主流的第三种观点，拓展现代发展权的双重权属，并就独立国家应当拥有实然发展权的相关立法司法执法权利问题予以据实探究。

其次，发达国家关于知识产权商业化运营模式及其滥用风险的经济学理论已成体系,法学研究也方兴未艾。总体上,从知识产权创新应当包括商业化运营具体模式的探讨,到知识产权商业化运营滥用风险的争议,发达国家经历了两个阶段的历史积淀:一是在对于知识产权商业化运营模式的构建上,美国斯坦福大学的经济学者丹·莫厄里(D. Mowery)和尼·罗森博格(N. Rosenberg)通过合作研究提出:科学技术知识基础和商业化市场运作需求的结构,以一种相互作用的方式,同样重要。二是关于知识产权商业化运用风险及其控制的争议。英国学者布伦纳(Brenner)提出"开放式"专利商业化模式容易导致"外部人困境",而"封闭式"专利商业化运营更倾向于一种"完全专利联盟";德国学者青木长冈(Aoki Nagaoka)将此种行为称为"搭便车"行为;进而,美国学者阿施施·阿罗拉(Ashish Arora),安德里亚·福斯福里(Andrea Fosfuri)和阿方索·甘巴尔代拉(Alfonso Gambardella)合著的《技术市场:创新的经济学与公司战略》(*Markets for Technology: Economics of Innovation and Corporate Strategy*)中提出了知识产权商业化"碎片"带来高昂技术交易成本、阻碍新技术实施的负面风险问题。对于知识产权商业化风险控制路径的研究成果,主要有二:其一,强化专利产业化服务体系建设;其二,针对专利流氓探索多种专利经营模式,推广专利经纪、专利拍卖与证券化、专利整合公司以及专利经营公司等新的企业竞争模式。可见,如何充分利用发展权来透视解决欠发达地区知识产权商业化运营风险的研究,发达国家学者鲜有提及。因此,检索国外对于发展权及相关知识产权商业化的学术研究历史,其确已成体系,但是热中有冷,关于实然发展权的广义保护范围和双重权属之理论研究,以及解决相关知识产权商业化风险控制问题的发展权保护路径之实务探究,正被忽略。

　　相比之下，我国对发展权及相关知识产权运营的社会学、经济学研究尚无规模，至于法学研究更属稀缺。与国外对发展权和相关知识产权商业化运营研究的体系化和偏倚化现状不同的，国内学者的有关探索一直相当的冷清。但值得肯定的，有社会学者、法学学者关注了知识产权发展权的宏观问题，具有一定的启示性，尚且莫衷一是。杨建军指出构建人类命运共同体，需要改进人权发展的国际惯习，树立生存权、发展权优先的理念，认为发展权是人类命运共同体生生不息的发展动力。[①]李春林通过厘清人类命运共同体理念与发展权的关系，认为发展权在推动国际法结构性转型过程中能够发挥强大的助推功能。[②]蒋银华指出发展权的特点决定了其法律保障难以维持，我国应当建构发展权一体化救济路径。[③]王娟和高旭军指出部分发达国家力图通过多边协议确立知识产权国际保护的更高标准，然后逐渐影响和干预发展中国家的国内知识产权立法和执法，尤其损害发展中国家的发展权，明确中国如何保护自身的发展权。[④]但对知识产权商业化风险阻碍本土再创新的发展权问题之相关研究，没有检索到。可见，研究有关"创新发展权"的国际竞争态势，国内外现行知识产权法律制度、理论社会学及产业经济学对知识产权创新运用机制建设的可容性证成及国情比较，

---

　　① 杨建军：《国家治理、生存权发展权改进与人类命运共同体的构建》，《法学论坛》2018年第1期。

　　② 李春林：《构建人类命运共同体与发展权的功能定位》，《武大国际法评论》2018年第5期。

　　③ 蒋银华：《新时代发展权救济的法理审思》，《中国法学（文摘）》2018年第5期。

　　④ 王娟、高旭军：《知识产权国际保护最大化趋势的反思与应对——基于发展权的角度》，《现代管理科学》2014年第4期。

以及保护创新发展权进程中知识产权运营风险控制的可实现路径之理论根据问题，既稀缺也务实也重大，这正是本书聚焦的几个基本问题。

（二）专利运营的内涵识别

专利权作为一种法律赋予的无形财产权，可以作为生产要素直接参与到生产、经营活动中，并加以量化，因此可以通过其运营模式获得经济效益。而法学视角下的"专利运营"，则多指市场主体以专利权及其相关外延的运用为经营要素，利用法制环境，在合规的前提下通过专利资本的各种技巧性市场运作提升专利竞争优势，最大限度地实现专利权经济价值的市场行为。其含义有四：一是将其自身作为运营之对象（而非基于权利而生的产品）；二是终极目标是最大限度实现专利权价值；三是以企业为代表的相关市场主体是专利运营的"主角"；四是其进行的一系列运营活动均置于法制合规的大环境下。

1. 对专利运营内涵的理解

由专利运营的概念可知，专利运营以发挥专利潜在价值为核心，因此，专利权财产价值的决定因素自然也就是专利运营的潜存风险。学者郑素丽、宋明顺分别提出，专利权的财产价值是指由市场决定的、为专利权人带来的（潜在的）经济回报，影响因素有专利生命周期、专利保护范围、专利创新性、专利功能、专利权人特征、研发活动特征、行业、区域、法律等多种因素；李丹通过对专利价值有着重要影响的三大维度——技术、法律和经济进行深入剖析，分析每个维度下的具体参考因素。[①] 兰卓伟（Lanjouw）和香克曼

---

① 李丹：《专利领域市场支配地位的认定——基于专利价值评估的角度》，《电子知识产权》2018 年第 5 期。

（Schankerman）等认为专利市场价值与权利要求数量相关，且可以透过专利诉讼窥见一斑，通常越是被诉讼的专利，其市场价值越高；霍尔（Hall）和贝森（Bessen）则认为，专利权的财产价值可以进行评估，因为其作为企业的一种无形资产，与有形资产类似，可借助市场信息进行估值，这就意味着，对市场信息的获取能力将影响对专利权的财产价值的评估，也是专利运营的潜存风险；也有学者认为专利的价值受专利保护地理范围的影响，保护范围越广专利的财产价值越高。[1] 哈霍夫（Harhoff）则通过数据分析，得出专利被提起诉讼的可能性越大，专利价值越高的结论。[2] 祖布荣科（Zeebroeck）进一步提出商业价值越高的专利会面临更多的侵权和诉讼。[3]

根据马克思《资本论》中物的价值与使用价值之理论，专利权具有商品属性。[4] 其一，专利权具有独占性、排他性、支配性，专利权人在一定期限内凭借垄断地位可获得经济利益，具有使用价值；其二，专利制度对技术进行产权界定，通过进行市场交易可实现价值。因此，专利权可作为生产要素进行运营，发挥专利权的财产价值。例如，微软与美国在线（AOL）800 件专利的交易额高达 10.6 亿美元。

在法学领域，专利运营也理应聚焦专利权的财产价值。传统

---

[1]　J. L. Hou, H. Y. Lin, A Multiple Regression Model for Patent Appraisal, *Industrial Management & Data Systems*, 2006,106(9).

[2]　D. Harhoff, F. M. Scherer, K. Vopel, Citations, Family Size, Opposition and the Value of Patent Rights, *Research Policy*,2003,32(8).

[3]　N. Van Zeebroeck, The Puzzle of Patent Value Indicators, *Economics of Innovation and New Technology*, 2011, 20(1).

[4]　参见《马克思恩格斯全集》（第 23 卷），人民出版社 1972 年版，第 405 页。

中，专利权的财产价值局限于防御型工具；如今，其可以作为商品被投入市场流通，实现专利资本向金融资本的转化。因此，专利运营应该通过专利交易等市场行为实现专利权商品属性，并结合专利诉讼等法律行为，将专利权输入专利市场，通过专利权财产价值的最大化来优化专利市场的资源配置。

有关专利运营内涵的分类，这里提出两种划分方法，各有千秋。第一种，根据专利运营的财产价值，专利运营囊括了六层含义：其一，运营主体为企业、科研所、社会等组织，而非个体；其二，运营对象是可以转化和实施的专利权自身；其三，市场行为与法律行为的融合；其四，相关主体进行主动经营活动，直接获利行为；其五，专利运营唯一目的是专利权的财产价值最大化；其六，专利运营推动专利实施转化和产业化。专利运营的法律内涵如图 1.1 所示：

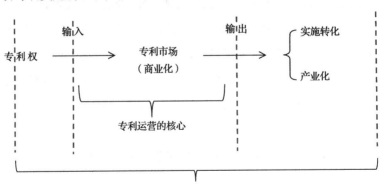

图 1.1　专利运营的目的：专利权的财产价值最大化

第二种，根据专利运营风险的多元化，将专利运营的内涵分为微观、中观和宏观三个层面。试看，在经济领域，专利运营因其根植于市场体系，其遭受着市场秩序、市场寿命、市场需求等风险的影响；在政治领域，政府作为专利运营的间接主体，出于社会利益平衡的考量,存在干涉运营主体的可能性,引发政治危险;在管理领域,专利运营归属于企业运营,受企业经营管理能力的影响,引发专利价格战等风险。基于专利运营风险的这种多元化特征,也可以将其内涵分为以下三个层面:

其一,微观层面。对运营主体而言,专利运营呈链状式结构,贯穿专利整个生命周期,每个环节都潜存因子阻碍专利权财产价值的形成、提升、实现,如专利申请潜存无法获得授权的风险,专利交易潜存滥用垄断地位的风险。2015 年对于滥用垄断地位的高通,我国国家发展和改革委员会对其作出行政处罚,数额高达 60.88 亿美元。[①]

其二,中观层面。对专利市场而言,专利权财产功能的实现,潜存市场资源分配不均的风险,如专利劫持、累积创新、专利丛林、反公地悲剧等风险。假设一项技术为累积创新,上游的原始创新者 A、再创新者 B 均利用专利诉讼向下游 C 专利使用者索取高昂的许可费,这种“专利劫持”将增加下游 C 的研发成本,因专利使用成本过高,C 放弃使用该项技术,从而导致该技术使用率低甚至闲置浪费,也就是“反公地悲剧”,如图 1.2 所示:

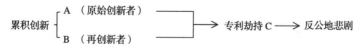

图 1.2　累积创新、专利劫持、反公地悲剧

其三,宏观层面。对利益相关者与利益分享者而言,专利运营

---

① 参见国家发展和改革委员会官网:《国家发展改革委对高通公司垄断行为责令整改并罚款 60 亿元》,https://www.ndrc.gov.cn/xwdt/xwfb/201502/t20150210_955999.html。

潜存的中观层面风险会削弱乃至阻碍再创新，甚至影响社会福祉。知识产权法律本就是一项公共政策[①]，其授予专利权人有条件限制的绝对权，宗旨是激发社会创造热情，保障可持续创新，进而增加社会的整体福祉。[②] 然而累积创新、专利劫持、反公地悲剧等风险却使得再创新者的积极性受阻，引发"囚徒困境"式后果，阻碍再创新，甚至影响社会整体福祉的提升。

2. 专利运营的混淆与识别

首先，专利运营的法律内涵不同于专利实施和专利产业化。专利实施、产业化是将专利权的财产价值变现为产品获利的两种方式，而专利运营是直接获利行为，不存在逻辑上的交叉。

一是专利实施有自行实施和专利许可两种方式，仅后者可被称为专利运营的市场行为，而前者并没有将专利权输入市场，而是直接实施专利技术，通过专利产品获取利润。二是专利产业化指专利技术经过后续研发，进行商品化、规模化生产，并进一步满足社会普遍认同的适当规模，形成一个产业的经济行为。也就是，专利产业化致力于专利技术的优化与升级，并以形成规模经济为目的，而专利运营唯一目的是将专利权的财产价值转化为货币。三是专利运营确实助推专利实施转化、产业化，堪称减少"沉睡专利"之利器，但其法律内涵与二者截然不同。

其次，专利运营不等同于专利投机。虽然"专利投机"也是非专利实施主体（Non-Practicing Entity，简称 NPE）进行"专利运营"

---

① 参见吴汉东：《知识产权的多元属性及研究范式》，《中国社会科学》2011 年第 5 期。

② 参见张冬：《创新视阈下知识产权运营商业化的风险控制》，《知识产权》2015 年第 6 期。

的一种形式，但其动机为获取高额利润，而非产业化。"专利投机"的初级阶段具有合法性，专利法并未规定专利权主体具有实施的义务，然而NPE却借助其合法性，利用"诉讼"威胁或者"滥诉"逼迫实施专利的主体向其支付许可费或侵权费，阻碍专利转化。据调查，2015年上半年，68%的专利诉讼由NPE发动，而在2011年NPE给创新型企业造成的损失就已高达290亿美元。[①]

再次，专利运营不同于专利运用、专利利用。三者都是对专利权的动态利用，以实现专利权的财产功能，但专利运营本质为市场行为，专利运用属于战略层次，专利利用属于学理概念。其差别有二：其一，专利运营贯穿专利研发到实施的整个过程；而专利运用仅着眼于专利实施，专利利用也是如此，不涵盖专利研发等环节。其二，专利运营聚焦专利权本身的价值。专利运用不仅如此，还涉及专利价值评估等制度；专利利用虽然也聚焦专利权本身，但只要可以将专利权的财产价值变现为货币，即使贬损了专利权的财产价值也在所不问，也就是并不以专利权的保值增值为目的。

具体的，首先，专利运营区别于专利运用。后者是实施专利战略的主要目的，是指主动运用知识产权中的专利相关规则和制度引导市场竞争，寻求竞争优势，并将其广泛转化为现实的生产力、市场竞争力和文化软实力，其外延远大于专利运营。专利运用涵盖对权利的运用和对其制度的运用，前者主要指实现权利价值的各种方式，譬如：专利的产业化、许可及质押等；而对制度的运用指对其制度有关规则的利用，主要包括权利申请规则、时间及地域性、权利评估、在先权利抗辩等。因此，专利运用的概念在外延上广于专利

---

① R. P. Merges, J. F. Duffy, *Patent Law and Policy: Cases and Materials*, LexisNexis, 2013.

运营,从内容上讲,除去专利运营之外,还包括专利实施、专利储备、专利信息传播以及利用等。

此外,专利运营区别于专利利用。后者是实现权利经济价值的各种途径和方法。有学者认为,专利利用涉及非权利人基于法律规定或合同约定对他人的专利进行利用的多种情形。通过该项制度协调专利的发明者、传播者和使用者之间的利益关系,从而实现个人精神财产的动态利用和社会精神财富的流动增值。专利利用分为两类:一是基于合同约定而产生的利用;二是基于法律规定而产生的利用。基于合同约定而产生的利用,主要有转让、授权使用、设定质权、设定信托;基于法律规定而产生的利用,主要有合理使用、法定许可使用、强制许可使用。[①] 其中,有价转让,是利用专利权产生市场效益的重要途径之一。[②] 由此可知,专利利用泛指专利经济价值实现的途径和方法的集合,它们与专利运营都包括对专利权这一财产权的动态利用,在实现专利权的经济价值、增强专利竞争力、推动经济发展的目标上是共同的。但专利运营与专利利用在对象、实施主体、内容等方面存在较大差别。

其一,专利运营以权利本身为客体;而专利利用客体更加广泛,主要有技术本身、权利信息资源和法律资源等的综合利用。其二,专利运营以企业等市场主体为主体;而专利利用的主体可以分为微观、中观和宏观三个层次,分别对应于市场主体、行业协会和政府部门。其三,专利运营的内容不包括专利实施的内容,而是以市场为基础、以专利资本为要素、以实现专利权最大价值为目的的各

[①] 参见吴汉东等:《知识产权基本问题研究》,中国人民大学出版社 2005 年版,第 38 页。

[②] 参见郑成思:《知识产权法》,法律出版社 2004 年版,第 54 页。

种市场化运作手段。实施则是专利利用的主要内容，还包括专利联盟、专利标准化、专利储备、信息传播等。

可见，专利运营的过程就是权利资源的资本转化，也是权利的无形资本与市场竞争资本的"交易"。因此，在市场竞争中的专利运营主要涵盖投资、市场、收益三部分。专利运营的本质就是在合规的前提下，运用投资、许可、转让等市场行为与法律行为，将专利作为商品投入到市场流通。一方面实现其价值最大化；另一方面加快专利权在供给者与需求者之间的流通，助推专利实施转化和产业化。

（三）专利运营的法律特征

专利运营主要涉及主体包括企业和国家两个层面，运营主体既包括企业，也包括国家或地区，不仅受企业内部专利运营能力的影响，还受经济、政治、社会等外部因素的影响。对此，专利运营的法律特征体现在宏观、微观两个层面：

首先在宏观上：其一，整体层面，专利运营具有多元化特征和法律依存特征。第一，多元化特征。一方面由于知识的无形性，专利具有公共产品的属性，即同一时间内可以被不同的主体占有；另一方面知识创新呈"累积创新"，同一技术存在原始创新者与二代创新者，而同一产品中技术密集，如智能手机专利有 25 万项。因此，专利运营主体呈多元化。此外，为了防控专利运营中的诸多风险，各主体也采用多元化的风险防控措施，如组建专利池、组合专利等。第二，法律依存特征。正如科斯所言，若想实现要素资源的最佳配置，除非产权边界明晰且各主体不需要任何交易成本。那么专利市场同资本市场一样，必须依托专利制度的授权才可以形成专利市场。此外，专利制度的授权范围也对专利运营产生影响。有数

据显示 ①,美国使用双方复评程序(Inter Parte Review,简称 IPR)替代双方复检程序(Inter Parte Reexamination,简称 IRX)宣告专利无效,其比例由 31% 提升至 77%。② 理查德·贝克(Richard Baker)指出,美国的此项专利制度使得美国专利贬值 2/3,经济损失高达 1 万亿美元。③

其二,纵向层面,专利运营具有链状式特征。迈克尔·波特(Michael Poter)创造性地提出价值链理论,认为企业内部价值链由生产等基本活动和管理等辅助活动组成,企业的专利运营正是依托于此。一方面,在企业内部专利运营价值链中,基本活动为专利投资、整合、流转等,辅助活动为知识产权咨询、知识产权评估等,贯穿知识产权的财产价值从形成到实现的全过程。此价值链还可进一步被应用于相关产业的知识产权运营,堪称"价值系统",即通过知识产权运营衔接上游供应商、下游厂商、买方。

其三,横向层面,专利运营具有产业异质性特征。根据产业异质性理论,不同产业的差异性是客观存在,在法学领域,至少表现为模仿创新的难易、原始创新与累计创新的区别、专利技术是否涵盖产品的全部,专利制度在不同产业适用的分歧也印证了这一点。如生物技术和计算机软件之间,美国联邦巡回上诉法院对前者技术发明的非显而易见性要求低,而对权利要求书的撰写和专利实施要

---

① IP Offering, Patent Value Quotient, http://www.ipofferings.com / patent-value-quotient.html.

② 参见: US Patent and Trademark Office, Inter Partes Review Petitions Terminated to Date (as of 1/15/2015), I, http://www.uspto.gov/sites/default/files/documents/inter-partes-review-petitions-terminated-to-date%2001%2015%20215.pdf。

③ 参见: Richard Baker, America Invents Act Cost the US Economy cover $1 Trillion, http://patentlyo.com/patent/2015/06/america-invents-trillion.html。

求高，后者与之情形完全相反。因此，各企业应当根据产业的特殊性采取异质性的运营行为。如哈瑞森（Harison）和科万（Cowan）认为，对于计算机软件而言，"开放"好于"专利保护"，因为软件行业，成本低、技术更新快，对专利保护的要求低，用户免费使用该软件使其快速传播并扩张，熟练的使用者还可以在程序中加入新特征，产生知识外溢，进而提高了企业对软件进行二次创新的机会。也就是，与公众分享源代码软件反而使企业创新成本降为零。

其次，专利运营的微观法律特征集中体现在专利运营主体、客体以及运营环节的五个重点。一是运营主体的复杂性。专利并非通过唯一物质载体实现，其可以在同一时间由不同主体占有和使用，同时囿于其"无形性"，自然导致主体的多样化。广义而言，成为其运营主体之前提，即对该专利具有相应支配权。二是运营客体的特殊性。专利的财产属性是知识产权得以运营的前提和基础，作为运营客体的专利权可以用于交换和流通，从而实现价值。专利的市场价值伴随其所属产业发展、核心技艺的更新而变化。专利运营者应从产业链的角度分析专利财产的形态、群集、权能、组合，其客体特殊性表现有四：专利权的无形性、专利权的地域性、专利权的时效性及专利权的高质性。三是运营目的的唯一性。专利运营以实现权利运用的经济价值最大化为目标，而且前提是专利应具有一定的市场应用价值。而最具经济价值的知识产权通常附有以下特征：一是该专利处于存在诸多竞争公司的技术领域，专利运营公司依赖于这些相互竞争的公司来获取收益；二是专利运营公司追求的专利颇具广泛的保护范围，以便其对多个目标公司同时发起攻击；三是专利运营追求以低成本博专利的强竞争力。四是运营后续管理要求高。从专利形成过程看，专利资本并不具有一般有形财产所表现的"投入与产出的对称关系",使得专利权的运营效果不完全受制于其投入的智力和物质。因此,相较于有形财产,专利运营过程更为复杂,需要更严格的合同约束和后续管理,而专利价值实现模式、交付模式以及付费模式也更为灵活。五是运营空间受限。限于专利的地域性,专利运营空间相对有限,即虽然关于知识产权的条约从性质上讲是国际性的,但其实施却是国家性的。这种客体权利范围的限定无形中也限定了运营的市场范围。

(四)专利运营风险产生的诱因

所谓专利运营风险,是指合理防范和规避知识产权运营过程中的各种权属、交易、投融资、侵权等可能。[①]专利权为专利运营的对象,而问题专利层出不穷,成为专利运营中重要的风险之一,而且其是专利劫持、累积创新、反公地悲剧等风险的根源。概括性地,巴顿(Barton)、莱姆利(Lemley)、瓦格纳(Wagner)深入分析了导致问题专利产生的三大原因,即专利授予范围过大、审查标准的不明晰,以及专利权人、专利局和创新型公司三类主体的利益博弈。这里,我们尝试走近知识产权运营风险的详细诱因。

专利具有商品属性,具有使用价值和价值,同时其使用价值只有在市场中交易才能转化为价值,最终实现其财产功能。因此,使用价值、价值、交易共同成为"知识产权财产价值的三因素",也成为探究专利运营风险之根源的切入点,具体内容有三:

其一,知识产权制度赋予知识产权财产价值,这种商品属性使其必然产生风险。第一,专利的使用价值体现为有用性,具有交易的价值,也就是该项专利可以被实施转化且满足市场需求。因此,

---

① 参见吴汉东主编:《中国知识产权理论体系研究》,商务印书馆 2018 年版,第 277 页。

如果一项不具备市场前景的技术被授予专利，专利运营主体对其错误运营必将遭受巨额损失。可见，使用价值是专利运营风险的来源之一。第二，马克思提出商品价值由社会必要劳动时间决定，而专利权消耗的是脑力劳动且多为"灵光一闪"，同时，专利权作为商品具有唯一性，不存在同类商品或替代商品，使得专利权财产价值不受市场价格稳定机制的制约，不具有稳定性、可预期性，也催生了"专利劫持"。可见，专利的价值本身也是专利运营风险的法律因素。第三，专利交易的前提是专利权人具有法定的垄断地位，但是专利权是相对权利，受到期限和地域的限制。因此，专利寿命的长短和地域同样通过影响专利交易而影响专利运营。有学者对此提出专利寿命越长，专利的价值越高。[1]

其二，专利制度诱发"专利劫持"，但尚未对其予以规制。专利劫持者的动机是"专利货币化"，也就是用诉讼或诉讼相威胁的方式"直接套现"，并不关注专利是否可以转化为现实生产力。专利劫持者的滥诉不仅浪费了司法资源，还催生了"反公地悲剧"。从理论上分析，专利劫持者的动机不符合民法中的"诚实信用原则"，因为该原则期待民事主体是善意的，而专利劫持者的动机是恶意的，且主观上故意，因此，专利劫持者在主观上具有不法性。此外，专利劫持者实施欺诈等不法行为，损害他人利益甚至公共利益，其客观行为也具有可罚性。由此，理论上，通过法律规制"专利劫持"具有正当性，但在实践中，即使赋予专利运营主体规制专利劫持的法律工具，专利运营主体往往也会选择妥协，因为避开此技术的产品改造成本高，专利诉讼成本也高，在美国此类案件双方

---

[1]　参见杨延超：《知识产权资本化》，法律出版社 2008 年版，第 205 页。

当事人的诉讼成本高达 500 万美元。① 可见，"专利劫持"属于专利运营风险产生的法律因素。

其三，在"关系产权"下，"诚实信用原则"失灵。"关系产权"理论认为，企业基于市场需求和对非经济环境的依赖，会选择牺牲自身利益，如保持专利权属模糊。假设以下事实：① A 向 B 进行专利许可，但专利许可合同存在漏洞，未在合同中就 A 向他人转让专利的事宜进行约定。② A 未通知 B，就将专利转让给 C，虽然向 C 告知了专利已向 B 许可的事实，但并未在办理转让登记时记载许可事实。③ C 又将专利转让给 D，其怕 A 与 B 的专利许可贬损专利权财产价值，也未告知 D 专利许可事实，而 D 也并未对专利权属进行审查。④ A 与 B 的专利许可合同已到期，B 停止生产，但 B 仍有大量的库存专利商品，因此其仍在销售专利商品。⑤ D 发现了 B 的侵权事实，但由于 D 与 B 在其他产品上有重要合作，出于合作关系的考虑，D 未对 B 提起诉讼。在上述事实中，虽然专利权属模糊使 D 遭受损失，但其仍出于关系产权的考虑，最终使自己承担损失。因此，关系产权下，其权属状态模糊有正当性和必然性。可见，"关系产权"也属于专利运营风险产生的法律因素。

进一步的，知识产权具有"财产价值三因素"，即使用价值、价值、交易，而知识产权具有使用价值、价值的前提是知识产权自身无瑕疵，交易的动因是知识产权具有垄断地位。因此，我们不妨借助知识产权自身和知识产权垄断地位作为视角，进一步透视知识产权运营风险法律特征的"窗口"，其规律有三：

一是知识产权自身风险丛生。根据专利运营的法律内涵可知，

---

① Jorge L. Contreras, Technical Standards and Ex Ante Disclosure: Results and Analysis of An Empirical Study, *Jurimetrics*, 2013,4(53).

专利运营分为专利权的输入、输出，专利权自身存在有效、无效两种状态，专利权得以进入专利市场的前提是其有效，而专利的有效性取决于专利能否被授权。虽然专利技术同样享有技术秘密权，可以进行专利交易，但在专利提出授权申请后，技术被"公之于众"，一旦专利无法获得授权，则技术秘密权丧失，专利技术便成为公知技术，无法再进入专利市场。国家知识产权局发布的数据显示[①]，2019 年我国的发明专利授权率为 44%。此外，即使专利权有效，得以进入专利市场，专利权实际有效寿命也不确定，如专利范围窄，对授予新技术专利权的阻碍作用会减弱，一旦新技术被授权，专利权的市场竞争力减弱甚至被迫退出专利市场。

二是知识产权垄断地位极易被削弱或滥用。专利交易中，专利权人拥有垄断地位，相对于专利使用者处于优势地位，催生了专利权人的滥用。除了滥用诉权，以谋取高额利润，还包括在合同中添加限制条款以排除或限制竞争，如美国布鲁特诉泰斯公司（*Brulotte v. Thys Co.*）一案认定"过期使用费"违法，理由为过期使用费使得该技术的成本增高，这部分费用体现在产品价格上，最终由公众支付。

三是知识产权运营风险产生呈现阶段性。专利运营贯穿于专利整个生命周期，而专利生命周期呈现阶段性，包含研发、申请、授权、转让、许可等阶段，这种阶段性被传递至专利运营风险。诺德豪斯认为专利生命周期内，专利权的财产价值先增加后递减，呈阶段性。[②]

---

① 参见国家知识产权局官网：《2019 年政府信息公开工作年度报告》，https://www.cnipa.gov.cn/art/2020/1/23/art_250_150169.html。

② W. D. Nordhaus, The Optimal Life of a Patent, *Cowles Foundation Discussion Papers*,1967.

二、著作权运营的权利要素：以数字著作权为切入点

随着数字信息技术运用愈发普及以及数字出版行业的迅速崛起，数字领域的著作权运营与保护逐渐成为热点议题并得到了社会各界广泛关注。在协调和平衡数字著作权人的合法权益以及保障社会大众接触和使用社会智力成果的正当权利的基础上，对数字著作权运营与保护进行深入的分析和研究，是传统著作权制度面对数字信息技术带来的冲击与挑战下的必要选择，也是顺应时代发展趋势及发展社会主义文化的重要要求。值得肯定的，近年来有关著作权运营的国内学者之研究有不少。具体而言，对于数字版权运营中的侵权现象之法理分析的研究主要包括：学者徐实通过对全球范围内有关网络平台著作权案例、立法的整理，以及对版权行政管理机构活动的总结和梳理，发现网络平台著作权保护呈现一种日趋严格化趋势。[①] 田小军、柏玉珊明确提出我国网络版权制度演化在体育赛事节目可版权性、网络云盘侵权、深链聚合行为认定、数字音乐版权保护等问题上取得了些许的成就，但依然面临着诸多挑战。[②] 刘思侣则对网络环境下著作权交易和运作及过程原理进行了研究。[③] 王建探讨了当前我国网络文学版权保护存在的一些问题，然后提出了相应的版权保护应对措施。[④] 刘国龙、魏芳分析了

---

① 徐实：《网络平台著作权保护的严格化趋势与对策》，《北京航空航天大学学报》（社会科学版）2018 年第 4 期。

② 田小军、柏玉珊：《我国网络版权制度演化的现状、挑战与应对》，《中国版权》2016 年第 3 期。

③ 刘思侣：《网络环境下著作权授权模式思考》，《网络法律评论》2011 年第 1 期。

④ 王建：《我国网络文学版权保护存在的问题及应对措施》，《科技与法律》2018 年第 1 期。

数字版权管理面临的困境,提出划分出两种不同管理模式将成为分析数字版权管理法律问题至关重要的因素。[①] 郭鹏分析了在云计算SaaS 模式下,云服务提供商和云用户的侵权问题。[②] 黄炜杰则从衍生权利主体进行探讨,认为用户生成内容创作者应享有与著作权人对等的保护机制。[③] 易继明、蔡元臻则分析了版权蟑螂现象,认为这种现象及其危害引发人们思考版权人、网络服务提供者、网络用户与大众利益之间的关系,应对其进行规制。[④] 蔡元臻分析了滥用避风港原则的情况,提出利用合理使用原则对其进行限制。[⑤] 刘平分析出著作权"间接侵权"理论存在诸多弊端,认为应当构建著作权共同侵权规则。[⑥] 熊琦分析由于我国未能界定转换性使用的概念和适用范围,有必要从比较法中发掘转换性使用的本土化意义。[⑦]

　　在互联网丰富网络用户生活且活跃经济的同时,信息技术也给数字著作权运营带来了新的风险,尤其是数字著作权和其他权利之间的冲突激化,致使著作权保护陷入尴尬局面。除此之外,著作权作品、权利人呈现多样化趋势,著作权纠纷越发复杂,原有制度常常失灵,数字著作权交易相对人、相关群众都面临着多种风险的威胁。在我国经济新常态下知识产权战略的实施背景下,应当全面分

---

① 刘国龙、魏芳:《数字版权管理模式探析》,《知识产权》2015 年第 4 期。

② 郭鹏:《云计算 SaaS 模式下的著作权侵权分析》,《知识产权》2018 年第 11 期。

③ 黄炜杰:《"屏蔽或变现":一种著作权的再配置机制》,《知识产权》2019 年第 1 期。

④ 易继明、蔡元臻:《版权蟑螂现象的法律治理——网络版权市场中的利益平衡机制》,《法学论坛》2018 年第 2 期。

⑤ 蔡元臻:《论合理使用对滥用通知现象的遏制——美国"跳舞婴儿案"的启示与反思》,《知识产权》2019 年第 1 期。

⑥ 刘平:《著作权"间接侵权"理论之检讨与展望》,《知识产权》2018 年第 1 期。

⑦ 熊琦:《著作权转换性使用的本土法释义》,《法学家》2019 年第 2 期。

析数字著作权运营风险并建立风险防控机制,由此提高我国著作权交易数额,促进经济结构转型升级。考虑到数字著作权运营的特殊性和重要性,本书对著作权运营的界定拟选择数字著作权为切入点。

(一)数字著作权运营概念释解

目前对于数字著作权运营尚无明确统一的概念,而更多的被约定俗成地认为是通过将数字著作权以开发或交易等运营模式来商业化进而获取经济利益的行业概念的统称。数字著作权运营可以从两个角度理解:从宏观上,是国家立足于建设社会主义精神文明、促进社会主义文化繁荣发展这一立场,从战略高度对于数字出版行业知识产权的管理与保护,在动态的商业活动全过程中给予一整套配套的法律制度对其进行规制与规范;从微观上,则是市场中的个体以更好地实现自身发展与获取经济利益为目标,将数字著作权视为一种商业元素,通过对其使用或交易并在该过程中防止其被侵害或损害而进行的一系列的动态活动。

(二)数字著作权运营的权利要素

1. 数字著作权运营的权利主体

互联网的产生使得作品的发表与传播相分离的状况逐步有所改善。在传统环境下,由于著作权人缺少资金、技术等传播作品的必要条件,使得作品传播被专业传播者所垄断,著作权人为保证其作品的最大价值化,不得不将作品转让给专业传播者。但数字著作权的出现使得作品制作与交流之间的融合成为可能。一般意义上讲,狭义上的著作权主体主要是指著作权人,根据我国《著作权法》的规定,即创作作品的自然人、法人或其他组织,如无相反证明,以在作品上署名为标志。而在网络环境下,这一权利主体的范围得到进一步延伸和扩展,从广义上,数字著作权的权利主体不仅包括著作权人，还应包括邻接权人等。网络意义上的著作权人不仅包括在网上进行原创作品创作的自然人、法人和社会组织，还应包括在线下创作并将作品数字化的行为人。邻接权，又称为传播者权，是指在作品传播过程中，传播者对传播作品所享有的权利，在网络环境下主要包括录音录像者、广播电台等网络服务提供者。

2. 数字著作权运营的权利客体

与传统意义上的著作权客体不同，数字著作权的权利客体表现为与网络密切相关的新形式，主要包括多媒体作品、交互式创作作品等以数字形态存在，并通过计算机终端等电子设备交流、传播与呈现的信息。根据国际惯例，数字著作权的客体不仅包括在线发行与传播的作品，还包括一些以多媒体光盘等封装型实物为载体所表现的信息。实践中，数字出版物若能成为数字著作权的权利客体，受到著作权法的保护，除形式符合外，还须实质上符合作品的构成要件且应具有合法性。同时，也应注意的是，数字作品存在着授权许可以及交叉使用等复杂情形，数字出版物是否符合数字著作权权利客体的要件，还需要依照法律的具体规定根据不同的条件和情形区别对待。

3. 数字著作权运营的权利内容

通常来说，作者对其创作作品享有控制权，而作品的传播会使作者失去对其的实际控制，著作权即是指作者控制其作品复制的权利。区别于传统意义中的著作权，数字著作权与传统著作权既有相似之处，也存在很多不同。但在一般意义上，著作权作为一项专有权利，具有人身性和财产性的双重属性，数字著作权也不例外。著作权不仅保护著作权人使其具有对其作品进行实际控制并获得经济利益的权利，还可以保护在其作品中所传达和彰显的个性与思想特征。面对着新媒体带来的技术冲击，数字著作权应负担起新的使命，与仅仅指将著作权人的作品通过互联网进行传播或传输的信息网络传播权不同，数字著作权应该从更广泛、更完整的意义上进行重新定位。

从人身性属性上，数字著作权是指著作权人对其创作作品所享有的人格方面或者身份方面的权利，从某种意义上讲，由著作权人创造的智力成果上蕴含着著作权人借由其智力成果所传达的个性和思想，蕴含了作者的思想情感，是由著作权人所独自享有的权利且该权利不可被转让或剥夺，是一种具有人身性质的精神权利。具体而言，主要包括发表权、署名权、修改权和保护作品完整权等。在大陆法系国家，著作权的人身性权利往往被视为著作权权利的核心内容。尽管对作者人格权的保护早在 1928 年的《伯尔尼公约》中就已经确立，但是一直以来，以美国为首的英美法系国家对著作权包含精神权利这一观点持否认态度。直到近些年来，随着两大法系出现逐渐交融的趋势，许多国家开始对数字著作权中的精神权利内涵构建建言献策，为网络时代数字著作权的内涵的充实和完善奠定了基础。我国《著作权法》对著作权的人身性属性进行了肯定，对作者身份和作品完整性提出保护，作品创作反映了作者的身份和思想，是其人格的延伸和潜在感情的体现，因此，著作权具有人身性的属性理当属于著作权内涵范畴。

从财产性属性上，著作权人享有"著作财产权"或"使用权和获得报酬权"，著作权所具有财产性的属性是确定和承认作品为著作权法保护客体的根本原因。英国著名政治学家约翰·洛克在其提出的宪政民主政治理念中认为人生来而享有"自然权利"，每个人的身体和财产都是其与生俱来的权利，不可被随意剥夺和侵犯。

洛克的观点虽并未涉及著作权，但是著作权作为一种知识产权，归根结底是人运用自身的劳动所创造的智力成果，从广义上讲当然地属于劳动者的财产，因此其为著作权的财产性属性的合理性提供了重要的依据。一般意义上讲，著作权的财产性的特性是著作权人所创作的作品可以受到著作权法保护的更为直接的原因，具体而言，主要包括复制权、演绎权、传播权和邻接权等。著作权的财产性被各国所普遍承认与认可，作为经济性权利，既可以被转让也可以被继承，同时在一定程度上又受到时间和地域的限制。在世界各国立法以及一些国际条约中都对著作权中的经济权利进行了较为详实的规定。由于数字著作权具有特殊性，传统著作权的财产性权利内涵已不足以完全应对新形势下对其提出的机遇和挑战，除却著作权之财产性权利的传统内涵外，数字著作权的财产性权利还应包括权利信息管理权以及技术措施受保护权。

三、商标运营的概念解释：以驰名商标为切入点

作为连接创新和市场的桥梁，驰名商标运营具有保护和激励创新的突出价值。伴随驰名商标所代表的品牌价值快速增长，国际知名品牌在国际市场上不断攻城略地，驰名商标运营能力已成为商标品牌运营能力的重要体现。将驰名商标与品牌紧密结合，是新形势下对国家知识产权战略的深化，也是实行商标品牌战略的关键。驰名商标运营不但可以防止商标权利价值流失、抵御国内外商标侵权，还能增加竞争优势、扩大产品的市场影响力和占有份额。相比之下，我国商标运营意识相对滞后，一定程度上影响了我国驰名商标的建设与发展，甚至导致一些驰名商标拱手他人，给企业的商誉

和发展造成了巨大损失。因此，这里拟选择驰名商标为代表来切入商标运营，通过对驰名商标价值创造、获取、保护等的精微分析，透视我国商标运营机制问题。

　　检索发现，欧美国家对商标的运营由来已久而且方兴未艾，对驰名商标的创设、商标评估、商标保护、商标运用有着丰富的理论研究基础和实践经验。学者诺思、科斯等人根据熊彼特的创新理论，研究了需求和供给在制度方面的创新，讨论了驰名商标等制度创新和知识创新的联系、国家制度创新的机能和在经济发展中制度创新的用处，以此产生了知识产权系统的、全面的制度创新学说。迈克尔·波特在"地区经济发展阶段理论"中表明地区经济的发展有四个不同的阶段：生产要素、创新、投资和财富导向。当前，在全球范围内建立商标运营机制带动知识产权流转及创新，深度挖掘品牌对经济发展的引导趋势，适应新的产业革命并成为新的竞争力，正成为各国学者的共识。值得肯定的，国内学者也已初步认可了商标运营的价值，并对商标运营价值在增加企业经济效益、获取市场优势、促进创新发展方面进行了战略研究，对商标运营的研究已突破了商标字面释义的狭隘运用，将商标运营纳入到了市场运营体系之中，上升到了市场价值层面。商标注册是商标运营的一个部分，商标战略对于商标运营者的商标价值提升有重要作用，商标运营政策更是知识产权运营客体政策的一部分。① 然而，有关驰名商标运营的法律风险问题研究，尚属稀缺。

---

① 　参见冯晓青：《未注册驰名商标保护及其制度完善》，《法学家》2012年第4期；贺寿天、张传博、曹静：《基于战略视角的商标价值评估方法研究》，《知识产权》2014年第9期；宋河发：《我国知识产权运营政策体系建设与运营政策发展研究》，《知识产权》2018年第6期。

所谓驰名商标运营，就是持有人或使用人对其拥有或使用的商标，通过培育、宣传、流通等多种经营方式进行商业运作，以提高其知名度，增加其市场价值，实现商标由普通到驰名转变、由权利到价值转化的商业运作全过程。本质上，驰名就是以驰名商标为主要对象的建设、许可、转让等行为，优化资源的配置，进而达到企业利益的最大化。也就是以商标最大幅度增加知名度和价值为目的，对商标进行的经营、运作活动。驰名商标运营包括两层含义：首先，驰名商标运营是品牌市场经济条件下社会再配置资源的重要形式，它通过驰名商标背后的资源流动来改进社会资源分配的结构。其次，从微观上，驰名商标运营是借用市场法规，利用商标自身的技巧性运营，以达到商标自身增值、企业效益增加的一种运作模式。

通常来说，驰名商标运营具体体现为六点要素：一是驰名商标运营的主体可以是商标的所有者，也可以是商标所有者授权或许可的经营者，各自承担驰名商标的运营责任。二是驰名商标运营的对象，是商标专用权人所持有的商标。主要是对商标所包含的知名度和声誉等要素的运营，是对商标作为无形资产的运营。三是商标必须放置到各个领域里或放置到多个板块里运营，即放置到一个或多个产业里，建设成为该经营范围中的驰名商标，形成品牌效应，才可以真正施展商标的作用，合理地使用商标的价值。四是商标作为生产经营要素之一，须同所有生产经营要素相结合，优势互补，打造驰名商标，才可以充分表现商标的使用价值，更好地创造价值。五是驰名商标运营的目的是打造知名品牌，构建核心竞争力，形成品牌溢价，获取意想不到的利润，并使产品增值。六是驰名商标运营也叫驰名商标运作。其目的是撬动知识资本参与经济建设，为经济建设做出最大的贡献。

四、知识产权运营中的发展权内涵及其基本框架

发展权一度是国际人权领域的研究热点，伴随着数字技术浪潮对全球的冲击，贸易开放和科技合作正成为被普遍认可的国家建设需求。发展权的价值并没有也不应该悬浮和局限于政治高度，而有必要落地，作为一项具有普遍性和根本性意义的权利，在全球化竞争中发挥切实的现代指导意义。

这里选择以世界竞争的通用语言——知识产权为切入点。我国所处的知识产权强国建设这一关键性历史阶段，其中的一大难点——知识产权运营模式和路径构建正在摸索和提炼，亟需相应的理论基础。能否通过探究和释明知识产权运营中的发展权保护之核心、行使条件及其具体指导原则，为我国知识产权运营建设协助提供理论参考和指导建议？为此，本书拟专门探究相关发展权的几个基本问题。

（一）知识产权运营中发展权的内涵

知识产权的保护水平应与本国经济发展水平相适应，所以在知识产权领域应当考虑引入发展权的概念。有关发展权的定义有多种，各有千秋。发展权属于人的个体和人的集合体在不同时空限度内得以共存、均衡、持续地发展的一项基本权利。知识产权中的发展权是指知识产权权利主体能依法得到智慧成果带来的收益，人类能够合理利用创新科技实现共同发展需求的权利。该发展权应着眼于知识的传扬、文明的进步和社会的发展，是一种共同的、持续的和平等的发展。这一权利不受地域、种族、性别和年龄等因素的限制，并且具有永续性和不可剥夺性，贯穿权利主体从诞生到消逝

的整个生命周期。

其实，从知识产权法的三重宗旨出发，可解释知识产权中的发展权之内涵。第一重宗旨：保护私权。当出现损害知识产权的新型侵权行为，而法律尚无明确规定时，权利人是否可以基于发展权，要求规制这种侵权行为和获得救济。第二重宗旨：促进再创新。当再创新受到普遍阻碍，知识产权非理性运营现象普遍而尚不构成侵权时，再创新人（或者集体）是否可以基于发展权提出主张或者抗辩理由，提请规制非理性运营行为。第三重宗旨：增进社会福祉。当权利人的技术保护措施过度限制、阻碍了公众合理接触和获取作品时，公众就无法充分合理地享受到作品产生的社会效益，作品对公众的精神文化等层面的提升作用也难以实现。这时公众是否可以基于发展权，提请对社会公众利益的平衡保护，以增加合理使用的适用空间。

实质上，这一权利内含利益平衡的思想，即要求权利人实现自身发展的同时，不能侵害到多数相对人及社会公众的合法利益，否则可以采取合理的措施限制该权利人的利益，使权利义务双方的利益达到平衡状态。这一权利的主体和客体是利益受到知识产权制度影响的各方，主体和客体具有相对性，在一定条件下可以互相转化。个人、集体、民族和国家都可以享有这一权利，发展中国家和发达国家、知识产权权利人和其对应的义务人都可能享有这一权利。据此，当知识产权存在非理性运营现象，侵害到社会公众的利益时，社会公众就可以主张这一权利；而当社会不重视保护私权，使知识产权权利人的利益受到损害时，权利人同样可以主张这一权利来扩大对私权的保护。可见，主张发展权不是为了限制权利人或义务人任何一方的利益，而是自始恪守公平合理的利益平衡。

由此，发展权应当具有三个特征：一是共同发展性。发展是全人类面对的普遍问题，地球的繁荣离不开每一个国家。发展应当是共同的发展，每一个国家富强，人类才能延续多元灿烂的文明，发达国家应当积极援助发展中国家，为其提供发展机会。二是平等发展性。发展是共同的目标，也是最终的归宿，然而目前的知识产权游戏规则是以发达国家为主导建立的，对发展中国家的利益考虑较少，这种不平等性会使发达国家与发展中国家的差距越拉越大。三是持续发展性。发展不是存续于某一个时期的阶段性问题，而是贯穿人类历史的重要问题。

（二）发展权理论的基本框架

知识产权中的发展权宗旨就是使社会能共享智慧成果产生的收益，保护文化传播和再创新不受阻碍，促进权利人和社会公众的利益平衡，使所有人能平等地使用智慧成果，以实现智慧成果的最优化配置。相应地，知识产权中的发展权之目的应当是改变全球范围内知识产权占有和发展的不平衡、不充分的现状，创建知识产权共同体，促进全球范围内智慧成果的传播和发展。

所谓的知识产权共同体，是指知识产权权利主体追求自身利益时兼顾他人合理关切，在谋求自身发展中促进所有主体共同发展，且共同体的资质应当涵盖个人、集体和国家。所以，知识产权中的发展权之核心是实现两种利益的平衡。一种是权利人与社会公众的利益平衡。知识产权的获得可以看成是一种契约，权利人为社会创造智慧成果供人们使用，社会则赋予其一定的独占权作为酬劳。同时，对权利人的保障应限制在合理范围内，否则就会压缩社会公众的利益空间，社会公众的利益受到损害，权利人的知识产权就失去了授权基础，因此要协调好二者的利益，实现共赢。另一种是发达国家与发展中国家的利益平衡。对于发达国家来说，知识产权成为这些发达国家财富的主要来源，发达国家越来越依赖专利、著作权和商标保护来维护自身在国际市场上的竞争力。亚里士多德曾经说过："过度即邪恶。"知识产权的过度滥用，会转化为知产霸权，知产霸权集形式上的合法性与实质上的非正当性于一身，成为先进国家打压发展中国家最为常见和有力的手段。发达国家作为知识产权强国，总是试图不断提高全球范围内的知识产权保护标准，以在全球贸易中赚取更多利益，但是全球范围内的知识产权保护标准应当适应大多数国家的实际国情，否则有不合理之嫌。

　　至于知识产权中的发展权的具体指导原则，主要有三：首先就是利益平衡原则。发展权应实现权利人与社会公众的利益平衡、发达国家与发展中国家的利益平衡。其次是促进再创新原则。知识产权的设立目的之一就是鼓励再创新，发展权应当能不断促进再创新，推动整个社会的可持续发展，检验知识产权的发展是否合理的一个重要指标就是其是否有助于再创新的实现。再次是效益最大化原则。发展权应当能使整个社会在知识产权领域里达到效益最大化，这就需要兼顾各方的利益。知识产权领域的效益主要由两个主体产生，即权利人和社会公众。社会公众在人数上占有绝对优势，因此，实现这一领域效益最大化的关键问题是使社会公众的效益达到最大化，知识产权的运营就应从这一角度出发。诚然，知识产权中的发展权是一种具有抽象性和根本性的权利，对于整个知识产权的发展具有重要的指导意义，是协调权利人与社会公众利益的重要依据，如同公序良俗在民法中的重要地位一样，因此其起到的更多是指导协调作用，警示效果更大于应用。

进而，有效行使知识产权运营中发展权需要的要素，可以考虑同时满足以下条件：1. 发展利益具有普遍性。这种发展必须符合某一群体或某些国家的正当利益，即一定数量的义务人由于权利人享有的知识产权而发展受到阻碍。2. 发展利益具有根本性。这种发展利益必须涉及人类生存的根本性利益，即那些人生而享有的最基础的权利，例如生命健康和言论自由。3. 发展利益具有正当性。要求保护的利益必须是道德的，符合大多数人的利益，不能明显违背公平原则。

第二节　基于发展权理念的知识产权运营之基本理论根据

知识产权立法赋予权利人以知识产权不只是为了使其能独占使用并获得经济利益，更是为了以此保护智慧成果，促进社会的进步和繁荣，最终使人们能享受到更多的智慧成果。美国宪法对于知识产权的规定："为促进科学文化和实用技术的进步，国会有权使作者和发明者对他们值得尊敬的作品和发明获得一定期限的专有权利。"这就意味着专利法和版权法的根本目标是为了公共利益，专利权和著作权的行使都必须有一定的期限限制。譬如：在马泽诉斯坦（*Mazer v. Stein*）一案中，美国高等法院认为公众可以从作者的创造性活动中受益，而著作权垄断是实现创造性劳动的一个必要条件。这就表明公共利益是授予个人著作权的初衷。法律在授予权利人一定专有权时一定附加相应的限定条件，就是为了使整个社会在持续创新中不断发展。可见，在知识产权领域提倡发展权符合社会利益，也契合立法本意。这里拟选择法理学、民商法学和产业经济学三个角度的相关理论来作为知识产权运营的发展权问题理论研究根据。

一、溯源：从自然权利学说和公平正义原则说开去

（一）知识产权自然权利学说 [①]

自然权利学说又称为"劳动应得学说"（Labour Desert）。专利领域中，该理论观点为专利产品（智力财产）是经由发明家等创造者付出脑力知识劳动而产生，因而其劳动应获取道德层面之肯定，即赋予其知识财产的独占性权利——专利权。此学说经典之表述是约翰·洛克的《政府论》："因此，但凡他是任何摆脱自然所给予之、其所处之状态，只要掺杂了自己所有的某种东西，加入他的劳动，这样就使他的财产产生了。" [②] 洛克认为，对某种东西（资源）付诸劳动的人，则对其的劳动成果享有自然的财产权，同时，作为国家有义务对此给予肯定并付诸实施。

在专利运营领域，以知识产权自然法理论为依据的突出意义有三：其一，能够克服功利论所带来的对个体利益的倾轧，功利论注重专利有利于实现社会净福利的最大化，忽略个体创造者的个人利益，看中社会福利与公共福利；而知识产权自然法理论关注个人，主张人们有着根本性的利益追求，不支持社会性的整体福利优先，

---

① 参见张文显等著：《知识经济与法律制度创新》，北京大学出版社 2012 年版，第 298—323 页。

② 〔英〕洛克：《政府论》（下篇），叶启芳、瞿菊农译，商务印书馆 1964 年版，第 19 页。

被评价是维系个人之独立、安全和自主的关键。[①]据此,在专利运营系列商业活动中,关注创造者的个体利益,能够更好地激励其创新活动及运营新模式的产生。

其二,能够启发人们探索与专利运营有关的正义问题。在当代的知识产权自然权利学说中,人们更关注的是知识产品与知识共有物的关系及洛克先决条件,引发出知识产权的代际正义问题、矫正正义问题等。在专利运营领域中,虽然知识产品是创造者创造出来,但其利用了知识共有物,当专利的创造者凭借其创造性劳动享有专利权时,人类对于知识共有物所做的贡献似乎未能得到合理补偿,按照知识产权的自然法理论未能得到合理解释,也使得在专利运营过程中,人们不断探索运营利益的代际正义等问题。

其三,在化解智力成果及产品创造者与公众共有权之冲突层面,确立了规则标准。深入解读洛克先决条件是知识产权自然权利学说在当代的重要发展,以此会得出:在冲突存在的地方没有义务(因而没有权利)产生,任何一方都能使用自然法来限制另一方,而且双方都享有使用自由。[②]劳动具有价值,对劳动成果的权利诉求本身构成了专利运营正当性支撑的重要趋向。

在传统的西方法哲学体系中,构建西方法治基础的主要是秩序、自由以及公平。在其中,自然法学派认为人类的法律不得违背自然正义跟人类自身规律,在政治社会形成与建立之前,人类社会

---

① Orit Fischman Afori, Human Rights and Copyright: The Introduction of Natural Law Considerations into American Copyright Law, *Fordham Intellectual Property, Media & Entertainment Law Journal,* Vol.14 (2004).

② Wendy J. Gordon, A Property Right in Self-Expression: Equality and Individualism in The Natural Law of Intellectual Property, *Yale Law Journal*, Vol.102 (1993).

处于一种原始的状态，在这种自然的状态下，人人平等，任何人均不能享有凌驾于其他人以上的权力，均不能任意侵犯他人的人身自由和财产自由。在自然法学派看来，财产权与人身权一样，是人之为人所与生俱来的不受侵犯且不可被剥夺的权利，而洛克更是认为人类对自己的劳动所获得的财产所有权是其他权力的基础。广义上，财产包括有形财产与无形财产，作为典型的无形财产的知识产权，因此并不具有排他性，仍然作为权利人的固有财产不可被侵犯或者剥夺。自然权利学说为数字版权运营发展提供了合理性依据。

（二）公平正义原则

作为集中体现个人对其自身创造的智力成果的垄断性的一种权利，知识产权具有明显的公共属性，其公权化趋势也越来越明显，通过政府运用公权力进行干预的方式调节个人知识产权与社会利益之间的冲突，达到一种动态的平衡。知识产权作为一种无形财产，具有典型的非消耗性，同时又极难控制。一项具有极大潜在或现实市场价值的智力成果所带来的巨大经济利益的诱惑极易使除知识产权人以外的其他人产生"搭便车"的行为，但是这种行为会给知识产权人带来负影响，诸如使得知识产权人难以收回创作成本，创作积极性进而受到抑制，最终被迫停止智力成果创造，影响社会创新和社会进步。一方面，由于知识产权具有明显的垄断性，如果政府不对知识产权进行必要的限制，公众将难以获得基本信息，进而影响社会的良性发展；另一方面，如果缺少国家对智力成果的保护，将造成第三人对权利的滥用，甚至影响社会创新。

公平正义作为一项基本法律原则，是所有法律所必须维护和遵守的重要准则，贯穿于法律制定、执行及监督的全过程。公平正义体现为在民事行为活动中减少各个权利主体之间的利益摩擦，最大限度地实现利益平衡,而在著作权领域中也是如此。长期以来,著作权人对其作品的"垄断权"和公众的"共享权"之间一直构成矛盾的状态。著作权根据作者的创作行为而自然产生,作为著作权人自然法上的权利,在著作权法立法过程中就应在保护权利的同时遵循"公平正义"原则,即对其"承认"又"限制"以实现一种"平衡",即实现在著作权人通过自身作品实现著作权价值的私人利益与社会公众有权接近使用作品的社会公众利益之间的平衡。为尽量平衡与协调著作权人与社会公众之间的摩擦和冲突,一些法律制度如法定许可制度、授权许可制度、合理使用制度等也应运而生,均体现了立法者对于公平正义的追求。在著作权法中的公平正义集中体现为既能够保护并鼓励权利人对其创造的智力成果享有一定的垄断权进而对其进行支配和收益,激励和提高社会创造性,又能在一定程度上保证社会公众对权利人的智力成果的共享,使得智力成果真正成为社会共同财富进而推动社会进步,并在这个相对冲突的过程中尽量实现利益兼顾和利益平衡。

"公平正义"原则在著作权立法上有充分的体现:一方面,法律赋予著作权人在一定范围和限度内对其智力成果享有垄断性权利,有权自主支配和使用其智力成果并从中获取收益,将法律赋予其享有的法定权利转化为实有权利,进而对著作权人及其邻接权人形成良好的激励以保证其创作热情及创作动力,并在整个社会范围内形成良好的智力成果保护环境以促进精神文明的进步和发展;另一方面,又重视和强调智力成果可被社会共享,不仅可以保障社会公众有权接触著作权作品并从中受益,促进整个社会范围内智力创造和精神文明的交流和传播,同时也可以为新的智力成果的发明和创造提供经验性的基础和支撑,促进全社会的共同进步。

二、基石：从利益平衡理论到禁止滥用和合理使用

（一）知识产权运营发展中的利益平衡理论

1. 利益平衡理论的释解

法律是利益的确认，法律制度是利益选择的结果。[①] 利益是沟通知识产权法和市场的渠道，知识产权法作为一种财产法，其经济目标同样在于最佳地利用有限资源和最大限度地扩大产出，实现效益的最大化。[②]

第一，有关利益平衡的理解。知识产权法所确认的利益实现是一个动态的过程，并伴随着不同利益主体力量的此消彼长。当法定的利益分配格局与现实的利益分配格局发生冲突时，不同利益主体会诉诸法律对现实的利益分配格局进行调整，以达至平衡，或者说，向平衡状态无限贴近。法理学家博登海默提出，法律的目的是个人原则与社会原则的平衡。这种利益平衡是民法精神和社会公德的要求，也是"人权思想和公共利益原则的反映"，其成为知识产权构建的基础法律观。利益平衡是知识产权的立法目标，其意指当事人之间、权利和义务主体之间、个人与社会之间的利益应当符合公平的价值理念。[③] 同时，科斯在经济分析法学理论著作《社会成本问题》

---

① 参见冯晓青：《知识产权法利益平衡理论》，中国政法大学出版社 2006 年版，第 6 页。

② 参见杨雄文、肖尤丹：《知识产权法市场本位论——兼论知识产权制度价值的实现》，《法学家》2011 年第 5 期。

③ 参见吴汉东：《试论知识产权限制的法理基础》，《法学杂志》2012 年第 6 期。

中提出了科斯定理，[①]其认为在无交易成本时，不考虑赔偿责任，损害双方易于寻求同时最优的化解方式，从而优化资源配置；而存有交易成本条件下，双方意图选择实现资源最优的责任制度，进行权利界定，体现了法经济学视角下的利益平衡理论。

利益平衡不仅是原则，也是一种手段。由于完全的平衡不可能达到，对这种结果的追求就是利益平衡所要倡导和促进的价值追求，在当下科学技术高歌猛进的现实下，知识产权权利人的权利扩张成为普遍现象，公共利益有被忽略与侵害的危险。因此，要在权利人与公共利益之间找到合理分配利益之平衡点，以利益平衡原则作为基础和评判的依据，已成为当代知识产权法律研究中的基本共识。

第二，知识产权运营中体现的利益平衡原则。置身于个人与社会双本位的价值体系，专利运营活动应依托于利益平衡机制，寻求私权利与公共利益和第三人权利的平衡点[②]，平等创造、合理分享、适当限制，才能以市场为导向追求利益最大化且多维度地防范其运营风险。譬如，云计算作为新兴的信息技术产业，在对其强调专利权保护的同时，同样需要以利益平衡原则为前提适用专利法律制度，也即在专利权人私有利益与公共利益之间寻求平衡状态，具体体现为对专利客体设置限制性条款，包括设置能够获得专利法保护的技术标准、设置获得专利法保护的期限等。以专利制度技术标准的设置为例，标准是对某一产品或服务在技术和质量上的统一强

---

① 参见〔美〕R. 科斯、A. 阿尔钦、D. 诺斯等：《财产权利与制度变迁——产权学派与新制度学派译文集》，刘守英等译，上海人民出版社 1994 年版，第 3 页。

② 参见冯晓青：《知识产权法利益平衡原理论纲》，《河南省政法管理干部学院学报》2004 年第 5 期。

制性、指导性要求，基于专利制度本身兼具垄断性和公共性的特征以及利益平衡的价值追求，专利制度中的技术标准也具备公共性特征，并在当下成为自主知识产权技术实力雄厚的发达国家在发展中国家乃至全球独占资源、牟取利益的利器。我国的云计算市场处于初阶时期，如何平衡云计算领域的发明创造者的利益和实施者、消费者等社会公众的利益，云计算专利审查标准的设置至关重要。专利审查的行政审批属性与专利制度的公共性特征相呼应，专利审查标准要注意体现政策工具性作用。在具体审查标准的把握上，要与国家现阶段的科技创新和经济发展要求相适应；同时，基于专利法律制度的法定专有性，掌握自主知识产权技术标准的专利权人与实施专利产品、技术的社会公众之间是存在利益冲突的，在专利法律制度上直接表现为"未经许可不得使用"的规定。

商标亦如此。又如：驰名商标权随着企业广告宣传、产品质量变化等因素的变动而出现价值波动，同时，不同商标使用主体的运营也会引起驰名商标权利价值的波动，上述驰名商标权利利益变化部分的价值判定、范围、归属已成为驰名商标权利争议的焦点，需要对建立知识产权制度的本质和目的进行考量，通过驰名商标权所保护的法益来寻找解决方案。当驰名商标权属出现争议时，若对争议内容没有约定，我们应当在保护驰名商标持有人原有利益的同时，将他人通过运营获得的增值利益赋予该实际运营人，以此来实现公平正义，激励创新。

第三，在专利运营风险视域下，利益平衡原则有两层内涵。其一，就专利权与公众权利而言，应当尊重创造者的权利，这是专利制度施行产权规则的应有之义。哈丁提出的公地悲剧理论认为，如果不对公众使用公共资源的自由施加限制，公共资源会因没有维护而枯竭。这成为私人财产权正当性的合理依据。专利制度正是基于此,通过授予创造者权利为公众提供了稀有资源,实现社会整体利益。其二,就原始创新权与再创新权而言,应当保障再创新者的权利。再创新权是社会可持续发展的内在动力,只有对专利权施加合理限制,才能避免"反公地悲剧",实现社会后续创新,进而增加社会福祉。

进而,利益平衡理论原则下的专利运营风险具体表现有三:一是对专利权主体智力创造激励与对智力成果传播激励的平衡,该制度通过市场化的激励模式,寻求创造运营活动的成本最小化。二是专利发明人智力创造激励与市场主体对其成果的需求及使用的平衡,体现了专利作为一种信息性商品时所产生的信息生产与分配的问题。三是专利运营主体私人利益与公共利益的平衡,其中私人利益表现为专利权主体因专有授权而获得的经济利益及精神利益,但主体私益的膨胀也彰显了利益市场化下潜存的道德风险。彼得·德拉霍斯在《知识产权哲学》中也曾指出:"抽象物中的财产权赋予市场中的人们战略性的机会,既要思考适合其权利行使的方案设计,也导致集体与个人利益的隔阂。"①

冯晓青教授认为利益平衡也称为利益均衡,是在一定的利益格局和体系下出现的利益体系相对和平共处、相对均势的状态。在他看来,利益平衡要求尽量减少利益冲突,尽可能保持利益体系的稳定和利益格局的均衡,避免利益失衡。他主张解决利益纠纷时,一般应根据利益平衡原则综合考量利益的主次地位和位阶,使利益受

---

① Peter Drahos, *A Philosophy of Intellectual Property*, Dartmouth Publishing Company, 1996.

损方的利益损失减少到最低程度,并使总体的社会利益实现最大化。[①]知识产权权利人获得知识产权在于其为社会贡献了宝贵的智慧成果,社会因为使用这种成果而向其支付一定的代价,但是这种代价应当限定在合理的范围内。因为智慧成果具有公共性,人们都是站在巨人的肩膀上而无法脱离社会从事创造行为,取之于社会的也当还之于社会,只是为了鼓励创造行为,才要对创造者赋予知识产权。知识产权法从诞生至今就一直在协调权利人与社会公众的利益,任何一方的利益过分扩张就会侵害到另一方的利益,利益的天平倾斜会使知识产权失去其法律基础。

2. 利益平衡的根本目的

利益平衡是对法律权利和法律义务进行公正适当分配的活动过程。[②]在多元化发展的社会中,主体的多样化和多元化使得各主体背后代表的利益和权利同样呈现多样化和多元化的特征。在不同主体的交互过程中,难免因维护自身利益、各自为营而产生利益冲突。法律制度作为利益关系的调节器,[③]如何在处理冲突的过程和最终结果上兼顾不同主体的利益,就是利益平衡原则的要义和主题。[④]在进行利益调节时,需要按照利益平衡原则,综合考虑冲突性利益的相关价值,并予以衡量、整合、取舍和分配。[⑤]具体体现为

---

① 参见冯晓青:《论利益平衡原理及其在知识产权法中的适用》,《江海学刊》2007年第1期。

② 参见夏志豪:《标准选定过程中知识产权保护的冲突与平衡——以政府指定3G标准为例》,中国政法大学2008年博士学位论文,第93页。

③ 参见冯晓青:《知识产权法利益平衡理论》,第306页。

④ 参见冯晓青:《论利益平衡原理及其在知识产权法中的适用》。

⑤ 参见冯晓青:《知识产权法利益平衡理论》,第17页。

对专利客体设置限制性条款，包括设置能够获得专利法保护的技术标准、设置获得专利法保护的期限等。

以专利制度技术标准的设置为例，标准是对某一产品或服务在技术和质量上的统一强制性、指导性要求，基于专利制度本身兼具垄断性和公共性的特征以及利益平衡的价值追求，专利制度中的技术标准也具备公共性特征，并在当下成为自主知识产权技术实力雄厚的发达国家在发展中国家乃至全球独占资源、牟取利益的利器。专利审查的行政审批属性与专利制度的公共性特征相呼应，专利审查标准要注意体现政策工具性作用。在具体审查标准的把握上，要与国家现阶段的科技创新和经济发展要求相适应；同时，基于专利法律制度的法定专有性，掌握自主知识产权技术标准的专利权人与实施专利产品、技术的社会公众之间是存在利益冲突的，在专利法律制度上直接表现为"未经许可不得使用"的规定。专利法律制度不可能只对专利权人的利益和社会公众的利益之中的一种利益加以保护，而必须本着既有利于刺激技术创造又有利于产品、技术和资源被公众接近、利用、传播的原则做出具体的制度安排。只有这样，才能实现知识产权既保护私权，又鼓励可持续再创新，更维护社会福祉的根本目标。

知识产权运营语境下的利益平衡理论最终要实现的目的就是协调知识产权权利人与社会公众的利益，使之更加合理，既保护权利人的私权利，更鼓励再创新，达到福祉社会。这就要求不能忽视对各方利益的保护，在动态的平衡中实现利益最大化，当两方的利益冲突无法避免时，要审慎保护利益更具优位性的一方。当前知识产权权利人的利益似有扩张之势，威胁到了社会公众的利益，而这些利益归结起来就是社会公众各方面持续且不受阻碍的发展的利益。因此，将保护的侧重点调整到社会公众这一主体上来是必要和可行的。同时，由于社会公众是不特定主体的集合，其利益受到的影响往往大于特定主体，产生的正效应也要强于特定主体，因此当二者的利益发生冲突时，应当将社会公众的利益放在首位。可以看出，知识产权中的发展权有其合理的理论基础，有望成为协调知识产权运营中权利人与社会公众的利益平衡关系的基石。

3. 利益平衡的国际性

国际竞争情势下，发达国家主导的国际知识产权保护标准存在诸多非理性运营现象，甚至侵害了本土的社会公众利益，威胁、阻碍了具体实现。实质上，发展权的目的就是改变全球范围内知识产权占有和发展的不平衡、不充分的现状，创建知识产权共同体，促进全球范围内智慧成果的传播和发展。其核心点应是维持权利人与社会公众、发达国家与发展中国家这两种利益的平衡。

由此，以阿根廷经济学家劳尔·普雷维什为代表的学者提出了具体的拉美结构主义发展理论。1949 年 5 月，普雷维什向联合国拉美经委会递交了题为《拉丁美洲的经济发展及其主要问题》的报告，系统地阐述了其对发展理论的看法。他认为："现实正在削弱陈旧的国际分工格局，这种格局在 19 世纪获得了很大的重要性，而且作为一种理论概念，直到最近仍继续发挥着相当大的影响。在这种格局下，落到拉美这个世界经济体系的外围部分的专门任务是为大的工业中心生产粮食和原材料。"[1] 即在传统的国际分工下，世界经济被分成了两个部分：一个部分是"大的工业中心"，另一个

---

[1]　Raúl Prebisch, The Economic Development of Latin America and Its Principal Problems, *Economic Bulletin for Latin America*, Vol. 7, No. 1, Feb. 1962.

部分则是"为大的工业中心生产粮食和原材料的"外围。技术进步首先发生在中心国家,并且迅速而均衡地传播到它的整个经济体系,因而中心国家的经济结构具有同质性和多样性。外围国家和地区的经济结构则是单一专业化和异质性的,绝大部分的生产资源用于扩大初级产品生产部门,而对工业制成品和服务的需求大多依靠进口,生产技术落后、劳动生产率极低的现状与中心国家使用现代化生产技术、具有较高劳动生产率的现状同时存在。因此技术进步的利益分配在中心和外围地区是不均衡的,中心地区过多地占有了利益。

技术进步的收益分配差距使中心国家的制成品价格高于外围国家的初级产品价格,且制成品市场具有垄断性质,其价格受到市场波动的影响较小,贸易周期的上升和下降就会使初级产品与制成品之间的价格差距不断拉大,长此以往,发展中国家初级产品的贸易条件就会不断恶化,经济发展困难。此种状况可以从普雷维什的数据中更清晰地体现出来。他考察了 1876—1938 年间初级产品与工业品的平均价格指数,以 1876—1880 年的价格指数为 100,计算出以后各年的原材料价格与制成品价格之比,即为发展中国家初级产品的贸易条件。结果表明,到 1936—1938 年初级产品的贸易比价已降至 64.1。也就是说,一定量的原材料在 19 世纪 70 年代所能购买到的制成品,到 20 世纪 30 年代只能买到其中的 64.1% 了①。而唯一的解决办法就是进口替代工业化,即通过限制特别的工业制成品进口来促进国内工业扩张,并加强外围国家间的经济合

---

① Raúl Prebisch, The Economic Development of Latin America and Its Principal Problems.

作，扩大进口替代所依托的"国内市场"，来应对这一策略可能产生的困难。其实，劳尔·普雷维什阐述的当今世界经济发展现状无异于知识产权发展现状，发达国家基于历史原因，在技术上占据着绝对优势地位，TRIPs 协定又将知识产权保护与经济贸易直接挂钩，这就使发展中国家在经济和技术上处于双重不利地位。发达国家对于智慧成果即技术的独占，相当于在发达国家与发展中国家之间筑起了一道无法翻越的藩篱，使技术进步始终发生在中心的发达国家圈内，只有一小部分技术能外流至外围的发展中国家。当前一些发达国家还力图提高世界知识产权保护的最低水平，以谋取更高利益，继续通过知识产权制度来压榨发展中国家。此外，发达国家的跨国企业专注于组建专利池，牢牢掌控核心技术，并为其搭配诸多无紧密关联的专利，借此向发展中国家的企业索要高昂专利许可费用。一些跨国企业还滥用知识产权侵权诉讼，以侵权赔偿威胁、打压发展中国家的企业。这都属于知识产权滥用现象，应当予以规制，以改变如今的不合理现状。

另外，依附理论是在拉美结构主义上发展起来的利益平衡延伸理论。比较有代表性的观点是萨米尔·阿明的"外围资本主义"论和弗兰克的"宗主国—卫星国"论。萨米尔·阿明认为，"不发达"实际上是资本主义发展中的一种特殊结构，即"外围资本主义"，它的产生是有其深刻的历史根源的：一是殖民地贸易，它造成前资本主义农业关系的畸形和手工业的破产；二是外国投资，它在外围国家中造就了大量用于出口的现代部门，但其劳动力报酬十分低下，从而形成了不平等交换的条件；三是进口替代工业化，导致了畸形的国内市场；四是跨国公司内部的国际分工，外围国家提供初级产品，而中心国家提供设备和软件，这种格局使外围国家丧失了自身发展的主动性。由于上述四个方面因素的综合作用，导致了世界资本主义发展中"外围资本主义"结构的产生，"不发达"现象正是世界资本积累中"外围型"资本积累的必然结果。[①] 弗兰克认为，在资本主义的世界经济体系中，形成了不平等的"两极"："宗主国"中心和"卫星国"外围，而且"宗主国剥夺并占有卫星国的经济剩余用于自己的经济发展。卫星国由于不能获得自己的剩余，由于两极分化的原因和宗主国在卫星国内部经济结构中引进并保持剥削关系而处于不发达状态"[②]。他进一步强调说："不发达并不是由于孤立于世界历史主流之外的那些地区中古老体制的存在和缺乏资本的原因所造成的。恰恰相反，不论过去或现在，造成不发达状态的正是造成经济发达（资本主义本身的发展）的同一个历史进程。"[③]

可以看出，中心国家的"发达"是剥削和掠夺外围国家的结果，是以外围国家的"不发达"为代价实现的，外围国家被剥夺了"发展的动力"，其发展只能依附于中心国家的发展。知识产权和经济贸易的结合，使发达国家得以借助知识产权的优势，攫取产品的大部分经济利益。实际上，知识产权已经成为这种依附性的一个载体，并强化了这种依附性，导致这些国家长期处于落后的和受剥削的地位。如果不改变现有的知识产权状况，这些国家及其民众就难以获得"发展的权利"，最终导致国家间的利益失衡。

① 参见〔埃及〕萨米尔·阿明：《不平等的发展——论外围资本主义的社会形态》，高铦译，商务印书馆 1990 年版，第 171—180 页。

② Andre G. Frank, *Development of Underdevelopment in Latin America*, New York: Monthly Review Press, 1968, p.20.

③ Andre G. Frank, The Development of Underdevelopment, James D. Cockcroft, Andre G. Frank and Dale L. Johnson, eds., *Dependence and Underdevelopment: Latin America's Political Economy*, New York: Doubleday & Company, Inc., 1972, pp.8-9.

（二）知识产权运营中的禁止权利滥用原则

首先，禁止知识产权滥用是利益平衡原则的延伸。针对知识产权发展问题，吴汉东教授认为，"保护文化多样性的文化权利是国际公约承认的基本人权，上述权利是民族、部族或其他社会群体维护其文化身份和文化尊严所不可或缺的重要权利，也是个人、群体和社会选择文化表达的基本自由。相对于知识产权这一财产权利而言，上述权利应当具有优越地位，即应看作是具有优先性的法价值。"① 该原则强调当权利保护发生冲突时，应根据其价值位阶不同来确定优先原则。当发生知识产权滥用时，有两种冲突的利益，即权利人的个人利益和社会公众的整体利益，权利人通过知识产权滥用可以获得较高的经济利益，而知识产权滥用会损害社会公众经济和文化等多方面的利益，甚至影响整个社会的持续发展和进步。个人是社会的一部分，社会遭受的负面影响只会无限放大到个人身上，最终由每个人为权利人的滥用行为买单，知识产权滥用最终也会影响到权利人自身，因此，社会公众的整体利益优先于权利人个人利益，根据法益优先保护原则，规制知识产权滥用是毫无争议的。

目前，知识产权滥用使权利人获得了过多的不当利益，压缩了社会公众的利益空间，导致利益天平倾向了权利人一方，应当重新调整利益天平，使双方利益天平重新回到原初的平衡状态。知识产权运营强调的利益平衡精神，主要是通过权利配置与权利限制的规则来体现的。② 知识产权滥用行为产生的原因在于利益的不正当获取导致了现实利益分配的冲突。冲突未得到妥善解决并非因冲突

---

① 吴汉东：《文化多样性的主权、人权与私权分析》，《法学研究》2007 年第 6 期。
② 吴汉东：《试论知识产权限制的法理基础》，《法学杂志》2012 年第 6 期。

不可调和，而是缺少对法定利益格局的准确认知，无法对知识产权运营中的利益主体层级进行划分，忽略了优先保护原则、重点保护原则。利益一致性使得利益冲突得以解决存在可能。借用卢梭在论及国家建立的可能性的说法，尽管个别利益存在冲突，使得调和利益冲突的法律必须存在，但若个别利益不存在一致性，没有共同的连接点，那么法律就没有存在的可能性。市场秩序对于市场中的所有利益主体都是必要的，国家利益、社会利益在某种程度上优于个人利益也是无可争辩的。因而，知识产权运营中的不同利益主体的共同利益连接点是国家利益、社会利益、市场秩序。可见，利用发展权理念对知识产权运营各方利益冲突进行疏导，也应注意对利益格局的把握。

其次，知识产权滥用是造成经济不平衡发展的一个重要原因。美国法学家埃德加·博登海默指出："我们必须得出这样一个结论，即每个社会秩序都面临着分配权利、限制权利范围、使一些权利与其他（可能抵触的）权利相协调的任务。'共同福利'或'共同利益'这一术语是一个不无用处的概念工具，它意味着在分配和行使个人权利的时候决不可超越的外部界限，否则，全体国民就会蒙受严重的损害。在个人权利与社会福利之间创设一种适当的平衡，乃是有关正义的主要考虑之一。"[1] 权利限制是权利冲突的基本纠偏机制，通过限制冲突中的权利使多种权利得以和谐共处。正所谓"对自由的限制换得了对自由的保障"。[2] 法律中的权利规范重在确权与授权，通常不会规定权利主体应当如何行使权利，而且人们都会自发

---

[1] 〔美〕E.博登海默：《法理学：法律哲学与法律方法》，邓正来译，第 298 页。

[2] 〔德〕奥特弗利德·赫费：《政治的正义性——法和国家的批判哲学之基础》，庞学铨、李张林译，上海译文出版社 2005 年版，第 3 页。

地追求利益最大化。因此，存在权利被滥用的可能，这时就会侵害到相对人或者社会公众的利益，应当对其进行一定限制。这一理论要求权利人在追求自身利益最大化的同时不侵犯相对人及社会公众的利益。权利限制理论还分为权利限制的内在理论和外在理论。

进一步说，知识产权滥用直接涉及国家利益。知识产品从产生之初就具有私权属性与公权属性二重性。知识产权战略是国家战略的一部分。知识经济时代，知识产权成为国家之间力量较量的利器。知识产权保护表现了强烈的国家利益本位和政策立场。国家利益本位是为国家主体存在和发展的有益需要，包括国家主体意义上的利益以及本土范围的产业利益、企业利益和社会成员利益；其政策立场是为私人产权制度中的价值目标取向，即通过知识产权促进知识创新，增加国民福祉。[①]

再次，知识产权运营中应当权利保护与限制并重共举。我国台湾地区学者李亚萍指出，权利限制是根源并存在于权利之自身性质中，这是对此理论比较有代表性的表述。根据这一理论，权利就是一个被依法确定了的具有唯一性的实在内容，而权利限制则是界定此种权利之内涵与外延的手段，因此权利必然内含了限制。[②]基于社会公益而对权利的限制并不是权利之外对权利的限制，而是从权利内部进行的必要的权利自我限制。这就是一种权利的内部限制，它强调了权利本身就是负有义务的，权利应为社会目的而行使，目的在于践行公益优先原则，必要时甚至以个体利益为牺牲来成全社

---

① 参见吴汉东：《中国知识产权法律变迁的基本面向》，《中国社会科学》2018年第8期。

② 参见〔法〕雅克·盖斯旦、吉勒·古博：《法国民法总论》，陈鹏等译，法律出版社2004年版，第704—705页。

会公益。[①] 知识产权的获得就是以公开权利人智慧成果为代价的，权利人行使权利的同时不能剥夺社会公众对于智慧成果的分享，不能损害到社会公众的根本利益，可以说，知识产权诞生的同时就内含了权利不得滥用的因素。而知识产权滥用恰好是一种权利的不当扩张，在享受权利的同时，忽视了自己应尽的社会责任，破坏了权利义务双方的一种利益平衡状态，权利的正当基础产生动摇，于是以权利限制理论规制知识产权滥用就具有自然的和内在的合理性。

知识产权理论探索不断完善的标志是从单一的"权利保护研究"发展到"权利保护与禁止滥用并重"。知识产权的滥用理论就是从衡平法的"不洁之手"理论延伸而来，对于实施了不正当行为的当事人不予以禁令或损害赔偿等救济，最初是作为被告据此答辩的抗辩事由，禁止权利人以其所享有的知识产权来保护其他未赋予知识产权保护的排他性权利。TRIPs 协定原则部分将"禁止权利持有人滥用知识产权"作为基本原则，同时，也应当是禁止权利滥用原则的一个部分。显然，禁止权利滥用原则对知识产权运营平衡发展可起到不可替代的保障作用。

(三)知识产权运营中的合理使用原则

合理使用制度的创建，历经了从判例法到成文法的演变，历史线索可追溯到早期的司法实践。英国的合理使用制度最初被称为"合理节略"（Fair Abridgement）。1740 年英国判例法中，英国法官在审判中以创作新作品为目的，以诚实使用为前提，允许后作者未经前作者同意而使用其作品，创制了有关合理使用的范围、功能以

---

① 参见梁慧星:《民法总论》(第三版)，法律出版社 2007 年版，第 257 页。

及法理基础。之后，1841年美国法官在审理案件中系统阐述了合理使用制度的基本内涵，成为后续立法的基础，主要表现包括大量复制且不加注释、评价不可视为合理使用的情形；基于有损原作价值或销售市场的营利目的，不得视为合理使用；后作品应具有独创性，即不得使用他人创作中的构思、风格以及结构；不同的作品形式应制定不同的合理使用标准，例如未发表作品严于已发表作品，虚构作品严于纪实作品。发展至19世纪，合理使用制度进一步抽象化、系统化。美国著作权法中明确了合理使用原则，亦称为公平竞争使用原则，后作者对于前作者作品可以进行合理利用。

　　我国采用规则主义模式列举了合理使用的具体情形，但未直接定义"合理使用"这一概念，对于如何定义，学者们众说纷纭，具有代表性的观点有以下几种：吴汉东教授将合理使用概括为，在利用有著作权的作品时，既无需取得权利人的同意，一般也不需要付酬，而且不构成侵权的情形；[1] 郑成思教授认为，合理使用制度是在利用有版权的作品时，既不需要取得权利人的同意，一般也不需要支付报酬，而且不构成侵权；[2] 冯晓青教授将合理使用行为归纳为在法律规定的条件下，不必征得著作权人的同意，又不必向其支付报酬，基于正当目的而使用他人著作权作品的合法行为；[3] 沈仁干教授认为，为了个人学习、研究或欣赏目的，为了教育、科学研究、宗教或慈善事业，在不征求作者与著作权人同意，不支付报酬的情况下使

---

　　① 吴汉东：《著作权合理使用制度研究》，中国政法大学出版社1996年版，第240页。
　　② 郑成思：《民法与知识产权法》，《中国知识产权报》2001年5月23日。
　　③ 冯晓青：《网络环境下私人复制著作权问题研究》，《法律科学》（西北政法大学学报）2012年第3期。

用他人已发表的作品。①

　　虽然合理使用制度承担着平衡著作权人利益与社会公共利益的重任，但是合理使用制度的地位和法律属性一直存在着争议。目前，根据国内外著作权学者对合理使用性质的探讨与研究，主要存在三种不同的观点，分别为：(1)"权利限制说"：这种学说是基于著作权使用者的利益出发，合理使用不是对著作权的排除，而是对著作权的一种最为重要的限制。这表明，著作权人的专有权利并不是绝对的，而是要受到诸多方面的限制。"权利限制说"是一种较为主流的观点，各国的法律基于社会公益的考量，既要保障作者创作的动力，又要避免过于保护而造成的阻碍知识利用和信息的传播。(2)"侵权阻却说"：该学说认为合理使用是著作权侵权的违法阻却事由。美国有学者认为，合理使用是可以原谅的最小侵害，因此属于著作权形式上的侵害。在确定合理使用是否是违法阻却事由之前，要对合理使用做一个定性，若将它看为违法阻却事由，那么必须存在法益上的侵害，本质属于不法行为，但由于其违法性失效，因此称为非违法性行为。著作权本是一种独占的、排他的权利，原则上讲，任何人未经同意不得使用，即使合理使用亦是如此。对合理使用的阻却，也仅仅是违法性的阻却，而非其本身存在侵害性的阻却。(3)"使用者权利说"：这种学说的核心观点在于，使用者亦享有权利，现代著作权法是平衡著作权人、出版商权利以及使用者权利的产物，否定使用者权利的享有将导致著作权法主导社会公众的局面出现，利益的天平将会向少数人即著作权人方向倾斜。著作权法的精髓在于福祉社会，服务与公共利益，必定要包容两种相

---

　　① 沈仁干:《谈我国著作权法的修改》,《知识产权》2001 年第 6 期。

互冲突的私权——著作权人将作品公之于众以获得经济利益的权利与使用者利用作品提高知识水平、加快知识传播的权利。

可以看出，"权利限制说""侵权阻却说"与"使用者权利说"从不同方面对合理使用的法律属性进行了认定，即合理使用究竟是一种不当的违法行为，还是合法行为，或是使用者应享有的一项权利。判断一个法律行为系违法行为，首先法律须对行为人规定有作为或不作为的义务，其次行为人违反了上述义务而造成对他人的损害，最后行为人缺乏对他人造成损害的抗辩。合理使用制度是由法律授权使用者在一定条件下可以不经过著作权人的许可，不向其支付报酬而使用他人的作品，属于授权性规范，也是对著作权的限制，即对著作权人的义务性规范，并无侵害性可言，当然不可认定为违法。合理使用是社会公共福祉的需要，对他人作品的使用存在正当性。继而，对于合理使用是否属于使用者权利，这里持有否定态度，虽然说使用者权意味着主体在一定范围内的意思自由，并存在着实现一定利益的可能性，但是，根据权利和义务之间存在的对等关系，著作权人为使用者权利的义务人，如此一来，一个著作权人可能面对无数不特定的作为权利人的使用者，这难免有失公平。另外，此种使用者权并不具备权利本应有的可自由转让之特点，使用者之所以能对享有著作权的作品进行使用，是法律对社会公众接近作品的公共利益和著作权人垄断作品的私人利益之间进行利益平衡的结果。[①] 因此，笔者对合理使用更偏向于"权利限制说"的法律属性。

毕竟从印刷版权时代过渡到因特网时代，网络作为乌托邦式的无边无垠的虚拟空间，信息、思想、言论越来越能够不受时间空间

---

① Paul Goldstein, *Copyright: Principles, Law and Practices*, New York: Routledge Publish Press,1989.p.128.

的限制而自由表达和传播。网络上庞大的信息通常都是免费提供，传统的合理使用制度为信息在网络上的传播提供了合理性与合法性的基础，随之而来的就是诸多新技术措施等引发的相关合理性的认定。数字时代中的著作权运营面临保护与合理使用的新一轮对决，同时合理性标准等制度亟需更新及细化。

显然，禁止滥用和合理使用原则，离不开利益平衡原则这一理论基石作指导，为促进发展理念下的知识产权健康运营，形成一主两翼之势。

三、产业航标：创新激励原则

以专利为代表的知识产权运营活动以非物质化财产革命形态，彰显了制度创新的本质属性和知识创新的价值。新制度经济学派将"科技的前进和规则制度的演变均视为创新之过程"。[①] 约瑟夫·熊彼特在其《经济发展理论》中提出"创新理论"，主张创新是一种全新的结合，即涵盖生产之条件、生产之要素。[②]20 世纪中叶以来，后人将其理论延伸为两分支：其一是技术创新理论，主张科技的发展是促进经济进步的主流途径；其二是制度创新理论，经济进步有赖于技术和制度的双因素，但制度创新是其发展核心。[③]专利运营活动所涉的制度创新意味着新旧制度的嬗变，其依托制度创

---

① 汪丁丁：《制度创新的一般理论》，《经济研究》1992 年第 5 期。
② 参见〔美〕约瑟夫·熊彼特：《经济发展理论——对于利润、资本、信贷、利息和经济周期的考察》，叶华译，中国社会科学出版社 2009 年版，第 85 页。
③ 参见林炳辉：《知识产权制度在国家创新体系中的地位与作用》，《知识产权》2001 年第 3 期。

新需求而生，是经济学意义上的激励创新制度的"供给"，是一种有限制的新的财产。

专利运营的社会目标离不开鼓励创新，其运营链条（开发、产业化、扩散）将不同的市场主体进行了优化，整个运营过程将个人与社会的创新进行了整合。创新的知识经济时代，对创新的追求已成为许多阶层主要意识形态，而"专利运营"与当下时代的经济关系联系最密切，将创新理论从经济学引入法学，将创新升格为价值，从法律和规则的层面展现了理性之规划。

在以技术为主要生产要素的时代，对科技的过分依赖已导致社会趋于单向，生产力在生产关系面前有了一种新的状态和地位，即生产力本身变为了合法性之基石，技术创新在现代社会中作为制度框架的一部分，正愈加影响着社会。现代科技已经不具有中立性，而其中"创新"之重要性不言而喻，将"创新"纳入现代法制度，作为全新的独立法价值，关涉人作为主体对价值发现的能动性。[1] 在对"创新"这一价值和目标的追寻中，专利运营本身也实现了自身的制度创新，在创新的商业活动和产业化经营中，专利运营的风险也将反作用于运营本身。

研究发现，不管是经济学家熊彼特提出的"创新理论"，还是诺思、科斯等学者论述的技术创新和制度创新，均可证明"创新"是市场经济的根本特征，而依据制度创新理论，知识产权制度隶属制度创新，是激励和规制创新的新供给。[2] 对于专利运营风险防控而言，

---

[1]　参见吴汉东主编：《知识产权制度基础理论研究》，知识产权出版社2009年版，第204页。

[2]　参见吴汉东：《经济新常态下知识产权的创新、驱动与发展》，《法学》2016年第7期。

应当以创新激励理论为依托，实现知识创新的法价值目标。这一理论也为如何规制专利劫持等阻碍创新的风险提供深层次理论依据。

此外，西季威克认为，功利主义行为的正当性源于其考虑与幸福相关的所有因素。[①] 休谟也认为，功利主义涉及公共善、公共利益的概念。[②] 功利主义的这种理念影响权利人的权利规制，如美国国会正是秉承这种理念，对知识产权这种绝对权利赋予期限限制，进而推动科学技术的进步，此理论为专利运营风险防控应致力于创新激励再创新以及增加社会福祉提供了理论支撑。以专利丛林为例，假设 A、B、C 的专利权利要求范围重叠于 D，如果 E 制造某产品必须使用技术 D，E 分别需要获得 A、B、C 的许可，虽然可以通过交叉许可降低 D 的使用成本，但若 E 没有交叉许可的筹码，出于成本的考量，E 极大可能不会使用此技术，最终使得 E 无法制造该产品。同时，A、B、C 的专利权也极有可能被闲置，使得 A、B、C 的研发成本（R&D）变成沉默成本而无法填补。根据功利主义理念，虽然 A、B、C 的专利权均合法，但出于鼓励创新及公共福祉，可以对专利宽度予以限缩。

四、关系：知识产权运营利益主体与发展权理念

知识产权运营涉及多方利益主体。最核心的利益主体为知识产权权利人，该主体往往是发明人，负责知识产权开发。知识产权

---

① 〔英〕亨利·西季威克：《伦理学方法》，廖申白译，中国社会科学出版社 1993年版，第 411 页。

② 〔美〕约翰·罗尔斯：《政治哲学史讲义》，杨通进等译，中国社会科学出版社 2011 年版，第 163 页。

运营是产业网，其中包含了各种类型的知识产权运营链，知识产权人是链条的开端主体。从知识产权价值链角度看"知识产权开发"则是形成知识产权价值的基本前提和保障，因为它也是后续的知识产权价值链运动的基础和前提——没有知识产权的价值创造和确权，知识产权的产品化和市场化以及知识产权服务将难以实现。[1]就专利运营而言，专利权人掌握的专利权只是某项技术的法律化，其价值的大小不取决于法律，而取决于技术本身所内涵的价值、使用价值。如果一项专利技术能更贴合市场，或者能与现存市场中的产品结合以改进该产品，或者能制造出新产品迎合市场需求，则该专利就潜存着一条较长的运营链。就科技创新活动而言，信息技术的商品化与市场化是一个关键环节，也是其根本目的。如果一项发明创造完成后不尽快付诸实施，就有可能被新的技术取代，从而变成无经济效益的技术。[2]如果一项知识产权只是流转，而不能与产品结合，迟早会遭到淘汰，售价高昂的专利往往具有广阔的市场前景或者能与产品很好结合。知识产权运营的直接目的在于通过知识产权的市场流转赚取差价，最终目的仍是将知识产权应用于人们生活，通过和产品结合造福人类。

知识产权使用人是运营链的终端主体，负责知识产权的产品化。知识产权使用人往往是为开发产品而使用知识产权，从而连接了市场上的消费者与知识产权人。知识产权使用人是知识产权运

---

① 参见冯晓青：《企业知识产权战略、市场竞争优势与自主创新能力培养研究》，《中国政法大学学报》2012年第2期。

② 参见吴汉东：《科技、经济、法律协调机制中的知识产权法》，《法学研究》2001年第6期。

营的催化剂，缺少了知识产权使用人的市场需求，知识产权第一层级交易就无法实现。与知识产权人相比，知识产权使用人或许更能预见一项知识产权的市场价值，从而打通知识产权运营的第一条生产链。知识产权使用人不仅重视知识产权的市场价值，同时重视知识产权的安全价值，其使用知识产权的方式通常受知识产权法所控制，具有因知识产权本身存在权利瑕疵而陷入侵犯知识产权的法律风险。从权利主体与义务主体相对理论来看，知识产权人的义务主体与其说是除知识产权人之外的其他社会成员，不如说是知识产权使用人，因为只有知识产权使用人会使用知识产权并有侵犯知识产权的可能性。知识产权使用人身份与知识产权人身份并不冲突，在传统的商业模式中，知识产权人往往是知识产权使用人，但国际分工日益呈现出超越国家边界和产业边界，向产品生产过程中技术密集程度分工深化的趋势，① 知识产权人与知识产权使用人逐渐分离，原因之一在于研发与开发因企业精力、资金有限往往不能并行，分工可以使企业更专注某一领域从而提高效率。如日本一家生产螺丝的企业"Hard Lock"工业株式会社只由几十个人构成，却靠一颗小螺丝，牢牢锁住了全球高铁100%的轨道螺丝市场份额。当知识产权使用人通过知识产权交易成为知识产权人，则知识产权使用人就消解了其之前运营链上的终端主体身份，其成为开端主体打通另一条运营链。

可见，通过不同运营链的交织，知识产权人与知识产权使用人的利益更复杂，在知识产权密集领域，侵权行为的发生往往更频繁，

---

① 参见金芳：《国际分工的深化趋势及其对中国国际分工地位的影响》，《世界经济研究》2003年第3期。

而滥用知识产权的行为也更隐晦,难以定夺。

中介机构在知识产权运营中并没有产出更多财富,而是实现了知识产权多层市场交易,知识产权交易即是以转移各种知识产权权利为内容的经济活动,包括:以转移知识产权使用价值为核心的知识产权转让、许可、信托和以转移知识产权交换价值为核心的知识产权证券化等。[①]其最初提供的往往是桥梁作用,但随着知识产权财产价值实现方式的多元化,中介机构的职能也越来越多元化,不仅可以提供知识产权市场交易信息,同时也参与知识产权的转让、许可、质押融资等资本化运作过程,实现将静态的知识产权转化为动态的知识产权。知识产权运营中比较规模化、专业化的中介机构是非专利实施主体(NPE)。NPE 最早产生于美国,是美国知识产权运营发展到一定阶段的产物,其经营模式并非传统意义上将专利与产品进行结合,而是通过自主研发、收购或者投资高校科研院所等方式获取有价值专利,并将其专利作为商品本身进行许可、转让或通过诉讼方式赚取利润。NPE 已不满足于提供服务,而是参与专利市场竞争,并瞄准专利交易市场中"信息不顺畅、专利散布、交易成本高"的特点,通过专利布局、专利整合形成专利池、专利束或专利组合,如同大型超市一样,解决了知识产权使用人的"专利丛林"恐惧症。但由于 NPE 往往手握上千项专利,故其更容易产生滥用知识产权的行为,并且由于其是非实体企业,并不将知识产权投入生产使用,故被控侵权企业不能反控其侵权。当 NPE 只追求短期经济利益,忽视社会利益时,会倾向于不择手段地通过恶意诉讼

---

① 参见〔美〕埃里克·弗鲁博顿、〔德〕鲁道夫·芮切特:《新制度经济学:一个交易费用分析范式》,姜建强、罗长远译,格致出版社 2015 年版,第 108 页。

赚取利益。NPE 恶意诉讼的直接受害者即是知识产权使用人。据
美国专利自由研究中心（Patent Freedom）统计，从 2009 年到 2013
年 6 月 30 日这四年半内，美国苹果公司遭遇 NPE 诉讼达 171 次，
美国惠普公司达 137 次，而韩国三星公司达 133 次，分列"全球最
易受 NPE 攻击的公司"榜单前三位；华为、联想是国内遭遇 NPE
诉讼最多的企业，分别是 54 和 47 次，位列该榜单的第 22 位和第
30 位。[1]2007 年至 2017 年间，全球与 NPE 相关的诉讼数量每年
均呈上升趋势，过去五年内主要涉及信息和通信技术领域。欧盟内
最活跃的五家 NPE 公司均为美国公司，这五家公司占欧盟 NPE 相
关诉讼量的 60%。上百个 NPE 实体和分支机构与主要的 NPE 公
司相关。[2]

　　社会公众是知识产权运营市场之外的群体，其并不参与知识产
权运营的运作，但需要享受知识产权运营的成果，这就需要知识产
权运营能够更好地实现知识产权法的目的价值：激励创新，造福公
众。社会公众与知识产权运营发生联系基于两种原因：第一种是社
会公众通过再创新成为知识产权人，从而成为知识产权运营链的开
端主体；第二种是社会公众购买凝聚知识产权的产品，通过消费需
求引导知识产权运营链的发展方向。两种原因可以作为限制知识
产权人权利的正当化依据。对知识产权的过度保护会阻碍社会公
众对知识产权的利用、改造，从而影响再创新，滥用知识产权行为

---

　　① 裴宏、祝文明：《华为反击，交互数字集团深圳受挫》，《中国知识产权报》
2013 年 8 月 14 日。

　　② 参见知识产权案例数据库 Darts-ip 发布：2018 欧盟 NPE 诉讼报告，https://
www.darts-ip.com/blog/。

不当地利用了知识产权的法律保障功能，从而影响了社会公众对知识产权的合理使用。市场的繁荣使社会公众有更多的消费选择，改善人们的生活水平，而知识产权人通过滥用知识产权排挤其他竞争对手，限制了消费者的选择自由。

社会公众的整体利益构成了社会利益，社会利益非个人利益的简单相加，而可以将其界定为，一个特定社会群体存在和发展所必需的、该社会群体中不确定的个人都可以享有的利益。[①]国家利益并非和公共利益天然区分的利益，而是公共利益在国家层面的反映。就专利法来说，它具有重要的公共利益，而由于国家是公共利益的代表，专利法的公共利益就最集中地体现于对国家利益的确至上。[②]可见，知识产权运营各方利益主体与企业及国家的发展权息息相关。

五、知识产权合理运营发展权的本质

（一）知识产权运营与国家发展权的关联性

知识产权中的发展权兼具人权和知识产权的一些特征，但侧重于权利主体通过知识产权实现发展的利益。从价值位阶上看，人权高于知识产权，而发展权是一项具体的人权，因此，发展权的价值位阶要高于知识产权。

两者主要不同有二：其一，法律特征不同。发展权不具有排斥性和独占性，任何主体都可以同时享有这一权利；知识产权一旦被

---

① 参见冯晓青：《知识产权法利益平衡理论》，第311页。
② 参见同上书，第336页。

权利人享有后，在权利有效期内，不经权利人许可，他人不得再享有该项权利，而且同一客体上不能同时存在相同的知识产权。发展权也没有时间和地域的限制，权利人不因地域和时间的变化丧失发展权；知识产权则因不同国家法律的规定而有差异，超出某一地域则权利失效，同时知识产权只在法律授予的独占期间内有效。

其二，主客体范围不同。发展权主体包括个人、集体、民族和国家；知识产权则为个人享有，集体在特殊情况下可以享有这一权利。发展权的客体是侵害到个人、集体、民族和国家这些权利人利益的知识产品这一无形物，知识产权客体则是知识产品这一无形物。

交融处有两点：一是创设初衷相辅相成。知识产权创设初衷是为了将特许经营变为合法垄断，而发展权的创设初衷就是为了协调权利义务双方的利益，使二者发展的利益能得到共同实现，保证社会效益达到最大化。发展权能改善知识产权运营中出现的不合理现象，使权利义务双方共享运营成果。二是权利性质有交汇。知识产权兼具人身权和财产权的双重权利属性。发展权是第三代人权，而财产权又是一项重要的人权，故发展权具有财产权的一部分属性，与知识产权在财产权属性上有共同之处。也就是，知识产权中的发展权源于人权，从属于人权，价值位阶在人权内部低于生命权等权利，高于财产权等权利。目前知识产权的财产属性发挥得更充分，在进行价值位阶比较时，可将其置于财产权层面。由此，发展权的价值位阶高于知识产权运营。

（二）基于知识产权合理运营的发展权本质

当前发达国家主导的国际知识产权保护标准存在诸多非理性运营现象，甚至侵害了本土的社会公众利益，威胁、阻碍了具体实现。实质上，发展权的目的就是改变全球范围内知识产权占有和发展的不平衡、不充分的现状，创建知识产权共同体，促进全球范围内智慧成果的传播和发展。其核心点应是维持权利人与社会公众、发达国家与发展中国家这两种利益的平衡。

本书将发展权置于知识产权运营视域下，以期为我国知识产权实现合理运营提供理论依据，并协助推进我国知识产权强国战略的稳步实施。笔者以为，发展权与知识产权既有差异，又有交融之处，主张知识产权中的发展权不是为了限制权利人或义务人任何一方的利益，而是自始恪守公平合理的利益平衡。知识产权中的发展权可以知识产权的立法本意、法益优先保护原则和利益平衡原则、权利限制理论作为理论依据。该权利是指权利主体能合法受益于智慧成果，并能依法利用知识产权实现自身发展需求的权利。这一权利不受地域、种族、性别和年龄等因素的限制，并且具有永续性和不可剥夺性，贯穿权利主体从诞生到消逝的整个生命周期。该权利的主体和客体是利益受到知识产权制度影响的各方，主体和客体具有相对性，在一定条件下可以互相转化。个人、集体、民族和国家都可以享有这一权利，发展中国家和发达国家、知识产权权利人和其对应的义务人都可能享有这一权利。

知识产权中的发展权特征是共同发展、平等发展和持续发展。该权利的宗旨是使社会能共享智慧成果产生的收益，保护文化传播和再创新不受阻碍，促进权利人和社会公众的利益平衡，使所有人能平等地使用智慧成果，以实现智慧成果的最优化配置。所以，这一权利之核心是实现两种利益的平衡：权利人与社会公众的利益平衡，发达国家与发展中国家的利益平衡。

六、我国知识产权运营发展的基础法律规定
——以专利运营为代表

（一）基础运营法律规范之《专利法》

2018 年 12 月 23 日,《专利法修正案(草案)》提交十三届全国人大常委会第七次会议审议,这是专利法的第四次修正。草案加大了对侵犯专利权的赔偿力度,侵犯专利最高赔 5 倍或 500 万元;增加举证规定,解决专利维权"举证难";增设"专利开放许可制度",规定职务发明创造可实行产权激励,促进专利转化、运用与实施;明确网络服务提供者对网络专利侵权的连带责任;延长外观设计专利权保护期至 15 年。[①] 由此可见我国《专利法》在保持法律稳定性的同时也在审慎更新。2019 年 1 月 1 日司法解释《最高人民法院关于知识产权法庭若干问题的规定》正式实施。[②] 该司法解释的目的在于进一步统一知识产权案件裁判标准,依法平等保护各类市场主体合法权益,加大知识产权司法保护力度,优化科技创新法治环境,加快实施创新驱动发展战略。

（二）专利运营申请程序事项之《专利审查指南》

《专利审查指南》是关于专利申请的程序事宜,更为具体明确地指出了当事人在专利申请的各个阶段应当遵循的程序,人民法院可以参照指南进行案件裁判,该指南由国家知识产权局制定,也是

[①] 参见:《专利法修改拟规定专利侵权惩罚性赔偿制度》,http://www.npc.gov.cn/npc/cwhhy/ 13jcwh/2018-12/24/content_2067769.htm。

[②] 参见:《最高人民法院关于知识产权法庭若干问题的规定》,http://www.court.gov.cn/ fabu-xiangqing-137481.html。

专利局进行专利工作的标准。同专利法一样，我国审查指南与时俱进适时调整，在国家创新驱动发展战略下，鼓励"互联网＋"的产业发展模式，力求同国际趋势接轨同步，深入保护专利相关人的权益。

譬如，针对专利运营与公共利益问题，2019 年 11 月实施的修订版《指南》扩大了优先审查的保护范围。对涉及国家、地方政府重点发展或鼓励的产业，对国家利益或者公共利益具有重大意义的申请，或者在市场活动中具有一定需求的申请等，由申请人提出请求，经批准后，可以优先审查，并在随后的审查过程中予以优先处理。按照规定由其他相关主体提出优先审查请求的，依照规定处理。适用优先审查的具体情形由《专利优先审查管理办法》规定。同时，为顺应人类胚胎干细胞技术的快速发展和创新主体对相关技术专利保护的迫切需求，修改不再对"未经过体内发育的受精 14 天以内的人类胚胎分离或者获取干细胞技术"的专利保护以专利法第 5 条为由完全排除。"如果发明创造是利用未经过体内发育的受精 14 天以内的人类胚胎分离或者获取干细胞的，则不能以'违反社会公德'为理由拒绝授予专利权。"

又如，2019 年 11 月实施的《专利审查指南》修订版给专利申请人提供了更多的审查模式选择，可以使审查周期更好地与专利的市场化运作相协调、相匹配，满足创新主体多样化需求。具体来看，有的发明技术领域希望通过延迟审查获得更多时间考虑调整专利权利要求的布局与保护范围。而外观设计专利的审查周期较短，对一些研发周期较长的产品来说，外观设计专利公告的时间经常早于所述外观设计产品上市的时间，由于外观设计"所见即所得"的特点，很容易被抄袭，如果在外观设计权利人没有完全准备好商业应用的情况下，外观设计被披露，权利人的商业利益可能会受到损失。

因此,此次《指南》修改对发明和外观设计专利申请引入了延迟审查制度。而实用新型专利申请的延迟审查由于公众意见反馈存在较大的"潜水艇"专利风险,故此次修改未对其引入延迟审查制度。①

(三)规制权利滥用行为之反垄断规制

2017年,国务院知识产权战略实施工作部际联席会议办公室公布《2017年深入实施国家知识产权战略加快建设知识产权强国推进计划》,明确2017年要出台滥用知识产权的反垄断指南,明确知识产权领域中垄断行为的判定标准,加强对滥用知识产权行为的监管。早在2017年3月,反垄断局就已经公开征求《关于滥用知识产权的反垄断指南(征求意见稿)》的意见。在该意见的征求稿中着重对标准必要专利(SEP)权利人市场支配地位的认定进行了指引,要求从多个角度分析SEP权利人的市场力量,包括所涉标准的市场价格、应用范围,行业对相关标准的依赖程度,纳入标准的相关技术被替换的可能性等五方面来综合考量。并且对实践中另一项被热议的SEP权利人禁令救济的问题,《指南》也在反垄断法框架内提供了指引。②

(四)专利运营中侵权损害赔偿之《侵权责任法》

2016年1月25日最高人民法院审判委员会第1676次会议通过了《最高人民法院关于审理侵犯专利权纠纷案件应用法律若干问

---

① 参见国家知识产权局:《2019年〈专利审查指南〉修改解读》,http://www.cnipa.gov.cn/zcfg/zcjd/1143361.htm。

② 参见中国商务部反垄断局:《公开征求〈关于滥用知识产权的反垄断指南(征求意见稿)〉的意见》,http://fldj.mofcom.gov.cn/article/zcfb/201703/20170302539418.shtml。

题的解释（二）》。^①该司法解释第二条规定："权利人在专利侵权诉讼中主张的权利要求被专利复审委员会宣告无效的，审理侵犯专利权纠纷案件的人民法院可以裁定驳回权利人基于该无效权利要求的起诉。有证据证明宣告上述权利要求无效的决定被生效的行政判决撤销的，权利人可以另行起诉。"设计了"先行裁驳、另行起诉"的制度，即在专利复审委员会作出宣告专利权无效的决定后，审理专利诉讼侵权纠纷案件的法院可以裁定"驳回起诉"，无需等待行政诉讼的最终结果，并通过"另行起诉"给权利人以司法救济途径。之所以采用从程序上裁定驳回起诉，而非实体上判决驳回诉讼请求，主要是考虑若无效决定被行政裁判推翻，则权利人仍可另行起诉。该司法解释的第二十一条规定了专利间接侵权制度，进一步强化了对专利权人的保护。但这并不意味着在现行法律框架之外给予专利权人以额外的保护，而是侵权责任法适用的应有之义，符合加强专利权人保护的客观实际。第二十七条也对专利侵权诉讼中有关赔偿数额的举证规则进行了一定程度的完善。在参考《商标法》第六十三条第二款有关证据妨碍规定的基础上，根据专利权人的初步举证以及侵权人掌握相关证据的情况，将有关侵权人获利的举证义务分配给侵权人，并将此与《专利法》（2008）第六十五条规定的赔偿额的计算顺序相衔接。

（五）专利运营中代理服务之《专利代理条例》及其《专利代理管理办法》

专利代理是技术和法律相结合的专业化服务，直接推动并影响

---

① 参见中华人民共和国最高人民法院：《最高人民法院关于审理侵犯专利权纠纷案件应用法律若干问题的解释（二）》，http://www.court.gov.cn/fabu-xiangqing-18482.html。

专利运营水平，服务于专利运营的全过程。我国《专利代理条例》《专利代理管理办法》《专利代理人资格考试实施办法》是专利代理法律制度的重要组成部分，也是国内专利运营服务的主要行为规范，在支持可持续创新、优化营商环境、减轻专利申请人负担、保障创新主体合法权益等方面的运营服务管理，越发严格规范。譬如：根据《专利代理条例》(2018)制定的《专利代理管理办法》(2019)明确了专利代理机构的组织形式为合伙企业、有限责任公司等。加强了对于专利代理违法行为的惩处，细化了《专利代理条例》第二十七条规定的"擅自开展专利代理业务"的三种具体情形。将从事非正常专利申请、干扰专利审查工作等九类行为，列为"疏于管理，造成严重后果的"专利代理违法行为等。

第二章　知识产权运营发展报告

　　数字技术极大地推动了知识产权运营的发展。尤其 20 世纪 90 年代以来，知识产权创新市场和许可市场异常活跃，作为一项新型商业业务，国内外涌现出诸多成熟的知识产权运营机构，如高智、RPX，采用多种风险防控措施，为防控知识产权诉讼风险，以研发、购买等方式组建专利池，主动发起或防御知识产权诉讼；或聚焦创新市场与知识产权市场的衔接，提供知识产权检索、知识产权的财产价值评估等中介服务，通过增加知识产权信息的透明性，降低知识产权权属不明风险。肯定的，知识产权运营机构的风险防控措施日趋多元化，甚至形成了法律预警与管理措施并举的知识产权运营风险防控内部体系，产生了积极的法律效应，但是，相关防范措施本身同时潜存消极法律效应。

第一节　国内外专利运营的模式和示范

一、国内外专利运营风险的代表性分类和表现形式

（一）专利运营的基本环节
　　广义上，专利运营的基本环节应当包括专利投资、专利整合和

专利收益。

1. 专利投资

专利投资与私募股权市场相似，是支持专利运营的主要资本市场，而专利运营投资是为获取未来的专利权及其衍生权利所带来的利益，在当前付出资金或专利资本的经济行为，其推动了专利权在持有者之间的流动。在美国，1983—2007年间，风险资本和私人股本行业的发明投资上升了114%及1940%。而2008年，其投资总额达到政府学术拨款资金的3倍(1.6万亿美元)。[①] 资本市场下的资金支持，大幅度促进了专利货币化价值的实现，脱离制造业而寻求专利投资运营自身发展，即将发明活动作为盈利业务，更能吸引风险资金的投入。

专利投资的目的根据投资者选择的主体不同而有所差异。一类是投资专利运营者，其不参与实际运营，譬如：大型跨国高科技企业集团、货币投资机构、实力雄厚的天使投资人等。另一类是专利运营者的投资，其目的是通过小额的资金投资来积累专利运营资本或规避未知的法律等风险。而专利运营投资则颇具特殊性：聚焦具有潜在价值的专利投资，投资流动范围局限性更大、投资风险更高，所以，专利运营投资类型有二：其一是货币投资，通常不同的主体选择的投资对象不同；其二是专利权投资，权利人通常以技术入股的方式参与专利运营公司的红利分配。

为了追求利益最大化，投资者一直热衷于向专利运营公司投资，这类公司在专利投资运营中优势明显：其能够克服发明投资的高风险性，且全过程进行质量控制，拥有专业的人才及营销团队来

---

① Nathan Myhrvold, Funding Eureka, *Harvard Business Review*, 2010, 88(3).

评估专利成果转化的市场需求、测算技术投资成本、进行专利投资执行等，专利运营公司常常是通过直接购买、企业并购等途径进行专利的投资运营。

2. 专利整合

面对现有诸多的专利权，专利运营者需了解这些专利权是否可以有效又有价值地运用在相关产业上，且需进一步考虑如何进行专利整合以实现专利权的最大商业价值。当前，多数专利运营者偏重依靠内部研发人员和特定领域专家对专利资产进行管理销售，但由于相关产业经验匮乏、管理整合水平低下等限制，往往无法创造最佳运营条件，有些专利运营者仅在互联网的无形资产交易市场上集中登记，静等客户上门，犹如缘木求鱼。归纳起来，专利整合的表现方式主要有二：

首先是运营资本整合。专利整合是指为实现专利价值的深入挖掘和高速增长而进行的对现有专利的技术再创新以及专利权利的组合，从而形成一定范围和规模的专利盈利行为。专利整合运营主要有两种方式：一是专利盘点（patent audit），即对所拥有的专利运营资本进行充分的认识，通过系统的专利整理、审查、分类等过程，将原本无系统的专利资本经过系统化的整理与增值，发挥其实施与交换的最大价值；专利盘点需要市场运营者将自有专利定期在法律、技术和市场等层面进行盘点，[①] 从而了解各专利及组合的内容和用途，以便制定相应的运营战略。二是专利技术整合，即在运营主体内部或以运营主体为主导完成相互交织在一起的专利布局的规划、设计，最终形成严密的专利布局网络，保持其竞争优势；而专

---

① 参见袁真富：《企业专利经营的成本控制》，《科技与法律》2009 年第 1 期。

利运营者要实现专利价值，必须通过实现专利的集团化、组合化来推动专利的流通和运用，提升专利运营的整体效率。譬如，美国陶氏（Dow）公司在1994年删减专利13000余项，为公司节省近5000万美元的手续费及税款等成本。[①]

其次是专业人才整合。专利运营主体应及时检视其专利、流程和科技，其中运营专业人才不可或缺：一是科技专家协助专利技术的审查评估及咨询服务，譬如美国宝洁公司（Procter&Gamble）成立的科技专家小组，由学术界和小型科技专利运营者代表组成，为奥列斯特莎分子的应用开辟商机；二是产业专家协助专利技术的特定市场应用及推广；三是市场专家可协助专利买卖双方敲定授权契约和股权交易，或提供现有的专利组合；四是精通国内外专利法律法规的专家协助处理相应的法律运营事务，他们善用专利国际规则，具有专利运营谈判及应诉等专业实务技能，可为专利运营提供良好保障。

在专利领域，专利权的实现依赖于静态支配和动态利用，前者是专利权主体基于自身对特定技术享有的专利权，后者是使用者基于法律的规定或当事人的约定，实现特定知识的财产利益和社会价值的过程。知识产权制度从建立之时起就根植于知识商品化的基础，其财产利益与社会价值的实现，并非仅仅表现为权利人对知识产品的支配，而是一个个人创造——他人传播——社会利用的系列过程。

3. 专利收益

在专利运营过程中，收益环节直接表现为专利市场化率，指凭借动态的规则利用，达到权利财产价值和社会效益的最大化。根据

---

① 参见〔印〕甘古力：《知识产权：释放知识经济的能量》，宋建华、姜丹明、张永华译，知识产权出版社2004年版，第353—354页。

专利运营实践可将专利收益运营主要概括为四种模式：一是专利许可模式，此种模式下，运营者凭借其拥有的专利权通过独占许可、排他许可等方式，许可他人在限定的时间和空间内使用该权利，被许可人向运营者支付权利的使用费。二是专利转让模式，指专利运营者通过专利拍卖、专利剥离等方式出售其占有的全部权利，也称为专利剥离，前提是运营者本身为被转让专利的权利人或是受专利权人委托有相应的转让权利；其作为一次性交易的转让模式，当然区别于专利许可。三是专利融资模式，是指以专利权为资本在金融市场（包括银行、风险投资公司）通过金融手段获得一定的现金流，包括专利担保、专利证券化、专利质押及入股等。四是专利诉讼模式，其被用作专利运营的模式和策略，往往偏离了司法保护的宗旨，启动诉讼多是以运营的专利池中的若干专利为后盾，以诉讼威胁达到商业目的，获取相关的专利技术许可使用费和巨额赔偿金。此种专利运营模式具有规划性、规模性、组织性、跨国性和持续性等特点，多针对高新技术企业发起恶意诉讼，涉诉金额巨大。

4. 专利运营的代表性例证：构建专利池

美国高智投资有限公司（Intellectual Ventures，以下简称高智或 IV）是目前全球排名领先的专利运营公司。高智以创新需求为导向，着眼于高新技术领域未来 5—10 年的技术创新，为技术研发提供基金支持。高智主要采取四项措施构建专利池，防控专利权财产价值被贬损的风险：其一，强大的资金来源。高智的投资者实力雄厚，包括微软等活跃的大型跨国公司，也有摩根银行等投资基金，还有知名高校。高智将募集到的巨额资金组建了三支基金：发明开发基金（Intellectual Development Fund，简称 IDF）、发明科学基金（Intellectual Science Fund，简称 ISF）、发明投资基金（Intellectual

Investment Fund，简称 IIF）。其二，完善的组织机构。高智设置系列部门，包括专利购买部门、内部研发部门、投资关系部门、商业化部门、研究部门、知识产权运营部门等，由企业管理、金融、科技和法律等精英团队组成。组织结构如图 2.1 所示：

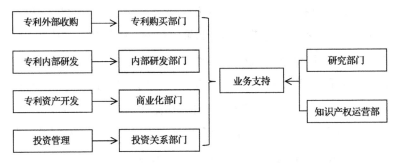

图 2.1　高智组织结构图

其三，多样的专利池来源渠道。高智的专利池来源主要有三种渠道：投资-许可、研发-许可及其诉讼，其中"研发-许可"包括自主研发-许可、合作研发-许可；这三种渠道都采用"三步走"策略，即募集资本——专利集中与管理——专利交易。高智专利池来源的特殊之处在于"研发-许可"，其选择为"投资发明家"这一特定的创新运营新市场，并且提供差异化服务。针对新创意，高智设立专门的"点子实验室"，提供"从点子到交易"的一站式服务，首先召集顶级专家评估新创意未来 3—5 年的应用价值，其次由专利律师筛选高质量技术申请专利，然后将创新技术纳入专利数据库进行组合升值，最后结合市场行情，将专利组合输入专利市场进行销售。针对大学或科研所的创新成果，高智对其进行"独家代理权"或"独占许可"。针对优质专利，高智直接进行收购。专利池构建措施如图 2.2 所示：

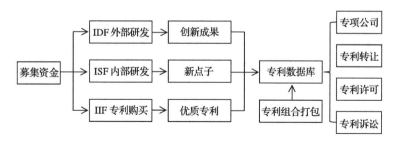

图 2.2 专利池构建措施图

其四，利用基金、部门及专利池防控专利财产价值被贬损的风险，实现专利权财产价值。在专利许可市场中，高智的交易内容有三类：一是提供专利包，如在美国世界通信公司（WorldCom）遭遇蒂博（TiboGlobal）公司的专利诉讼时，高智为世界通信公司提供包含 1000 个专利的专利组合包，收取 5 亿美元专利许可费；二是与不同主体进行专利联盟，如高智与三星、中国台湾地区的宏达等都是合作伙伴；三是实施专利诉讼，如高智曾指控赛门铁克（Symantec）、迈克菲（McAfee）等安全软件公司未经许可使用其软件构成侵权。

可见，高智利用专利池防控专利财产价值被贬损风险的特殊之处在于，募集大量基金，组建完善的部门，构建专利池，通过专利打包、专利联盟、专利诉讼等形式实现专利财产价值的最大化。

（二）专利运营模式

1. 专利运营主要模式

第一，以基金助力创新为主的专利运营模式。高智由美国微软公司两位前高管内森·梅尔沃德（Nathan Myhrvold）、爱德华·荣格（Edward Jung）于 2000 年联合创办，是目前国际上致力于发明投资公司之典范，且于 2008 年 10 月正式入驻中国。该公司的核心团队由包括科学家、发明家等技术专家，专利律师、诉讼律师等法律专家,以及金融家、风险投资家、专利许可授权代理商等经济专家组成;其兼具了七大运营机构和强大的基金机构,采用的商业模式是融资建立发明基金助力发明或投资,创建专利池,其运营本质是基于知识产权(专利)制度,创设发明之资本市场,将其作为产业来经营。

高智公司创立之初,并未大规模开展专利并购业务,2004 年之后其加快了专利运营的步伐,该公司以基金融资作为主要方式,设立了投资关系小组,以投资宗旨为依据,将其投资者界定为:一是货币投资者,将发明资金简单视为类似于金融衍生产品、对冲基金、私人股权的另一类货币投资方案,主要包括养老基金、大学和基金会捐赠基金等;二是战略投资者,其不仅追求高额的经济回报,更为重要的是希望获得高智公司的帮助或尽早获得专利投资许可,主要包括全球知名的高科技、电信、电子商务等领域的领军公司。与此同时,高智公司主要的专利来源依托其自身发明和外部并购,虽建立了专门的发明实验室,但多被外界认为是用来掩饰其专利投机行为的工具;而外部并购以空壳企业及联合研发为主。

高智公司以专利或发明创意收购、对发明和技术构思符合要求的发明者给予资助并申请专利等为主要业务,专注于投资、大型基金公司的应用、设计核心技术领域。其投资发明的运营活动采用基金模式运作,公司下设发明科学基金用于内部发明,发明投资基金用于收购符合公司发展目标的专利或公司(多为空壳公司),发明开发基金用于与发明人、大学和非营利机构合作开发专利,获得专利独占运营权。

为追求专利运营收益最大化,高智公司成立了一家独立于公司的机构进行"技术借贷",为中小企业提供公司从大型集团"借用"

的专利使用权，以资本支付、网络技术等为主要途径。此外，其专利诉讼方式多样：其一是借壳诉讼。如：绿洲研究（Oasis Research）诉阿德里弗（Adrive）案，高智在向克劳福德（Crawford）购买发明后，将这些专利转卖给仅成立 12 天的绿洲研究，次月绿洲研究则向多家云计算服务商提起诉讼，其凭借的正是自克劳福德处购买的专利，表面上看高智并未牵涉其中，实则是幕后操控者。

其二是直接诉讼。自 21 世纪初以来，高智以自己的名义有规模地向多家知名企业频频提起诉讼，如 2011 年，高智依托其所掌握的专利权向 10 余家公司提起侵权诉讼，其中包括摩托罗拉等世界知名企业，并声称高智为所涉专利在资产购买、支付发明人费用等方面投资巨大。

其三是专利保险。高智通过收取加盟费为企业提供专利池的保护，而与高智结成专利同盟的企业，在遭遇专利诉讼或侵权威胁时，高智则凭借其大容量的专利库为"被保险"企业提供可避开专利诉讼主张的"专利池"；与此同时，甚至能够"反客为主"，利用其现有资源对主诉方提出专利反诉。

客观上，高智运营模式在一定程度上引领了技术变革的时代潮流。正如内森·梅尔沃德所言：发明是下一代之"软件"，面对现存资金短缺、智力成果零散等窘境，应建立体系化的发明生态系统，将其与资本市场对接，形成良性循环。[①]

可见，高智公司主要经营流程一度就是组建顶尖团队寻找最佳投资契机，运用公司基金以研发、收购或合作等途径形成兼具完全

---

① Nathan Myhrvold, Funding Eureka, *Harvard Business Review*, 2010, 88(3).

经营权的专利池，公司发展注重投资、整合等环节，且实力雄厚面向全球展开业务。其运营模式的优势主要有三：

一是降低发明投资的高风险。高智分散风险采用类似于保险公司凭借保单积累的方式，以构建多元化的投资专利组合，且涵盖了高新科技领域。二是实行运营全程效果管控。美国知识产权市场已出现诸多新型交易方式，譬如 RPX 公司提供专利风险解决方案的模式、托默公司推出的知识产权拍卖模式、知识产权做市商交易系统模式，及其他公司提供的知识产权债务融资、知识产权记分牌等新型运营模式，均是基于已有发明成果而进行交易。比较而言，高智公司更加注重控制发明创造源头，以全球市场需求为运营导向，利用基金整合优质研发资源，依托市场和客户建立专利池，以此确保运营的高质量及高收益。三是强大的人才队伍及营销能力。高智专利运营隐蔽性强，且根据不同的客户群体灵活转变其运营模式，公司强大的人才队伍涵盖了企业管理、技术经营、法律、金融、经济等人才，并建立起全球发明网络。

第二，以金融手段为主的专利运营模式。区别于以基金助力创新为主的专利运营模式，以金融手段为主的专利运营模式更侧重于在投资、整合、收益三环节对金融中介、市场和手段的运用，呈现"发明投资基金＋交易平台"并存模式。最具代表性的有三：

其一，阿凯夏科技集团（Acacia Technology Group，以下简称阿凯夏公司）模式。成立于 1992 年的阿凯夏公司，最初为具备一定潜力的技术企业进行风险投资是其主营业务，自 21 世纪初为开辟新的业务领域，转向投资具有一定实力的专利企业，并渐转入专利许可服务领域。该公司的运营不单依赖诉讼，而是以专利许可为主营业务。提供为专利侵权人的许可服务，即侵权事实认定后，收集并保存侵权证据，以此为基础对业务对象及市场规模进行分析。阿凯夏公司拥有规模化的专利许可业绩，在收费制度上，将开展许可业务过程中的支出费用自许可企业收益中扣除，譬如反向工程等的技术分析费用、样品购置费用、外部专家委托费用、差旅费用等，将剩余部分同客户对分。其次，阿凯夏公司的运营侧重高新技术领域，客户以欧、美、日为主。阿凯夏公司业务领域主要集中于半导体、电子部件、显示器、通信等高新技术领域，以专利为对象，开展专业化的许可业务；公司成立伊始虽以经济实力薄弱的发明者或小企业为主要客户群体，但发展过程中积极与潜在的实施方案进行专利许可交易，积累了潜在资源。

其二，艾提杜资本有限合伙集团（Altitude Capital Partners，以下简称艾提杜公司）模式。该公司定位为知识产权的投资公司，以广泛的知识产权作为业务对象开展投资业务，涉及信息技术、医疗设备、生物技术、汽车等多领域，知识产权领域的运营业务体系包括挖掘有价值的专利等知识产权资产，提供技术法律和财务领域的建议，规定和强化专利等知识产权资产的潜在价值，通过知识产权法律顾问、费用的协议及协调利益等模式识别、谈判和管理前沿知识产权等。

艾提杜公司的专利运营依托投资银行、法律知识提供专利创造价值实现及资金支持业务，区别于其他运营公司的，其作为一家投资公司，除具备专利的技术、法律等相关知识，还具有投资银行的功能；其业务一是提供实现专利具体创造价值相关专业的知识服务，譬如对客户拥有的专利组合提供服务的必要知识，二是提供灵活、目的广泛的资金支持业务。该公司主要客户群并非大企业，而是在专利运用领域缺乏相应资源及相关专业知识的中小企业、大学等,其投资模式多样,包括第三方的专利购买、许可合同、专利诉讼、合作协议等。

其三,保罗资本合伙集团(Paul Capital Partners,以下简称保罗公司)模式。该公司成立于 20 世纪末,主要从事医药等领域二级市场的相关投资业务,客户集中于高校及科研院所,以潜在专利使用费为对象的投资客户主要有英国阿斯顿大学、英国帝国理工学院、英国抗癌技术研究所(CRT)、威斯特研究所(The Wister Institute)等,具体模式是在分析研究所和大学的财务需求基础上,与其专利使用费对象进行交涉,且制定投资方案。此外,保罗公司专利运营模式以投资为主,因公司所涉领域技术周期较长,风险控制尤为必要,因此其选择的潜在对象的专利多已实现商业化或处于商业化最后阶段,投资主要以一次性投资、部分投资或将来定期性投资为主。

作为例证,我国当前专利运营之"发明投资基金 + 交易平台"模式最具代表性的当属北京知识产权运营管理有限公司(以下简称北京 IP),该公司在实现科研机构和企业的产学研对接的同时,拓宽知识产权运营的竞争渠道,推动商业化运营。致力于发掘企业以专利为代表的高质量无形资产的北京 IP,被形象定位——"离政府最近的市场和离市场最近的政府"。当前,北京 IP 的业务主要有三种:其一,科研发明投资基金。该公司首先针对世界知名高校及科研机构,收购有潜力的专利,同时在国内筛选有能力的匹配企业,跟踪国家 863 计划,以产学对接的手段实现专利技术的市场化运营。其二,专利质押委托贷款。该公司设定了初步的知识产权抵押制度,针对公司认为市场前景广阔的专利,以专业机构评估、专业人才定价为必经途径,而后才允许在北京 IP 抵押,而公司的资金通过委托银行贷给专利持有人。其三，专利点对点直接交易。北京 IP 利用资金及公信力优势，着力促成专利受让双方的有效对接交易，并收取相当的服务费，起到了一定的知识产权交易平台的服务作用，为国内技术及前线市场的对接一度提供了商业化的有利途径。

在国内产业市场规模和专利价值悖论的时代背景下，北京智谷科技有限公司（以下简称智谷公司）致力于开发国内的潜存专利价值，其作为一家"专利增值商"，采取"会员服务＋股权投资"的商业运营模式，其核心业务有二：其一，基于专利组合的会员增值服务。智谷公司将其所属众多专利组建专利池及相应组合，公司作为知识产权服务平台，采用付费式会员制的方式，依据企业的不同需求给予不同的专利授权方式及种类；针对大型企业，智谷公司集中提供战略性的防御专利服务，利用专利授权对抗侵权等恶意诉讼，而对于小型的会员企业，智谷公司侧重提供"诉讼清除"业务，帮助其积极应对专利诉讼，同时获取相应的专利资产。其二，基于股权交换的技术投资服务。智谷公司广泛寻求市场上颇具发展潜力的企业，通过高质量专利授权等交换公司股权，以此进行投资；其发展路径类似于高智公司，譬如：公司通过金山软件这一股东，获得运营资本保障及知识产权业务平台。

第三，以技术公司转型为依托的专利运营模式。技术公司转型的专利运营公司优势在于其可依托一定的技术基础，在投资环节中可更倾向于自我研发或投资同领域的专利技术，虽更为传统，但也颇具代表性。其一，英特迪吉通信公司（InterDigital Communications Corporation，以下简称英特迪吉公司）。该公司是无线电话通信的领航者，通过收购掌握了 CDMA 的新技术并将二代核心技术 IS-95 标准出让给高通，CDMA 市场化助其取得了行业霸主地位。英特迪吉公司运营专利多为无线技术领域的自主申请，且深层次地参与技术规格标准开发，该公司大部分专利是自主技术开发的成果。其专利运营模式以专利许可、诉讼以及转让为主，深层次依托其算法研发能力和强劲的专利储备，为其带来了丰厚效益。

其二，新风投有限责任公司（New Venture Partners LLC）模式。该公司是依托贝尔实验室所拥有的技术主营业务一度在信息通信领域进行技术投资、孵化的风险企业，其专利运营模式特点有二：一是针对知名企业在信息流通领域运营，新风投公司的主要投资对象是世界性大企业的研究机构及知名研究机关，依托市场机会的有效性、技术创新性及发展潜力予以判断，包括 IBM、飞利浦、英国电讯等在内的诸多大企业均与其合作；二是公司运营专利在技术上处于萌芽期，其运营模式以投资为主，被定义为风险企业。

其三，斯坦福大学技术许可中心（Stanford University Office of Technology Licensing）模式。该中心专门致力于将斯坦福大学所拥有的知识产权向产业界转移，其不以专利营销为重点，倡导学校参与自身专利事务的管理，以专利营销促进专利保护。其缔造了谷歌、雅虎等顶级的跨国企业，运营专利发明人多为本校成员，创新过程不同采取不同的处理运营模式，成果研发过程与市场联系紧密，更有利地保障专利的商业化，其主要的运营模式为技术许可，并围绕技术形成了较为完整的管理制度。

其四，宇泰公司（UTEK Corporation）模式。该公司是包括提供知识产权、技术战略经营管理方面相关咨询指导服务，以及针对专利技术开展分析服务企业等在内的集合体模式，一度致力于开展知识产权及技术战略管控的经营业务。宇泰公司的运营专利所有者多为研究机构，主要面向中小企业开展业务，被称作 U2B 模型；此外，其围绕着技术转移、知识产权经营管理等，提供技术许可和技术转移等多元化的运营模式。

第四，以中介服务为主的专利运营模式。以中介服务为主的公司多由某一公司或单独成立的知识产权经济部门发展而来，拥有丰富的专利整合、专利收益的经验，运营模式更加多元化。较具代表性的模式如下：其一，ICAP（全称 Intercapital，世界知名的交易商兼经纪公司）模式。ICAP 专利经纪公司作为 ICAP 所属之知识产权经纪部门，因收购海洋之友智慧资本商业银行公司（Ocean Tomo）交易部而组建，同时是国际上公认的专利拍卖机构领航者；主营业务涵盖与知识产权专家鉴定、估价、投资、风险管理和交易相关的金融产品和服务等多方面。该公司提供了标准化专利拍卖交易流程，其服务包括链条紧密、体系完成、标准文本制定、市场前期检索、委托合同签订、尽职信息调查和市场投放等一系列环节。同时，借助专利拍卖的宣传作用，使其围绕专利证券化展开了多元化专利运营，包括专利价值评价、专利市场指数、专利竞拍、专利投资组织等运营模式。

其二，专利方案公司（Patent Solution）模式。该公司的运营领域集中于收益周期较短的高新技术领域，譬如半导体、通信、电子等，其采用完全成功的收费制度；运营模式以专利许可、转让、价差许可等为主，重视亚洲市场。

其三，思维火花服务有限公司（Thinkfire Services USA Ltd）模式。其运营模式特征显著：一是围绕思科、NEC、CIENA 等大企业开展高科技知识产权服务；二是围绕专利经营管理和交易提供多层次的运营模式，包括针对相关智力财产的经营管理提供咨询指导，以及在知识产权许可、销售层面提供的支持服务；三是专利运营团队由技术人员和市场开发人员共同组建，充分考虑专利的技术和市场属性，深层次挖掘专利价值。

其四，宇东科技管理集团（Transpacific IP）模式。该公司业务侧重于知识产权的并购、管理和授权等，也包括开展专利的多方授权服务以及处理破产公司专利等。

其五，强制专利公司（Logic Patents）模式。该公司以制造和培育有攻击性的专利为业务，是一家专门从事专利资本化和发明投资运营的公司。强制专利公司充当"专利军火商"的角色，其涵盖专利收购、专利培育与商业化运营、竞争分析、专利评价等层次的业务，遵循"变废为宝"的运营思路，接手他人意欲放弃的专利申请，转化为新的资源，同时为被告提供用于专利侵权案的反诉专利。

其六，技术交易集成服务平台衍生模式。专利权属不明风险多源于专利交易市场买卖双方的信息不对称性，因此，专利运营机构通过建立专利交易平台，采用拍卖等方式增加交易信息的透明度。譬如：江苏佰腾科技有限公司（以下简称佰腾公司）设有专门的专利运营中心，其依托电子、生物医药、软件等领域专业人才，及"互联网＋"的服务平台衍生运营模式开展业务。主要业务涵盖三方面：一是专利咨询，即提供专利数据库、企业专利管理标准辅导、专利产业战略与预警分析报告、专利申请培训等；二是包括佰腾网、校果网等在内的专利网站；三是专利平台，包括专利等知识产权创新平台、专利资助区域管理、专利监控管理、专利产业数据库、知识产权综合管理平台等。佰腾公司主要依托专利收购和专利商业化的途径开展业务，在专利收购层面，遵循与委托公司就专利交易的范围、价格达成一致意思表示并签订协议，进而在市场上收购符合要求的专利、进行价值评估，与委托方洽谈、办理手续，提供后续系列的跟踪服务的体系流程。而在专利商业化层面，公司侧重于与客户商讨专利许可的定价、签订合同、专利推介、转让谈判等内容，同时注重通过收购专利组建专利池进行诉讼对抗的运营。

又如：深圳中科院知识产权投资有限公司（CASIP），该公司被定位为"知识产权运营价值链的系统服务商和系统集成商"，其主营业务有四：一是提供专利代理服务，譬如专利申请授权、专利无效、专利诉讼应对、专利战略策划、专利预警分析、专利评估，以及商标、著作权等的代理服务；二是依托中科院的科技实力，进行优质的市场专利创造；三是专利二次开发，针对市场上有前景的专利技术进行全方位的技术和市场分析，整合现有资源、明确再开发的创新方向；四是以自身为平台，提供全套的知识产权运营平台服务，包括专利许可、专利授权、专利联盟、专利组合、技术转移等。该公司创建的技术交易集成衍生出的全流程平台服务模式，可对企业从项目初始阶段到商业化成果终结过程均进行管理与监控，实现规避风险和市场收益的双赢。

再如：ICAP 这家经纪公司的经济来源主要是为买卖双方的注册费用和专利拍卖中介费用。ICAP 的风险防控措施为"七步走"，即 ICAP 的专利货币化专家通过市场调研、行业分析等调查专利市场需求，向特定的专利权人发出拍卖邀请；ICAP 对专利权人提交的专利进行可竞拍性审核，包括公司专利评分系统和专家团队评审系统；ICAP 审核竞买人，包括竞买人注册信息、缴纳登记费、提交竞买资格证明；组建专利和竞买人信息库，由专利货币化专家对通过审核的买卖双方进行匹配；由专家团队对专利权人作尽职调查；

ICAP 将拍卖信息进行网上公示；现场拍卖。

第五，以规避市场风险为主的新型专利运营模式：专利投机＋反专利投机。伴随市场发展出现的新型专利运营模式区别于传统模式，专利权人依据专利制度而合法拥有诉讼手段，诱发了以专利诉讼或以诉讼相威胁的风险，为防控此风险，一般采用两种措施，即专利投机和反专利投机。譬如，在遭遇专利恶意诉讼时，专利风险解决渐成为运营服务中较为突出的服务内容，而传统模式下的运营公司对此并不重视；此时出现的将专利运营风险作为主营业务，采用通过提供风险解决方案来降低专利投机所带来的成本损失的运营方式开展专利运营的模式，即是新型专利运营模式，最具代表性的，包括强制专利公司和合理专利交易公司（RPX）模式。

其一，强制专利公司采用了典型的专利投机模式，其业务核心为"专利诉讼"，为此其专利培育只有两种类型，攻击性专利和反诉专利，其中攻击性专利针对大企业培育，反诉专利针对侵权指控培育，以此获取高额利润。其二，RPX 由两家创投公司共同出资设立，分别为凯鹏华盈公司和查尔斯·里弗斯风险投资公司，由专利投机者的恶意诉讼而衍生，因此，其专利运营的主要目的为防御恶意诉讼或诉讼威胁带来的高风险和高成本，提供除诉讼外的专利解决方案。RPX 作为业界第一家"反专利投机者公司"，其业务针对专利投机者。

RPX 的专利池构建具有特殊性。第一，防御型专利池，其所购买的是可能给其客户带来诉讼风险的核心专利。第二，专利的来源为购买，包括三种方式：专利收购、取得专利权人的许可、与众多拥有专利的小公司合作。第三，RPX 不以专利实施转化为目的，其防御型专利池包含 3000 多项专利，使其可以通过专利联盟、专利交叉许可等低风险的方式应对专利投机者。

　　强制专利公司和 RPX 都以专利诉讼为导向培育专利, 而不以专利实施转化为动机, 其一攻一守的专利运营风险防控措施如图2.3所示:

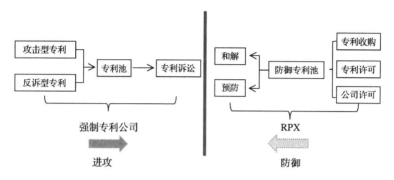

图 2.3　"攻守"的专利运营风险防控措施

　　第六, 全程化知识产权管理服务模式。上海盛知华知识产权服务公司专利运营模式就是全程化知识产权管理服务模式的典范, 其致力于通过专业化的知识产权服务, 促进高校及科研机构生物技术的专利管理与许可, 提升专利质量, 其实质是知识产权管理服务公司。其运营模式可分为两类: 一是进行专利发明筛选及评估, 即在全球范围内对专利的各种文献进行检索分析, 在此基础上判断该专利是否可取得授权、可取得何种程度的授权; 判断授权范围后, 进行相关产业等竞争技术的检索, 对专利市场的优势及劣势予以分析, 并进行相符的评估。二是实现发明培育和专利保护范围增加, 即对在发明筛选和评估阶段产生的专利进行信息调查反馈, 譬如建议发明人在现有基础上增加实验, 扩大专利的保护范围等, 使其获得最大化增值, 并分析市场调查结果。三是专利技术的市场推广营销，面向许可的价值评估和商业谈判，专利许可监督等。

2. 对国内外专利运营模式及其风险防控的比较

首先，国内外专利运营风险防控的共性。各专利运营公司风险防控的目的大体相同，一是以专利交易中介服务为基础，为专利交易双方搭建对接平台，增加专利市场信息的透明度和流动性；二是以专利权的财产价值为核心，一方面以建立专家团队、制定专利权的财产价值分析指标等方式完善专利权的财产价值评估，另一方面通过专利培育、组合等方式增加专利权的财产价值；三是以专利运营风险防控为保障，通过制定专利申请、管理、诉讼等策略，降低专利无效、专利侵权等风险。由此，国内外专利运营风险防控措施的发展规律可见一斑：

其一，专利运营风险防控依托于专利市场，而专利市场的基本结构为供给方、需求方、中介。开放式创新下，企业纷纷"走出去"寻找技术资产，使专利交易日益频繁，逐渐形成专利交易市场，但专利交易市场存在信息不对称性，诱发专利权财产价值风险，因此专利运营主体多采用以下四种风险防控措施：一是为供给方与需求方搭建交易平台，如 ICAP、中交所、知交所、北知等；二是致力于专利收购、研发、合作研发，以组建专利池，如高智等；三是唤醒高校沉睡专利，如斯坦福大学技术许可办公室等；四是提高小型高新技术公司专利质押融资的可能性，如镇江等。同时，伴随专利权的财产价值提高，利用专利制度谋取高额许可费、转让费的专利投机者出现，由此催生了防控专利垄断地位风险的措施，包括专利投机，如强制专利公司；专利防御，如合理专利交易公司等。此外，专利整个生命周期，从研发到产业化，皆风险丛生，催生了专利咨询、专利权的财产价值评估等服务，各大运营机构也将其作为核心能力予以提升。

其二，专利运营风险防控措施大都采取专利组合的方式，降低专利权财产价值风险，如智谷不仅进行专利组合，还根据专利权财产价值风险划分等级，让会员自由选择不同风险等级的专利。

其三，专利运营风险防控聚焦于专利运营风险认定的某一法律要素，如高智关注于专利权财产价值风险的防控。这源于开放式创新下的专业化分工，企业不再限于利用自身技术资源，高校、科研所、小型科技公司等缺乏资金的技术研发者不再限于自主研发，催生了专利创新价值链的开放性，即创新、申请、许可、融资、实施等各个环节均可为不同主体带来丰厚利润，因此可针对某一个环节进行专利运营，并同时采取相关措施防控某一特定专利运营风险认定的法律要素，如智谷关注专利增值；盛知华关注专利管理。

其四，专利运营风险防控措施也诱发了新风险，最主要的是专利垄断地位滥用风险。专利赋予专利权人优势地位，而专利运营主体聚集大量专利，其可以通过定价机制、市场支配地位、"专利搭售"等方式破坏市场自由竞争。

其次，国内外专利运营风险防控的法律效应。专利市场为运营提供了诉讼自由。可见，专利运营风险防控措施与专利市场相关，同时反作用于专利市场，产生积极法律效应和消极法律效应。其一，专利运营风险防控的积极法律效应：一是降低了风险发生率。专利集中模式将技术汇聚于一个平台，方便为核心专利配置周边专利，通过专利组合提高专利整体价值，突破了"专利丛林"的制约，此外，也扩大了专利信息获取的渠道，有利于专利运营主体明晰专利权属状态。最重要的是，专利权的财产价值不再仅仅由诉讼方式决定，即通过诉讼由法庭判决，而是由专利交易双方协商决定。二是增强了专利风险防御能力。在专利交易市场中，不乏以发动诉讼为主的专利投机者，其存在大大增加了企业专利防御的成本，同时其因专利权而具有的优势地位造成了专利市场竞争的不对称性，且专利实施企业无法单方面利用传统的反诉予以对抗。专利运营模式有助于打破这种不对称的专利竞争，通过专利组合，有效防御有可能发生的专利诉讼，如合理专利交易公司以"批发价格"将专利授予企业用于防御专利侵权诉讼。

其二，专利运营模式也会产生消极法律效应，主要有两项：一是破坏产品创新和竞争。现行专利制度的缺陷导致专利交易市场流动性差，交易成本畸高，给了专利集聚者以专利诉讼或诉讼威胁攫取高额利润的空间，增加了"诉讼套利"行为，而此部分费用最终由生产商转移至产品，从而导致产品成本增加。此外，专利集聚者累积多项专利组合，在发挥专利潜在价值的同时，也为专利集聚者带来市场优势地位，便于其为竞争对手进入专利市场设置壁垒，且专利集聚者可以与专利投机者合作，借助专利投机者向目标公司发动诉讼或以诉讼相威胁，如在巴斯基与专利投机者 IPAT 的专利侵权诉讼案中，其曾请求美国联邦调查局调查合理专利交易公司的共谋行为。二是影响社会福祉。风险防控措施对经济稳定的破坏力极大，专利市场中存在大量劣质专利，而这些低价值甚至是无价值专利和优质专利一同被专利聚集体"打包升级""打包出售"，可能导致专利价格畸高，使优质专利因无法实施而成为"专利泡沫"，最终阻碍专利产业化。此外，国外专利运营公司在国际专利市场的布局，潜存威胁本土产业安全的风险，如高智在我国的信息、生物医疗等领域甚至高校的广泛专利布局。

可见，专利运营主体的发展如火如荼，为实现专利权财产价值的最大化，创造了多种风险防控措施，尤其是起步早的国外专利运营主体，通过构建专利池、政府主导＋官民合作的方式，有效防控了专利权财产价值风险，实现着专利权财产价值的保值增值。相应地，国内为防控专利权财产价值风险，采取了"一站式管理""专利池信托""专利组合"等方式。相比之下，国外部分防控专利垄断地位风险的有效措施，如专利投机和专利反投机，我国尚属稀缺。国内外专利运营风险防控的背景和现状存在差异性，但是风险防控的技术共性更多，如依托于专利市场、聚集专利和专利风险认定的某一个法律要素，产生着积极和消极的法律效应，尤其是消极的法律效应——集中式的风险防控措施潜存威胁专利垄断地位的风险。

再次，相比于国内，国外专利运营主体更加广泛、模式更加多样化、专利布局更加深远及运营政策性保障更加充分。其一，专利运营主体广泛。国外开展专利运营活动的主体包括大中小型企业、高校科研机构，还包括专业的服务性中介组织。当前，国外进行专利运营的公司既包括以英国技术集团（BTG）、美国宇泰（UTEK）等为代表的以增加知识产权市场价值为主要目标的知识产权管理公司，也包括反自保型公司等注重专利独占许可权的公司。从规模上看，既有专利独立发明者，也有各类型企业；从资本来源上看，既有附属于母公司的组织部门，又有独立公司。国外大量的专利中介机构常常涉及专利运营，甚至以专利运营为主业，形成了包括专利事务所、专利交易所、无形资产评估、专利教育与培训、专利保险公司、专利信息服务等在内的完善且发达的专利服务产业链。

其二，专利运营模式多样化。国外公司将拥有的有效专利或专利技术进行分析、收购、集成，形成产业化的市场专利组合，并通过转让、许可、投资、诉讼等模式实现专利的经济价值。专利运营基于与经济、金融、法律、科技等的融合，其运营的商业模式也日渐多样化，专利货币化尤其成为一种常规化的商业实践。主流企业除去发明投资基金公司外，仍有诸多如强制专利这样的中小型公司，以知识产权经纪业务见长的 ICAP 专利经纪公司，提供专利"保护伞"的 RPX 公司，以及知识产权管理方案服务提供商 UBM TechInsights、IPXI 综合性交易平台等，其商业终点均是致力于最优的专利价值开发。

其三，战略性的市场化专利布局和完善的商业开发网络。当然，一种产品往往包含诸多专利技术，在高风险的专利运营领域，单个的专利权难以完整覆盖某一领域，且存在核心专利被绕过的潜在法律风险，因此国外企业对专利布局极为重视。其专利布局首先包括专利评估分级，即以专利的技术价值为视角，涵盖相关专利、企业内部专利在内的价值分析；其次还包括专利组合布局，即从风险防范视角，构建专利池。针对专利运营而言，使市场主体需求与专利技术达到匹配十分重要，商业开发网络应运而生，亟需各类专业化人才。一是熟知技术的市场专家，此类人既可作为商务精英充分了解市场的现实需求，又对技术保持极大的研究热情；二是谈判专家，专利的非物质性使得专利评估对其意义尤为重要，获得买卖双方对专利价值的一致认可实属不易，优秀的谈判专家可以有效降低专利的交易成本；三是 IT 精英，身处信息化社会，许多企业的运营活动都离不开互联网，信息技术的广泛应用使得优秀的 IT 人才炙手可热；四是管理专员，鉴于专利运营涉及的产业活动的广泛性，管理专员对运营的重要性不言而喻。

其四，运营政策性保障充分。美国《专利法》、英国《专利法》、日本《特许法》和《著作权法》中都有关于质权之条款，可见发达国家对知识产权运营的重视。以美国为例，通过《联邦技术转移法》《技术转让商业化法》相关法案的实施，对专利的转移和扩散进行了持续推动。日本 20 世纪 90 年代开始实行"科学技术创新立国"政策，早在 1998 年就颁布了《大学技术转移促进法》，通过建立中介组织加速技术转移；此后，日本的"知识产权战略""知识产权立国"政策等，特别提出利用信托制度促进知识产权管理和融资、创设专利信息的专家咨询系统和战略分析系统推动其市场化发展进程。

（三）专利运营风险的主要表现

基于专利运营的整体性、专利运营风险的多重性，以及专利运营法律特征的特殊性，专利运营风险既应当包括专利本身及其运营环节中内生或滋生的风险，也应当包括在运营环节以外的宏观层面等专利制度现存或潜在的知识产权风险。专利运营风险的主要表现有五：

其一，政治法制风险。经济基础决定上层建筑，现实的政治经济条件及市场环境是市场主体开展专利运营的重要依托。宏观层面，政府作为运营的间接主体，在战略导向、政策制定等方面服务于专利运营活动发展的同时，也存在或迫于公众压力与利益团体压力为专利运营设置政治性障碍的可能性，譬如单一运营主体与群体利益的冲突利益抉择等，易引发政治风险。其一旦形成，运营主体短期感知力弱，对此导致的间接性冲击则无力应对。虽然一国法律相较于其他，更具稳定性和可预见性，但并非一成不变。全球化时代下，各国知识产权相关制度、运营规则开放式互通，国内立法也将顺势而变，传统的运营模式遭遇冲击，当下和预期的专利运营面临重新洗牌的趋势，市场主体水平参差不齐，难以平衡把握法制环境的演变及经济发展的偏倚。

其二，市场运行风险。当代市场经济条件下，专利运营根植于市场体系，采取市场化的主流方式进行经营运作。在此层面，市场条件的优劣对专利运营的成效起决定作用。一旦身处经济危机期，或市场秩序混乱时，运营主体将采取相应措施回收运营资源，以消除市场阻力。就外部环境而言，金融行业在爆发金融危机时，将极大减弱其对市场的支撑作用。同时，专利运营限于其自身特性，主体之间的市场活动也潜存道德风险，集中体现为交易双方在信息非对等前提下，优势一方损害交易对方经济利益的情形。此外，也包括市场接受的时间、市场寿命及市场开发成败，以及未来的市场需求和竞争者的替代产品介入等不确定因素。

其三，中介组织风险。专利运营活动在特定的社会环境下进行，某种程度上，专利运营并非由货币投资者或专利权人直接完成，而多需借助 NPE（类似于中介代理）的参与力量，可见其发展状况对专利运营影响之深远。除运营活动本身的风险性外，非投资者的 NPE 等中介或引发代理选择窘境，当市场主体作为委托人授权其代理人处理事务时，二者间便产生"收益权能分享"关系；在此过程中，由于信息的不完全性、利益分割的博弈等，中介组织的委托—代理性风险随之产生。

其四，经营管理风险。参与运营的市场主体形态多样化决定了活动过程中风险的探讨需深入其组织内部，在此层面多关涉专利的滥用，集中表现为专利之价格战，加之包括运营组织自身的战略、市场定位等在内的多种因素，容易引发专利运营风险。

其五，专利自身风险。此处偏重于专利无形性等引发的潜在风险。主要体现为四种风险：存在性风险，即对于专利权利拥有者、专利权利真实性的确认；接受性风险：对于影响受让方切实完成专利运营流程因素的确认；稳定性风险，如专利保护期如何、权利要求是否明确、价值难以评估等；诉讼性风险，专利诉讼的高成本易引发专利运营的司法困境。

二、调研例证：我国国内专利运营风险防控的发展现状

国家知识产权局发布的《中国知识产权运营年度报告》显示，2018 年我国专利运营总量向常态化发展方向稳步迈进，专利运营次数为 25.3 万次，较 2017 年同比增长 2.1%，涉及专利件数为 23.6 万件，较 2017 年同比增长 3.1%；全国有效注册商标中，有 39.3 万件商标发生了转让，累计达 39.7 万次，有 1.9 万件商标实施了许可，累计达 2.7 万次。随着促进知识产权运营的一系列政策措施的出台，知识产权金融服务模式不断创新，创新主体知识产权资产管理日趋完善，涌现出一大批知识产权运营的典型案例。[1]

（一）我国防控专利权财产价值被贬损风险的实践

1. 专利池信托

以我国镇江市为例，镇江市的诸多科技小微型企业以专利权质押的方式获取资金，同时办理了专利池信托，防控专利质押融资的风险。该市专利运营风险防控措施颇具系统化。其一，专利运营系统。为防控专利权财产价值风险，镇江市设立了价值评估制度，在当地高校和科研机构选取具有商业价值和产业化价值的核心专利，由江苏省知识产权局研究中心组建专家团队对其进行价值分析，评

---

[1]　参见国家知识产权局：《中国知识产权运营年度报告（2018）》，精华版线上发布，http://www.cnipa.gov.cn/ztzl/zgzlz_x/xgbd_x/1144549.htm。

估的指标包括专利运营风险、技术前景、周边技术成熟度。其二，专利质押融资系统。为防控专利质押融资的风险，采取专利托管、流转和保险三项措施。首先，镇江市将专利托管划分为两块，一块是提供专利运营风险识别等服务，另一块是提供专利诉讼代理等维权服务。这两块工作均依托于政府主导下的服务信息平台和专利顾问团队建设。其次，专利流转是盘活专利产业化市场的利器，鉴于此，镇江市特搭建专利流转平台，促成高校等主体将其闲置专利在专利流转平台"挂牌"。再次，专利潜存诸多风险，如专利无效、专利侵权，可能给企业造成巨大损失。为分散此风险，镇江市推出"专利保险"，为投保人降低维权风险，如"专利执行保险"为投保人的维权诉讼提供充足资金。诚然，镇江市专利运营模式受益于政策支持，包括《镇江市专利维权托管实施意见》等，其具体防控措施如图 2.4 所示：

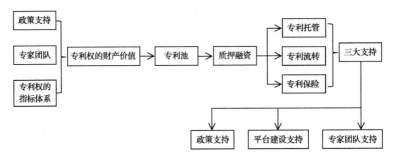

图 2.4　镇江市专利运营风险防控措施

2. 专利组合

不同于高智以"研发＋许可"方式组建专利池，我国专利运营机构通常以专利组合等方式来防控专利权财产值被贬损的风险。这里以北京智谷科技有限公司（以下简称智谷）为例。智谷同高智等专利运营机构相似,也通过购买、投资研发等方式构建专利池,然而智谷专利池具有三项特殊性:一是将专利分成不同层级的专利组合,让会员可以根据自身性质进行选择;二是专利池对规模不同的企业发挥不同的作用,其利用核心专利为大规模企业提供"诉讼防御",而为小企业发动积极诉讼;三是将专利池中的专利用于投资,以换取企业股权。智谷具体的专利运营模式如图 2.5 所示:

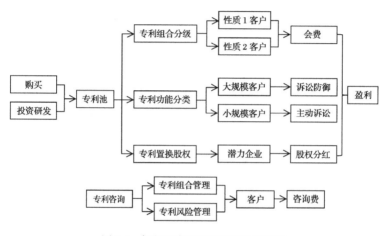

图 2.5　智谷的专利运营风险防控措施

(二)我国防控专利财产价值实现阶段性风险的实践

1."一站式"专利管理服务

专利财产价值实现具有阶段性,每个阶段都风险丛生,为此,我国部分专利运营机构采取了"一站式"专利管理措施。这里以上海盛知华知识产权服务有限公司(以下简称盛知华)为例。盛知华从技术价值评估到专利许可合同的签订,进行全程跟踪,收取 10%的佣金。

盛知华的专利商业化运作分为六个环节,即:技术评估环节,由专家团队对技术的可专利性和商业价值进行评估；技术培育环节，若技术具有运营价值，一方面确定技术保护策略，另一方面对技术进一步研发，增加权利要求；制定专利申请保护策略环节，对专利申请中的风险实施全过程监控；市场调研环节，制定专利商业化路径和市场营销策略；专利交易价值评估环节；交易谈判环节，与专利购买者就合同主要条款等内容进行洽谈。比较高智等专利运营机构，盛知华没有通过专利收购、研发等方式构建专利池，仅仅提供专利管理等辅助服务防控专利权财产价值实现的阶段性风险；与 ICAP 专利交易所相比，盛知华没有建立专利信息库以匹配买卖双方，只是以特定技术为对象，实施"一站式"服务，对专利权财产价值风险进行监控。盛知华的专利运营风险防控措施如图 2.6 所示：

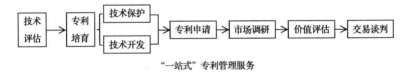

图 2.6　盛知华的专利运营风险防控措施

2. 专利委托

江苏常州佰腾科技有限公司（以下简称佰腾）的专利运营以专利托管为主，通过与专利市场买卖双方签订委托合同，为买方寻找专利，为卖方寻找买家，提高专利交易效率，防控专利权财产价值实现的阶段性风险。佰腾采用"互联网 +"模式，线上线下协同开展专利运营工作，线上网站有佰腾网、校果网，便于买卖双方检索专利及专利交易等信息，线下建设三大平台，即创新平台、高新技术综合管理平台、高端装备制造业服务平台。同时，构建了三大辅助系统：监控系统、资助系统、专利数据库。

佰腾借助"两大网站＋三大平台＋三大系统"，用四种途径开展专利运营。一是专利收购，佰腾与买方签订专利收购的委托协议。二是专利商业化，佰腾与卖方签订委托合同。三是专利池构建，制定专利池的入池标准、程序、利益分配等制度，将获得专利成员授权的专利集聚，对专利进行打包升值，将此出售给专利市场中有意向的买家，进行一揽子式许可授权；为专利成员提供侵权诉讼等服务。四是向买卖双方及专利池成员提供专利咨询等基本业务，如制作个性化专利数据库、技术申报、专利风险的预警分析。

第二节　著作权运营的范围和立法比较

目前部分国家和地区已经初步形成了相对完善的著作权运营法律保障机制，并在国际合作和国际条约的签署上有所突破。譬如《视听表演北京条约》《世界知识产权组织表演和录音制品条约》（WPPT）以及《世界知识产权组织版权条约》（WCT）等。美国以1995年颁布的《知识产权与国家信息基础设施》为标志，陆续颁布了包含《网络消费者参与法》《网络媒介消费者权益保护法》以及《数字千年版权法》等在内的系列数字著作权法律文件；1996年欧洲议会与欧盟理事会发布《关于数据库法律保护的指令》、2001年欧盟发布《欧洲议会及理事会关于网络著作权及相关权利协调运营与发展的提案》，以及两年后出台《欧盟委员会关于提请欧洲议会和欧盟理事会制定〈加强知识产权实施的措施和程序的指令〉的提案》等。毋庸置疑，在新技术及数字产业推动下，全球正掀起新一轮著作权运营的建设浪潮。

一、著作权运营权利范围的扩张

（一）信息网络传播权

作为表现著作权人对其作品在网络平台上传输和传播的权利，信息网络传播权对于保护著作权人权益具有十分重要的作用。在国际上，世界知识产权组织早在 20 世纪末就在《世界知识产权组织版权条约》中提出了"向公众传播权"，指作者对其作品享有的，在公众中的一人或多人在符合特定条件有权获得该作品时，通过自己或委托他人以法律允许的方式及途径将其作品向大众展示的权利。

欧盟在《著作权条令草案》中与世界知识产权组织一样，使用"向公众传播权"这一概念，分别对作品、表演、广播节目等在数字环境下的传播制定了具体要求。美国在《数字千年版权法》中虽然对于著作权人在数字平台上作品的传播权并没有明确规定，但其相关条款考虑到了网络信息技术对于作品著作权的影响和冲击，对新作品传播方式留有余地。相应地，我国《著作权法》第 10 条中规定了信息网络传播权，"信息网络传播权，即以有线或者无线方式向公众提供作品，使公众可以在其个人选定的时间和地点获得作品的权利。"换句话说，信息网络传播权即是数字著作权人有在网络上自行或授权同意他人散播其作品的权利，也有阻止他人在未获得其授权时擅自散播其作品的权利。

（二）数字作品复制权

数字著作权人对其作品的使用和收益正是基于其有控制其作品被复制的权利，因而复制权在著作权人的财产权利中处于基础性的地位。复制权作为著作权人将其上传至网络的作品复印、翻录制作成一份或者多份的权利，在数字信息时代受到了较大的冲击，著作权人对于绝对保证其作品免于不合理复制的权利很难实现，严重时以至于会危及著作权本身。从国际保护的角度来看，早在1987年，传统意义上的"复制"即被延伸和拓展到网络环境中，世界知识产权组织提出若信息文本以相对固定的形式停留在网络屏幕上时，即可认定其为作品真实文本的复制形式，这种网络上的临时复制应归属于作品复制权的内容范围，而在《世界知识产权组织表演和录音制品条约》中也有类似要求的条款和内容。

从西方发达国家看，对于类似网络作品复制权的规定出现的更早。在美国，虽然在1976年的著作权法中通过限制解释的方式将复制权确定为仅在有形物质载体上固定信息文本，但随后又通过判例法之形式将这一概念进行延伸和扩充，如1988年颁布实施的《网络数字信息著作权法》即明确确定作品于计算机中生成的临时拷贝文本从广义上讲也应被认为是作品复制权的组成部分。与美国对此态度相似，欧盟在《网络信息著作权及相关权利绿皮书》中也承认了作品在数字系统内的暂时复制可以成立复制权，但排除了并未获得经济利益的系统技术性运转和传输时的必要的复制行为，这在平衡著作权人权益与社会公众利益之间起到了很好的作用。

相对地，我国对于作品复制权的规定则略失深度和广度。在我国，仅在《著作权法》第10条中以简单列举式的方法对复制权进行了概述式规定，对于网络环境下的数字作品复制权缺少相关立法，不仅无法揭示复制权的本质特征，而且也无法涵盖实践中尤其是利用网络技术情况下纷繁复杂的复制行为，一定程度上仍需在借鉴国外成功经验的基础上，联系我国现实进行调整和完善。

（三）技术措施受保护权利

网络环境下，数字化信息作品均以电子媒介为载体，当作品被上传至网络后，作品与作品之间的界限愈发模糊，作品的传播和作品间的相互连接也相对而言愈发便利化，导致侵权现象频发，因此，著作权人在上传作品时往往会使用加密等技术措施来防止其作品被任意使用。故网络环境中的数字作品往往可以分为被使用技术措施的、需支付才可获得使用权利的著作权作品，以及不使用技术措施，需要网络用户自觉进行合理使用的著作权作品。

技术措施受保护权利，是指对于在一般情形下所主动制定的用来阻止著作权及其相关权利受到他人之不合理侵害的技术手段、工具或者器材，使其免于受到非法破坏的权利。作为一项有效保护数字著作权人权利的手段，技术措施不仅包括对网络用户在访问网页时造成阻碍以致其困难或不能的控制访问的措施，还包括网络用户在复制或传播网页或其作品时受到限制的控制使用的措施，对于保护著作权人的财产性权利及保护作品完整性发挥着不可或缺的作用。

（四）数据库特殊权利

作为可以电子或其他手段获取的，将独立的数据、作品等材料有序排列组成的信息集合体，数据库包含庞大的电子信息容量并以独特的方式将该内容进行编排和组合。与其他电子信息作品有所区别，对数据库的保护客体排除其内容而仅限于其组合及构造组成，且这一标准在世界各个国家和地区的立法以及国际条约中均被广泛地承认与认可，这使得在实践中对于数据库的法律保障力度极低。虽然世界知识产权组织在《伯尔尼公约》的议定书中曾提出过对于数据库特殊权利进行保护的构想，但由于缺少必要的条件故而并未正式建立实施。

欧盟在《一般数据保护条例》中规定了数据库汇编者有自由确定以暂时或永久的方式转载数据库内容提取权，以及通过复制或拷贝等方式将数据库内容传输至公众的反复利用权，这种对于数据库特殊权利的保护开辟了世界范围内相关法律规定的先河，为世界上其他国家和地区数据库保护的有关立法工作提供了思路和指引。不久以后，美国也提高了对数据库特殊权利保护的重视程度，在《1996年数据库投资与知识产权反盗版法案》中建立了包含数据库保护在内的一整套完善的知识产权保护体系，为其他国家的立法起到了很好的示范作用。

我国法学界对于数据库特殊权利保护的重视开始得较早，明确规定在《著作权法》(2010)第14条中，但规定对象仍仅限于狭义上的原创性的汇编作品。这个不足在《反不正当竞争法》中有所弥补，不仅仅是聚焦其独创性，而更多地关注数据库本身具有的价值性，对于不具有独创性的数据库也提供法律保护。

二、国内外著作权运营的立法比较

（一）国外著作权运营的立法发展和现状

1. 美国著作权运营的保护现状

一是宏观上予以保护。美国对知识产权和著作权的保护在国际上开始的较早，尤其是近三十年来，在著作权领域，无论是在立法还是在司法实践中，美国都取得了显著的成就。以1995年9月美国颁布的《知识产权与国家信息基础设施：知识产权工作组的报告》白皮书为标志，美国开始注重加强对知识产权的保护力度，基于数字信息时代对知识产权制度的冲击与挑战，开始将建设国家数字网络基础设施提高到国家战略的地位。这部白皮书奠定了美国数字著作权法律建设的基础，涉及网络作品发行、临时复制及合理使用、网络作品数字化传输等内容，从技术、法律等层面分析了信息技术为知识产权保护与发展带来的冲击和影响。

1998年10月美国通过了《数字千年版权法》（DMCA），这部法律立足于数字化网络技术给作品著作权及著作权人利益带来的冲击及威胁这一现实情况，对著作权人及其作品进行规定，是在网络环境下对于数字化作品进行保护的首次探索。首先，DMCA不仅以著作权人利益为出发点，从多角度对其权利进行完善，同时兼顾其他网络主体的正当利益，如增加了包括图书馆等在内的主体合理使用的条件和情形，免除平台纯粹性维护行为的责任，免除信息传播过程中的非产生经济利益的必要复制行为之责任等；其次，DMCA从善意侵权、再次侵权、初犯、累犯、追诉期限等具体制度方面，对数字服务供应方的侵权责任进行了规定，还对被侵权人的法律救济也进行了相应的规定，对于网络环境下著作权人的利益保护起到了十分重要的作用；再者，该法案明确规定以"技术措施"取代以前的"有效的技术措施"，有效避免了侵权人以表面无效而实际有效的技术措施逃避侵权责任问题。该法案从民事、刑事等方面对侵权行为人进行制裁，有效保护了著作权人的权益，是对数字著作权保护的一次有效尝试。

2003年3月，美国出台《网络消费者参与法》《网络媒介消费者权益保护法》以及《保障数字消费需求及维护著作权人利益法》三部法案，对于是否基于侵权目的规避技术措施及其相应的法律后果、合理使用制度的内容范畴以及促进技术措施的合理行为等内容进行了系统规定，并针对数字媒体消费者的不同浏览内容进行有差别的限制或保护。

二是微观上进行制衡。对著作权运营合理与滥用法律认定的发展，美国一直处于引领地位。合理原则的产生，归功于美国联邦最高法院在适用《谢尔曼法》时，对第 1 条进行的解释。第 1 条规定了惩罚"各种贸易限制"，包括固定价格协议与划分地区市场，不存在任何例外情况，而后，在具体审理案件中，进行了细化解释，认为法院应分析被告价格和相关条件是否合理，若价格合理则不应判定有罪。虽然该解释后来在司法实践中被否定，但是这条解释中所蕴含的合理内涵，却被美国司法实践所接受。合理原则的确立，使得《谢尔曼法》得到了柔性诠释，从此合理原则逐渐发展成为美国反托拉斯法领域内应用最为广泛的基本原则。

美国著作权法对于合理使用制度的规定采用因素主义的立法模式，根据特定案件判断使用作品是否属于合理使用，其中的考量因素主要有四：一是使用的目的与特性，例如是否用于商业性质；二是著作权作品的性质；三是作品使用的量，不仅仅指客观上引用或使用的部分占整体的比重，还包括其使用的是否属于作品中的精髓或重要部分；四是这种使用是否会影响著作权作品的潜在市场价值以及后续市场价值。这种因素主义的立法模式对抽象的合理使用作品有较为灵活的判定，同时，法官被赋予了较大自由裁量权，也会导致因不同法官分析角度与考虑因素的不同，得出的结论大相径庭。

美国学者理查德·波斯纳曾说过，很大程度上来说，任何非商业性的使用都是没有意义的，通常不该发挥重大作用。首先，判断作品使用的目的和性质时，由于合理使用的核心在于无偿，即不允许其他人以营利的目的使用著作权作品，因此创造性与消费性的使用是在司法实践中判断是否为合理使用的核心。其次，不同类型的作品若统一使用一致的合理使用判断标准，也是不合理的。合理使用的程度根据作品的独创性程度来决定，例如虚构的作品理应比纪实性作品获得更多的合理使用保护，因为在虚构作品中，作者的独创内容较纪实作品更为丰富；纪实性作品为了推动对事实的记录和传播，不得不削弱对于事实表达的著作权保护，同时也会为言论自由中关于政治、社会目的而使用的方式留出合理使用空间。此外，对于未发表的作品，对比已发表的作品更应受到保护，因为使用未发表的作品构成合理使用的难度较大，使用未发表的作品，导致作品全部公开或者部分公开，使作者对何时发表作品、发表作品的哪些部分无法控制，使作者控制作品的权利受到了威胁。

再次，司法实践中在认定合理使用时，一般从数量和质量两个方面进行认定。数量上，使用者使用的数量越多，构成合理使用的可能性越小；与此同时，也要结合相关的因素，有时即使是全部使用、全部复制，也有可能构成合理使用。在某些情况下，合理使用的认定也需要考虑质量的因素，例如罗伯逊诉巴顿公司（*Robertson v. Batten, Batton, Durstine & Osborn, Inc.*）一案中（1956），被告只引用了原告歌曲中的一小部分，但由于这部分是最为人所知的，并且最具有经济价值，因此不能认定为合理使用，此可谓合理使用的滥用。因此，数量与质量的因素应相互结合，对于合理使用进行全面考量，缺一不可。

最后，在判断是否属于合理使用的情况下，也须判断使用者的使用对著作权作品潜在市场或价值的影响。对于潜在市场的界定，学界尚未有一个明确的概念。对于应该采用狭义的概念，将市场界定为著作权人正在使用的市场，还是应该将市场界定为电视广告收入，即现有的市场，在司法实践中，法官一般都采纳后者。但是，由于网络技术的日新月异，文化发展充满了不确定性和未知的因素，潜在市场不应该限定为已经被开发利用的市场，而应包括著作权人现阶段尚未开发利用的市场；如果仅仅将市场限定为现有市场，则会为著作权作品进入新兴市场制造障碍。因此，在对未来可能出现何种新作品利用方式未知的情况下，需要考虑的不仅仅是现实的收入和影响，还要考虑那些可能具有经济价值的合理利用形式。

2. 欧盟著作权运营的立法现状

首先，欧盟对著作权运营的宏观保护立法状况。在著作权领域立法上，欧盟近几年来相继出台了具有建设性指导意义的系列法律文件，最具特色的是 2001 年发布的《欧洲议会调整网络信息著作权及相关权利指令》（"著作权指令"），该指令对其成员国的行为进行规制，对于违反该指令所规定的权利与义务的成员国，均进行相应制裁。该指令对于著作权的保护程度已高于同时期其他国家国内立法及国际上的保护。"著作权指令"的出台具有十分重要的意义，其中的诸多规定对于欧盟各成员国以及世界上其他国家和地区的数字著作权保护的立法工作起到了有效的指导作用。无论是"著作权指令"第 2 条从广义上对"复制权"作出的系统的规定，第 4 条在兼顾公众享有获取信息及智力成果权利的前提下，赋予著作权人及其邻接权人以充分的发行权，还是第 6 条关于技术措施的义务的规定，以及第 7 条关于权利管理信息的义务的规定，都具有鲜明的创新性和充分的实用性，对于其他国家和地区在网络环境下数字著作权的立法与保护具有十分重要的指导意义。"著作权指令"明确提出著作权人在符合指令规定的前提下，有权以数字化传播途径向大众传播及推广其创作成果，并系统地规定了在行为人明知或应知其行为会对著作权人的著作权或其他相关权利造成侵害的前提下，著作权人对于规避技术措施行为的有效制裁途径。

除"著作权指令"之外，欧盟还出台了一系列有关知识产权保护的法律文件，如 2003 年出台的《欧盟委员会关于提请欧洲议会和欧盟理事会制定〈加强知识产权实施的措施和程序的指令〉的提案》、2004 年的《欧洲议会和欧盟理事会关于知识产权实施的 2004/48/EC 号指令》和 2005 年的《欧盟委员会关于提请欧洲议会、欧盟理事会制定〈保障知识产权实施刑事措施指令〉以及欧盟理事会作出〈强化打击知识产权犯罪刑法规定的框架决定〉的提案》中，均有著作权保护的规定。

其次，具有代表性意义的是，德国对著作权合理使用的规制采取了"三步检验法"。德国法院在审理著作权的合理使用问题时，一般依据《伯尔尼公约》中的三步检验法来判定，具体判定的三个步骤分别为：第一步，审查限制条款的特定目的，《伯尔尼公约》以"公共利益为目的"，若该限制条款与其不符，那么限制条款也就不存在，限制性的例外规定须限定在"特定的特殊情形"中。第二步，限制条款应当不影响作品的正常使用并且不得歪曲原作品，若这种使用给使用者带来经济上的利益，或者与著作权人正常的获利方式发生冲突，那么就不应该作为正常使用来看待。第三步，不得不合理地损害权利持有人的合法权益。

在玛蒂娜·迪尔诉丹尼尔·布雷兹（*Martina Diel v. Daniela Brezing*）一案中，被告丹尼尔·布雷兹是一名阅读爱好者，原告玛蒂娜·迪尔是一名特约记者，在采访一位作家后写了一篇采访报道，由于该作家知名度较高，报道后引起了社会各界的关注，随即原告将报道卖给了《法兰克福汇报》并得到了相应的报酬。被告在《法兰克福汇报》上阅读该报道之后，将其转载至自己的个人主页中并标注了其来源以及原作者信息,之后,公众通过被告的网页阅读并下载了这篇报道。原告在得知此事后认为被告并没有这篇报道的使用权,其使用权只有《法兰克福汇报》享有,因此要求被告删除相关转载并且赔偿原告损失。法官认为原告的诉讼请求不能成立,被告使用该报道不存在违反公共利益的目的,也不存在歪曲捏造与原文不符的内容,同时也没有阻止、反而促进了原作品的传播,因此驳回了原告的诉讼请求。

"三步检验法"是在判定使用著作权作品是否属于合理使用时的参考标准,要求在衡量著作权限制规范时,不仅不能与原作品的正常使用相冲突,而且不得不合理地损害权利持有人的合法权益,三个条件必须同时满足,才能构成合理使用。德国《著作权法》不仅保护著作权人正当的权利,同时注重对使用者合法权益的保护。例如对于下载作品,经过著作权人的同意,可以在网络上传播,不仅仅从法律的角度保障了著作权人的权利,在一定程度上也赋予了使用者使用作品的自由。此外,德国《著作权法》也十分注重网络报酬的计算,由于网络环境的复杂性和无形性,网络作品一旦进入流通市场,其所产生的价值难以估算,所以报酬计算存在难度;德国法院主张考虑原告的举证,同时考虑报酬在各个方面的分配和占比,也就是以现实数据为审理依据,以科学的计算方式为标准,将报酬控制在合理的范围之内。

3. 相关国际公约中对著作权运营的保护现状

初步提出对著作权运营与发展进行保护的国际公约当属《伯尔尼公约》与《世界版权公约》,为后期著作权的保护奠定了方向和基础。作为世界上第一个对著作权提出保护的国际公约,《伯尔尼公约》提出在一切知识产权领域内各成员国均须遵守"国民待遇原则",

且该公约对于知识产权主体的保护水平在各国国内法体系中应属于最低标准。这为在网络环境下，各国数字著作权人权利的非歧视性保护以及作品在数字环境下跨区域传播提供了重要的法律指导及理论支撑。而《世界版权公约》则对著作权的权利主体进行扩张性解释，即除著作权权利人外，还包括其邻接权人等其他主体。

进而，对著作权进行系统规定的公约主要为《世界知识产权组织版权条约》以及《世界知识产权组织表演和录音制品条约》，这两个条约不仅规定了网络环境下著作权人对其数字作品享有的发行权与传播权，作品之上技术措施的合法性及有效性，还规定了网络录音制品制作者等其他邻接权人权利遭受侵害时的具体救济手段，为网络环境下数字著作权的运营与保护提供了良好的基础性环境。

（二）我国著作权运营的法制环境和法律规定

1.我国现行著作权法律保护概述

我国除了在《民法典》《刑法》等基本法中对著作权进行了基本规定以外，更对《著作权法》进行了系列修改和调整。全国人大常委会及国务院、最高院等相继出台若干法律、行政法规以及司法解释，正在逐步建设并发展完善国家知识产权综合法律保护机制。同时，我国还积极参与了若干国际知识产权条约，一个多角度、全方位的现代知识产权法律保护国家体系正趋完善。

在国内著作权法及相关司法解释上，为了进一步保护著作权人正当权益，我国《著作权法》(2001)在第10条中明确以立法形式规定了著作权人享有"信息网络传播权"等权利，不仅在实体和程序方面给予著作权人以全方位的保护，同时打破了传统著作权法的保护范畴，将著作权法的保护范围扩展到了虚拟网络空间；《著作权法》(2010)进一步明晰了信息网络传播权的权利构成。其次，2000

年 11 月最高院颁布实施《关于审理涉及计算机网络著作权纠纷案件适用法律若干问题的解释》，明确以司法解释的形式规定了网络作品的数字著作权问题，并进一步对于审理数字著作权侵权案件的管辖问题、侵权责任认定问题、法律责任承担问题都进行了较为明确系统的规定，使得数字著作权侵权案件的审理有了更为明晰的操作规范。再次，最高院在 2002 年 10 月制定《关于审理著作权民事纠纷案件适用法律若干问题的解释》，对于司法实践中有关著作权类案件的管辖、法律适用、证明责任承担以及侵权赔偿责任进行了较为系统的规定，对司法实践中具体个案的解决起到了明确的引导性作用。随后，在 2004 年 12 月，最高法、最高检联合公布《关于办理侵犯知识产权刑事案件具体应用法律若干问题的解释》，明确了不同情形下著作权侵权可能招致的刑事责任及定罪量刑标准；在 2007 年 4 月又联合公布《关于办理侵犯知识产权刑事案件具体应用法律若干问题的解释》（二），通过规定侵犯知识产权罪的国家公诉原则，将对知识产权这一私权的保护提升到更高的保护层次。

在国内行政法规和规章建设上，国务院于 2002 年 1 月正式施行《计算机软件保护条例》、同年 9 月修订实施《中华人民共和国著作权法实施条例》、2005 年 3 月实施《著作权集体管理条例》，国家版权局在 1999 年颁布《关于制作数字化制品的著作权规定》、2003 年发布《著作权行政处罚实施办法》以及 2006 年发布《著作权行政投诉指南》等，从行政法规和规章建设方面有力地增强了我国知识产权法律保护体系建设。值得一提的是，国家版权局与信息产业部 2005 年联合颁布实施《互联网著作权行政保护办法》，该办法规定了数字著作权的行政保护范围、管理部门以及各部门相应的管辖权，在保护新型著作权和规范互联网作品传播秩序等方面发挥了积极作用。随后，2006 年 7 月国务院又颁布实施《信息网络传播权保护条例》，条例中对权利管理信息保护权、信息网络传播权以及技术措施受保护权等权利作出规定，并在相关国际条约的最低标准之上对上述权利进行合理的限制，同时详尽规定了相关的权利保护、权利限制以及特定条件下对于网络服务提供者的免责条件等内容，有力地规范了网络作品的市场秩序，促进了各方利益的兼顾与均衡。

国际上，我国著作权运营逐步与世界接轨，20 世纪 90 年代开始，陆续加入了《保护文学和艺术作品伯尔尼公约》《世界版权公约》以及《与贸易相关的知识产权协定》等著作权类国际公约；2006 年 12 月我国又加入了两个知识产权领域的世界条约，即《世界知识产权组织表演和录音制品条约》以及《世界知识产权组织版权条约》。进而，2020 年 4 月我国参与缔结的《视听表演北京条约》生效。

这些法律法规及规章制度的制定和不断完善，标志着我国将著作权运营提升为国家知识产权保护体系的重要内容，已经初步形成了一整套全方位的著作权运营法律保护体系，从多方面对著作权侵权人进行制裁。不仅扩大了保护的利益群体的范围，还从数字服务供给方的间接责任、提高数字出版准入门槛等方面作出了更为全面的规定，并使我国著作权法律建设逐步完善，从而更加适应市场经济发展需求和国际著作权规则发展需要。

2. 我国对著作权运营中权属的法律规定

著作权权属认定作为著作权研究领域的重要问题，对于著作权的运营与发展具有不容置疑的重要意义。从总体上看，我国对于著作权权属认定的明确规定最早体现在 1991 年的《著作权法》中，其中基本确定了著作权归属认定原则，即除少数作品可以由当事人通过合同自由约定著作权归属外，作品的著作权原则上应归属于创作者，法律有特殊规定时则依据该规定处理。

　　自 20 世纪 80 年代开始，我国陆续颁布了系列法律文件，明确作品著作权的归属以及对正当权利人权利的保护，如 1980 年颁布的《关于书籍稿酬的暂行规定》、1984 年颁布的《图书、期刊版权保护试行条例》等，这些法律文件的出台奠定了国家著作权归属制度的基本框架，为著作权归属的立法提供了指导方向。而对于著作权归属的系统规定则主要体现在《互联网新闻信息服务管理规定》《互联网域名管理办法》《中华人民共和国网络安全法》《信息网络传播权保护条例》《计算机软件保护条例》等一系列法律文件中，这些法律文件对于数字作品的内涵、性质、管理方式、管理方法等基础性问题作出了规定。

　　总体上，我国对于著作权运营中权属的立法已取得较大成就，不仅明确规定了著作权权属认定原则，同时已建立起以《著作权法》为核心的一整套完善的著作权权属认定制度体系。在我国著作权的相关立法中，不仅在尊重私权自治的基础上，允许并保护通过契约约定著作权权属，而且在明确一般情况下作者为第一权利人的前提下，从利益平衡的角度出发，审慎考虑了特殊情形下的著作权权属问题，最终形成了一套适合我国国情的著作权权属认定模式。该著作权权属认定模式的确立以及相关著作权归属法律制度的产生，为网络环境下数字著作权的运营与保护提供了良好的指引，对于厘清复杂的网络环境下著作权权属模糊不清的现状起到了切实作用。通过审视我国著作权归属认定的立法理念变迁过程，不难发现：在我国，不仅著作权的产生模式由最开始的通过国家行政机关审查授权，变化到作者自创作产生作品后自然获得，而且立法思路由对于著作权人禁止性及义务性的规定为主，转变为以权利性规范为主，均体现了对作者的包括人格权、财产权在内的著作权权益的重视程度和保护力度的加强，表明了国家的立法趋向逐渐转变为著作权人权利主义模式，体现了作者权利本位的立法思想和立法精神的维护并确立。

第三节 商标运营模式和我国立法现状

一、商标运营的存在模式

（一）扩张型商标运营模式

商标扩张是指在目前的商标构架下，利用自身商标价值创造、信誉积攒，吸收外在商标即利用收购或兼并等方法，实现商标旗下子商标数量增长或驰名商标本身质量和信誉的提升。依据商标流动轨迹方向的不同，可将驰名商标的扩张分成三种类别：

一是横向型商标扩张。横向型商标扩张是指交易的两方同属于一个领域或行业，商品一样或可相互替代，为了经营后期实现大规模布局而进行的商标交易。横向型商标扩张不但可以使竞争商标在数量上减少，提高商标的市场控制能力，还可能优化行业构架，协调领域的总体生产能力和市场有限性的矛盾。

二是纵向型商标扩张。纵向型商标扩张是指处在不同生产经营阶段的商标、处在不同领域的商标或直接投放在产出比关系的商标，它们之间的交易。纵向商标扩张把具有重要性的投入产出比关系的商标安排在可控制范围内,通过控制具有影响力的商标,进行兼并扩张,打造商标体系,带动公司扩张与发展,从而增强公司的市场控制力。

三是混合型商标扩张。混合型商标扩张是指多个没有经济技术联系或投入产出比关系的主体进行的交易。这种扩张脱离了必须有经济或投入产出关系的部门之间才能交易的情况,适应多元化企业经营战略的要求,旨在分散企业的经营风险。

(二)收缩型商标运营模式

收缩型商标运营是指企业把自己拥有的商标名下某一产品或某一子商标,通过单独运营或转让进行剥离,从而缩小商标代表产品的规模。该运营方式是扩张型商标运营的逆操作。

二、商标运营的外延层面和发展阶段

(一)三个层面的相关法律风险

商标运营,就是以商标为主要对象的建设、许可、转让等系列行为,通过优化资源的配置,达到企业利益的最大化。商标运营的法律问题涉及国家、企业和中介组织三个层面。

1. 国家产业的配置(重置)问题

中国现有的产业配置形式是以市场经济为主导加上政府部分参与。市场经济中的产业重置,是通过外部市场和内部结构来运行的,目前资本外部市场兴起了知识产权密集型产业结构,其对传统产业更替带来了机遇和挑战,直接促进国家产业结构调整及其配置。2019年,欧盟知识产权密集型产业GDP比重为16.1%,比我国高出4.5%,知识产权密集型产业正成为各国产业配置的新动能。

因此，立足国情，放眼世界，怎样构建我国商标运营机制，对我国产业配置结构具有重要的现实影响。其中以驰名商标为代表的知名国际企业的发展模式，对我国经济结构的调整变化和国内企业的国际化发展提供了有价值的参考。

2. 公司内部管理型战略与外部交易型战略的运用

公司商标运作的重中之重就是创建与培养企业的核心竞争能力。企业商标运营的基本规则包括四点：(1)实现商标本身核心竞争力和其运营能力的结合。商标本身质量与其运营能力息息相关，商标的设计、种类、权属及其变化，影响着后期运营效果，商标前期、中期、后期的运营过程关系到商标的存属和影响力。(2)实现公司商标优势和经济能力的结合。作为无形资产的一部分，商标在其资本运作中，不仅可以减少企业有形资本的流出，还可以作为一种资本入股。(3)实现商标扩张和收益的结合。企业在商标运作过程中，应计算、比较投入产出比，最大范围内减少驰名商标运作的成本，寻找效益的最大化。(4)实现企业商标外部规模经济和内部完善管理的结合。商标运营应当成为企业内部发展战略的重要内容，而对外的商标布局需要与之同步，通过商标的商誉和知名度有序开拓外部市场，提升竞争优势，拓展品牌价值。

3. 商标中介服务机构

商标的代理机构与评估机构等这些中介服务机构应当成为商标运营的灵魂。从国外商标运营情况看，商标中介服务机构可能通过其专业的咨询服务和科学的评估分析，在实践中制定系列行业自律准则和规范，值得我国在商标运营中介服务组织建设方面进行合理借鉴。

同时，为了保障我国商标运营的健康发展，根据《商标法》第

68条的规定，对商标中介代理机构需要加强监管。包括：对商标代理机构和人员培训进行备案；细化对代理机构的日常监管，尤其是对商标中介电商的监管；扩大工商行政管理部门对代理机构信用监管的权力，对违反规定情节严重的，商标局、商标评审委员会可以决定停止受理其办理商标代理业务，予以公告；商标代理机构违反诚实信用原则，侵害委托人合法利益的，应当依法承担民事责任，并由商标代理行业组织按照章程规定予以惩戒；等等。

（二）商标权运营的三个发展阶段

根据商标发展特征和法律风险的不同，商标运营可以分为创设、评估和交易三个阶段。

1. 商标运营的创设阶段

首先，需要认识和展望国内外品牌的价值差距。根据英国知名品牌价值咨询公司发布的讯息，2019年谷歌、苹果以及亚马逊依旧是全球最具价值品牌的前三甲。在500强的榜单中，来自中国的品牌一共有77家，总价值高达13074亿美元。这也是中国品牌首次在该榜单中累计突破1万亿美元大关。[①] 英国品牌金融咨询公司（Brand Finance）每年发布的"全球品牌价值500强"是全球唯一被国际标准委员会ISO认证的榜单。该榜单主要对品牌知名度、用户忠诚度、员工满意度，以及企业声誉等多个指标进行综合考量。华为凭借其在智能手机、5G网络、良好服务等方面的表现以及622.78亿美元的品牌价值名列第12位，比2018年提升了13位，品牌价值增长了63.7%。

---

① Brand Finance, BRAND FINANCE GLOBAL 500 (2019), https://www.brandfinance.com/.

其次,需要实施我国商标国际化的综合治理。国内各省份商标注册数量呈现较大差距,我国商标在国外注册数量远远低于外国商标在我国注册数量。同时与国际知名品牌相比,我国商标的国际化程度严重不足,在商标价值上有着巨大差距,我国商标仍面临着多而不强的局面。从全球品牌排行榜上,可以看出国际知名品牌的多少代表着一个国家的产业影响力与文化实力,国际知名品牌往往蕴含着巨大的价值。实现国内商标向驰名商标的过度,积极创建世界知名品牌,带动我国商标的国际化,正成为我国向商标运营强国转变、实现创新驱动发展的重要战略举措。

2. 商标运营的评估阶段

首先,国外商标评估法律体系建设现状。即使国外资产评估历史悠久,商标评估仍属于新兴的专业领域之一。19世纪中后期以来,英、美等国开始对现代评估业进行评估实践,正式着手现代评估制度的建立。但是由于传统经济发展模式和传统评估理论的长期影响,各国评估行业主要是将有形资产作为评估的对象,有形资产评估的理论和制度建设相对完善;随着传统经济向知识经济的发展,以商标、专利、著作权为代表的知识产权在资产基数中所占比重越来越大,由于各种税种的税基调整和知识经济发展的需要,无形资产评估在各国也得到了迅速发展。

其中以美国和英国最为典型。英国的会计准则允许资产负债表上列示无形资产的价值,英国英特品牌公司(Interbrand)等以无形资产评估为主业的专业评估机构应运而生,成为国际评估领域的代表。随着近年来知识产权密集型企业在经济效益上远超原有资源和技术密集型企业的发展,美国建立了以评估师协会中介组织为支撑的管理体系,并由美国评估师协会、美国评估促进会分别制定了《企业价值评估准则》与《专业评估执业统一标准》，再辅助以联邦与各州判例及单行法规，对包括商标在内的无形资产的评估及报告制度进行了完善。值得关注的是，国际评估行业基于全球对商标价值评估的公开化、定期化、法定化与标准化的强烈需求，一套相对完整的、被广泛认可的商标评估体系正在形成。

其次，我国商标评估法律制度建设刚刚起步。在《国家中长期科学和技术发展规划纲要（2006—2020 年）》中，国务院明确要求创立对公司并购、相关的技术交易等经济活动的特别审查机制，避免自主知识产权流失；中国证监会要求所有上市公司必须披露公司的知识产权状况；《合伙企业法》和《公司法》中就知识产权的出资作出了具体约定。在国家相关政策制度的带动下，我国企业商标意识逐渐觉醒，商标评估行业随之升温。

毋庸讳言，我国商标评估制度尚属滞后，资产转移、重组、资产拍卖、转让出售、兼并、联营、股份经营、中外合资合作经营等一系列经营变动过程中，商标资产流失现象比较严重。少数跨国公司利用我国部分企业忽视商标价值的习惯，低价收购我国驰名商标或是在国外进行抢注，影响了我国驰名商标在国际市场的竞争力。[①]

伴随着国内企业商标运营意识的提升以及企业经营发展和市场布局的需要，对商标许可、转让、收购、兼并等经营活动中商标等无形资产估值评价的需求越来越大，而国内尚缺乏高效的商标评估法律体系和商标评估服务标准，加之商标中介服务机构人员的专业化水平不高，一定程度上阻碍了我国商标运营的健康发展和国家

---

① 参见郑成思：《知识产权评估中的法律问题》，《电子知识产权》1998 年第 1 期。

商标品牌战略的实施。

3. 商标运营的交易阶段之法律环境差异

商标运营的交易通常以商业化运用及资本化运用的形式为主，其中前者一般是指商标按照其定义区别商品的用途在产品包装、宣传中使用，后者是指将商标作为无形资产通过对其许可、转让、投资等多种手段加以运营。在国外，最谙熟商标运营的当属跨国公司，其普遍注重自身品牌运营，能够有效利用具有高附加值的驰名商标，实现无形资产增值。相比之下，我国国内商标运营尚处于起步阶段，相关理论和实践大部分集中在商标跨类别保护、商标抢注、假冒商标侵权等商标基本问题上，缺乏资本化运作，驰名商标闲置或在国外被恶意抢注的现象时有发生。

三、商标运营的立法现状

（一）商标运营的国外立法现状

从世界范围来看，目前无论是英美法系国家，还是大陆法系国家，都根据本国的驰名商标发展情况，以商标反淡化理论为基础，通过单独立法，或者制定商标法并辅以反不正当竞争法的方式，建立了本国商标保护法律制度。现代商标反淡化保护的起源应当是1923 年的德国"4711"香水案，德国法院以判例的形式拉开了商标反淡化保护的序幕；德国于 1995 年颁布了《商标和其他标志保护法（商标法）》，以法律形式正式确立了商标的反淡化保护理论。美国从 20 世纪 40 年代末开始基于"淡化理论"和法院判例，在各州制定反商标淡化的专门法律，最终，美国国会于 1996 年正式通过了《联邦商标反淡化法》，从商标的丑化、暗化、弱化等多方面对驰名商标的淡化进行了定义并予以规制,统一了美国各州对商标的反淡化保护的规定。商标的反淡化理论被提出后,逐渐被各国所接受,各国纷纷制定了本国的驰名商标反淡化保护规定。1996 年 6 月 12 日,日本修改《商标法》,将国外商标纳入反淡化保护的范围;法国于 1991 年颁布了《知识产权法典》,明确了商标淡化的内容;澳大利亚于 1999 年以美国《联邦商标反淡化法》为基础,制定了《商标法修正案反淡化保护法案》。①

(二)商标保护国内立法现状

我国自实施改革开放以来,积极加入了《巴黎公约》《世界知识产权组织公约》和《与贸易有关的知识产权协定》等知识产权国际公约和多边协议,并根据公约和协议精神,结合我国商标发展情况,先后颁布了《商标法》《商标法实施条例》《驰名商标认定和保护规定》等一系列法律规范,建立了行政保护与司法保护双轨制,驰名商标认定方式也从原来的"主动认定"方式转变为现有的"被动认定、个案保护"的认定方式。

我国对驰名商标的保护开始于 1985 年我国加入《巴黎公约》,当时国内法律尚没有关于驰名商标保护的规定,在实践中,国家工商行政管理局曾直接以《巴黎公约》的有关规定为依据,保护过一些国内外的商标。直到 1993 年修订《商标法》以及《商标法实施细则》时,才零星地提及对驰名商标的保护,没有实质性意义。

国家工商行政管理局发布并修订的《驰名商标认定和管理暂行规定》,属于我国第一个真正涉及驰名商标保护的法律文件。具有突破性意义的是,《商标法》(2019)提出了"不以使用为目的的恶

----

① 参见丁芙蓉:《论驰名商标的反淡化保护》,《淮南师范学院学报》2011 年第 6 期。

意商标注册申请,应当予以驳回",实质上增强了商标注册申请人对于商标的使用义务;强化了商标中介代理机构的义务;恶意侵犯商标专用权的侵权赔偿数额计算倍数最高到五倍,法定赔偿数额上限提高到五百万元。这些不但可给予商标权利人更加充分的补偿,而且更有利于保护激励可持续创新及建设品牌强国。

(三)我国商标运营的难点和重点

我国商标运营的区域不断扩大,应对的挑战也逐渐增多。根据商标运营应用区域和对象,可以将其划分为国际市场和国内市场。

1. 我国商标在国际市场运营的现状

一是商标恶意抢注现象有增无减。我国企业"走出去"进程中,商标在国外已被抢注的现象时有发生。究其原因,一是部分海外投机者为谋取不正当利益,试图通过商标许可、转让费用及侵权赔偿来攫取利益,其将抢注商标作为牟利手段,利用商标注册的地域和行业差异性抢先在其他国家和地区注册;等到国内企业进军国外市场时,其再利用抢注的注册商标向国内企业索要高额商标转让费,或提起侵权之诉以恶意索赔。二是不正当竞争,排挤同行业竞争对手。部分海外同行企业采取恶意抢注手段,阻止被抢注者的迅速扩张,剥夺其商业机会;被抢注商标的企业因为无法在该地区使用此商标,只能采取更换商标、高价回收或者通过法律途径申请撤销等手段加以应对。这对我国"走出去"的部分企业造成了成本增加、商机丧失等系列后果,使海外同行企业达到了排挤外来竞争者的目的。[①]

二是国外企业冒用我国商标的问题越来越多。对于我国在国

----

① 参见曹新明:《商标抢注之正当性研究——以"樊记"商标抢注为例》,《法治研究》2011年第9期。

外具有一定知名度和品牌影响力的商品，一些国外企业借助我国驰名商标假冒销售，损害了我国驰名商标的海内外商誉，削弱了我国企业的国际市场竞争力。

2. 国内市场商标运营现状

其一，恶意抢注。有的企业无视自主品牌建设，在生产经营过程中恶意抢注其他企业知名品牌的商标，或通过注册与驰名商标相同或近似商标，或将驰名商标用于企业名称、域名上，从而故意混淆消费者对产品来源的认识，扰乱了正常市场经营秩序。其二，商标被低价出资或转让，或被搁置，导致无形资产的流失。在与国外企业合作的过程中，有的企业未能充分认识商标的价值，导致合作后原有商标被外资企业侵吞、吸收，或是被搁置，最终丧失全部市场；还有的公司在清产核算中，仅看重对机器、车间等有形资产的评估，对商标等无形资产漏评，这也是导致资产流失的一大原因。其三，假冒伪劣商标侵权。虽然我国商标保护的立法、司法体系日趋健全，但是尚缺乏对市场的长效监管，且新兴的电商假冒形式更加隐蔽，导致我国国内商标保护及其运营建设尚需持续性优化。

第四节　我国知识产权运营的突出风险和例证

一、内生法律风险

威廉·万·卡内基姆对知识产权运营风险来源进行了分析，著作权法所规定的权利自动取得原则和专利法及商标法所规定的权利申请取得原则也带来了著作权、专利权及商标权等不同领域的知识产权在创造环节中的运行差异。①也就是说，知识产权运营的风险自内生的权利制度本身就潜存了。

（一）专利权运营中的内生风险

1.专利权具有垄断性

专利权由封建特权发展为个人私权的生命脉络暗含了专利权易被滥用的风险。现代专利权最初的生命形式是封建特权。这种特权，或由君主个人授予，或由封建国家授予，或由代表君主的地方官授予。②目的是通过以特许经营的形式授予工匠和发明人对其技术或发明享有垄断利益，促进当地经济发展。以现代专利权起源地英国为例，最初国王仅把特许状颁发给城市以确定其自治地位，后因英国王室的开支与征战的巨大消耗加重了英国的经济负担，迫使英国国王将特许状转移到商业贸易上以获取一部分的利益交换。特许制度使少数得到特权的商人、贸易公司、大臣与贵族获得了丰厚的垄断利益，却严重损害了一般商人和广大人民的利益，引起了新兴资产阶级的强烈不满。随着商品经济的发展与新兴资产阶级的壮大，平等意识开始深入人心，与封建特权挂钩的特许制度不能适应生产力的发展需求，面临被废止的命运。1623年，英国制定了世界上第一部专利法即《垄断法规》（*Statue of Monopolies*），宣告了封建特许制度的终结，也标志着世界上第一部具有现代意义的专利法的诞生。出于对专利权天然垄断性的警惕，英国1623年《垄断法规》在赋予专利权人一定期限的垄断利益时，也给予专利权人

① William van Caenegem,*Intellectual Property Law and Innovation*, Cambridge University Press, 2007.

② 参见郑成思：《知识产权论》，法律出版社2007年版，第2页。

一定义务,主要体现在第 6 条。[①]

专利权赋予专利权人在一定时期内禁止他人搭乘"专利便车"的权利,使其收回发明成本,获得利润回报,从而激励再创新。专利制度最为重要并能反映其本质特征的属性便是以法律的手段实现对技术实施的垄断,[②]但该"垄断"与受反垄断法规制的"垄断"具有本质的不同。知识产权的垄断性特征用以描述知识产权作为一种无形财产权的专有属性,而知识产权垄断则用以描述知识产权行使或运行过程中所出现的危害市场竞争的行为或状态。[③]专利权的垄断性一方面并不意味着其违反了反垄断规制的相关法律规定,另一方面意味着一旦专利权人将法定的垄断权进行延伸,就会触碰违法垄断的霉头。知识产权运营本身虽然是合法的垄断权,但它毕竟在一定范围内限制了竞争,如果权利人在实际行使过程中超出知识产权运营规定的保护范围,扩张其所享有的权利,那么其对竞争的破坏从而与竞争政策的冲突风险就会现实地表现出来。[④]

2. 专利权是法定之权

作为信息之一的专利具有可复制性、易传播性及盗用成本低廉的特点,在缺少专利制度保护的情况下,一旦技术信息被他人获取,发明人很难规避他人利用专利信息肆意侵占属于本人的利益。为

---

① 英国 1623 年《垄断法规》第 6 条规定:前述的任何宣示不应扩大及于今后对任何种类的新产品的真正第一个发明人授予在本国独占实施该产品的专利证书和特权,为期 14 年或以下,在授予专利证书和特权时他人不得使用。授予此种证书和特权不得违反法律,也不得抬高物价以损害国家,破坏贸易,或者造成一般的不方便。

② 参见刘春田主编:《知识产权法》(第五版),高等教育出版社 2015 年版,第 152 页。

③ 参见吕明瑜:《知识产权垄断呼唤反垄断法制度创新——知识经济视角下的分析》,《中国法学》2009 年第 4 期。

④ 参见王先林:《竞争政策与知识产权》,《经济法论丛》2005 年第 1 期。

平衡信息创设智力支出的艰辛与信息载体利用便捷廉价之间的矛盾,法律赋予了符合法定条件的智力创新成果以私有财产的法律地位。[①]

专利权的法定性决定了专利权具有与物权不同的特征和特殊的运营风险,具体而言:第一,专利权的取得经由国家机关批准,以权利证书为证明,而物权则因种类各异。如我国《专利法》第 22 条、第 23 条规定了专利权授予的条件,第 26 条、第 27 条规定了申请专利权应提交的文件,第 34 条规定了专利权申请的审查机关,专利权自诞生至结束的整个生命全程都与公权力密不可分;与之相比,物权的产生遵循严格的私人自治理念,有体物财产规制中公权力的作用主要体现在物权法定制度上。[②]第二,专利权的权利内容由法律规定,而物的所有人对物行使所有权时一般不受限制。专利权人只能禁止他人从事落在专利权规制范围内的行为,故专利权毋宁说是一种排他权。[③]与之相比,物权所有人所拥有的物权是支配权,不同于专利权人所享有的防御权,其既享有积极行使权,又享有防御权。第三,专利权具有法定的期限限制,而物权则以物的存在为期限。专利权是以"公开换垄断"的权利,为激励技术发明人将技术信息公开,促进信息传播交流与技术进步,法律赋予专利权人一定期限的垄断权,但该权利并不是永恒的,否则就违背了专利制度"鼓励发明与创造"的宗旨与目的,因此,法律设定了合理的专利期,

---

① 参见彭心倩:《后 TRIPs 时代我国知识产权反垄断的立法价值选择》,《河北法学》2010 年第 12 期。

② 参见欧阳甘芬:《知识产权与物权比较研究——以客体为中心的财产权分析》,暨南大学 2006 年硕士学位论文。

③ 参见王宏军:《论作为排他权与支配权的知识产权——从与物权比较的视角》,《知识产权》2007 年第 5 期。

既使专利权人能在合理期限内收回发明成本，又使公众能及时利用技术信息进行再创新。

专利权的法定性意味着专利权人的运营应在权利范围内，超出法律规定的范围则可能导致权利滥用风险。专利权合法运营的前提是确定专利权合理运营的界限，包括外部界限与内部限制。权利的外部界限，指的是某项权利与其他权利之间的界限，也就是每项权利的边界；权利的内部限制，即行使权利的范围，这一范围小于权利的外部边界。[①]专利权运营的外部界限由法律明文规定，如专利权的行使方式、存在期限，专利权人在权利外部界限范围内行使权利，其权利具有形式上的合法性；而专利权的内部限制则由专利权的宗旨、目的进行制约，由于其内涵并不明确，因此专利权滥用行为易发生却不容易判断。

3. 专利权保护力度和运营视角在拓展

在知识经济时代，知识转变为生产力的进程愈加迅速，专利与利益直接挂钩。2013 年欧盟发布的《知识产权密集型产业对欧盟经济和就业的贡献》报告指出，2008—2010 年欧盟所有行业中约 50% 属于知识产权密集型行业，平均每年创造产值约 4.7 万亿欧元。[②]鉴于专利权在促进技术、鼓励创新、刺激经济等方面的作用，许多国家将专利权作为有效的竞争武器，纷纷加强了专利权方面的国内立法，如美国于 1980 年通过《拜杜法案》以促进美国高校和科研机构的专利成果转化。

然而，专利权所具有的地域性特点使得专利权保护及其运营仅

[①]　参见陈亚奔：《知识产权滥用的反垄断法规制》，北京外国语大学 2014 年硕士学位论文。

[②]　参见梁心新：《历史唯物主义视角下的知识产权》，《知识产权》2016 年第 9 期。

限于一国立法范围内，这并不符合技术先进国家的利益，以美国为首的发达国家为了使本国企业的利益延伸到国际市场，将目光投向了专利权保护的国际场域，积极推动专利权保护的国际条约建立。TRIPs 协定不仅规定了专利权保护的最低标准，将专利权保护期延长至最少二十年，并且将知识产权保护纳入国际贸易体制中，实现了国际贸易"知识化"与知识产权"国际化"。①由于以《保护工业产权巴黎公约》、《保护文学艺术作品伯尔尼公约》、TRIPs 协定等代表性国际公约为基本形式的知识产权国际保护制度是在发达国家的主导下建立的，发达国家为了使自己国家的技术成果得到国际范围内的保护，主张加强知识产权国际保护力度，忽视发展中国家的实际需求，造成了发达国家和发展中国家不平衡发展的局面。具体而言，专利权运营建设的进步体现如下：

第一，随着新技术的发展，越来越多的技术信息被纳入专利权保护和运营范围，专利权客体不断增加，基因工程信息等"阳光下的一切东西"皆可专利。发达国家将药品、生物技术、基因技术等新兴技术纳入专利权保护客体，并通过国际条约在发展中国家获得同等保护，造成了发展中国家专利权与人权、发展权、健康权等冲突。例如，西方跨国种子公司 R 以印度香米种质资源为模本于1997 年申请专利，反而使得印度本土香米无法正常出口；美国孟山都公司以来自中国野生大豆的"高产基因"为起点进行相关育种研究，并将研究结果申请国际专利，有可能影响中国人使用这一野生大豆的权利。尽管发展中国家试图在《TRIPs 与公共健康多哈宣言》

---

① 参见吴汉东：《知识产权国际保护制度的变革与发展》，《法学研究》2005 年第 3 期。

（以下简称《多哈宣言》）中协调发达国家与发展中国家不平衡发展的问题，以争取更多发展权益，但与 TRIPs 协定相比，《多哈宣言》并未有强制执行力，只是以"软法"的形式在当前知识产权国际保护格局下进行边缘化突破，专利权保护客体逐渐增多的趋势并未改变。

　　第二，专利保护期和运营期延长。专利保护期事关专利权人与公众之间的利益平衡：专利保护期过短，则专利权人无法收回创新成本，不利于发挥专利制度鼓励创新的效果；专利保护期过长，则专利权信息无法及时进入公共领域被社会公众所使用，同样不利于社会再创新。TRIPs 协定第 33 条规定发明专利的保护期"应不少于自提交申请之日起的 20 年年终"，由于 TRIPs 协定规定的是专利权保护的最低标准，故签署 TRIPs 协定的国家只能以该标准或在其之上进行规定。美国专利保护期经历了 18 世纪、19 世纪和 20 世纪三个时期的重大变化：1790 年美国第一部专利法《促进实用技艺进步法》规定发明专利权的保护期不超过 14 年；1861 年美国对专利法进行修订，将发明专利保护期由之前的不超过 14 年修改为由授权日起计算到 17 年止，并规定外观设计专利的申请者可在 3 年半、7 年和 14 年三个时段中选择一个保护期；1982 年美国对外观设计专利的保护期进行修改，规定保护期为从授权之日起 14 年；1994 年，美国专利法将专利保护期修改为自最早的申请日起计算 20 年（代替由授权日起计算 17 年）。[①] 相较之下，我国的专利权保护期并未同美国一样经历阶段变化，而是为与国际接轨，1992 年我国直接

---

　　① 参见张明龙、张琼妮：《美国专利制度演变的纵向考察》，《西北工业大学学报》（社会科学版）2010 年第 4 期。

对专利法进行修订，延长了专利保护期。

第三，专利运营中侵权惩罚力度加大，各国针对专利运营中的侵权行为引入了惩罚性赔偿制度。一般民事侵权行为的赔偿奉行填平原则，即侵权人对被侵权人的民事赔偿以填平被侵权人的损失、使其权益恢复到被侵权之前的水平为准。但由于专利权易被复制、侵权成本低而受损程度较高，一旦侵权行为发生，专利权人的潜在收益与现实收益都会受到严重影响，故各国在专利权领域引入了具有公权性质的惩罚性赔偿制度以惩治侵权人的侵权行为，制止侵权行为发生。美国是全面规定知识产权惩罚性赔偿制度的国家，美国各知识产权部门法均规定有惩罚性赔偿制度。[①]美国《专利法》第 284 条规定法院可以将损害赔偿金增加到原决定或估定数额的三倍，即是惩罚性赔偿制度在专利权领域的适用，但美国并未在《专利法》中明文规定惩罚性赔偿的适用条件，而是交由判例明晰。英国《1988 年版权、外观设计与专利法》第 229 条规定，在外国设计侵权诉讼中，法院可判决附加性损害赔偿金。尽管针对附加性损害赔偿金的性质是否是惩罚性赔偿还存有争议，但此项赔偿金具有惩罚性。我国知识产权惩罚性赔偿制度在商标权领域率先确立，体现在我国《商标法》第 63 条[②]，《专利法》（2019 修正案草案）提出引入惩罚性赔偿制度。中共中央办公厅、国务院办公厅印发的《关于强化知识产权保护的意见》指出要"大幅提高侵权法定赔偿额上限，加大损害赔偿力度"。随着技术在当今世界经济发展中的作用与日

[①] 参见朱丹:《知识产权惩罚性赔偿制度研究》，华东政法大学 2013 年硕士学位论文。

[②] 《商标法》第 63 条规定:对恶意侵犯商标专用权，情节严重的，可以在按照上述方法确定数额的一倍以上五倍以下确定赔偿数额。

俱增，专利权势必会受到更加全面、严苛的保护，惩罚性赔偿制度将覆盖知识产权全部领域亦是大势所趋。

（二）著作权运营中的内生风险

著作权作为一项由创作人的创作行为而直接产生的民事权利，原则上应权属明晰，即当然性地归属于作品创作人，但由于现实中尤其是网络环境下依托于电子技术产生的作品种类存在复杂性、创作主体具有非单一性、创作过程及其创作方式具有隐蔽性，以及存在协议约定委托创作作品、职务作品以及投资创作等复杂的情形，使得网络作品的著作权归属认定更为困难，数字技术本身增大了著作权运营的内生风险。

目前，我国虽然对数字著作权运营中归属的认定已确立了基本的认定原则和认定方法，对于司法实践中著作权归属纠纷的解决起到了指导作用，但是在诸多具体的法律制度建立与操作上仍存在缺漏，著作权运营中的权属认定问题有待明晰。在著作权领域尤其是数字著作权领域的纠纷中，占据绝大多数的仍是著作权侵权类案件，而著作权归属认定案件占据相对较少的数量；提高对权属纠纷案件的重视程度，对于著作权人正当权利的保护具有不容置疑的价值。尤其是在当今的市场经济环境下，在著作权运营领域厘清著作权归属的困惑，最大限度地保护文学作品创作者的切身利益，乃是国家文化产业复兴的基础性前提，兼具法律价值与社会效应。

我国《著作权法》第10条，列出了16项代表性的著作权及其邻接权，在作品完成、自动取得著作权之后的系列运营活动中，潜存着发表权、署名权、保护作品完整权、复制权、改编权、翻译权、汇编权、发行权、出租权、展览权、表演权、放映权、广播权、信息网络传播权等违法及侵权风险，这就需要考量著作权运营中的财产权归属以及合作作品、职务作品、委托作品等的合法性等具体问题。

(三) 商标权运营中的内生风险

1. 商标运营设计中的法律风险

一是缺乏显著性的法律风险。识别性是商标设计的基本特性，唯有商标的设计具有独特性，才能够让消费者不加细看，就可以凭商标知道商品是哪家企业生产的。之所以要求商标具有可识别性，也是出于确保商标保护实施的考虑。因此，《商标法》规定，商标必须要具备显著性特征。显著性是保护商标的正当性基础，它将符号与商品联系在一起，这个符号与其指代的商品或服务之间联系越密切，则显著性越弱，反之，则显著性越强。[①] 根据《商标法》的规定，设计所得之商标如果仅仅是使用商品或服务的"通用标志"，如名称或图形，或者只是商品或服务的"描述性标志"，应认定其不具备显著性要求，不符合商标注册的条件，此为其法律风险之所在。例如曾经有人以 hotel.com 和 lawyer.com 为名提请商标注册，遭到美国专利商标局的驳回；又例如"香甜"梨、"音质好"彩电等也不能得到法律承认。[②]

二是违反法律禁止性规定的法律风险。基于维护国家利益和社会公德的需要，法律在规定了"显著性"要求之外，还作出了一系列禁止性规定。根据《商标法》第 10 条规定的八种情形，我国法律禁止性条款分为几类：其一，不得与特定官方标志相同或近似；其二，不得进行民族歧视；其三，不得夸大宣传、欺骗公众；其四，不得有损道德风尚；其五，不得使用特定的中国地名和外国地名，但

---

① 参见杜颖：《商标法》（第二版），北京大学出版社 2014 年版，第 56 页。
② 参见徐家力：《百年商标之争——商标案例及解读》，上海交通大学出版社 2013 年版，第 79 页。

是地理商标除外。违反该条款的法律风险在于，所设计的商标将得不到法律的认可，不予注册。因此，在商标设计过程中应尽力避免出现上述标志。

三是损害他人在先权利的法律风险。除了显著性要求和不得违背法律禁止性规定之外，法律还要求商标不得损害他人利益，此处所称他人利益特指他人的"在先权利"。此处所谓的"在先权利"是指商标设计者或者持有人之外的其他民事主体享有的知识产权或民法所保护的其他客体，具体包括但不限于下列权利：著作权、地理标志权、商号权、外观设计专利权、姓名权、肖像权、商品化权。如果在商标设计过程中会涉及他人的在先权利，必须事先征得他人同意。例如，山东景阳冈酒厂于1989年将著名画家刘继卣先生创作之《武松打虎》连环画中的一幅"武松打虎图"在酒类申请注册了商标，最后被商标局依法撤销。[①]在商标设计过程中，如果损害了他人的在先权利，经审查或利益相关者提出异议并核实的，对该商标不予注册。即便完成了注册或者未经注册直接投入使用，一经发现，被侵权人可向侵权者提起诉讼要求赔偿损失。上述两种情况，即为该情形下的风险所在。

2. 商标运营注册中的法律风险

第一，未及时注册的法律风险。现实生活中，一些企业为了降低经营成本，不及时申请注册商标。虽然我国《商标法》采取了以自愿注册为主、强制注册为辅的申请原则，但是，根据《商标法》第3条规定，经商标局核准注册的商标为注册商标，商标注册人享有

---

① 参见裴立、刘蔷与景阳冈酒厂商标侵权案判决书，北京市第一中级人民法院（1997）一中知终字第14号。

商标专用权，受法律保护。这意味着，在我国，只有经过注册的商标才受法律保护。未经注册的商标，企业虽然可以使用，但对其不享有专用权。不仅如此，未经注册的商标还有被他人抢注的风险。若商标被他人抢注，抢注者可以向使用该商标的企业主张侵权责任，要求高额赔偿。商标被抢注可以发生在国内，也可以发生在国外，现实生活中经常存在中华老字号在国外被注册的情形。商标若被抢注，企业将会遭受重大损失。

第二，限制性说明的风险。较为常见的情形是生产经营者在必要地介绍自己产品或服务的产地、功能、质量、用途等方面时，不得不牵扯到他人的注册商标。在福州米厂与泉山区金利粮油店、延寿县镇中米业有限公司侵害商标权纠纷一案中，原告福州米厂认为被告镇中米业公司突出使用了占绝大部分包装的、侵犯原告商标专用权的"稻花香"字样，该行为使消费者产生混淆，突破了商标权合理使用的界限，侵犯了注册商标权利。江苏省徐州市中级人民法院认为："稻花香"最早是作为水稻的品种名称来使用，后来随着稻种的推广，人们也用其来指代用该种子种出的水稻或大米。从目前"稻花香"的使用方式及不特定公众对其内涵和外延的界定，可以认定在大米行业，"稻花香"是指使用"稻花香二号"种子所种植出的一种大米，构成通用名称。相关公众普遍认为某一名称能够指代某一类商品的，可以认定该名称为约定俗称的通用名称。[①] 被告对于"稻花香"作为商品通用名称的使用并无不当，但涉案侵权产品的主要识别部位汉字相同，字体相似，容易导致消费者产生误认，构成混淆，可以认定涉案侵权大米外包装中上部"稻花香"三个字与原告

---

① 参见福州米厂与泉山区金利粮油店、延寿县镇中米业有限公司侵害商标权纠纷一审民事判决书，江苏省徐州市中级人民法院民事判决书(2017)苏 03 民初 135 号。

的商标构成近似。即使用他人已注册商标，该商标是同类产品的通用名称的，不构成侵犯商标专用权，但采取易造成混淆的字样宣传自己的商品就不在合理运营的保护范围内了。

二、外生法律风险

与前期内生风险相对应的，就是知识产权运营中期的外生风险，专指使用交易转化过程中的系列风险。

（一）商标运营使用中的法律风险

一是未及时续展的法律风险。根据《商标法》第 39、40 条规定，注册商标的有效期为 10 年，有效期满，需要继续使用的，商标注册人应当在期满前 12 个月内按照规定续展；在此期间未能续展的，可以给予 6 个月的宽展期。每次续展注册的有效期为 10 年，自该商标上一届有效期满次日起计算。期满未办理续展手续的，注销其注册商标。许多企业没有专人管理注册商标，导致商标未及时续展而被注销。

二是商标使用不当的法律风险。这种风险存在以下几种情况：(1)商标使用超过核定范围。《商标法》第 23 条规定，注册商标需要在核定使用范围之外的商品上取得商标专用权的，应当另行提出注册申请。(2)擅自修改注册商标。《商标法》第 24 条规定，注册商标需要改变其标志的，应当重新提出注册申请。(3)不当使用驰名商标。《商标法》第 14 条第 5 款规定，生产、经营者不得将"驰名商标"字样用于商品、商品包装或者容器上，或者用于广告宣传、展览以及其他商业活动中。若存在上述情形，通常会导致行政处罚或侵犯他人商标权。

三是商标转让、许可中的法律风险。主要有以下几种情况：其一，核准、备案风险。《商标法》第 42 条规定，转让注册商标的，转让人和受让人应当签订转让协议，并共同向商标局提出申请。经商标局核准后，予以公告。受让人自公告之日起享有商标专用权。据此，注册商标转让只有在核准并公告后才发生效力。《商标法》第 43 条第 3 款规定，许可他人使用其注册商标的，许可人应当将其商标使用许可报商标局备案，由商标局公告。商标使用许可未经备案不得对抗善意第三人。可见我国对商标的许可使用采取的是登记对抗主义。其二，监督风险。《商标法》第 43 条第 1 款规定，许可人应当监督被许可人使用其注册商标的商品质量。其三，商标的无偿转让问题。例如商标转让人将商标转让给受让人，但是商标转让人并没有获得任何对价，或者有的商标转让合同明确约定商标转让是免费的，那么这种商标转让合同从其法律属性上分析应当属于"赠与合同"。原《合同法》第 185 条规定，赠与合同是赠与人将自己的财产无偿给予受赠人，受赠人表示接受赠与的合同。很显然赠与合同中的"财产"包括有形财产和无形财产，商标当然不能例外，并且受赠人获得财产是无偿的，即是无须支付对价的。所以这里特别需要注意的就是赠与人行使撤销权的问题。其四，待转让的商标是否已被设置了负担。例如，有的准备转让的商标已经被商标权利人设置了质押，或者已经被许可给其他人使用（并在商标主管机关备案登记），或者已经被其他人提出撤销申请等。例如，在"奥妮"商标转让案中，广州立白公司花费巨资受让取得了"奥妮"商标，但是没有注意到之前"奥妮"商标权利人已经将该商标独占许可给了香港一家公司，并且这种许可已经备案。因此，对于"奥妮"商标究竟应当由谁来使用，各方产生了纷争。其实如果广州立白公司在受让"奥妮"商标之前进行商标查询，就比较容易发现准备买入的"奥妮"商标是否已设置了负担，从而为其是否买入或者是否以如此高的价钱买入该商标提供参考。正是由于缺少了上述查询，才导致出现如此大的纷争。

（二）著作权运营使用中的法律风险

1.著作权人合理使用的认定

一是网络服务提供者共同侵权的风险。网络时代下，信息网络传播所引发的侵权行为之多，使得被侵权人无法顾及所有个体侵权人，正因为如此，网络服务提供者屡屡被卷入著作权侵权纠纷当中。网络服务提供者处于互联网的基础地位，为用户提供空间存储以及信息辅助等服务，左右着网络的发展，分为网络内容服务提供者、网络平台服务提供者和网络技术服务提供者等不同的类型。

如果侵权责任完全由网络服务提供者一人承担，未免对其过于苛责，因此"避风港原则"为网络服务提供者提供了免责的空间。但是"避风港原则"的认定，需要网络服务提供者满足系列前提条件，包括能够提供网络服务的实质功能，不知道或不应当知道系统中的内容或使用该内容的行为侵犯著作权，并且在知悉后迅速移除相关内容或断开相关链接，网络服务提供者并未直接从侵权行为中获得经济利益等。

二是著作权运营中的同人作品等网络文学作品对原作品的过度使用问题。随着网络环境逐渐被大众所接受，网络文学作品也在迅猛发展，其中不乏经典作品的演绎之作或者改编之作，包括被年轻人所追捧的同人作品等各类形式，但是不少网络文学作品潜存对原作者保护作品完整权的侵害风险；同时，利用原作的影响力运营自身作品的行为，也存在着"搭便车"之嫌。

合理使用制度是否能够适用于这类网络文学作品侵权的抗辩，应考虑的要素有三：其一，根据我国著作权法对合理使用制度规定的十二种情形之一，"为个人学习、研究或者欣赏"，可以进行合理使用。作者之所以对原作进行二次创作，大都是为了表达对原作的欣赏，通过作品与有相同爱好的公众进行深层次的沟通，表达对原作更深层次的理解，出于此使用目的，其行为是符合上述规定的。但同时这些作品通常发布在网站、微博以及论坛等网络平台上，由于网络的高度开放性，即使作者在网页中标注了"不得转载""仅供学习与欣赏"等字样，仍避免不了转载甚至盗用。在此种情况下，合理使用制度须有条件地适用于网络同人作品，在网络上发表类似的文学作品应该有一系列的限定条件。

其二，是否属于"适当引用"。判断作品是否符合"介绍、评论而适当引用"，首先须判断何为适当引用，即引用的方式和引用的量，也是对作品是否破坏原作的完整性、保证作品独创性的考量。作者若在作品中对原作的主旨进行恶意的篡改、扭曲，或者对原作的正面角色进行肆意的丑化、曲解，将原本严肃的作品改编为色情、有违伦理的作品，就属于引用方式不当，不符合合理使用的要求。同时，引用的量也是判定适当引用的关键要素。根据《与贸易有关的知识产权协定》第13条[①]以及美国《著作权法》第107条[②]的规

---

① 《与贸易有关的知识产权协定》第13条："各成员方应将对独占权的限制和例外规定限于某些特殊情况，而不影响作品的正常利用，也不无理妨碍权利所有者的合法利益。"

② 美国《著作权法》第107条："(1)有关使用行为的性质和目的，即使用是否为商业目的；(2)被使用作品的性质，即作品是具有高度原创性的还是包含大量共有领域的材料；(3)被使用部分的数量和质量，即被使用的部分占原作的比例及重要程度；(4)对作品市场的潜在影响，即使用是否会影响原作的市场销路。"

定，在判断合理使用时，应结合同人作品与原作品的类型、引用的
方式、作品主题思想、被引用部分与原作品的比例及其在原作品中
的地位等因素进行综合考量。

其三，著作权运营中营利性作品是否适用合理使用制度。合理
使用的界限在于使用人是否以营利为目的。国际上以及各国的著
作权法都将是否具有营利性作为认定是否构成合理使用的重要标
准，如美国《著作权法》第107条规定了合理使用行为的性质和目的，
即使用是否为商业目的，该条将合理使用归入非营利性使用的范
畴，禁止他人利用原作进行牟利。之所以这样做的原因是未经原作
品作者授权的营利性使用会影响原作品的声誉、销量或者影响力，
从而对原作品作者的权利产生侵害。同时，允许他人在不经原作品
作者同意的情况下就以营利为目的利用原作，也不符合著作权许可
使用、法定许可使用的设立目的。

2. 使用空间不合理受限的风险

一是技术保护措施形成的"超著作权"保护风险。数字技术
的普及、作品与载体的彻底分离，使得信息传播的速度不会产生延
迟，打破了时间与空间的桎梏。一方面，数字技术的发展弥补了市
场失灵的缺陷；另一方面，也增加了著作权运营的维护成本，未经
许可的使用作品会给著作权人带来极大的损失。"技术措施"是著
作权人在网络环境下为保护自身利益而采用的技术手段，以防止他
人未经许可使用其作品。根据其功能可被分为两种类型：一类被称
为"接触控制措施"，其作用在于防止他人未经同意"接触"到作品，
包括阅读、收看以及收听等方式；另一类被称为"著作权保护措施"，
其作用在于防止他人对作品进行专用控制，即实施复制或传播，例
如视频播放软件中的只允许在线观看的功能，从而起到保护复制

权的作用。因此，技术措施成为著作权人保护自身利益的"预警系统"，但是，措施的实施也会造成一系列的负面影响：其一，技术措施为著作权人的作品形成的"超著作权"保护，直接威胁了使用者所享有的使用自由，将作品隔离于社会公众，就连合理使用都无法实现；其二，生产破解技术措施的厂商有侵权的嫌疑，从而遏制了产业的发展，妨碍了商品的流通。

诚然，"著作权保护措施"的正当性毋庸置疑，在作品中使用"著作权保护措施"是著作权人自主保护专有权利的一种有效手段，但是，"接触控制措施"的保护引发了理论上的极大争议。有学者提出其并不是直接用于保护著作权，阅读、欣赏盗版文学艺术作品并不是著作权侵权行为，运行和使用盗版软件也只有在特定情况下才构成著作权的侵权行为。技术保护措施的最终目的并不在于遏制未经许可复制作品等对专有权利的侵犯，而是为了防止因未经许可"接触"数字化作品而使权利人丧失本应获得的利益。如果网络环境下所有著作权人都采用技术保护措施，那么合理使用制度将会失去其原有的作用，连"接触"作品的空间都已被压缩，何谈"合理使用"。显然，技术保护措施对网络作品的保护打破了时间、空间的限制，一方面对作品进行了"超范围"的保护，著作权的保护有区分思想与表达的特殊性，但是运用技术保护措施后，其无法区分思想与表达，从而在一定程度上失去了原有的平衡功能；另一方面，技术保护措施通常没有保护期限，对著作权提供了"永久性"的保护，一定程度上也阻碍了社会公众对信息的自由接触和使用，从而阻碍了文化的传承与创新。

二是网络用户超范围许可协议。无论是注册账号，还是安装软件，一项固定的程序就是同意"最终用户许可协议"，用户几乎不会关注协议的具体内容，而是直接点击"同意"按钮。安全专家米克曾表示："互联网上最大的欺骗就是'我已阅读并同意这些条款和条件'。"这种用户许可协议长久以来被人所诟病，因为它存在着许多不公正之处，包括缔约双方不平等与意思表示不自由，以及交易方式的不公正。例如苹果公司的服务协议采用"极简"的方式，用词极其专业、晦涩难懂，以至于即便用户有意观看也未必能看懂，特别是几乎每个单词的开头字母都采用大写，且一些关键点并没有明显的标注。更为不公平的是，苹果公司并不是唯一一家采用这种格式条款的厂家，谷歌、微软以及索尼公司都曾采用该种方式。美国法院在审判中也屡屡遇到这种情况，在判例中称其为"契约环境的不公正"。

几乎所有计算机软件的最终用户许可协议（EULA）都以格式条款的形式缔结，在缔约过程中，格式条款的相对人即用户缺乏选择订约伙伴和条款内容的完全自由，相对人的意思表示也就不完全自由，只能毫无选择地全盘接受软件提供方提供的合同条款。另外，订立格式条款的一方可能将不公平条款订入合同中，利用受众方忽视用户协议内容以及其自身具有的绝对经济技术优势，违背公平正义原则，从而造成软件开发者和使用者之间地位的不平等，导致交易的不公平。

从内容方面来看，软件开发者制定的用户协议，通常包括前言、定义、授予使用方权利义务及限制条款、合同期限条款、合同费用及其支付方式条款、著作权声明条款、保密责任和限制竞争条款、质量担保责任条款、知识产权担保责任条款，其他维护责任、更新和增强版本的提供、源码的接触机制、合同权利义务的转让、不可抗力、违约处理、争议处理途径、赔偿责任的限制和合同使用的语言文字等条款。为划定交易双方权利义务与交易风险的分配，软件开发者往往利用自身经济技术上的绝对优势将协议条款中的责任和风险向使用者倾斜，一旦纠纷产生，损害的是最终用户的利益。这不符合合同法规定的交易公平原则，同时也使得网络作品的使用者使用作品的空间更为狭窄，导致其不得不寻求其他方式来使用作品，有时也会触及侵权的边缘，引发冲突。

三是包括计算机软件在内的商业搭售行为。搭售在商业领域中是一种非常普遍的销售形式，分为合同搭售、技术性搭售以及经济性搭售。例如办理银行信用卡时要接受其借记卡的业务；再如，在提供通信服务时捆绑销售手机等。其中技术性搭售指的是卖方通过技术手段将卖品与其他商品结合在一起，买方则不得不购买这一系列产品。随着新经济时代的来临，软件与硬件捆绑销售逐渐成为最普遍的搭售方式，越来越多的互联网企业开始在推出某些软件的功能、用途的同时，强制添附其他服务，或者强制捆绑无法关闭的弹窗视频。

违法的搭售行为的构成要件有四：一是结卖品与搭卖品是两个独立的产品或者服务；二是卖方在买方购买某一产品或服务时强制或有条件地销售了另一个或者另几个产品或者服务；三是卖方占据了一定市场地位或能力，迫使买方购买产品或服务；四是搭售影响了结卖品的市场竞争。然而，在真正的商业实践中，上述构成要件的认定具有很大的难度，加之我国反垄断机关对违法搭售行为并未给予充分的重视，因此导致买方被迫寻求其他的替代软件即山寨版本（盗版软件），也导致卖方的合法利益受到损害。

三、后发法律风险

在基于知识产权权利属性而产生的前期内生风险和交易使用转化而产生的中期外生风险之外，知识产权运营进入到后期产业化进程中，还潜存着后发系列法律风险。

（一）商标产业化运营进程中的法律风险：混淆风险、评估风险及侵权风险

1.商标运营中的混淆风险

我国《商标法》参考国际条约和各国的普遍做法，在侵权认定中纳入了"导致混淆"的条件。根据该法第57条规定，以下情形均属侵犯商标权行为：未经商标注册人的许可，在同一种商品上使用与其注册商标相同的商标的；未经商标注册人的许可，在同一种商品上使用与其注册商标近似的商标，或者在类似商品上使用与其注册商标相同或者近似的商标，容易导致混淆的；销售侵犯注册商标专用权的商品的；伪造、擅自制造他人注册商标标识或者销售伪造、擅自制造的注册商标标识的；未经商标注册人同意，更换其注册商标并将该更换商标的商品又投入市场的；故意为侵犯他人商标专用权行为提供便利条件，帮助他人实施侵犯商标专用权行为的；等等。进而，该法第58条规定，将他人注册商标、未注册的驰名商标作为企业名称中的字号使用，误导公众，可能构成不正当竞争行为。同时，《商标法实施条例》与相关司法解释也对侵犯商标权的行为做了补充。

其实，商标不仅存在上述明显混淆的问题，也存在隐约淡化的风险。商标淡化风险主要有以下三类：(1)弱化，即本来只与特定

的商品和服务联系的商标由于被用在其他商品或服务上，从而降低了该商标的绝对显著性。例如，"奔驰"是著名的豪华车的品牌，但假如将其不加节制地用在其他商品上，久而久之，人们看到"奔驰"联想到车的注意力就会被分散。(2)丑化，即将商标使用在不道德或非法的内容下，或将高档商品的商标使用在低档或大众商品上。例如华盛顿西区联邦法院判令禁止将在儿童玩具上使用的CANDYLAND（儿童乐园）商标注册为一个色情网站"candyland.com"的域名，因为这种联系当然会让消费者产生抵触情绪。(3)退化，即由于使用不当，商标演变成商品的通用名称而失去识别功能。这种情况是极其常见的，例如为人们所熟知的阿司匹林、热水瓶等，当然也包括Google被词典收录所面临的淡化风险，此事件大有侵犯Google商标权之嫌疑。[①]

诚然，我国对商标运营的保护尚未突破传统的混淆理论，致使商标运营中的反淡化保护在一定程度上有所缺失。实践中商标功能的不断完善，致使单一的传统混淆理论尚不足以支撑起现代商标运营体系。有些商标所有人为抢占市场份额，提高自己的竞争地位，会将自己所有的商标许可或转让给他人使用。外包装上标注着我们耳熟能详的驰名商标的产品有可能并非生产于驰名商标的所有人，而是由一些不被人们所熟知的小厂家所生产。如果商标所有人对驰名商标进行任意许可使用或转让，会致使消费者对两个事实上来源于不同企业的产品或服务产生混淆。滥施转让权或许可权，将商标用在了不相同或不相类似的产品上，扩大或改变商标的范

---

① 参见李岳:《从Google被词典收录再谈驰名商标淡化问题》,《北方经贸》2007年第1期。

围，这类不规范使用会误导相关公众认为该商品或服务与商标所有人之间存在联系，因而选择接受该商品或服务，削弱了商标的显著性与识别性，此类典型的淡化行为仅仅依靠传统的禁止混淆理论并不足以对其进行规制。退一步讲，如果公众并未混淆，商标出现弱化的情形，禁止混淆理论也很难为打击侵权提供救济。

目前，我国对商标运营中侵权的认定还是以"误导公众"为前提，实质上还是混淆理论。反淡化理论对驰名商标提供跨类保护，不仅限制了其他人在不同或不相类似的产品或服务上使用已认定的驰名商标，还限制了驰名商标所有人滥施转让权或许可权的不规范使用行为。将反淡化理论引入立法，与禁止混淆理论交相辉映，无疑是顺应国际趋势之举。

2. 商标运营中的价值评估风险

我国现有商标评估问题体现在国家制度滞后、评估标准不规范及企业认知不足三个层面：一是现有的规章制度与商标评估的发展脱节。现有的规章制度仍然将商标评估归于资产评估的范围，没有根据商标的发展趋势进行调整，只是简单地将会计准则和原有的资产评估规定扩大适用于商标评估领域，没能区分出商标评估与资产评估的不同，导致商标评估质量和价值出现偏差，与商标的发展趋势和市场需要严重脱节。[①] 二是商标评估方法不统一。现有的商标运营评估方法五花八门，对同一商标，不同评估机构评估的价值差异较大。一些评估机构为了计算方便或拉拢客户，盲目降低评估标准或是违背评估规定听从客户意见，导致商标评估价值失实。三是企业对商标运营评估认知不足。譬如在企业收购、兼并过程中，一

---

① 参见杨兵：《商标评估体系遭受质疑》，《中国知识产权报》2004 年 7 月 6 日。

些企业未能对商标进行真实评估，导致高价收购外部商标或是自主品牌低价售出，造成企业资产的流失；还有一些企业在经营过程中，不是用于真实的业务，而是违背商标评估的原则，对商标进行虚假评估，虚构商标价值，欺诈消费者和合作者，从而极大地损害了商标评估的权威性。诚然，这个过程存在国内商标评估中介发展滞后引发的关联问题，表现为行业准入规则和管理规范缺失，商标评估机构管理混乱，商标评估人员数量少、水平有待提高等。

3. 商标运营中的侵权风险

《商标法》第57条对侵犯注册商标专用权的表现形式有所规定，归纳有三：其一，未经商标注册人的许可，在同一种商品或者类似商品上使用与其注册商标相同或者近似的商标的。同时，《商标法》第43条规定，使用他人注册商标，必须要经过商标注册人的许可，签订使用许可合同。未经商标权人许可，在同一种或类似商品上使用与其注册商标相同或近似的商标，不论其主观意思如何，都构成对商标权的侵犯。其中，所谓的"同一种或类似商品"是指性能、用途、生产工艺、主要原材料等相同或相近的商品；所谓"相同或近似的商标"是指使用的文字、图形、名称、读音完全相同或基本相同的商标。此类行为一般发生在商品生产领域，侵害人为商品制造商或服务项目提供者。该侵权行为直接侵犯了商标权人的禁止权，是一种最典型的侵权行为。根据其行为内容可以分为四种：在同一种商品上使用相同商标，在同一种商品上使用近似商标，在类似商品上使用相同商标，以及在类似商品上使用近似商标。

其二，销售侵犯注册商标专用权的商品的。这种侵权行为发生在商品流通渠道，主体是商品经销商。商标侵权人的主要目的在于牟取暴利，只有通过销售者的帮助，将侵权产品销售卖出后才能实现其目的。[①] 禁止和制裁经销商销售侵权商品的行为，是在流通环节上设置一道法律屏障，切断侵权途径，使商标侵权人的目的难以得逞。

其三，伪造、擅自制造他人注册商标标识或者销售伪造、擅自制造的注册商标标识的。这是商标标识侵权问题，包括"制作"和"销售"两种行为。行为人一般为从事商标印刷，专为制假售假行为提供条件的企业、个体工商户。[②] 具体包括三种情况：(1)未经商标权人授权和委托而制造其商标标识；(2)虽有商标权人的授权或委托，但超出授权或委托的范围，制造其注册商标标识；(3)销售他人注册商标标识。我国《商标印制管理办法》规定，严禁无照或超经营范围承揽商标印制业务。商标印制单位必须是依法登记，有《印制商标单位证书》的企业或个体工商户。同时，印制单位要严格核查企事业单位的商标标识及有关手续才能承揽印制业务。严格禁止买卖商标标识，印制过程中的废次标识必须销毁。因此，擅自制造或销售注册商标标识的，都违反法律规定，构成商标侵权行为。

(二)著作权运营的侵权风险

1. 著作权运营中间接侵权行为的种类

间接侵权的侵害程度比直接侵权要低，并且出现得较晚。间接侵权是直接侵权的继续，或者是其预备行为，或者是其帮助行为。直接侵权的认定不要求主观过错，而间接侵权则须具备主观过错。间接侵权是直接侵权在新形势下的一种扩大，是对权利人的更高保护。一个行为只有不符合直接侵权时，才有可能被认定为间接侵

---

① 参见陈香酥、吴春娅：《中小企业经营中的法律风险及防范对策》，《中国商贸》2011年第12期。

② 参见吴汉东主编：《知识产权法》，法律出版社2004年版，第249页。

权。一般来说，间接侵权行为表现为五类。

一是教唆、引诱侵权行为。各国立法都认可这一常见行为，指故意唆使、引诱他人从事著作权直接侵权行为。归责要求主观上有过错，侵权行为造成的损害后果与教唆引诱行为有因果关系。英美法系国家对此作出了明确规定，大陆法系国家则借助侵权法的一般原则对其进行归责。我国实践中主要参照《民法典》关于侵权问题的规定来处理这一问题。

二是帮助侵权行为。帮助侵权，即明知或应知他人行为侵权，仍为他人的直接侵权行为提供实质性帮助的行为，帮助的程度要达到不可或缺。

三是直接侵权的预备行为和扩大侵权后果的行为。某些行为不属于直接侵权，也不属于前述间接侵权行为，但它客观上仍然不合理地损害到了著作权人的合法利益，因此，一些国家为保护著作权，立法对此进行了规制。例如制作、进口和持有侵权工具，行为本身无可厚非，但接下来往往会发生侵权行为，而权利人的利益需要得到法律的保护。扩大侵权后果的行为相当于第二次的直接侵权，行为人不负有阻止损害后果继续扩大的义务，但却负有不加重损害后果的责任，怠于履行是归责依据。

四是许可侵权行为。所谓许可侵权，即本人并不是著作权人，也未经过著作权人许可，擅自许可他人实施著作权"专有权利"的行为，该种类型主要见于英美法系国家。"许可"二字是认定侵权的关键，但是其意义并不明确，实践中主要靠法院的具体解释来判定侵权与否，这使各个国家、各个法院产生了不同标准。但"许可"指赋予他人行使著作权的资格，这一点已无争议。

澳大利亚法院在概念解释上采取了最广义的方式。在著名的

"Moorhouse 诉新南威尔士大学案"中，法院认为向他人提供复印机等有侵权用途的工具，或者能够控制此工具使用的人，知道或应当知道该工具可能被用于侵权行为，但未采取合理措施预防，即可被认定为"许可侵权"。法律总结以往经验后规定：应当以三个因素判断被告是否构成"许可侵权"，即此人能控制他人侵权行为的程度，此人与直接侵权人之间的关系定性，此人是否采取了合理措施阻止或避免侵权行为的发生。[①] 如此，即便是不作为，或对他人是否从事侵权行为持放任态度，都会被认定为"许可侵权"。

　　英国和加拿大法院对于许可的认定经历了由宽泛到严格的过程。英国法院最终确立了如下规则：有权进行许可的人必须是被他人合理认为具有许可权的人，其他人不具有主体资格；若向他人提供同时具有合法和非法用途工具的人不能控制他人使用此工具的行为，则其提供行为也不能被认定为"许可侵权"；著作权法并未规定人们有阻止他人侵权的义务。[②] 加拿大最高法院对此问题也有精彩的分析：仅许可他人使用能被用于侵权的设备与许可他人进行侵权并不具有等价性，应当推定当事人只是许可他人以合法的方式使用。

　　可以看出，"许可侵权"被很多国家的法院作为一个兜底条款加以使用，凡是不构成"直接侵权"和其他"间接侵权"，又不合理地侵害了权利人利益的行为都会被归为"许可侵权"。目前只有澳大利亚法院对于"许可侵权"的认定有明确规定，其他法院则是在具体案件中运用自由裁量权对"许可"进行解释，这种做法势必会

---

　　① 参见王迁、王凌红：《知识产权间接侵权研究》，中国人民大学出版社 2008 年版，第 12 页。

　　② 参见王迁：《论版权法中的间接责任》，《科技与法律》2005 年第 2 期。

影响法律的稳定性和法院的权威性。

五是代位侵权行为。代位侵权亦称替代侵权，虽然行为人未实施侵权行为，但须对侵权人造成的损害承担一定责任。该种行为被法律规制主要是因为行为人对于侵权人的行为具有控制、阻止和监督的能力，而怠于行使这种权利，导致损害后果的出现。代位侵权最初是为解决雇员侵权责任承担问题的，随着经济社会发展，越来越多的人基于某种特定的社会关系对侵权损害后果产生了一定作用，但却不负法律责任，为了更好地保护权利人，代位侵权有了新的内涵：对他人的侵权行为有监督能力的人，未尽到应有的义务，并从侵权中获得了直接经济利益，则应为侵权后果承担责任。

2. 著作权运营中网络侵权的主要行为类型

一是网络内容提供者的直接侵权行为。网络内容提供者，是指在互联网上通过网页或其他技术形式发布自己原创或他人创作的作品的主体。一般情况下，若网络内容提供者上传或发布的作品均为自己原创作品时，一般不会涉及著作权侵权问题；若上传或发布的是他人作品，则极易伴随被指控侵权的风险。但是并非所有情况下上传或发布他人作品都构成侵权，而是需要根据侵权客体的不同进行具体分析讨论，一般而言，网络内容提供者的直接侵权行为包括网络内容提供者侵犯传统作品著作权的行为和网络内容提供者侵犯网络作品著作权的行为。

网络内容提供者对于传统著作权的侵权行为，是指网络内容提供者未经同意擅自对他人作品进行数字化处理，侵犯他人著作权的行为。目前在各国立法中均对正当权利人在网上传播作品的权利予以保护，这是归属于著作权人的具有正当性的专属权利，在我国著作权法中即称为信息网络传播权。值得注意的是，在某些情况下，未经著作权人许可在网络中传播其作品的行为并不构成侵权，如根据《关于审理涉及计算机网络著作权纠纷案件适用法律若干问题的解释》的规定，已在报刊上刊登或者网络上传播的作品，除著作权人有特别声明的以外，网站予以转载、摘编并按有关规定支付报酬、注明出处的，并不构成侵权。由此可见，除法律规定的特殊情形以外，未取得著作权人同意即在数字媒体上传播著作权人作品的行为应受到法律调整与规制，侵权行为人应根据法律规定对其所造成的违法后果承担相应的责任。

网络内容提供者非法侵犯他人网络著作权，具体而言，主要包括未按照规定或者约定向网络作品著作权人支付报酬即转载、摘编他人作品以及剽窃他人作品两种情形。在信息爆炸的当今世界，为提高网站的竞争力和知名度，网络服务者在使网络信息丰富化的同时，力求最大限度地降低成本，因此滋长了一些网络内容提供者坐享其成的思想。恣意、大量剽窃他人作品的非法行为，既损害了作品被转载、摘编者的利益，又损害了访问用户的利益，在各国立法中均对这种违法行为予以规制和制裁。

二是网络服务提供者的间接侵权行为。网络服务提供者，是指为网上信息发布和传播提供设施、途径及技术支持等中介性服务的主体，包括各种网络服务商及经营者等。目前我国的《民法典》和国务院颁布的《信息网络传播权保护条例》均对网络服务提供者的行为予以规范和限制，对其所进行的侵权行为从民事、行政乃至刑事责任等多角度进行规制。网络服务提供者间接损害权利人著作权的行为，主要表现为网络服务提供者的暂时复制行为、链接行为以及因用户的侵权行为而侵犯他人著作权等。

网络服务提供者的暂时复制行为，是指网络用户浏览或发布信息都要不可避免地经过网络服务提供者这一中介或第三方，而网络信息在上传的过程中，一旦经过网络服务提供者的计算机服务器系统，都会被自动复制到计算机内存之中，这个复制的过程虽然对著作权人并无任何经济意义，但从广义上讲仍应归属于复制的范畴。该复制虽未经许可，但各国立法认为并不必然构成侵权行为。一般情况下，学术界对此行为构成侵权持否定态度，因为虽然数字信息在网络服务提供者的计算机服务器系统中进行备份或形成复印件，但该复制并不包含人的主观意志，而是程序运作自动生成的，并不满足侵权行为的构成要件，因而对网络服务提供者进行苛责要求其承担侵权责任的观点有失偏颇。

网络服务提供者的链接行为也是一种常见的、可能构成间接侵权的行为。链接行为能否构成侵权要具体情况具体分析，因为根据不同的标准，链接可划分为不同的种类。网络服务提供者所使用的链接技术种类和链接方式直接决定了其是否会被卷入侵权纠纷之中。一般情况下，如果网络服务提供者所使用的链接方式可以显示被链接对象的真实网站域名，使得网页浏览者能意识到该作品的真实来源，则不构成侵权。

网络服务提供者因他人的侵权行为而陷入侵权纠纷也是实践中较为常见的情形，各国立法与司法实践中采取的处理标准和处理方式不尽相同，但大部分国家和地区采取将网络服务提供者和侵权用户作为共同被告一并处理的方式则比较一致。在要求网络服务提供者承担责任之前，首先要对其在网络信息传输中的地位和功能进行准确定位：若网络服务提供者仅仅作为网络信息沟通的媒介参与信息传输，并没有对传输的信息产生实质控制且并没有获取收益，则一般不认为其构成侵权；相反，若网络服务提供者实质性参与信息传输和发布的过程，对其传输的信息有义务和责任进行筛选并及时发现侵权作品，则其有可能与侵权用户构成共同侵权。

三是网络用户的侵权行为。网络技术的发展与完善使得远距离短时间地进行信息交流和传输成为了可能，网络通信大大便利了人们的工作和生活，在很大程度上提高了信息交流和传输的速度和效率。随之而来的也有网络侵权行为的愈发猖獗和泛滥。网络用户的侵权行为，是指未经作品著作权人的同意，以营利为目的擅自下载、转载、篡改或删除他人的作品，侵犯正当权利人著作权的行为。

（三）专利运营的投机风险：限制竞争和滥诉

1. 专利运营投机行为的蔓延

专利投机机构又被称为专利海盗、专利蟑螂、非运营实体等，其本身不生产专利产品或提供专利服务，而以诉讼或威胁诉讼以达成和解的方式，获得侵权赔偿或专利许可费。[①] 当前智能手机行业发展迅速，在此背景下，一些智能手机权利人转变为专利运营投机主体，以购买专利的方式，变相拒绝许可或利用专利滥诉等战略排除、限制竞争。[②]

专利投机机构通常从个人或企业购买专利甚至以收购破产企业等方式获得专利，[③] 由于持有大量专利，专利投机机构对智能手机市场的良性竞争产生了巨大危害。首先，专利投机运营机构因其持有的大量专利形成垄断优势，技术的垄断限制了智能手机行业竞争

[①]　参见高戚昕峤：《专利蟑螂：法理危机与遏制之道》，《河北法学》2016年第10期。

[②]　参见文希凯：《"专利蟑螂"的反垄断法规制》，《知识产权》2014年第6期。

[③]　Michael Risch, Framing the Patent Troll Debate, *Expert Opinion on Therapeutic Patents,* 2014 (2).

的发展。其次,专利投机机构的滥诉将会增加企业负担,造成资源浪费。特别是对于我国规模较小的智能手机企业而言,企业抗风险能力较弱,面对专利螳螂的蚕食,特别是面对海外诉讼,企业要动用大量资金应对诉讼,有时毫无反抗之力。

科学技术的领先发展使美国成为专利运营较早的国家,同时也是受专利投机影响较大的国家。美国的专利投机已经产业化,在巨额利益面前,产生了如高智公司这样的进攻性专利运营实体及 RPX 这样的防御型运营实体,其商业目标都是实现专利价值的最大化。[①] 司法环境也是美国专利投机泛滥的诱因。美国诉讼费用高昂,多数企业选择在天价诉讼费面前委曲求全,因此专利投机机构在滥用专利权的专利诉讼中屡屡得手,获得巨额赔偿。为加大专利海盗的成本和风险,鼓励企业应诉,美国相关法案规定,当原告被认定为专利投机者时,若其败诉则需要支付被告的诉讼费用。[②]

与美国不同,我国的诉讼费用收取较低,因此很难在败诉费用承担上阻却专利投机机构滥诉的可能。智能手机专利技术发展更新较快,新技术的研发往往占据行业的核心位置,若核心专利掌握在专利投机机构手中,将会对行业发展产生阻碍作用。专利投机对我国的威胁虽不如美国紧迫,但伴随贸易战与科技战的开展,需要得到越来越多的关注和研究。

2. 专利运营准司法调查案件的增多:以美国 337 调查为例

在我国智能手机对美贸易中不可回避 337 调查,337 调查是美

---

① 参见聂士海:《国际专利运营新势力》,《中国知识产权》2012 年第 12 期。
② 参见吕磊:《美国对专利海盗的规范措施及我国的借鉴》,《法学杂志》2014 年第 5 期。

国针对进口贸易中不公平贸易行为采取的准司法行为。如果进口商品被限定在该法律规制范围内，专利权人即有权向美国国际贸易委员会（ITC）请求准许对企业的相关调查行为，美国国际贸易委员会已成为美国最引人注目的专利执法场所之一 [①]。

伴随着科技的快速发展，涉及专利侵权的调查案件呈逐年增长之势，其中多以高科技相关的知识产权运营纠纷为主，智能手机领域更是屡见不鲜。相关统计显示，2010 年内，智能手机企业共涉及六起 337 调查，包括苹果、摩托罗拉、诺基亚和宏达电子。[②] 2012 年，ITC 就曾对中兴、华为智能手机发起过 337 调查，而我国智能手机市场的突破性发展也在一定意义上加速了 337 调查的深入。该调查已然成为诸如智能手机这种高科技企业遏制竞争对手的有效方法与手段。337 调查案件的应诉费用可能达到几十万美元甚至几百万美元，根据 337 调查相关规定，不参加应诉时，视为对对方指控的承认，并可以基于此作出裁决。因此，不予应诉即意为放弃美国市场。中国企业一方面须注重智能手机专利安全布局，另一方面切莫盲目消极对待应诉，导致被迫退出市场，造成难以挽回的损失。若企业采取应诉手段，鉴于高昂的应诉费用，企业须考虑尽量降低诉讼成本。首先，考察被诉侵权专利有效性，若涉案专利已过保护期间，根据调查规则，可以申请 ITC 以建议裁决结案。其次，若确实存在侵权行为，鉴于诉讼成本巨大，可以采取与申请人和解或向

[①]　Adams Lee, A Review of Appeals from the International Trade Commission, *Georgetown Journal of International Law,* 2014 (46).

[②]　参见冉瑞雪：《337 调查突围：写给中国企业的应诉指南》，知识产权出版社 2015 年版。

ITC申请同意令的方式,尽早结束被诉情况。最后,我国智能手机企业也可以与申请方协商以仲裁方式解决争议,仲裁将导致调查终止。然而,仲裁协议一般很难达成,毕竟申请该调查就是为了消耗及拖垮对方迫使其退出美国市场。可见,新技术产业竞争日益国际化,专利运营中的调查制度不可轻视更不容忽略。

第三章　知识产权运营的权属风险论

边沁在《道德与立法原理导论》中提到，财产从自然法则上来讲，是一种可以从物中获得利益的期待。[①] 可见权属与利益的紧密关系。王伯琦先生进一步提出，"余以为权利之内质，原属一种特定利益，此特定利益之本体，谓之权利之客体。"[②] 进而，胡长清先生提出民事权利一般可从两个方面加以理解：(1)权利之内容，即为法律所认可的利益。法律在调整利益时只能规范人们据以实现其需求的措施和手段即人的行为。因此，法律所认可的利益就是法律所认可的人的行为及行为的后果。(2)权利之外形，即为法律上的力。法律因充实其所认许之利益，不能不付与一种力。[③] 可见，权属是对人与人之间和人与社会之间的关系进行的调整，权属风险识别就是为了对特定利益保护而进行的防控措施。以数字著作权为例，厘清数字著作权归属混乱现状，最大限度地保护文学作品创造者的切身利益是国家文化产业稳步发展的基础性工作，具有十分重要的法律价值与社会功能。

---

① 参见〔英〕边沁：《道德与立法原理导论》，时殷弘译，商务印书馆 2012 年版，第 93 页。

② 王伯琦：《民法总则》，"国立"编译馆 1986 年版，第 103 页。

③ 参见胡长清：《中国民法总论》，中国政法大学出版社 1997 年版，第 152 页。

第一节 专利运营权属效力的认定

专利运营权属及其效力问题，贯穿于专利审查标准、权利主体客体的适格性，以及有效期限等的认定过程之中。下面拟从一般性认定和以云计算为切入点的特殊性认定两个角度予以详述。

一、专利权属风险的一般认定

依据专利制度的规定，专利权的授予依赖于专利申请书中撰写的权利要求，而此权利要求具有不稳定性。该不稳定性并非指专利权不适合作为商品进行交易，而是其自身不稳定，如保护期限的限制性、是否缴纳专利年费、专利权的无效宣告。此不稳定性根源于专利权审查要求的模糊性，如现有技术的范围、创造性的认定标准等皆存在不确定性。另外，专利权授予标准受产业异质性、技术发展、人类对技术的主观认识等因素的影响，因此专利权自身并非绝对有效，这增加了专利运营的风险。此外，"不合格专利"丛生，如2001年，塞西尔·奎伦（Cecil Quillen）等人指出"美国专利商标局（United States Patent and Trademark Office，USPTO）的专利授权率高达97%"，而高授权率掩盖了大量的不合格专利，其中通过诉讼判定无效的涉诉专利高达46%。这一现象促使美国联邦贸易委员会发布《促进创新：竞争和专利法律的适当平衡》，文中称这些"不合格专利"虽获得授权，但其本身可能无效或专利权利要求范围过宽，不仅增加了累积性创新产业专利许可的复杂性，甚至还可能阻碍创新。为此，这里拟从专利权效力归属出发探究专利运营风险认定的具体法律要素：

（一）无法获得授权的风险认定

国家知识产权局发布的知识产权统计简报数据显示，2019年1—9月，我国发明专利授权率为34.7%左右，这意味着大量专利申请权无法升级为专利权，其无法满足专利"三性"的审查标准。横看国内外，均存在专利授权标准本身难以明晰的怪圈。

以"非显而易见性"为例，这一概念本身不仅是难以明晰的，而且在审查认定中也离不开主观判断。参照发明人的主观认识或审查人员的主观认定，极易使审查人员检索现有技术以契合发明，从而使大部分技术因"显而易见"而无法获得授权。为杜绝此类主观认定，美国曾专门在法律上拟制"PHOSITA"，也就是，假定法律上存名为"PHOSITA"的主体，其知晓与发明相关的所有现有技术，且现有技术系公开信息。因此，可将"PHOSITA"的视角，作为"非显而易见性"认定的客观标准。罗伯特·P.莫杰思（Robert P. Merges）认为PHOSITA的客观认定标准优于主观认定，专利申请人具有掩盖真正有价值技术的动机，而PHOSITA的客观认定标准可以保证申请人为获得授权必须公布"独一无二"的有价值技术。然而，如何确定PHOSITA这一法律拟制主体的人选，也就是如何认定是否知晓与发明相关的所有现有技术，对于这一问题尚无定论。联邦巡回上诉法院虽然在环境设计公司诉联合石油公司（*Environment Designs,Ltd.v.Union Oil Co.*）案中给出了PHOSITA认定的相关参考因素，如专利申请人的受教育水平、申请专利的技术欲解决的问题、该问题是否已有技术予以解决等，但并没有阐释如何适用PHOSITA。

此外，"后视偏差"也是非显而易见认定的"拦路虎"，此概念的含义等同于"事后诸葛亮",也就是说,事后认为专利属于"显而易见",进而以此眼光审视专利申请时对非显而易见性的认定,认为专利审查时将此判断为"非显而易见"是错误的,从而发生偏差。以"PharmaStem"案为例。专利权人拥有美国专利号 5 004 681(以下简称"681 专利"),即专利权人 PharmaStem 公司发现了"脐带血含有可移植干细胞",打破了只能通过骨髓移植干细胞的僵局,因此其在美国、欧洲都获得了此项专利授权。2003 年,PharmaStem 公司向竞争者提起侵权诉讼,而被告提起反诉,要求认定 681 专利因显而易见而无效,最终陪审团认同了 PharmaStem 公司的诉讼请求,也就是 681 专利具有非显而易见性。联邦地区法院亦认为此判决是合理的。然而联邦巡回上诉法院却认为 681 专利属于"显而易见",是无效专利。此案中,联邦巡回上诉法院的判决饱受诟病。此外,格雷戈里·曼德尔发现后视偏差在专利的无效性认定中具有较大影响力。美国最高法院和联邦巡回上诉法院也注意到此类问题,为避免"后视偏差",分别设置了三步检验法和 TSM 检验规则。然而曼德尔认为,数年来,后视偏差问题并未得到改善,诸如 TSM 检验规则、三步检验法之类的裁判规则亦未缓解此问题,如在 1928 年,专利因非显而易见而被法院宣告无效的比例高达 65%,后来联邦巡回上诉法院采用 TSM 检验规则以矫正"后视偏差",降低了非显而易见性的认定标准,从而在 2005 年将此比例降低至 5% 以下。此后,在 2007 年,最高法院在 KSR 国际公司诉泰利福公司(*KSR International Co.v.Telflex Inc.*)案中又重新提高了非显而易见性的认定标准,但比例仅回升至 20% 左右。更为重要的是,后视偏差不仅出现在专利无效宣告中,还出现在专利审查过程中。

（二）专利有效性欠缺的风险认定

专利有效性欠缺是指虽然专利获得了授权，但实质上其并不符合专利"三性"，尤其是缺少创造性和实用性，此种专利极易被宣告无效。在实践中，有效性欠缺的专利主要有四类：第一类是将公知常识授予专利。根据《专利审查指南》第二部分第四章有关创造性的审查部分的规定，公知常识一般是指普及性的技术问题解决手段，专利申请人有意或无意将此类知识提交专利审查，而专利审查员对此类知识的检索出现偏差，导致其被错误授予专利权。以"竹地毯"编制技术专利为例，连云港某公司获得"竹地毯"编制技术专利，实际上，该专利为公知技术，由浙江安吉的竹地毯生产者世代沿用，后被宣告无效。第二类是专利无新颖性。专利申请人将国外公开技术"变身"，利用我国专利检索系统和专利审查主体的局限性，从而获得授权。第三类是专利无创造性。如重庆市原公安局长王立军享有的执勤服实用新型专利，权利要求为：衣领及下排布分别具有颈部和腋下透气，具有散热透气的显著效果。第四类是专利无实用性。即专利虽然具有一定创造性，但无益于社会，如美国对逗猫方法、卫生间电子排队方法等授予专利。

（三）专利权属不清的风险认定

根据权利产权关系理论，专利市场成功运行的前提是专利权边界明晰。若专利权属不清，将诱发专利侵权、假冒等纠纷的产生，因此，专利权属成为专利运营风险认定的法律因素。其表现形式主要有以下两种：一种是在职务性发明中，专利权属纠纷尤为显著，可分别从国际、国内两个层面予以审视。在国际层面，职务发明制度被划分为英、美两种模式。英国的职务发明制度规定，若雇员对公司的发展有特殊义务，则其发明成果归雇主所有，雇员仅获得报酬作为奖励。而美国并没有采用"职务发明"这一概念，除雇主牵头外，专利权均由雇员享有。在国内层面，职务发明早已成为我国专利申请的重头戏，如在 2014 年，上海的职务发明专利占比就高达 90%；而我国对职务发明的规定却是"落后一步"，因此引发的纠纷层出不穷，如在"中国裁判文书网"中，以"职务发明""民事一审"为关键词进行检索，就有 149 个案例。另一种是在专利许可中，专利权人具有隐瞒专利已向他人许可之事实的动机，因为专利许可对象越多，意味着专利产品的竞争越激烈，进而会贬损专利权的财产价值，而被许可方没有查明专利许可事实，极易产生专利侵权风险。例如，2001 年，浙江华立集团收购了荷兰飞利浦半导体公司 CDMA 研发部门，欲通过此种方式取得 GSM 专利权，但却未明晰 GSM 专利技术的权属状态。事实上，此类技术已由 CDMA 授权许可美国高通公司使用，且双方约定在任何情形下都不能将此协议向第三方披露。华立集团虽投入高昂成本，但最终却因缺乏明晰专利权属状态的意识而承受损失。

不容忽略的还有权利实际有效期限短的风险。专利权实际有效期限短是指专利权在到期之前丧失了市场竞争力。以"专利权利要求范围"为例，专利到期之前，专利权人获得的利润取决于专利权利要求范围。然而，如果专利权利要求范围过窄，在专利生命周期内，旧专利无力抵抗新技术，则新技术将削弱旧专利的垄断地位，甚至替代旧专利，从而加速旧专利的到期。

二、数字技术专利权属认定：以云计算相关问题为例

数字时代的迅猛发展，提醒我们在考量传统技术专利权属风险

的同时，应当关注数字技术专利权属认定标准的特殊性，这里以云计算相关问题为切入点。随着云计算商业服务模式和产业的发展，在实践中出现了越来越多的新颖技术和商业方案，与传统的具有专利适格性的技术相比，这些技术和方法存在的差异，直接影响到这些云计算技术、方法能否获得专利法的保护。换言之，对云计算各项技术发明的权利人而言，云计算时代下的专利客体认定标准问题，决定着他们能否获得专利权属以保护自身权益。

（一）云计算专利客体的专利适格性标准

专利运营中的权属适格性的审查，也即审查具体客体是否具备获得专利权保护的特征和属性。关于专利法的保护对象为何种客体的问题，我国《专利法》第二条第二款规定——是对产品、方法或者其改进所提出的新的技术方案；《专利审查指南》就《专利法》第二条第二款作出拓展性规定——采用技术手段解决技术问题，以获得符合自然规律的技术方案，符合专利法第二条第二款规定的客体。从法律条文的表述中可以看出，采用"技术手段"、符合"自然规律"是可专利客体标准的本质性要求，是一项技术方案获得专利法保护的先决条件。综上，在探讨云计算环境下出现的新技术、新方法能否满足专利客体标准的问题时，应从关键性特征出发，对云"自然规律"和"技术手段"内涵进行分析。

（二）云计算专利客体的实质性标准

一项专利申请经初步审查具备基本的专利适格性后，方可进入专利申请的实质审查阶段。专利法中，对一项技术发明创造应当具备的特征、组成部分等作出了规定，这些规定便是专利审查中用的实质性标准，包括可以获得专利权的标准和无法获得专利权的情形，分别是专利实质性审查中的积极标准和消极标准。《专利法》

第 22 条规定：授予专利权的发明和实用新型，应当具备新颖性、创造性和实用性。可以见得，新颖性、创造性、实用性等因素是这一标准的核心要素，也是技术创造要获得专利权保护须满足的积极标准，而诸如智力活动方法和规则等则是消极标准，无法获得专利权保护。专利客体的认定标准影响着专利评估、审查、授权等行为，也为发明人进行科技创造提供了一定的参考标准，[①] 在云计算技术和方法的专利申请中，对于此三要素的探讨必不可少。

（三）云计算专利客体认定标准的具体适用

发明、实用新型和外观设计是可专利的三类客体，基于云计算的虚拟性特征，云计算专利多以发明专利为主。发明专利的申请内容以技术构思为主，而在云计算技术中，技术构思主要涉及商业方法和计算机程序算法，因而商业方法专利问题是客体认定中的重点问题。

我国对商业方法的可专利性问题持谨慎态度，并且对商业方法专利申请的审查仍旧采取严格的"技术三性"和"实质性标准"判断法，与技术专利的申请和审查标准无异。传统的无技术性特征的商业方法一般无法获得专利保护，整合计算机和网络技术资源完成操作的商业方法专利申请要获得授权批准的门槛也比较高，而对所属技术领域的限制就是门槛所在。[②] 云计算本身是以追求实效最大化为目的，整合管理现有成熟技术的技术融合体，不存在太多技术创新的成分，此为商业方法所属技术领域的限制，因而云计算中的

---

① 参见罗先觉、尹锋林：《云计算对知识产权保护的若干影响》，《知识产权》2012 年第 4 期。

② 参见王晓燕：《云计算专利法律问题研究》，上海交通大学凯原法学院 2014 年博士学位论文，第 56 页。

商业方法往往也难以达到标准的"技术三性"要求。[①] 云计算商业方法专利的保护在我国陷入了两难之地——既难以通过发明专利申请的审查，又难以作为传统的商业方法获得专利权保护。[②]

比较而言，美国对于商业方法专利审查的判例相对成熟。美国认可商业方法具有可专利性，其认定经历了一个"完全否定—充分肯定—合理认定"的发展过程。20世纪初的美国对于商业方法的可专利问题是持否定态度的，因为当时的法院认为商业方法只是一个抽象的想法，并没有新的和有用的可以实施的实体方式。[③] 而到了20世纪末，由于网络经济迅猛发展，在众多网络公司的盼望下，美国对其专利政策进行了调整，其中的标志性判例是1998年的道富银行案[④] 和2010年的比尔斯基案。在前案中，美国联邦巡回上诉法院认为可专利客体问题的关注点不应当拘泥于专利法所规定的四个可专利客体大类——程序、机器、产品、物质，而应当将"实用价值"作为主要考量标准，[⑤] 从而放宽了对商业方法的专利申请标准。此后，欧盟、日本纷纷效仿美国的做法，商业方法的可专利性在大部分发达国家得到了认可。[⑥] 同时，该判决一出，美国商业方

---

① 参见黄敏、刘国伟：《论含功能性特征权利要求的解释依据》，《中国发明与专利》2014年第2期。

② 参见陈磊：《商业方法专利客体要件研究》，华东政法大学知识产权学院2011年硕士学位论文，第38页。

③ 参见刘银良：《美国商业方法专利的十年扩张与轮回：从道富案到Bilski案的历史考察》，《知识产权》2010年第6期。

④ *State Street Bank & Trust Co. v. Signature Financial Group,Inc.*

⑤ 参见彭云：《云计算商业模式专利保护探析》，《中国电子商务》2011年第2期。

⑥ 参见《十二国专利法》翻译组：《十二国专利法》，清华大学出版社2013年版，第98页。

法专利申请铺天盖地而来,因此美国在2005年颁布了《可专利性暂行审查》,对"实用价值"进行细化释义:第一,要产生有用的结果,须是有用、真实、可靠的;第二,要产生具体的结果,此处"具体"相对于抽象而言,要求方法专利申请内容应当与特定机器结合,或者通过对客体的改变成为了新事物;第三,要产生确实可重复实施的结果,即基于该领域的中等技术水平判断,该方法可以产生申请中所述的结果。[①]

2010年,美国联邦最高法院对比尔斯基案[②]进行全席审理,限缩了道富银行案后确立的过于宽松的"实用价值"标准,将"有用的、具体的、确实可重复实施的结果"仅作为判断方法专利申请的表征特点的审查标准,将专利法规定的四大类可专利客体——程序、机器、产品、物质,作为方法专利审查的起点,认为涉案专利申请——"能源风险管理方法"属于不可专利的"抽象概念"。同时,美国联邦最高法院也在该案中确立了权威的、更为保守和传统的"机器或转换"标准来审查此类专利,即要求专利申请——与特定机器或仪器相结合或者可以将一个特定客体转换为新事物、新状态;且这种结合或者转换必须对申请范围作出明确限定,而不单单是一种可有可无的解决方案。自此,美国对商业方法专利的审查标准问题回归传统,对各国相关规定产生了深远影响。[③]

① 参见陈健:《从"State Street"到"Bilski"美国商业方法专利审查标准的演变》,《电子知识产权》2015年第1期。

② *Bilski v. Kappos*, 130 S. Ct. 3218, 561 U.S., 177 L. Ed. 2d 792 (2010).

③ 参见蔡步青:《后 Bilski 时代电子商务商业方法专利之因应与挑战》,《河北法学》2012年第7期。

第二节 著作权运营权属的认定：以数字著作权为例

一、数字著作权权属认定的突出问题

基于网络的隐匿性、复杂性，以网络为存在媒介的数字作品著作权归属的判定存在一定难度。较之传统的作品，数字作品往往经历过一定的数字化处理，加之作者多采用笔名甚至匿名的方式进行创作，其对于作品版权归属的举证也更具复杂性与难以操作性。可以预见，对于数字著作权相关归属的认定正面临着不容小觑的挑战，对于数字作品的传统著作权人权益的保护也面临着立法机制理念上的危机。归纳起来，对于数字著作权运营权属的认定存在的问题与困惑主要聚焦在以下两点：

（一）作品署名不明确

确定作品著作权归属的首要任务应是确定作品的作者。根据我国《著作权法》的规定，作者享有在其创作的作品上署名的权利，作品上的署名可以反映出作品与作者之间的关联，是证明作品创作者创作智力成果的重要标志。独立创作作品的自然人、法人或其他组织有权在其创作作品上署名；同时，未经许可擅自在他人创作作品上署名或在多人合作创作的作品上仅署部分作者的名字时，其他正当权利人有权通过诉讼或仲裁等途径提供相关证据，证明自己的作者身份。在实践中，由于网络技术的无国界性和隐匿性，很多网络作品的作者都存在化名、笔名甚至匿名创作的情形。作者虽然具有不公开自己身份、隐匿自身姓名的权利，但是却对公众获得其授

权进而使用其作品,以及其自身正当权利的保护都会造成麻烦,并可能诱发其他更多争议风险。

(二)权利人举证难度大

数字著作权运营中归属的认定,通常需要由多方权利主张者提供证据证明其对于该作品享有版权,这往往就会涉及举证责任的分配与转移、各权利方提供证据的内容与范围、证据的证明力认定等问题。与传统作品可以通过提供固定既存的书面材料证据来证明版权归属不同,数字作品可以提供的证据往往倚赖于信息技术,证据的提取与保留往往由于网络的复杂性及隐匿性而难以实现,且极易被恶意破坏销毁,具有很大的不稳定性,同时也缺乏书面材料等具有较强证明力的证据,导致著作权主张者在搜集获取证据保护自己正当权利的过程中存在操作障碍,甚至在某些情况下由于证据调取不足、不及时或者失误而出现冤假错案,这对于绿化我国网络内容及优化营商环境都会产生消极影响。除此之外,虽然根据《民事诉讼法》(2017)、《行政诉讼法》(2017)相关规定以及《最高人民法院关于民事诉讼证据的若干规定》(2019)第14条的规定,电子数据证据的种类、合法性、可采性、证明力及判断标准已得到了一定的法律保障,但是个人对于电子证据保全和公证机关公证的难度仍然存在。解决权利人对于数字著作权归属认定的举证难问题,是提升数字著作权运营效率的前提。

二、数字著作权权属的判定原则及方法

(一)判定原则:智力成果和意思表示

在我国,数字作品与一般作品同属于《著作权法》的保护对象,

因此，对于一般作品的归属认定方式及著作权人的主要权能类型应同样适用于数字作品及数字著作权人。当传统作品除纯粹的数字化加工进而转化为数字作品以外，未经任何其他的加工处理时，作品不涉及融合处理人的任何智力劳动成果，且作品的内容此时不发生变化，只是通过代码转换被传输上载至计算机之中，此时著作权人不发生变化，作品仍归属于原著作权人所有；但当作品涉及融合了处理人的智力成果，包含了处理人的独立构思或融入了其个人的情感表达，如处理人对原作品进行了汇编整理、注释翻译或者改编及再创作等行为而使得新作品成为演绎作品、汇编作品时，该作品处理人也应受《著作权法》保护，是作品的正当著作权人，在征得作品原著作权人同意且在向其支付相应报酬之后，有权享受该作品之上的著作权，可以对该作品进行处理及收益。

从本质上看，在运营过程中，网络作品与传统作品并无二致。相对于传统作品而言，数字作品仅是存在媒介与存在方式发生了变化，其本身并不包含智力创造过程，也并没有新作品产生，因此，《著作权法》适用于传统作品的规定对于数字作品仍然适用。受他人委托而创作的数字作品的著作权归属，若当事人之间有约定时优先适用当事人约定，若无约定则著作权归属于受托人。两人以上的多数人合作创作的作品，一般应由全部创作人共同享有著作权；若作品可以分割，各个著作权人也可以在不影响作品整体著作权的基础上，单独享有各自的著作权。至于因职务创作而形成的作品的著作权，除特殊情况下应由作品作者享有的，一般情况下归属于作者所隶属的单位或其他组织。

（二）判定方法：第一权利人和利益平衡

数字著作权运营中，作为法律赋予网络作品创作人对其智力成果享有的专有性权利,著作权属的确定与判断直接关系着智力成果付出者是否得到了合理的精神与经济补偿。由于各个国家的作品形式与立法基础存在差异,法律权利体系所侧重于保护的客体与对象也有所不同,因此与之相对应,不同国家对于数字著作权运营中归属问题的判定方式与方法也就各不相同。但从总体上看,在判定数字著作权运营中的归属问题时,一般情况下都以作者为第一权利人;作为例外,在特殊情况下,根据作品创作方式、作品的创作动机以及当事人契约等因素的不同,确定作者以外的主体为著作权人。虽然原则上将作者确定为判断著作权归属的第一权利人,但实践中的很多具体作品如电影作品的创作和产生往往凝聚着多数人的智慧成果,因此其权利分配的过程更为复杂。对数字著作权运营中的归属进行例外性的规定,是充分考虑到网络环境下复杂的知识创造方式与交易方式的必然结果,是为了促进其著作权运营在利益平衡理念的指导下进行所做的动态调整。

第三节　商标运营权属风险溯源

商标运营权属的风险,主要发生于属地主义制度、先申请原则,以及对国际条约在地位、义务标准以及自由裁量权空间上的差异等制度安排的应用过程之中。

一、属地主义的跨国应用

知识产权在历史上原是封建君主以特许权的形式所授予的钦

赐特权，这种权利只能及于君主权力所辖的地域范围；而各国在建立商标法律制度时，按国家主权原则，也仅对依本国法律取得的商标权加以保护，在他国所发生的与商标有关的事实，对本国并无拘束力，这就是商标权保护的"属地原则"。国际上公认的有关知识产权保护国际条约的母公约，即《巴黎公约》也采取这一原则。因此对商标进行法律保护受到地域性的限制，其保护范围仅限于取得注册的国家，纵使目前根据《商标国际注册马德里协定》（简称《马德里协定》）等相关国际条约，商标可获得跨国注册，但并不是所有国家都是《马德里协定》的会员国。商标被域外抢注之后，被侵权人需要利用该域外国家商标法律或相关国际条约来进行维权，这种法律制度的跨国性也使得商标域外维权更加复杂化。在竞争全球化的情势下，商标域外抢注问题更加严重。商标权人在其注册地经过审查核准注册所拥有的商标专用权，在注册国以外并无保护效力，即任何人都有可能将同样的商标在该注册国以外的其他国家进行抢注。这就给了商标抢注人钻空子的机会，使其可以很轻易地对他人已使用但未注册的商标申请注册，而商标审查员也只会就已注册的商标进行比对检查看有没有混淆的。因此，根据商标权保护的"属地原则"，如果被抢注者的商标未在需要受保护的国家进行商标注册，那么其商标被恶意抢注的可能性就会很大，其潜存的商标运营风险十分突出。

二、先申请原则的实施空间

商标运营中关于商标权的取得方式，目前国际上主要采用"使用取得"和"注册取得"这两种制度。大多数国家所采用的是"注册取得"制度，商标的持有人需要向相关机关申请商标注册，获准注册后即取得专属排他的权利，并受法律保护。我国商标权取得方式采用"注册取得"，注册是取得商标权的唯一方式。同时，我国《商标法》采用"先申请先注册的原则"，先申请的人可以优先取得商标专用权，并且也不以商标在我国注册时已有实际使用为要件。为避免注册者长期不使用仍独占商标，我国《商标法》规定了"三年不使用撤销制度"。如果只采用"注册优先"的原则而无其他相关配套措施的话，纵使救济途径已经日渐成熟，商标运营中域外被抢注问题仍然无法有效缓解。

三、各国对待国际条约的差异性

1. 国际条约在国内法中的地位差异

商标被域外抢注之后，被抢注者除了利用被抢注国家的商标法律进行维权之外，通常还会利用《巴黎公约》、《马德里协定》、TRIPs 协定等国际条约来对抗商标域外抢注行为。但国际条约在各国的批准程序及生效方式不同，此时相关国际条约在该域外国家将如何进行适用的问题就显得非常重要。当有关国际条约和被抢注国家国内的商标法律产生冲突时，应当优先适用哪种法律很有可能决定被抢注者商标域外维权的成功与否。因为有可能商标恶意抢注者的商标抢注行为依照国内法，并没有直接违反该国的商标法律，但却违反了国际条约的有关规定。从国际条约与国内法的关系来看，国际条约的义务是彼此之间的承诺。规制商标域外抢注行为的国际条约一般并不要求所有成员制定完全一致的立法，甚至有些国家会对部分条款作出保留。如何将国际条约转化为国内法律来进行适用，不同国家采用的方式也是不同的，这可能使部分国家无法有效履行国际条约的义务。有关国际条约在我国的适用问题，法律虽然并没有统一的规定，但我国主要采用的是直接适用和转化为国内法进行适用这两种方式，这将有利于域外被抢注者在我国进行商标维权。然而，根据美国相关法律的规定，其国内法律和国际条约可能处于同一位阶，因此，当两者有冲突时不一定优先适用国际法。故在类似于美国这样的国家，我国商标被抢注之后，相关国际条约不一定能成为规制商标域外抢注行为的主要依据。

2. 国际条约义务标准的认识不统一

商标运营中商标在国际上的法律保护要受到地域性的限制，这也给了商标恶意抢注者钻法律漏洞的机会，因此诸多国家开始制定规制商标域外抢注行为的国际条约，以此来协调各国不同的商标法律制度。但是，为了使相关国际条约得到更多国家的认可，成员国在制定国际条约义务内容时通常会相对宏观，一般会采取妥协的方式来回避过度争议的问题。比如 TRIPs 协定是规制商标域外抢注行为的重要国际条约，但是其只规定了商标国际保护的最基本义务。同时，根据该条约的相关规定，成员国应该实施 TRIPs 协定的内容，成员国可以但无义务在其法律中施行比 TRIPs 协定的规定更高的保护，只要该保护不违背 TRIPs 协定。目前，一些能够规制商标域外抢注行为的条约义务标准并不十分明确，针对国际条约中规定并不明确的内容，需要由成员国国内法来具体界定，这其中难免会产生差异性。比如，目前国际上对驰名商标的域外保护力度较强，在对商标保护采取"注册主义"的国家，未注册的驰名商标不能直接根据商标保护的"属地原则"进行维权，但可以根据有关驰名商标的特殊法律规定来进行维权。但是不同国家对于未注册驰名商标的判断和认定有着不同的规定，大部分国家对"驰名"的认定是根据该商标在本国使用的情况以及影响力来判断的，针对那些在其他国家使用而"驰名"的商标并不认可。这种有关"驰名"认定标准上的差异性，将会影响到那些在外国使用并获"驰名"认可商标的国际保护力度。不同国家对于国际条约义务标准的认识会产生差异，我国商标被抢注者在利用国际条约义务进行商标维权时，对相关义务标准的认识和理解也可能比较模糊，这非常不利于对商标域外抢注行为的法律规制。

3. 各国保留了较大的商标立法裁量权

为了在现代经济社会中强化对于商标的域外保护及其合理运营，各种商标国际保护的条约得到了倡议和发展。然而，相关国际条约的签订是建立在尊重各国自主立法权的基础之上的，成员国在本国具有很大的立法裁量权。TRIPs 协定在基本原则部分对此就有相应规定，在不违背协定内容的前提下，各成员国有在其国内法律制度和实务中决定实施 TRIPs 协定方式的自由。国际条约虽是目前商标域外保护最主要的途径，但各国有关商标立法的不同规定，使得商标的域外注册申请、后续管理、侵害救济等商标保护措施非常复杂。目前，各国商品和服务的流通范围非常广泛，商标抢注、仿冒等侵害问题层出不穷，这不仅可能发生在各国国内，也有可能发生在欲拓展商业活动领域的其他国家。许多国家保留了大量具体适用商标国际保护条约的自由裁量权，导致各国国内法规制商标抢注的规则存在着差异，这对于我国商标被抢注者的域外维权造成了一定的影响。

例如"王老吉"案和"新华"案，就是典型的商标权属争议案件。在"王老吉"商标案中，大多数人认为"王老吉"商标变得家喻户晓，离不开鸿道集团耗费大量人力和物力所进行的宣传，最终判决鸿道集团承担停止侵权及赔偿损失的责任，有违公平原则。这个案件的一个主要争议点就是驰名商标商誉增加权利的归属问题。而"新华"商标案主要是历史遗留问题，由于原、被告双方均拥有"新华及图"驰名商标，在驰名商标跨类别保护方面产生了争议。按照法律规定，现有的商标注册不能与驰名商标相冲突，但由于历史原因，我国仍存在一些名称相似或相近的驰名商标，这对驰名商标跨类别保护提出了非常大的挑战，如何明确保护范围、对其价值和权利范围进行认定，成为我们必须要解决的一道难题。

　　其实，商标和专利同属知识产权体系，在法益保护和利益考量方面有共通性，商标运营的权利归属制度可以借鉴专利运营的相关规定加以创设。譬如，在商标许可使用运营过程中，若商标出现价值的变化，除另有协议约定以外，商标所增加的价值部分属于商标被许可人所有；如果商标由注册商标因增值变为驰名商标，则商标权归许可人和被许可人双方共有，双方使用商标时应在驰名商标上添加产地或公司名称以示区分。

第四章　知识产权运营的交易风险论

　　知识产权运营和市场关系密切，知识产权运营是通过商业手段将知识产权投入市场进行资源配置以获取利润，因而知识产权运营十分重视知识产权的"交易"即知识产权的转让、许可等市场流通方式的开发。知识产权的商品化和市场化是其运营价值实现的途径，[①]知识产权只有处于市场上才能被更多人获知，从而形成自己的竞争利益，对知识产权滥用行为的考察不能脱离市场环境，而应在市场规律的作用下对其进行规制，法律的制约也须符合市场规律的要求。依立法要求，只有反映客观规律性的东西才是正确的，还市场经济法律以其客观自身规律的本性，这是市场经济法律的第一要义。[②]知识产权运营过程中，市场主体因减少开支、企业转型、增加利润或筹集创业资金等，以及因其自身特性及相关行为的复杂性等，可能在交易过程中面临诸多法律风险。一般情况下，知识产权运营中的交易风险包括知识产权转让和许可两个层面。

---

　　① 参见袁晓东：《知识产权交易成本分析》，《电子知识产权》2006年第11期，转引自陈劲、斯亚奇、谢芳：《企业知识产权价值实现的动态选择》，《科学学与科学技术管理》2011年第11期。

　　② 参见江平：《罗马法精神与当代中国立法》，《中国法学》1995年第1期，转引自吴汉东：《知识产权法价值的中国语境解读》，《中国法学》2013年第4期。

第一节　专利运营交易风险识别

一、专利转让风险

专利转让行为自身的特性和复杂性使得运营交易双方经常面临着较大法律风险。因此，研究我国专利转让中存在的法律风险十分必要。具体来说，专利转让风险包括转让主体风险、转让标的瑕疵和转让无效的风险、知识产权申请权转让的限制、转让被实施专利的限制、商业秘密泄露的市场风险、中介平台滞后的服务风险，以及专利技术进出口的侵权风险。

（一）转让主体资格瑕疵

专利运营中的转让合同当事人法律范围广泛，而作为专利出让人，应是权利的合法拥有者。实践中，不具备民事主体资格的科研组织，譬如法人或其他组织设立的从事技术研究开发、转让等活动的课题组、研究室等，擅自以自身名义签订专利转让合同，或个人擅自转让职务发明创造，以及由于技术开发合同约定不明确，造成专利技术成果权属不清等情况都极易引发专利转让合同的法律纠纷，加剧转让过程中的法律风险。

如果专利转让合同主体资格存在瑕疵，将会产生法律上的不同后果。譬如，针对上述课题组等的专利转让合同，如果经过所在单位授权，则视为法人或其他组织订立的合同，由法人或其他组织承担责任，合同并不必然无效；如果未经许可，则由该科研组织成员共同承担责任，但法人或其他组织因该合同受益的，应当在其受益

185

范围内承担相应责任。

可见，专利受让人应严格审查转让人的主体资格，专利转让人应当与专利权属证书上的权利人一致或取得合法的授权转让证明文件；在受让科研单位专利技术成果时，应避免与科研单位的内部科研组织签订合同。

（二）转让标的瑕疵和转让无效的风险

根据我国专利法的规定，在专利权被授予后，任何主体均可以专利权授予不符合法律规定为由，向专利复审委员会请求宣告专利无效。这导致即使专利转让人在签订转让合同时拥有合法的专利权，在专利转让完成后，该专利权也可能面临被宣告无效的风险，容易给专利受让人带来较大经济损失。为尽可能降低专利无效的风险，专利受让人应当在受让已被授权的专利时，要求转让人保证专利全面、有效，符合商定标准，即合同可约定转让人应提供相关全部的技术资料，包括工艺流程、技术操作方案等书面资料，且保证在专利有效期内，在正常使用的情形下，该专利能够达到约定的使用效果或目的，否则将承担相应的法律责任。

在专利权有效期内，任何单位或个人认为专利权的授予不符合专利法规定的，均可以请求专利复审委员会宣告专利无效；因此，除了确保专利权在转让时应处于一种合法状态下之外，在专利受让后，受让人还面临审查失误，异议未及时提出，外观设计、实用新型专利申请无须经过实质审查等各种原因导致专利权被宣告无效的风险，可能加剧其经济损失。

可见，针对专利运营中的转让合同，受让人有必要要求出让人作出相应承诺，保证提供完整、真实、有效的全部技术资料，并负有一定的技术指导义务。同时，为避免专利转让后无效而导致的转让合同无效风险，区分出让方是否存在主观恶意以确定法律责任的形式：若出让方恶意，则应赔偿对方损失；若出让方非恶意，一般将不退回转让费。

（三）转让申请权的限制

发明人或设计人将其特定技术成果申请专利的权利进行转让，称之为专利申请权转让。专利申请提出后，并不必然获得法律上的专利权利，只是拥有被授权的可能性，即使受让人取得专利权，发明人或设计人仍有署名的权利。专利申请权的特殊法律性质，加剧了受让人的法律风险。转让申请权的风险主要有三：

其一，专利权人的范围。专利权人的范围通常是非职务发明创造的发明人或者设计人及其所在单位，委托研究开发的开发单位或个人，或按照协议取得专利申请权的单位或个人等。

其二，专利申请权转让的时间界限。其转让只能后于让与人提出专利申请，否则转让的对象只能为技术秘密，不能将之称为专利申请权的转让。

其三，未取得专利权的法律后果。如若专利申请最终并未获得专利权，并不必然产生专利申请转让合同解除的法律效果，应当区别不同情形：当专利申请被驳回或者被视为撤回，如果发生在办理专利申请权转让登记之前，即在专利申请权转让合同并未生效的情况下，合同各方可以主张解除合同；如果发生在专利申请权转让登记之后，即在专利申请权转让合同已经生效的情况下，合同各方不能解除合同，但可以约定其他的处理方式或违约责任。如果因有"在先合法专利"驳回申请，合同各方可以"显失公平"为由请求予以变更或者撤销合同。

(四)转让被实施专利的限制

在专利权或专利申请权转让前,专利权人可能已经独自实施或许可第三方实施该专利,因此可能影响到受让人在受让后对此专利的实施状况,此种情形对出让人和受让人均具有一定风险。对此应注意两点:首先,若专利权人已自行实施专利,且当事人未就此作出约定,合同成立后出让人应立即停止实施该专利;如果出让人希望在转让后继续使用专利进行生产的,应当在转让合同中明确约定继续使用的期限、方式、费用等。其次,若专利权人已许可第三方实施专利,在签订转让合同时,在先合同约定的权利义务将全部转移,尤其是当许可方式为独占许可时,将直接限制受让人的专利使用方式,因此,受让人对被许可人实施专利的方式与期限、地域特点等的详细调查尤为重要,必要时可与第三方协商变更。

此外,企业股权变动过程中不得擅自转让所属专利权。部分股东可能主张在其转让自身全部或部分股权时,应将企业所拥有的专利等知识产权一并转让。以专利为例,股东的职务发明或投入技术成果的知识产权属于公司,公司作为专利证书上记载的专利权人,享有独立的专利权,股东在股权转让合同中对专利权归属作出的约定无效。可见,在股权流动过程中,需要格外注意专利运营中的转让风险,保护与规避同等重要。

(五)专利转让中商业秘密泄露的市场风险

在专利运营的交易过程中,一旦市场主体的商业秘密被泄露,即便获得赔偿,相关信息的秘密性也可能丧失,从而造成无法挽回的损失。而商业秘密泄露的市场风险往往潜藏于市场主体的内外部经营活动中,主要表现有三:

其一,技术研发阶段风险。在技术开发阶段,市场主体对相关情报、资料、数据、方案等信息的保护意识薄弱，突出表现为对组织机构内部掌控核心技术人员的监控不足。某些技术开发人员甚至可能为一己私利擅自利用技术，将其研发程序、理论支撑、核心数据等不经意公开，或私自与同行业相关企业进行交易，致使技术成果价值流失。企业研发系统过于集中，人才的流动性对商业秘密的保护也可能造成极大威胁。

其二，专利申请过程中的风险。对于交易涉及的获取专利权而言，其代价是在申请过程中要公开技术秘密；如果交易双方缺乏专利保护意识，在专利申请前对技术信息缺少侵权防范的技术处理措施，就容易被竞争对手通过专利申请检索获取关键信息，继而被模仿或利用，往往可能发生申请者尚未取得专利权，而市场上已出现同类产品的情形，由此产生复杂的法律争议风险。

其三，商业合作中的风险。企业在开展对外商业合作时，往往为了获得国外订单或合作机会，主动邀请外商参观其生产线和工艺流程，但由于其并未划定具体的特殊保密区域和采取保密措施，相关接待人员或技术人员、管理人员保密意识松懈，同时参观者中可能混杂国内企业的竞争对手或专业窃密人员，也可能包括国外经济间谍或情报人员，从而导致企业的商业秘密被泄露。此外，企业在缔约前和缔约后也存在此种风险。有的企业在创业过程中需要风险投资，其获取投资的必要前提是向对方提交一份商业计划书，但并未注明其中涉及主体之商业秘密，并要求对方予以保密；或者企业掌握某项技术但需要寻求合作对象或与合作对象洽谈时，为证明自身技术的存在价值，或多或少会向合作方阐述自身相关技术等信息，且未签订保密协议；而在缔约后，忽视业务合同中涉及的企业供销渠道等商业信息条款，没有对此签订商业秘密的补充协议，这些都极易导致交易中商业秘密的泄露。

（六）中介平台滞后的服务风险

值得肯定的是，作为专利运营生力军的中介组织，在我国正在迅速发展，包括提供咨询服务、专利代理、专利权确认、专利诉讼代理、金融服务、促进专利成果转化等在内的服务内容均有所涉及。但是限于自身发展时间较短、人才短缺、技术壁垒等，中介平台的专利运营行为面临诸多风险，突出表现有四：

其一，专利交易中介平台服务等级较低，尚未形成综合性体系。高新技术的快速发展使得诸多新兴领域的专利申请数量持续增长，且科技成果转化发展迅猛；而当前国内专利交易中介平台及机构数量较少，且兼具专业技术知识及法律素养的综合性知识产权高端人才匮乏，尤其是在国际化水平较高的生物科技、医药、软件等领域，还需从业人员熟悉国际专利规则及各国相关立法。同时，国内专利交易中介平台及机构多属小规模的分散式发展，提供的服务内容过于条块化、缺乏系统性，行业竞争仍以传统的"价格战"模式为主导，难以形成兼具地方优势的行业服务联盟。

其二，专利交易中介平台尚缺少成熟的市场法律环境。中介平台自身的市场容纳量特性决定了其易导致行业垄断，但对政策颇具依赖性又限制了其发展。当前，专利交易行业法律法规缺失，至今尚未有专门的以专利为代表的知识产权交易中介行业法律规范，使得专利交易中介平台的法律地位、运行机制等无明确规定；相关行业协会在运作时常常面临职权不清的窘境，且严重依赖政府的行政化管理，间接扰乱了专利中介市场的运转。在法治体系内，亟须寻求政府与专利交易中介平台之间的权责平衡。

其三，专利交易中介平台运营资金匮乏，组织管理体制畸弱。

由于长期计划经济体制的影响，国内诸多中介服务机构及平台缺乏市场化的运营意识，其专业素质人才的匮乏降低了企业与科研机构、高校等创新活动主体沟通的有效性；国内当前的中介运营平台及机构规模小、较为分散，加之财政支持力度不够，企业缺乏如同美国高智公司那样的私募基金运营模式，资金和人才的双缺口使得专利交易中介平台发展频陷困境。此外，现行的商业化中介服务机构管理体制不健全，政府背景的中介服务机构频频插手，造成了中介平台的组织混乱、服务意识缺位等一系列问题，严重限制了专利交易中介平台的全面发展。

其四，专利交易中介市场化程度偏低，社会的认知度有待提升。以专利为代表的知识产权运营在我国起步较晚，加之国内第三产业市场的较晚开发，公众对专利中介服务平台缺乏深层次了解，而诸多作为市场创新活动成果运营主体的企业侧重于依赖经验决策，对技术等专利的市场调研和实证研究并不重视，更不屑于高薪求助于中介服务平台进行相关的运营工作，这种状况限制了专利交易中介市场之需求。同时，专利交易平台的小规模分散式发展，限制了其市场化程度的提高，也不利于其规划定位、拓展服务领域。

（七）专利技术进出口中的风险识别

全球化的大环境下，技术进出口在企业的专利交易中愈发普遍，其中隐藏的法律风险更是多样化。一方面，在专利技术引进过程中，如果引进方对他方所述之相应证明真伪、效力审查不力，将导致专利权属争议、自身被撤销或无效的法律风险；国外某些企业常常利用国内企业无经验以及对技术的迫切需求，将一些已明显存在瑕疵、需要更新换代的技术转让给国内企业，如果国内企业缺少全面的技术先进性和应用价值寿命评估的经验，易被交易对方欺诈而遭受经济损失。同时，通过技术引进，模仿、利用国外技术，国内高新企业已具备相应的技术开发或设备制造能力，此时面临继续引进还是自主创新的困惑，如果再重复引进，国内的企业将面临技术依赖的恶性循环；在不侵犯技术提供方现有专利权的前提下，增强对引进技术的消化和吸收，方能有效降低专利技术进出口中的风险。

此外，技术引进过程中更潜存侵权风险。交易引进方应注意保护所引进的专利技术，严格按照合同约定使用技术，超越授权范围或违背相应合同义务会造成出口方的顾虑，受让方或使用方的不当行为将导致技术成果扩散或构成专利侵权，易引发巨额侵权赔偿。从思科诉华为的案件中可知，当我国高科技企业处于后发地位时，其技术创新需要建立在跨国公司已有的专利和标准基础上，市场中的大型跨国公司常常会利用其对专利的高标准保护来阻碍中国企业的技术进步和国际化进程。同时，国外企业利用我国当时反垄断法规不成熟的背景，以专利技术和标准被侵犯为由进行恶意诉讼，而国内诸多企业对 WTO 协议中禁止专利滥用规则并不熟知，无法从维护自身权利不受他人权利滥用的角度进行抗辩。

另一方面，在企业技术出口时，通常面临着技术项目筛选不当的风险。基于技术项目的差异，企业在技术出口时应进行适当的标准筛选，包括贸易标准和技术标准。在贸易标准方面，应审查是否符合中国的对外贸易规则、是否推动外贸出口等；在限制出口的技术标准审查方面，应保证出口技术符合国家政策标准。对于实验室技术，国家鼓励首先在国内开发，转变成产业化技术后再出口；国内暂时不具备转化条件的，则应在国家利益不受损害并取得专利有效保护的前提下方可出口。

此外，专利运营交易中还包括技术出口的授权不明和税费缴纳约定不明等风险。关于授权范围，应明确授予被实施方的权利内容，授权的性质。以技术实施许可为例，主要涉及独占许可权、排他许可权、普通使用权、再许可权，在签订技术出口合同时，应以签订普通使用权许可、不包括再许可使用权为宜，降低独占许可权对出口方的约束。关于使用范围，应考虑使用技术的领域、地点和产品销售的地域范围，规避被许可方擅自转让技术，造成技术扩散的风险。而在税费缴纳方面，在不违反被许可方国家或地区相关法律的基础上，设法维护自身合法权益，尽量争取最大优惠。

二、专利许可风险

订立专利实施许可合同是促进专利运营中技术成果产业化之重要途径，专利权人可通过许可而获得经济利益，被许可实施人通过授权实施他人专利而缩减了技术研发周期和投入，可抢占市场先机。但专利实施许可的特殊性在于，许可人的利益需要被许可人的实施行为来保障，获得报酬的标准通常要求被许可人支付一定的入门费和一定比例的销售提成额，双方为此能否达成一致以及相关的合同争议等，都是潜存的法律风险。

（一）许可管理机制单一

企业专利许可管理机制就是企业对专利许可事务的探究、管控、监管的综合性管理机制。由于专利许可的广泛应用，尤其是在高新技术领域，如果企业缺乏健全的许可管理机制，则会直接导致发展战略的失衡。当前，国内诸多企业的专利实施许可机制单一，譬如对专利许可的空间无法进行科学的考量、对被许可制造的专利商品等级无法科学监控等。

新技术时代,企业在专利运营过程中对专利的保护和运营意识正成为其发展的前提,企业应当不断完善专利许可管理机制并保证专利许可管理机构的正常运行,强化人才队伍体系建设,提高企业专利权利的使用效益。

(二)许可合同效力及内容瑕疵

就许可合同效力而言,专利实施许可合同的有效期应在专利权有效期间之内,且以其为准;若在合同有效期间内,专利被宣告无效,许可人将承担违约责任。但例外情况是,为促进技术成果的市场化,就已申请专利而尚未得到授权的技术,订立专利实施许可合同的,合同有效;此阶段的风险在于,对于被许可人而言,在专利申请公开前,可以按照技术秘密实施许可合同履行,在专利申请公开后,则按照专利实施许可合同履行,两者适用的法律依据及权利义务特点存在差异。就许可对象的选择而言,实践中,不少企业对权益实施的合作伙伴缺少有效的事前考察措施,对许可对象所在地域、合同目的、实施效果、对专利价值的影响等更缺少预测及监督,降低了许可合同的实施效果。可见,许可对象选择不当,或仅重视交易数量及数额而忽视合同实施效果,将加剧市场主体专利运营的风险。

就许可方式选择而言,我国法律规定了独占实施许可、排他实施许可和普通实施许可三种方式,在合同中对此未明确约定时,视为普通实施许可模式;在订立合同时,许可人对不同方式的选择将导致承担有差异的权利义务。譬如,选择独占实施许可时,许可人应当避免与实施人的独占实施权利相冲突,避免纠纷;而对于被许可人而言,"独占许可和排他许可"有利于在一定范围内占据技术与市场的优势地位,也须明确其是否有再许可的权利以及利益分享等问题。此外,在交叉专利实施许可合同中,其特点是在专利权人之间约定相互给予对方以免费专利许可，或者根据实施专利的效益由一方给予适当的补偿，以实现技术成果的共享。值得关注的是，发达国家企业巨头之间普遍签订专利交叉许可合同，在国内，此种类型的合同也逐渐增多。通过交叉许可措施，企业能更好地进行专利侵权防范，降低技术开发周期过长等专利运营风险。

就保密条款缺失而言，专利实施许可中的保密条款，是专利许可双方在专利实施许可合同中约定的一项特殊必备条款，但许多企业存在误区，认为专利已然属于公开的技术，无需秘密保护，以致商业秘密被合作方泄露的事件频发。而关于合同中保密条款的内容主要有二：一是与专利相关的技术秘密，主要指许可方所提供的专利文件以外的尚未公开的相关技术图纸、说明等资料，或专利产品除去专利以外的其他采用技术秘密方式保护的内容，缺乏对这些内容之保密约束，就难以保证企业的信息安全。二是与经营、管理有关之信息，尤其应注意，在专利实施许可合同中，许可人有技术指导义务，被许可方自然会了解到许可人的部分经营及管理信息，这些重要内容也应在合同中得到约束。

就支付方式选择而言，技术使用费的支付方式也是影响许可合同实施效果的重要因素，其主要包括一次总算支付、提成支付、提成支付加预付入门费等。选择一次总算支付方式，对结算和支付的时间界限应明确约定；选择提成支付方式，对提成的基准额及比例应明确约定，其中基准额的确定可依据产品价格、新增专利实施产值、产品利润、产品销售额等，提成比例可采取固定比例、逐年递增比例或递减比例等方式。

（三）专利实施强制许可局限

专利强制许可有利于防范专利权滥用、维护公共利益及促进发明创造的推广，但也存有潜在的风险，主要有三：一是针对专利权人而言的无故不许可而被强制许可的法律风险。专利技术成果只有应用于生产实践才能真正发挥其价值，但某些专利权人出于不同的专利目的，在专利申请后或是将专利技术束之高阁，或是设置不合理的许可费，或是附带严苛的许可实施条件，致使专利在其有效期内无法得到全面、良好的实施。因此，获取专利权后，专利权人必须预先考虑被强制许可的可能性，注意科技成果转化或合理许可他人实施专利的问题，否则可能因违反强行法规而被要求强制实施；一旦被强制许可，带来的核心问题是许可使用费的确定标准和具体数额，进而权利人之市场优势地位或遭遇巨大冲击。

二是针对后续改进人和前一专利权人双方而言的后续改进中交叉强制许可的法律风险。法律规定了某项发明较之前的发明有明显的经济意义和重大技术进步，而其实施又有赖于前一发明创造实施的情形下，允许后续改进人申请强制实施许可，且前专利权人也同样有此权利。后续改进交叉许可只限于发明和实用新型这两种专利，且在特殊情况下，申请专利权强制许可的法律风险具有双向性，企业应做好充分的防范准备。实践中，对于后续改进技术成果，许多市场主体往往忽视了反向许可风险，转而盲目申请专利的强制实施许可。

三是公益性专利强制许可的法律风险。在特定条件下，基于公共利益需求或国家紧急情况，专利有被国家强制许可的法律风险，且无法预期，但可以获得相应的合理使用费。

针对上述三种专利运营中的强制许可应设定具体时限和范围，在强制实施许可理由丧失时，权利人有权请求有关部门终止许可决定；企业应针对有关的许可种类和法定要素进行深入研究，权衡利弊以规避风险。

（四）后续改进条款约定模糊

专利运营中的后续改进条款是专利许可双方在专利实施许可合同中所约定之特殊条款，双方可据此对后续改进技术的专利申请权、改进技术的使用、后续改进程度、实质性改进和非实质性改进的界限或标准等问题作出约定；若未明确约定，对于一方后续改进的技术成果，他方依法无权分享。可见，后续改进条款瑕疵潜藏了诸多风险，突出表现有二：

一是后续改进成果权属约定不明的法律风险。专利实施许可的特点为被许可人创造后续改进技术成果提供了一定条件，如果不能确定后续技术成果的归属，将无法以权利人的身份获得相应的运营商业利益。在双方对此约定不明确时，后续技术成果依法属于创造人，因此双方应根据实际情况约定权属。对许可方而言，应重视所许可使用专利的技术更新速度，更新速度越快，就越应争取到后续改进成果的权属，预计改进费用也将影响到权属约定。

二是后续改进成果使用权利约定不明的法律风险。在无法获得技术成果所有权时，可争取获得技术成果的使用权。在对该条款进行约定时，双方应区分实质性改进和非实质性改进的界限标准，对于非实质性改进往往可免费提供使用。双方应对此进行细致约定，以规避纠纷产生时缺乏合同条款支持的风险。

第二节　著作权运营交易风险识别

本节从数字著作权交易制度、管理和技术层面分别论述数字著作权交易的法律风险。交易制度层面的风险主要来自于法律的滞后性、制度的不健全导致数字版权交易在实现过程中常常面临版权瑕疵。管理层面的风险主要是传统的著作权管理制度因垄断的特点导致权利人无法享受到技术红利，也使得交易速率降低。技术层面的风险则是先进数字技术的跃进，不仅带来难以定义、解决的纠纷，同时也使得著作权过度扩张，造成了权利之间的冲突。比较而言，技术层面的问题更加宏观，风险范围最广。

一、著作权交易制度层面的法律风险

（一）立法滞后、交易成本高昂

虽然我国著作权法已初步形成了一个交叉完整的法律体系，但是现行法律制度对于数字著作权的规定较少，著作权法规定的 13 项财产权利正面临现实挑战。例如出租权，网络环境下设置这项权利似乎早已经是宣誓意义大于实用意义；而我国在 2001 年《著作权法》修订时增设"信息网络传播权"，通过对传播权进行分割并通过网络向公众提供作品，对于增设该权之前的大量已经进行过授权的数字著作权权利人而言，重新寻求一对一的信息网络传播权授权几乎已无可能。

目前著作权交易市场存在一个怪圈，侵权人虽然知道自己未经他人许可实施了受著作权控制的行为，但是停下侵权的成本可能比需要支付的赔偿金更高。在谷歌图书馆案中，谷歌数字图书馆自 2004 年成立以来，与世界主要大学图书馆达成合作，复印了将近 2000 万本图书，因此被美国作家协会和美国出版商协会起诉。[①]谷

---

① *Authors Guild, Inc. v. Google, Inc.*, United States District Court, Southern District of New York 954 F. Supp. 2d 282（2）.

歌在遭遇此类纠纷的时候已经给付了不菲的签约费用，考虑其交易成本和目前交易带来的收入之后，依然选择继续提供受争议作品，后来美国上诉法院因"合理适用"三步法驳回了原告的诉求。一般来说，著作权交易成本应当包括签约作者费、制订授权合同的费用，以及为了解决合同本身的问题所花费的大量时间和金钱成本。面对数字产业的发展，这种终止侵权成本比赔偿金更高的现象，正是司法赔偿制度普遍滞后与失灵的例证。

（二）"一权多卖"导致著作权归属模糊

比较而言，数字著作权交易利用的网络技术使得交易主体的复杂性增大，数字产业运营模式下，作者不一定是著作财产权的所有人。著作权不同于实体物，是一个可以进行重复利用的信息性权利，可供多个主体使用，同时我国并不存在一个著作权变动公示体系，因此相应的买受方并不知道该财产权已经过多次变动。

我国的著作权合同主要有两大类，即著作权转让合同和著作权许可合同。我国不强制著作权转让合同登记，对于许可合同而言，也是强调自愿登记，这就潜存了诸多风险，例如，同一个期限内同种权利被授予多个被许可人，或者著作权人在进行某个专有许可之后又将该权利转让给他人。此类风险分为三种情况：一是多个专有许可之间的冲突，专有许可的独占性使用权可能使得双方或多方之间相互排斥。二是专有许可和非专有许可之间的冲突，专有许可的被许可人独占性使用权能够排斥非专有许可的被许可人的普通使用权。三是许可合同与转让合同之间的冲突，转让合同受让人根据合同规定应当享有对著作权的所有权，成为新的著作权权利人，应当是具有防止他人未经授权实施著作权性质的权利，但是被许可人根据许可合同也应当有权使用该著作权，因此双方之间的利益可能产生冲突。面对数字时代更多的"一权多卖"情形，对于购买者而言，尤其需要确定著作权卖方是否是真正的权利所有人、该项权利是否有瑕疵、是否会导致著作权归属模糊等。

（三）新技术环境下数字作品难以定性

我国现行的《著作权法》对作品进行了列举式的分类，但是新技术产生创新动力的同时也带来了许多尚未定性的创作物，这些创作物具有优越的商业价值，也引发了众多法律纠纷。

自谷歌的 Alpha 走入国人视野以来，人们逐渐意识到人工智能具有能够与人类相媲美甚至超过人类的创造力。2014 年 7 月，美联社开始使用写稿软件 Wordsmith 平台，该平台使用自然语言生成（NLG）和自然语言处理（NLP）来完成稿件的自动撰写，在新闻界引起了不小风波。而在电影行业，在 2016 年伦敦科幻电影节上，出现了一部由纽约大学 AI 研发团队开发的递归神经网络"本杰明"（Benjamin）撰写的电影"Sunspring"。

随着对人工智能的深度研究，出现了越来越多的人工智能创作物，对这些创作物进行可著作权性认定的时候，首先要考虑的是该人工智能的创作物究竟是属于"思想"还是属于"表达"。著作权法保护的是思想的表达而不是思想本身，这一原则从《伯尔尼公约》开始即成为各国立法的标准。汉德法官在尼科尔诉环球电影公司案（*Nichols v. Universal Pictures Corp.*）中确立了抽象标准，即越抽象的、越普遍性的，就越接近于思想；越具体的、越特殊性的，就越接近于表达。[①] 人工智能创作物的产生，需要通过人类工程师设

---

① 参见熊文聪：《被误读的"思想/表达"二分法——以法律修辞学为视角的考察》，《现代法学》2012 年第 6 期。

计出人工智能算法程序，再由算法程序创作，这是一个由算法思想转化的过程，究竟是转化为普通性的思想还是转化为具体的表达，现阶段的法律都不能给予解释。其次须要考虑的是人工智能创作物是否具有独创性。在著名的费斯特出版公司诉乡村电话服务公司 (*Feist Publications v. Rural Telephone Service Co.*) 一案中，美国最高法院提出了"独立创作"加"最低限度创作性"的标准，渐渐取代了"额头流汗"标准。但是如果人工智能经过深度学习，以现有信息为基础进行创作，此类创作物应从主观上认定为客观过程而缺乏智力劳动，还是应从客观结果认定为最低创造性产物，对于这一问题，现有法律至今无法回答。

从商业价值上来说，人工智能创作物已经成为了交易标的，例如著名歌手王力宏的歌曲《A.I. 爱》在各大音乐平台上传播已带来了可观的经济利益。伴随人工智能技术的进步，人工智能创作物究竟是由程序设计者、创作物所有人、创作物使用人中的哪方来享受权利、承担义务，法律又如何予以保护和规制等系列问题仍在演进，需要持续关注。

二、著作权交易管理层面的法律风险

（一）传统著作权集体管理组织模式滞后

知识产权与物权最大的差别在于权利客体的无形性，如作品就可以被反复使用而不发生价值的折损。早期的权利人通过订立契约行为不断实现知识产权的价值。但是契约自由被强势的交易主体运用至极端，权利人开始以"人合"的方式，创造出属于创作者的社团组织，统一谈判缔约的功能。[①] 著作权人将一部分著作权授予某一依法成立的组织，该组织以自己的名义对这些授权作品进行管理。我国的著作权集体管理组织已有数家，包括音乐著作权协会、音像著作权集体管理协会、文字著作权协会、摄影著作权协会以及电影著作权协会等。著作权集体管理组织接受授权、发放许可、收取使用费、分配利益、参加国际版权集体管理协会并进行国际合作。从组织的模式上来说，我国和德国同属于垄断型集体管理模式，每个特定领域只有一个集体管理组织，不存在交叉。该模式于著作权交易早期可以吸收更多会员和作品，管理成本较低并从长远上避免权利人的重复许可缴费。但是新科技带来产业规模和模式的变更，垄断型集体管理模式逐渐表现出其能动性的滞后，垄断型模式缺乏竞争活力，不交叉的集体管理模式要求使用人四处寻求许可，交易速率降低。一次性付酬模式下，作者群体无法充分分享基于使用方式和使用频率增加而产生的技术发展红利。

（二）著作权网络交易平台有待规范

伴随数字著作权交易的风生水起，各大在线著作权交易平台如雨后春笋般出现，平台竞争不可避免。对于交易平台而言，竞争的核心应当是如何提高成交营业额从而占据交易市场主位。大数据的推广应用，促进了网络服务商对个人信息的整合、对各类数据的分类提取。数字著作权运营商通过大数据分析出哪类作品更受关注，进而重点推广。著作权权利人通过用户网络注册使用交易平台，即便在前期管理的过程中并未暴露出利用消费者个人信息的行为，但随着在该交易平台使用年限的增长，可通过软性"网络监控"

---

① 参见李陶：《垄断性著作权集体管理组织的价值基础与监督完善》，《知识产权》2016 年第 6 期。

积累式地获取信息而缺乏明显提示。这个过程就潜存侵犯个人信息权、隐私权及其他人身权、财产权的风险。

在性质上，著作权交易平台与"天猫"等网站一样，同属于网络交易服务平台，提供信息定位服务。那么，被交易的作品是侵权产品时，在线著作权交易平台无疑应当承担一定的连带责任。平台虽然不是交易主体，但是也有可能从交易中获取一定的经济利益，显然不能简单适用"避风港原则"，理应承担包括帮助侵权在内的连带责任。同时，著作权交易平台也可以提供信息存储服务，对于作品除了交易代码，也有试看章节，倘若试看章节侵权，著作权交易平台是作为直接侵权人还是间接侵权人，又或者是否适用免责条款等，这些问题都亟待解决。综上，规范的著作权交易平台管理制度十分必要，既能够保证运营商审查、监督到位，同时在确定侵权责任时，也能够避免因为管理不到位带来的不必要损失。

三、著作权交易技术层面的法律风险

（一）技术措施对"合理使用制度"的影响

著作权法中的技术措施，是著作权人为了防止他人实施受著作权控制的行为，通过技术手段对作品进行的高度保护，有时是为了防止复制，有时则以更高要求禁止接触。技术措施设置的意义，实际上是为了解决数字时代侵权成本降低的问题，同时也为了缓解传统著作权制度在数字时代的乏力，尽量弥合固定的制度和超前的技术之间的空缺。《世界知识产权组织表演和录音制品条约》和《世界知识产权组织版权条约》都有对技术措施进行保护的规定。"合理使用"是在法律规定的有限条件下，无须事先获得准许即可免费使用作品的制度。该制度的订立初衷是为了在著作权人个人利益和公众利益之间寻求平衡，然而自数字技术推广以来，这种平衡已经受到了波动。《数字千年版权法》的通过将技术措施与合理使用制度相连接，其规定对于禁止规避技术措施的行为，只能援引该法案的特定规定，而不能适用普通的"合理使用制度"。似乎在数字环境下的合理使用制度正濒临"死亡"，著作权人的排他性权利也在无限地增大。

　　一般来说，我们可以将技术措施分为两大类，即接触控制措施和著作权保护措施，这两类措施如同保险箱一样严密地保护作品。只有通过付费或者其他方式征得权利人的同意，才能接触或使用作品，这显然已经延伸到了合理使用制度覆盖的范围。美国《著作权法》禁止对"接触控制措施"提供规避手段，这一规定影响了对作品评论、新闻报道、教学和学术研究成果的合理使用，美国相关法律制度也没有有效化解技术措施和合理使用之间的冲突。在"环球电影公司诉 Reimerdes 案"中，起诉理由是被告提供规避 DeCSS 码帮助他人获取电影资源，被告提出的抗辩理由之一是该行为构成合理使用，然而该理由被法院否认，并判定其行为违反美国《著作权法》第 1201（a）（2）条，也就是禁止对接触控制措施提供规避手段。[①] 在欧盟，既禁止提供规避技术措施，也禁止直接规避技术措施。虽然在指令表面，该规定的使用可以被合理使用有限排除，但"相关公众访问作品必须合法"这一前提，恰恰与合理使用所强调的无须经过同意即使用相悖。总的来说，技术措施动摇着著作权法利益平衡体系。

　　同时，能够生产破解技术措施设备的厂商面临被无辜牵扯进侵

---

　　① 参见王迁：《技术措施保护与合理使用制度的冲突及法律对策》，《法学》2017年第 11 期。

权责任的旋涡,可能导致遏制产业发展、妨碍商品流通的风险。客观来说,技术措施无法识别接触、复制作品的行为是合理使用行为还是违法行为,而生产破解技术措施设备的厂商,也可能不知道该设备会用于非法规避。对此,笔者认为审慎禁止提供规避技术手段具有一定的必要性。与为了个人接触作品或利用作品而直接规避技术措施相比,向他人提供规避技术工具或服务的危害性更大,因为普通人掌握此类规避技术的可能性不大,更多是借助购买工具或服务,因此一个能够提供规避技术工具和服务的人,会导致大量侵权行为的产生。同样不可否认的是,作为技术措施的技术和装置是中立的,倘若索尼案确立的"实质非侵权用途"能够量化,提供规避技术手段的人是否应当承担侵权责任这一问题就能够得到更好解决,但如今还难以实现。

技术措施的过度利用与缺乏利用都会损害某一方的利益,因此利益权衡至关重要。国际国内著作权制度变迁,都需要以审慎的态度制定合适的技术措施规定,在为公众争取权利时,不能以损害信息经济发展和技术进步为代价。当然,技术措施既然属于著作权保护体系,相应的制度就必须符合著作权法的基本原理,著作权作为私权,著作权法应当将重心置于权利而非技术。

(二)DRM 技术标准产生的风险——以数字音乐"独家著作权授权"争议为例

传统著作权集体管理组织的垄断型模式存在不足,而自数字版权管理技术(DRM)出现以来,著作权集体管理组织在管理线上著作权授权方面的优势已经趋于淡化。20 世纪末,技术措施被认定为事先预防的加密措施和事后控制的数字水印技术,DRM 的出现改变了这种认知。DRM 作为集权限设置、在线发行、认证许可、使用跟踪、限制设备等属性为一体的技术措施，使数字环境下数字信息在不同主体之间流通，DRM 就是数字信息使用方式的控制。[①]与著作权集体管理强调平等对待权利人和作品传播者不同，DRM更像是以经济实力和市场影响力为导向的个体管理，其以作品传播者为核心，追求投资人利益最大化。以数字音乐领域为例，管理曲库基于 DRM 技术，会吸收大量传播力明显的作品，而对于相对小众、商业价值不够突出的作品则视而不见。DRM 的运用，会使得曲库主体创造最大收益，同时也适应独立歌手与音乐平台签约的主流趋势，表面上看，权利人和音乐平台之间的协商有利于推动正版化、实现许可效率最大化，但 DRM 带来的风险也渐渐显露。

最为突出的风险就是，单极主体利益最大化牺牲了创作者利益、下游产业利益和消费者利益，同时也使得市场竞争政策产生巨大改变。自 2015 年以来，网易云音乐和腾讯音乐之间的著作权纠纷数不胜数，其纠纷主要围绕数字音乐独家著作权授权而产生。早年这种类型的纠纷并不常见，因为在那段被音乐人视为"黑暗期"的时间，在各大音乐平台几乎每首歌都能听，但大都是著作权不明的盗版歌曲。2015 年版权局出台通知，明文禁止音乐平台未经权利人授权传播音乐，由此主要流量平台开始招兵买马。不同于美国音乐录音著作权的法定许可和限定授权，我国主要采取独家著作权授权，以腾讯音乐为首的几家音乐平台购买了全球大量的音乐著作权。在 2017年的曲库竞争中，腾讯音乐娱乐集团以 3.5 亿美元现金加 1 亿美元股权的豪掷，将环球唱片中国大陆地区数字著作权分销权收入囊中，这意味着其在中国独占全球四分之一的音乐著作权，异常高昂的价

---

① 参见谢惠加：《数字版权权利冲突及其解决模型的建构》，《科技与法律》2006年第 6 期。

格当然是激烈竞争哄抬的结果。在著作权竞争激烈的情势下，掌握更多独家著作权的音乐平台，寡头之势已初见。

在这一系列著作权纠纷中，音乐作品正版化是大趋势，但是与传统著作权集体管理制度的平稳不同，DRM 衍生的独家著作权授权却不可避免地产生以下弊端：首先，软件用户福利丧失，为了欣赏自己喜欢的音乐，用户常常需要下载两个以上的音乐播放软件，这增加了广大用户欣赏音乐的成本。其次，横向方面，这是商业竞争模式的倒退，竞争模式由软件用户体验感受和服务质量的竞争，异化为单纯资本决定的曲库竞争。著作权制度的排他性超出了其原有权利控制的范围，成为了挤压同行竞争对手的手段。最后，纵向方面，不利于文化产业链的持续繁荣，独家著作权授权使得作品的多次利用可能性降低，知识产权能够多次使用的溢出效应和附加值完全丧失，纵向商业模型创新性难以实现。[①] 近年来，我国政府主管部门一直致力于鼓励音乐平台之间的合作。可以想见的是，为了避免独占带来的负面影响，越来越多的独家著作权授权会向转授权模式改变。

（三）技术环境下著作权的过度扩张和其他权利之间的冲突

几乎每一次的技术革命都伴随着著作权扩张的过程。法学教授戈斯汀认为："当享有著作权的作品出现新的技术性用途时，立法者应当迅速扩大著作权，将这些新用途包含其中，即使它们仅仅是私人使用。"数字技术革命促进了各国著作权的立法或实践，我国的《信息网络传播权保护条例》便是如此。然而，对于技术环境下的著作权变动，尤其是新的法定权利的产生，极容易产生过度扩张的结果，上文所述的技术措施便冲击了现有著作权保护利益平衡

① 李陶：《垄断性著作权集体管理组织的价值基础与监督完善》。

体系。著作权法不仅保护作者的利益,更重要的是在保护作者利益的基础上鼓励更多人进行创作以促进公共利益,由此不同利益主体之间需要一种平衡机制。如果对于作者权利保护过度,就会不利于公共利益。以"临时复制"为例,网络用户在浏览页面时,因为技术的必要,相应数据被临时复制在随机存取存储器(RAM)上,一旦对该页面进行刷新或者运行其他程序之后,这些信息就会消失。著作权权利人曾提出请求法律赋予控制临时复制的权利,这无疑是在原有权利种类基础上的新增权利要求,然而此类要求被拒绝,是因为该权利的存在会导致使用者在更多情况下失去获取信息的机会。众多法律人精心维持著作权法的利益平衡,学者们从学理上的著作权立法宗旨出发,提出了引用公共利益优先、在先权利优先原则等权利冲突解决方案。但是这些原则缺乏更加客观具体的衡量标准,无法真正约束著作权的过度扩张。众多学者提出,为了应对著作权过度扩张的趋势,著作权经过权利比较应该让位于其他宪法性权利,然而法律价值的位阶秩序具有流动性,权利位阶并不是恒久不变的,因此著作权的过度扩张问题依旧无法得到解决。笔者认为,不积极增加法定私权利或许是现今更为有效的遏制方法。

数字时代,技术作为一种深度参与社会规范的财产,具有利益和各种权利、权力分配的突出特征,著作权运营主体应深刻把握技术的本质属性后再进行符合逻辑、规则的合法运营。也须承认,技术本质属性之复杂使得著作权运营合理性的边界面临挑战,不同权利之间的潜在冲突越发频繁和复杂。

(四)数字著作权对互联网产业发展的影响

数字著作权运营如何真正有利于互联网产业健康发展正是当下的一大社会难题。首先,数字著作权与信息网络传播技术紧紧相连。数字技术使信息与有形载体完全分离，实现了传播的无时间性和无地域性，因此人们能够通过多种途径获取知识，作者也可以更广泛地宣传作品。然而作品的传播成本降低，意味着侵权成本也在降低，著作权运营主体为避免自己的作品受到侵害，运用技术保护措施建立堡垒对抗侵权人，正引发日益激烈的技术措施导致不正当竞争和著作权滥用的抗议，著作权保护陷入尴尬局面。权利人惊呼"谁动了我的奶酪"，试图加强对著作权的保护，而使用人为"技术带来的盛宴"欢呼，认为法律不应当阻碍信息传播技术带来的福利，更不应该阻碍数字技术的发展。

其次，作为内容提供者的著作权产业和以服务提供者为主的互联网产业与著作权运营法律制度之间相生相克。相生是制度和产业之间相互促进，产业为制度提出了新问题，制度为产业提供保障；相克在于随着数字技术的兴起，互联网产业与传统产业相结合，新商业模式出现，致使传统的著作权运营可能出现制度阻碍产业发展的困境。例如"体育赛事直播"和"电竞画面"，其能否作为视听节目作品受到保护，影响着体育和电竞直播产业的发展方向。可见，著作权保护及其运营法律制度在面临此类问题时，更应注意制度调控的幅度，既要顺应数字产业的发展，发挥网络传播效率优势，同时传播效率的发挥又应以权利人能从新传播方式中获取合理利益为前提。

第三节　商标运营交易风险识别

伴随着商标日益成为国内外商家的竞争利器，国内外市场潜存部分商家利用商标权垄断市场，以及以其他不正当使用方式损害他人或公共利益的风险，主要包括商标运营中的使用风险和商标评估风险两类。

一、商标运营中的使用风险

使用风险具体表现为利用后驰名的商标对抗在先注册的商标、恶意制造商标侵权诉讼、将驰名商标滥用于商业广告以及限制他人的合理使用等。

1. 商标运营侵犯他人在先权利的风险

2007 年天津狗不理集团有限公司诉济南天丰园饭店侵犯商标专用权纠纷案，可作为理解"在先使用"的典型案例。原告天津狗不理集团有限公司诉称，"狗不理"商标被国家商标局认定为中国驰名商标，被告将其注册商标"狗不理"作为企业名号在餐饮经营活动中使用侵犯了其注册商标专用权。被告辩称，其使用的"狗不理"标识冠以天丰园饭店字号使用，与原告的注册商标存在明显区别，不能达到混淆、误导公众的程度。并且，被告自 1979 年开始便使用"狗不理"作为其饭店灌汤包的服务标识，连续使用已达 20 多年，而原告"狗不理"商标注册时间为 1994 年，因此其使用行为属于商标法中注册商标专用权的例外情形。对于此问题，基于《商标法》第五十七条第（一）项的规定，[①] 一、二审法院均确认了被告天丰园饭店使用"狗不理"作为企业名号的时间早于原告天津狗不理

---

① 《商标法》第五十七条：有下列行为之一的，均属侵犯注册商标专用权：（一）未经商标注册人的许可，在同一种商品上使用与其注册商标相同的商标的。……

集团的商标注册时间，认为被告天丰园饭店对于"狗不理"灌汤包的经营具有历史承袭性，不存在利用原告商标进行搭便车的主观恶意，属于商标法中在先使用的范围。

从该案例可见，对包括驰名商标在内的商标运营行为，不能侵犯他人的在先使用权。商标专用权并不必然排斥他人在相同或相似商品上使用注册商标。实务中判断注册商标侵权时，须综合考虑商标是否存在他人已在先使用的情形、被控侵权人是否有主观恶意，以及被控侵权人使用该商标是否足以造成相关公众对相同或近似商品来源产生误认等多种情况。

2. 恶意制造商标侵权诉讼的风险

商标运营过程中，总存在着部分生产经营者滥用诉权、败坏竞争对手名声的商业排挤行为。他们通常会将竞争对手使用善意在先的、在不同或不类似商品或服务上注册的和自己相同商标的行为诉至法院；或是将对手在产品或服务上使用与自己驰名商标相类似的商标，但不会引起混淆的行为诉至法院。可是，这些明明就是商标法所允许的行为。那么，商标权利人在明明清楚自己的商标专用权并未被侵犯的情况下，为何还要走司法程序去起诉？其行为表面上看似在维护自己的权利，但实际上是在滥用诉讼，以此耗费对方的精力，延迟对方打造品牌推向市场的步伐。这类以蓄意制造诉讼的形式所进行的不正当竞争，表面上看不会对对方产生实质权益的侵害，但是结果上会使一些无辜的被诉企业在声势浩大的诉讼中失去相当一部分客户，降低其在社会上的商誉。

由于我国对驰名商标认定采取的是"个案认定、被动保护"的原则，部分不法运营者为获取驰名商标的特殊保护而恶意串通提起商标侵权之诉。这种不正当竞争的运营行为背离了对商标法保护的本意，不利于市场发展与良性竞争。

3. 将驰名商标用于商业宣传

驰名商标一度被公众等同于企业的荣誉称号来运营，而驰名商标制度的设立初衷是在法律上对其进行保护提供一种手段，目的是更好地打击侵权行为。为了更好地引导驰名商标回归立法本意，在 2013 年修订《商标法》时就增加了关于禁止生产、经营者将"驰名商标"用于商业宣传的规定。这不仅有利于遏制权利滥用，更好地实现驰名商标权利人、其他商标权利人和消费者之间的利益，同时也在一定程度上对纠正我国存在多年的商标异化问题起着积极作用，使更多公众能够正确认识、看待驰名商标，不要一味地将其看作高品质商品的保证。

二、商标运营中的评估风险

商标评估法律制度作为商标运营交易法律制度的重要组成部分，在商标运营交易创建过程中起着承上启下的作用。在创建我国商标评估法律制度时，应充分考虑商标创造、运用和保护阶段所涉及的商标评估应用，为我国商标评估法治化建设提供指引。突出的商标评估风险有四：

首先，我国对商标运营中资产价值的流失风险一度忽视。梳理判例后发现，我国只有在有关资产所有权出现重大变化时（例如资产重组、重大货物购买、房产出售、置换资产等）才进行资产评估，而且主要关注实物资产，忽视了驰名商标等知识产权作为无形资产所拥有的巨大价值，从而导致商标等知识产权评估制度的滞后和商标价值的严重流失。主要表现为：对商标等知识产权评估缺乏全面的认识，忽视了商标等知识产权有别于有形资产和其他无形资产的特殊性，特别是商标评估方法及方法选择脱离了商标评估的实际，严重损害了商标评估的权威性；由于立法上对商标等知识产权价值的忽视，没有引起我国企业和商标评估中介机构对商标等知识产权价值的重视，进一步导致我国商标等知识产权评估工作流于形式，严重损害了商标的资产利益，导致我国商标评估的专业化和权威性长期落后于世界商标评估发展水平。实际上，根据国外商标评估发展现状来看，重视商标等知识产权的评估，加强对商标等知识产权资产评估方法与方法选择的研究，对于商标等知识产权的流转、加快专利技术的价值转化、进行品牌化运营等均有着极大的促进作用，对于推动国家产业结构调整也具有重要的影响。

其次，无形资产评估忽视商标作为知识产权的风险特殊性。我国目前可用于商标评估的法律规章主要有两部：一部是《企业会计准则》，一部是《资产评估准则》，由于颁布时间较早，一方面与现实商标评估的发展变化脱节，另一方面仅是将商标等知识产权的评估笼统地归入无形资产的评估当中，忽视了商标作为知识产权有别于其他无形资产的特殊性。不论是有形资产还是知识产权都有其特殊性，这些特殊性是进行资产评估时需要计入的重要影响因子，而我国目前进行资产评估时基本没有这方面的考虑。尽管考虑特殊因素会增加评估的难度，但是一味地逃避只能降低资产评估的准确性和权威性。因此，我国在进行商标评估时应考虑商标的发展阶段、价值变化、市场占有率、产品影响力等因素。

再次，商标评估方法选择随意性大。我国《资产评估准则》对于资产评估方法的选择都有具体规定，对于无形资产评估使用方法主要包括以下三种：成本评估法、收益评估法、市场评估法。在进行资产评估时，资产评估人员会根据所要评估资产的具体情况进行具体选择。不同评估方法得出的评估结果会产生差异，影响资产的正确估值。然而，从当前我国无形资产评估情况来看，企业在平时很少会对无形资产进行评估，只是在出现重大资产变化如股权转让、投资出资、兼并收购等时才临时进行评估。而在进行评估时，不是依据客观情况进行评估方法选取，企业一般都会选择对自己最有利的评估方法，这种随意选择评估方法的行为，一方面反映了注册资产评估师职业道德的缺失，另一方面也破坏了商标评估的真实性和权威性。

最后也是最为突出的风险是，商标运营中的评估机构缺乏监管。当前，由于商标评估机构缺乏相应的监管法律规定，以及行政主管机关监管缺位，产生了诸多问题。有的商标评估机构甚至借商标评估价值排名之机，变相索取财物，以企业赞助费的多少来确定商标价值大小和排名先后；没有统一的收费标准，有的商标代理机构为了争夺客户，以低价提供服务或者放弃商标评估原则依照客户的意见进行商标评估，导致商标评估服务质量下降，商标价值缺乏公信力。上述问题的屡屡出现，显示出我国当前对商标运营相关评估机构监管的混乱，会演绎出评估无序的系列风险，直接影响我国商标运营中交易业务的深入发展。

第五章　知识产权运营的侵权风险论

第一节　专利运营滥用及侵权风险的认定

一、专利运营中滥用的基本形式

虽然专利制度赋予专利权人合法垄断地位，但对于其如何合理利用此垄断地位，尚缺乏明确的法律规定，因此给专利使用者带来了诸多滥用垄断地位的风险，主要有以下三种表现形式：

（一）积极或消极滥用诉讼或以诉讼相威胁

专利投机者的滥诉行为饱受诟病，而专利投机者行为性质一直难以被依法认定。诉讼专利制度赋予专利权人的合法防御手段，即使专利投机者将其作为议价筹码，也无可厚非。有学者将专利投机称为"专利劫持"，绝大多数情况为拥有"劣质专利"的上游专利权人利用"诉讼"敲诈下游制造商，以获取高昂专利许可费。这种现象根源于专利责任制度的赔偿机制不均衡以及相关产品存在专利累积创新，为劣质专利权人提供了专利劫持的空间。为降低以诉讼形式对专利权财产价值的"赔偿定价"，美国联邦巡回上诉法院法官兰道·瑞德曾提出过"25%规则"，即"赔偿定价为使用该专利权获得利润的 25%"，但因产品存在专利累积创新，由"赔偿定价"的专利权价格仍居高不下，美国的专利劫持现象也并未得到缓解。此外，尚存在与"专利劫持"现象互为镜像的"专利反向劫持"，即专利权人缺乏资金完成专利运营商业化，处于弱势地位，而下游制造商实力雄厚处于优势地位，这就为下游制造商提供了胁迫专利权人的空间，也就是专利权人被迫以低价许可授权下游厂商使用此专利，其垄断地位被削弱。这种现象同样根源于"高昂专利诉讼成本"，对于缺乏资金的弱势专利权人而言，即使主张权利，也无力承担高昂诉讼费。

以智能手机滥诉为例，不容忽略的是，有关智能手机的诉讼竞争一直处于风口浪尖。智能手机专利权人滥发侵权警告，即在他人未侵犯专利权人权利的情况下，智能手机专利持有者为损害竞争对手名声及其社会影响力而发起侵权警告。智能手机专利恶意诉讼，即专利权人在没有诉讼理由及依据的情况下，为向他人索取巨额赔偿而进行的滥诉行为。譬如，作为全球无线通信标准必要专利的集大成者，高通公司对于芯片的垄断优势一度决定了其曾在国际 3G 标准使用中的重要作用，巨额利润驱使其形成了全球专利滥用的行为方式。高通虽然受到广泛规制，其滥用行为却仍屡禁不止。首先，高通的专利许可模式为一揽子许可，其将数量庞大的专利打包出售，然而高通又是不可逾越的技术主体，因此我国智能手机企业难免要为超过专利保护期的免费专利买单。其次，在专利许可费之外，高通还自创了手机利润收费模式，即凡使用其专利的手机须向其支付手机利润的一部分作为许可费用。此外，高通还存在差别对待情形，更是一度禁止向我国华为公司许可相关专利技术。

与上述主动积极滥用诉讼的不合理运营行为对应的，是被动消极滥用专利运营的行为。智能手机专利权消极滥用是权利人消极行使权利、对智能手机权利使用者造成损害的表现方式之一。这种行为方式表现为智能手机专利懈怠，专利懈怠主观上以权利人明知及故意为前提，在智能手机权利被侵害后，权利人并不积极主张权利，而是观察市场行情，伺机而动。当智能手机企业发展壮大，在市场中占有一定地位及形成规模后，权利人再通过向法院起诉的方式，主张权利损害及经济损失。因此，智能手机专利权消极滥用实则为前期消极忽视而后期积极主动，完全意义上的专利权忽视行为只构成消极，不构成滥用。侵权损害赔偿主张本是专利权人的合理要求，主张权利被侵害反倒构成权利滥用，其根源就是权利人本可以在早期主张权利，具有避免使用者损失扩大的可能性。

对于专利实施者而言，在层层专利丛林的阻隔下，可能尚未意识到本身的侵权风险，抑或是在侵权后基于权利人的懈怠行为误以为权利人已抛弃相关权利，而进行更广泛的侵权产业链发展或产品经营。此时，若放纵专利权人的消极懈怠行为，必然会阻碍智能手机行业的健康发展，因此，在依法对专利懈怠行为追究违法责任的同时，更重要的是，专利后使用者应当增强对专利有效性检索及相关专利运营的风险意识。

（二）在专利许可合同中添加不正当竞争条款

合同以尊重当事人意志为前提，只要不存在恶意串通等无效及效力待定的法定情形，均以民事双方协商一致的内容为依据。这为专利权人在专利许可合同中添加不正当竞争条款提供了可能性，因为在专利交易中，专利权人因专利垄断地位而处于优势地位。该条款具体表现为搭售协议等。譬如耳熟能详的智能手机专利运营中的搭售行为，在专利使用人所需专利之外，专利权人要求使用人同时购买其他专利，而该专利对使用人无使用价值甚至可能是已过期专利。还有智能手机专利垄断定价，即专利权人凭借其在智能手机技术相关领域内的优势或独家地位，制定不符合市场规律的明显高价或低价，其中多以制定高价的方式进行智能手机的专利拒绝许可，即在无正当理由的情况下，智能手机专利持有者拒绝向其竞争对手或其他欲使用者提供权利使用许可。

（三）滥用标准必要专利

标准必要专利权主体拥有法定的市场支配地位，竞争者均须向其缴纳专利许可费，这种优势地位诱发了标准必要专利的滥用。我国通过诉讼、行政处罚、附条件批准等多种方式对滥用标准必要专利予以了一定规制，其中，2015 年国家发改委对高通公司滥用市场支配地位，实施排除、限制竞争的垄断行为，依法作出了 60.88 亿元的罚款决定，就是典型一例。

二、专利运营侵权的认定：以移动通信间接侵权为例

（一）专利运营间接侵权的界定

间接侵权就是指行为人本身实施的行为不构成侵权，但行为人主观具有故意，其行为在客观上诱导、怂恿、教唆他人实施了侵权行为。[①] 对于专利间接侵权的概念，我国学界尚未形成统一的认识，但无论其定义如何，专利间接侵权行为均未有侵犯他人专利权，但却与他人实施的直接侵权行为存在必然联系。

譬如，智能手机专利间接侵权表现为智能手机厂商为他人提供

---

① 参见程永顺：《中国专利诉讼》，知识产权出版社 2005 年版，第 212 页。

媒介或协助他人侵犯权利人专利权，造成权利人损害的情形。其表现方式有二：一是帮助侵权，即明知行为人正在实施或有可能实施侵犯专利权的行为，仍对其施以帮助，这种帮助促成了侵权行为的最终形成；二是教唆侵权，即以积极主动的方式，诱导其他主体进行权利侵害。通常而言，专利间接侵权的客体与直接侵权的客体完全相同，皆为发明创造基础之上形成的权利产品或权利方法。该权利通过法定程序向特定国家机关申请，依法得以确认，受到国家法律的保护，并向社会公开，以不容许侵犯为前提。司法实践中，专利间接侵权一般以实际意义上促成了其他主体侵权为前提。若虽然行为主体实施了帮助或教唆，但这种帮助行为最终没有助力侵权人实施侵权，或是被怂恿者根本没有实行侵权行为，则不构成间接侵权。

在专利权侵害保护机制上，我国采用"全面覆盖原则"，专利侵权行为须完全意义上地符合被侵害权利技术的特点。为了规避此项原则，有的专利运营主体采用在一项产品中只侵犯专利权部分技术，或者利用不同产品实现对专利权全部技术侵权的行为模式，给专利权人造成了损害。对此，我国虽未在法律中明文规定专利间接侵权制度，但在司法解释和行业领域中出现了相关规定和判例。[①]目前我国国产智能手机多采用安卓系统，基于该系统的开放性，所有的开发活动都向外界公布，权利人很容易在这种公开的基础之上及时发现其权利被侵害并向我国智能手机企业主张权利，因此我国智能手机专利运营中的侵权风险不容小觑。此外，智能手机分离式

---

① 譬如，2016 年 3 月发布的《最高人民法院关于审理侵犯专利权纠纷案件应用法律若干问题的解释（二）》。

间接侵权形态正逐渐显现。① 智能手机软件可能存在侵权专利方法
的问题，若手机企业为获取商业利益，在明知他人软件为因侵权而
形成的情况下，仍同意继续将该软件在手机设备上运行，即可在事
实上构成专利间接侵权行为。

（二）关于间接侵权行为的不同法律规制

横向比较可以看出，目前全球关于专利间接侵权的法律认定大
体存在两种做法：其一，帮助与引诱相结合，即专利间接侵权行为
模式在具体实施中包括帮助行为及引诱行为两种，只实施其中一项
行为可构成侵权，同时实施两项行为也构成侵权。其二，以日本为
代表，仅吸收帮助行为一说，即只有实施帮助他人侵犯专利权的行
为才构成间接侵权类型，单纯意义上的教唆、怂恿等并未进行实质
帮助行为的语言及心理行为则不在考虑范围之内。

美国将帮助行为与引诱行为均列入法律规制的范围之内。专
利间接侵权帮助行为是指为侵权人提供了中间某一环节的组成部
件或者提供了某一具体产品成品，并最终促成了侵权人侵权行为的
达成；专利间接侵权引诱行为是指行为人为使他人实施侵权行为，
对其进行怂恿，同样最终促成了侵权人侵权行为的达成。

德国在专利法中规定，在未经权利人许可时，明知在专利权基
础之上实施的行为会对权利人的权利产生不良损害，却仍积极帮助
则构成专利帮助间接侵权。在欧洲，同属于相同法系的法国也有类
似规定。韩国也建立了专利间接侵权制度，侵权责任的构成不以直
接侵权行为为前提。② 日本也对此予以认定，并制定了具体的标准，

---

① 参见曾学东：《专利司法诉讼对手机产业的影响》，《重庆邮电大学学报》（社会
科学版）2016年第1期。

② 参见申惠恩：《韩国专利权间接侵权制度研究》，《知识产权》2015年第4期。

附以列举详细的侵权类型。如前文所述，我国《专利法》没有规定间接侵权，相关案件纠纷产生时，裁判依据为民法体系中的相关规定以及相关司法解释，《专利法》有关专利间接侵权的直接规定呼之欲出。

三、专利运营侵权的特别认定：以超地域和多元化参与主体为切入点

与专利客体范围问题相比，专利侵权更是权利人与其他市场主体、社会公众之间利益分配与冲突的直接焦点。专利权作为一项法定权利，其保护对象和保护范围都取决于法律的强制性规定，各国相关法律规定的差异，将导致同一专利权在不同国家受到不同程序和不同情况的保护，因而专利权保护具有地域性特征，云计算专利的保护同样不例外。智能时代，在超地域和参与主体多元化的技术背景下，专利运营侵权认定需要进行更多的考量。这里以云计算领域发生的专利侵权行为为例，其认定中所面临的难题就不仅仅是对专利地域性问题的考量，还包括如何认定单一侵权人及其侵权责任，或者在众多专利步骤实施者中找到真正须承担侵权责任的人。[1]

云计算领域主要有两种专利类型：一是方法专利——由一套系统多样的操作方式组成的技术方案；二是系统专利——由一整套装置、设备、产品的整合构成的技术方案。基于这两类云计算专利类型，以间接侵权形态呈现的多方参与的多步骤侵权行为和跨境式侵

---

① 参见杜朋林：《美国软件相关领域专利间接侵权案例研究》，上海交通大学凯原法学院 2014 年硕士学位论文，第 46 页。

权行为在云计算环境中较为多发。

（一）多方参与的多步骤专利侵权认定问题

云计算专利的实施方案表现为三种运营服务模式：IaaS 模式、PaaS 模式和 SaaS 模式。其中，IaaS 模式、PaaS 模式涉及两方主体——云计算服务提供商（提供平台或者基础设施服务）和终端用户；SaaS 模式涉及三方主体——云计算平台提供商（为云计算服务提供商提供云平台）、云计算服务提供商（在云平台上为用户提供个性化定制软件的应用环境和服务）和终端用户。无论哪种模式，技术方案的实施都需要多方主体依照多个步骤共同完成，可以见得，云计算专利多为"复杂"专利。这种复杂，反映在云计算方法专利，有两个特点：一是多步骤，二是有多个主体参与；反映在云计算系统专利，就是以产品专利的形式大量存在。云计算专利的这一特殊性引发了云计算专利侵权领域的新问题。

1. 基于美国 BMC 案与阿卡迈案的多方参与多步骤专利运营之侵权行为分析

顾名思义，多方参与多步骤侵权行为即指多方主体分别独立实施了某一技术方案中的一个或部分步骤方法，各个独立实施行为组合在一起共同导致了侵权结果的产生，也称为分离式侵权（divided infringement），此为云计算专利侵权实施中的多发行为。其中，多方主体之间可能存在正常交易、控制引导、教唆引诱等关系，各方参与的步骤在整个专利中的作用也可能不同，有的可能是该方法专利中的关键性步骤，属于必要技术特征，有的可能是该专利技术方案中的一般性步骤。但无论哪种情况，这种实施行为中都没有单一方独自全部实施了该方法专利，而这些多方共同行为的组合结果却确实造成了相关专利在未经专利权人知晓和许可的情况下被实施完成，此时专利权人的利益已经受损。但依据传统的全面覆盖原则与专利直接侵权的判定规则，却无法对任何一方进行追责。根据专利直接侵权中的全面覆盖原则，单一行为人必须实施权利要求中的每一个部分才构成专利侵权；通常认为，间接侵权须以直接侵权为前提，没有直接侵权就没有间接侵权 ①。如前所述，这给云计算中多发的多方参与多步骤专利侵权的认定带来了潜在阻碍：一方面，找不到实施了所有步骤方法的单一主体，直接侵权不能成立；另一方面，缺乏作为基础的直接侵权，原告也不能起诉间接侵权。在这种情况下，专利的间接侵权规则被尝试引入，互联网技术与云计算商业服务领先发展的美国通过系列判例对此类问题进行了探索，在这些案例中，美国 BMC 软件公司案② 和美国阿卡迈案③ 具有典型和重要指导意义。

云计算发展初期，美国云计算专利侵权案件的焦点主要集中于多方参与共同实施云计算专利全部步骤方法的情况下，云服务提供商是否构成引诱侵权的问题 ④，此时对直接侵权的判断标准以及直接侵权与间接侵权的关系问题至关重要。在 BMC 案发生以前，美国法院为了追究各参与方的共同侵权责任，有意放宽了对直接侵权

---

① 参见杜微科：《美国专利审判相关情况介绍及若干思考》，《电子知识产权》2011 年第 9 期。

② *BMC Res., Inc. v. Paymentech*, L.P., 498 F. 3d 1373 (Fed. Cir. 2007).

③ *Akamai Technologies, Inc. and the Massachusetts Institute of Technology v. Limelight Networks,Inc.*, 2009-1372,-1380,-1416,-1417 (Fed. Cir. December 20, 2010).

④ 美国《专利法》第 271 条（b）项规定"积极诱导侵犯专利权的，应当作为侵权人承担责任"，此为引诱侵权的法律规定，即行为人以诱导的方式致使发生直接侵权，该行为人应当承担间接侵权责任。引诱侵权是美国间接侵权中的一种，在多步骤的实施过程中，多方参与主体之间关系多样，其中最普遍的一种联结方式为一方或多方"引诱"他方执行侵权行为，由此便产生了云计算专利中的引诱侵权纠纷。

的判定条件。而 BMC 案确立了较为严苛的多方参与共同侵权行为的认定规则，对多方共同参与实施专利构成直接侵权的标准进行了限缩。在该案中，涉案专利是一项可以使"银行客户仅凭声音即可指令银行向收款单位转账支付一定款项"的方法专利，由原告 BMC 公司持有。被告帕门泰克公司（Paymentech）是为商家提供转账支持服务的独立第三方，在一笔转账活动中所实施行为仅涉及 BMC 公司该方法专利的部分步骤，但却对这一笔转账支付行为起到了至关重要的作用。关于帕门泰克公司的侵权行为认定问题，美国联邦巡回上诉法院作出了"帕门泰克公司不构成直接侵权"的判定，原因有二：第一，判决强调"当存在制造、使用、销售或者许诺销售全部特征步骤的行为时才能认定为直接侵权"，该案中没有任何一个独立的主体实施了专利的全部技术特征或步骤方法；第二，基于云计算方法专利的特殊性，在侵权行为的认定标准方面，法院并未采纳先前判例所确立的"参与和复合行为"标准（participation and combined action），①而是提出了"控制或指挥"标准——在不存在单一行为主体实施专利全部步骤的情况下，若有单一主体"控制或指挥"了整个专利实施过程，以至于各方每一个步骤或部分步骤的实施都可以归咎于他，且这一共同专利实施行为产生了侵犯专利权的结果，则此时相当于发生了"单一方规则"下的侵权结果，可以判定这一"控制或指挥"主体构成引诱侵权。该案中，帕门泰克公司虽然向网络服务商提供了具体数据，并向手机使用者提供了方法

---

① 在"On Demand"案中，巡回法院在判决中陈述道："并非一个人或者一个实体实施组成侵权的部分行为即会被认定为侵权，当侵权结果是由于多个个人或者实体的参与或者在复合情况下产生，那么所有参与者均是引诱侵权人且应当承担侵权责任，专利过程或者方法的侵权并不能因其他人实施了其中的一个步骤而得以避免。"

说明和提示指导，但手机使用者仍旧有自主选择的自由和权力，也并没有证据能够证明帕门泰克公司"控制或指挥"了网络服务商的行为，因而帕门泰克公司也不符合构成引诱侵权的情形。当然，法院也承认"控制或指挥"标准存在漏洞，当事人之间只要签署相关内部协议证明他们之间仅存在一定程度的合作关系便可规避这一标准的限定。这一判例确定的处理思路和标准成为之后云计算多方参与多步骤侵权领域中的典型样本，对后续案件的处理具有指导性作用，但在阿卡迈案中却发生了变数。

在阿卡迈案中，涉案专利运营行为涉及一项"传输网页内容"的方法专利，由原告阿卡迈公司持有，其技术方案的实施步骤为：第一步——内容提供商向阿卡迈公司提供网页内容，第二步——阿卡迈公司将这些内容投放到服务器上，第三步——阿卡迈公司整合配置这些内容使其能够在浏览器上被检索到；其中，第三步被称作"标记"步骤。被告聚光灯公司（Limelight）在该案中实施了第一步和第二步后，并没有实施第三步，而是留给用户自己来实施，阿卡迈公司认为聚光灯公司的这一行为侵犯了自己对这种云计算数据处理方法所享有的专利权。该案历时八年，经历了"不构成侵权—构成侵权—撤销原判"三次反复。

美国地区法院首先依据传统的专利侵权判例与判定规则——"单一方规则"、"全面覆盖原则"、"控制或指挥"标准，认为聚光灯公司既没有实施该方法专利中的"标记"步骤，也没有实施该方法专利的全部步骤，而只是实施了其中某些步骤，不构成直接侵权，也就不构成间接侵权的判定基础。

2012 年 8 月，美国联邦巡回上诉法院突破原有引诱侵权认定规则，作出侵权成立的联席判决：第一，聚光灯公司不构成专利直接侵权。判决提出，并不是依据"单一方规则"和"全面覆盖原则"判定其不构成专利直接侵权，因为美国联邦巡回上诉法院认为，是否是由单一主体实施全部技术特征或者是否全部技术特征都被多方主体完整实施，并不是判定专利直接侵权的标准，关键在于"控制或指挥"标准的判定，且该标准应当参照传统的代理关系来确定——如果被告与用户之间具有信义关系并达成一致意思表示，由用户代表被告实施"标记"步骤且用户接受被告的控制，则可以认定"控制或指挥"关系的存在。但在该案中，用户仍然具有选择自由，被告也没有实施充分的"控制与指挥"行为让客户使用涉案专利的"标记"步骤。第二，以美国《专利法》第271条（b）项规定的专利"引诱侵权"为法律基础，判定聚光灯公司构成专利引诱侵权。综上可知，美国联邦巡回上诉法院的这一判决推翻了"间接侵权以直接侵权为前提"的传统判定标准，动摇了"单一方规则"的权威地位，是美国对云计算技术和方法专利强保护的信号和表现。云计算专利中涉及多方复杂利益，因而美国针对该判决的质疑声也颇众，其中一个重要原因是对否定"单一方规则"后专利垄断权扩张进而产生大量被告的忧虑。①

2014年6月联邦最高法院撤销原判决，使以方法专利为主的云计算领域中多方参与共同侵权行为的认定规则回归传统形态——肯定"单一方规则""全面覆盖原则"的地位和作用。联邦最高法院认为，在阿卡迈案中，没有任何单一主体实施了全部方法步骤，直接侵权没有发生，被告也无需对一个没有发生权利侵犯结果的引诱

---

① 参见何怀文：《方法专利引诱侵权研究——兼评美国联邦巡回上诉法院 Akamai Technologies, Inc. v. Limelight Networks, Inc.案全席判决》，《知识产权》2013年第3期。

行为负责；同时认为美国联邦巡回上诉法院的全席判决是对"方法专利侵权行为"认定问题存在根本性的错误解读，联邦最高法院认为仍应遵循原判定规则，也即只有当方法专利中的所有步骤均被实施时专利才被侵犯。因为专利权的范围应当也仅限于专利申请权利请求中的所有元素的结合，而不能被扩大或缩小，从这个层面来看，方法专利中部分步骤的实施不应当被认定为对专利权的侵权；①最后，联邦最高法院认为，即使需要对这种不发生直接侵权的引诱行为进行规制，让引诱人承担责任，也应当通过立法对这种情形进行明确规定，而不是由动摇法律根本规定的判例来引导。

综上，云计算专利运营模式中应用或者服务就会涉及众多参与方，包括基础设施提供商、云平台提供商、电信运营商、用户等，各参与方之间也会尽量加强与参与方平台的交流与融入，以期提供更好的服务效果。在这一过程中，许多参与主体都只需执行部分步骤方法，联邦上诉法院这一革新性的判例导向无疑将打破"未实施全部步骤不构成侵权"的传统认知，令行为预期具有较大的不确定性，②不利于在后持续创新的推进与技术服务应用的发展；而最高法院的判决表明云计算专利侵权认定难题需要探索新的解决路径，不宜为了对云计算专利形成强保护而过度放宽专利侵权行为的评判原则。

2. 美国对多方参与的多步骤专利运营之侵权处理路径梳理

从 BMC 案和阿卡迈案的最终判决中可以归纳出美国对云计算多方参与共同侵权行为的处理思路：

---

① 参见陈琼娣、余翔：《美国"公众专利评审"及其对我国的启示》，《电子知识产权》2010 年第 2 期。

② 参见刘友华、张妙：《云计算专利跨境侵权认定问题研究——美国的经验与借鉴》，《知识产权》2016 年第 9 期。

第一，以"单一方规则"为基石，结合"全面覆盖原则"和现有法律规定，判断被诉行为是否构成直接侵权。专利权利范围由其所有技术特征和权利要求中的要素与组合作出限定，不能扩大其保护范围和保护程度，因而只有实施了方法专利中的每一个步骤才构成直接侵权。诚如联邦最高法院对阿卡迈案作出的判决中写道的那样："国会可以通过修订立法令被告在没有产生直接侵权的结果下单独构成引诱侵权。"最高法院在审理此类纠纷案件时，从未规定可以在直接侵权不成立的基础之上成立间接侵权的认定①，联邦巡回上诉法院全席判决却擅自侵入了立法领域，变更第271条(b)项的要件，行使了本该属于国会的修订立法的权利；但回归多方参与共同侵权行为认定标准的本质，联邦最高法院分析认为，若将"无直接侵权结果产生也可构成间接侵权"的情形加入第271条(b)项有关引诱侵权这一间接侵权行为的适用情形中，则是有悖于专利法保护基石——"全面覆盖原则"的。

第二，将"控制或指挥"标准作为认定专利直接侵权行为的补充标准。云计算环境商业方法包含众多步骤和技术特征，该专利必然需要多方共同参与实施才能完成，因而某些带有侵权主观故意的主体也会利用这一特点故意将专利中的众多步骤分散给多方共同实施，利用专利侵权认定中存在的这一法律漏洞来逃避责任。此时，如何在坚持"单一方规则"和"全面覆盖原则"的基础上，将多人共同造成的侵权结果类推为一人造成的侵权结果是关键。基于

---

① Simon Bradshaw, Christopher Millard, Ian Walden, Contracts for Clouds: Comparison and Analysis of the Terms and Conditions of Cloud Computing Services, *International Journal of Law and Information Technology* 19, No.3 (2011).

此，需要结合具体案情，适用"控制或指挥"标准——当多方各自独立实施专利中的一个或部分步骤的行为，造成侵犯专利权的结果时，除非各参与方对其一个或部分步骤的实施行为都可归咎于行为人的"控制或指挥"，否则即便专利权人的权利显然被各方的共同行为所侵犯，也不能判定其属于法律认定的符合"单一方规则"的专利直接侵权结果。

因此，在多方参与多步骤专利运营的侵权案件中，须结合具体案情，以"单一方规则"和"全面覆盖原则"为基石，辅以"控制或指挥"标准，判定被诉行为是否构成专利直接侵权的结果或等同于专利直接侵权的效果，进而判断间接侵权成立的可能性。为了合理保护云计算专利权人的权利，有学者提出尝试软化刚性的"控制或指挥"标准，通过立法明确列出各种包含"控制或指挥"关系的情形，扩大构成这类补充标准的适用，从而堵上现行侵权规则为潜在侵权者提供的逃脱责任的漏洞。[①]

3. 云计算专利多方参与多步骤专利运营的侵权认定之困境分析

第一，关于"单一方规则"对"多方参与多步骤侵权认定"的作用。曾有普遍观点认为，"单一方规则"使得权利人在证明造成专利侵权结果时较为困难，但这种困难可以通过调整专利申请的权利要求进行解决——构思一个只能由单一主体来实施的权利；[②] 我国也有学者从改变权利要求撰写方式的层面考虑，提出专利申请人在撰写权利要求时应尽量避免出现多方主体实施不同技术特征的内

---

① 参见李秀娟:《专利共同侵权的"控制或指挥"标准——以美国 Akamai Technologies, Inc v. Limelight 案为借鉴》,《电子知识产权》2011 年第 3 期。

② 参见邢立慧:《云计算方法专利侵权判定问题研究》,中南大学法学院 2013 年硕士学位论文,第 20 页。

容。[①] 然而，基于云计算技术集成化、系统性的特点，方法专利申请人要撰写出避免包含多方参与的技术特征的权利要求书基本是不可能的——SaaS 模式、IaaS 模式和 PaaS 模式下的商业方法必然会涉及云基础设施提供商、平台供应商、软件服务提供商和用户的共同参与；有时，云计算上层应用服务需要基础设施、云平台提供基础支持，此时也必然会涉及多方主体参与到技术方案中；还有一些云计算技术的实施运用方案，通常会涉及云计算产业链上的多方主体共同提供相应服务，由单一方实施可能性很小。

在这种背景下，根据单一方规则，如果不存在单一的直接侵权者或"控制或指挥"了所有专利步骤实施环节的直接侵权者，这类专利将成为永远不可能被"侵权"的专利。[②] 诚如美国纽曼法官在麦克凯森案中所说的，"一个永远不会被侵害的专利不是专利法所定义的专利，因为一个不会被侵害的专利不具备排他权利"[③]。从这个层面来看，对于多方参与多步骤侵权行为的认定，"单一方规则"无疑成为了一种不当的限制。

第二，关于"单一方规则"对多方参与多步骤侵权中"专利权人"的实际保护作用。可以确定的是，"单一主体实施了方法专利的全部步骤"和"多方主体各自实施了方法专利中的部分步骤并最终导致方法专利中全部步骤被实施"这两种行为，在对专利权造成侵犯的结果上并无二致。但根据单一方规则，可能造成的结果是——行

---

① 参见金华、陈平凡等：《云计算法律问题研究》，法律出版社 2012 年版，第 102 页。

② 参见丁晓迪：《云计算专利侵权研究》，上海大学法学院 2014 年硕士学位论文，第 25 页。

③ 李晓蕾：《从 Akamai 案和 McKesson 案看美国方法专利保护的新变化》，《中国发明与专利》2013 年第 7 期。

为人教唆单一主体实施第一种行为将承担侵权责任,但行为人自己只是实施方法专利中的部分步骤、同时教唆其他多方主体共同实施了第二种行为,却可能免于责任的承担;另一种结果是,行为人实际没有实施任何专利步骤,但因为实施了教唆行为并符合了侵权认定标准而须承担责任,但实际实施了方法专利部分步骤、对专利权造成实际侵犯的人却可以免于责任承担。可见,"单一方规则"对云计算方法专利权人利益的保护存在一定限制。

（二）突破地域性原则的跨境式侵权认定问题

多方参与多步骤专利运营的侵权行为认定问题多发于云计算方法专利侵权纠纷中,而突破地域性的跨境式侵权行为在云计算系统专利和云计算方法专利中同样属于高发范畴的行为。方法专利和系统专利存在联系,但侧重点有所不同。系统专利的内容是一套组合要件或载体,用来实施方法专利中的步骤,进而使得方法专利得到运行。因此,云计算系统专利一般是多个物理实体或载体的组件和组合,基于商业需要考虑,云计算服务提供商通常将实体或载体分散在多个国家内,因而一旦发生侵权纠纷,就会涉及对专利地域性特征的考量以及系统专利的跨境侵权认定问题。

1. 美国关于跨境式专利运营侵权中"使用"标准的具体界定

针对云计算方法专利和系统专利的不同,美国法院对二者跨境式专利运营侵权行为的认定标准有所不同。第一,关于方法专利。美国最高法院通过判例指导限制了美国专利法对于方法专利的域外效力,强调方法专利跨境侵权行为中每一步骤的"域内使用"。2014年发生的"Blue Spike"案的判决认为,涉案方法专利中的步骤发生在美国境外,而方法专利侵权成立要求专利中的每一步骤都必须发生在美国境内。在同年的"Home Gambling"案中,法院判决中也作出了"方法专利中的步骤必须全部在美国境内实施才有承担直接侵权责任的可能性"的主张。[①]第二，关于系统专利。以2005年NTP案为例，该案将"方法专利"和"系统专利"领域发生的跨境侵权做了区分处理，具有典型和指导意义。涉案系统专利的部分组件位于加拿大境内，因而案件的焦点是：被控侵权人所用的组件或实施行为位于加拿大，根据美国有关专利保护地域效力的法律规定——专利所赋予的排他性权利不可延伸至域外，能否在美国认定其成立侵权。基于此，法院作出了如下论述：首先，关于排除纯粹美国境外活动的专利保护在本案中的适用。本案系统发明专利的使用地应当为"系统作为整体被投放使用之地"，因而即使所用组件或实施行为在美国境外，但若该系统专利作为整体产生效果的地点是在美国境内，即可将美国作为涉案系统专利的使用地。其中，"在该地点的使用对系统整体是否存在控制主导作用并且在该地点因此获取利益"，则是认定侵权行为成立与否的关键要素之一。其次，系统专利侵权的"使用"标准须和方法专利区别处理。基于专利特征的不同，系统专利中的组件或载体是一整套相互联系的实体集合，单个实体的使用并不能产生专利效果，但只要整体组件集合同时被投入使用，则必然会产生专利效果，进而真正侵犯到专利权人的权利，因而即使行为人在系统专利中控制使用了多个实体，但并未使用整个系统专利，则不构成使用；而方法专利涉及的是一系列步骤或行为，具有时间性和过程性，当方法专利中的多个步骤位于不同地域，这种作为一种行为和活动、带有时间性要素的过程性的步骤的实施，必然也会包括不同地域的各参与方在自己所在国

---

① 鞠晔：《云计算环境下美国专利引诱侵权判定规则研究》，《知识产权》2014年第2期。

重复实施每一个步骤的情形,此时专利的地域性特征仍旧是关注重点,而这种域外的使用也不宜被纳入专利侵权的范畴中。

可见,美国在跨境式专利运营的侵权行为认定标准上,对系统专利关注的重点是"是否完整使用了组件集合",强调系统专利中各个实体的"共同性"(the joint nature);对方法专利关注的重点是"步骤方法的实施是否全部位于美国境内",强调方法专利中各个步骤的"单独性"(the individual nature),否定了方法专利侵权在域外延伸救济的可能性,对方法专利的跨境实施行为未设置过多限制。

2. 美国云计算跨境式专利运营侵权的处理路径梳理

美国对云计算跨境式专利运营侵权的处理主要依据专利种类的不同采取不同的方法。第一,对于系统专利侵权,须满足"作为整体使用"且"有益地使用"。"作为整体使用"是指,该系统集合作为整体产生服务行为和服务效果,而当这种"使用"行为分散出现在各个组件所在国或者控制了整个系统时,即为此处的具体情形;"有益地使用"是指,通过对该系统的使用,行为人获得了利益。第二,对于系统专利侵权中存在跨境式侵权行为时,关注的重点不在于专利的地域性特征的原因是,系统专利效果的产生不在于是否整个系统都集中在一国境内,而在"使用"行为。基于系统专利各个组件之间的"共同性"特征,一个组件的"使用"必须辅以其他所有组件作用的发挥,才能实现系统专利的整体效果,且在系统专利中单个组件是无法被使用的,因而只要一个主体实施了一个系统专利中的一个组件,就可以达到整个系统发挥效果的作用。显然,即使系统专利中的实体组件不在美国境内,但仍可能因"使用发生地"在美国而受到美国专利法的保护。而对于方法专利侵权,须满足权利要求的每一步骤均发生在美国境内,也即当且仅当涉案方法专利的每一步骤都是在美国境内实现时，才有存在美国法律认可的方法专利侵权行为的可能性。

3. 云计算专利跨境式专利运营侵权认定的困难

尽管跨境式侵权行为存在被认定的可能性，前述标准也只是涉及跨境式系统专利侵权行为认定的关键标准之一，而另一关键标准就是"全面覆盖原则"，也即将原告所持专利的全部技术特征和涉案侵权专利的全部技术特征进行比对，只有涉案技术的全部技术特征覆盖了、包含了专利权利要求书中记载的全部技术特征时，方可认定侵权行为成立。而在跨境式侵权行为方式下，只要涉案专利的部分组件或步骤位于境外，则被控侵权人就可能因此规避责任，这也是云计算专利跨境式侵权行为认定困难的关键所在。

第一，"全面覆盖原则"与"专利地域性特征"之间的矛盾点延伸出系列困境。"全面覆盖原则"也即美国判例中提出的"等同原则"，要求在认定专利侵权行为时，必须将涉案技术与专利权利要求书中记载的所有技术特征进行——比对。在云计算系统专利或方法专利的跨境式专利运营相关侵权案件中，必然需要面对处于域外的技术特征如何处理的问题。在专利地域性特征的影响下，对于不再是纯粹私权属性的专利权的保护也涉及对他国专利法效力和地位的考虑，以及司法裁判权能否延伸至域外组件以及延伸多少的问题，这些无疑都增加了跨境式侵权行为认定的复杂性和困难性。

第二，云计算时代专利组件或实施步骤跨境存在带来的困境。云计算系统专利和方法专利，皆可依托互联网技术。借助互联网，云计算技术轻松地将专利实体组件或专利步骤方法分布在全球不同地区，而且这种跨境多步骤的实施形式在云计算背景下更为便捷，侵权成本也更低廉。但如前所述，在"全面覆盖原则"的基础要求之下，一个实体组件分散在不同国家的系统专利，可能因为没有任何一个国家的专利法保护范围能够囊括整个专利而导致专利权人无法寻求任何国家和法律的保护。

（三）我国有关云计算专利运营侵权行为的法律规定与司法实践

目前我国同样采用前文所述的"全面覆盖原则"判定专利侵权行为，且不承认部分侵权的情形。然而，面对云计算时代下多方参与多步骤侵权、跨境式侵权等专利运营的侵权行为方式，单一地固守传统的"全面覆盖原则"显然已无法切实保障专利权人的利益，这与专利制度的设置初衷相悖，而我国相关司法解释之成效也有待观望。

1. 我国关于云计算专利运营的侵权行为之法律规定与适用

首先，对于跨境式侵权行为的认定，我国依据《最高人民法院关于审理侵犯专利权纠纷案件应用法律若干问题的解释》中确立的"全面覆盖原则"，对处于境外的技术特征不将其纳入侵权认定中技术特征的审查范围，此时涉案专利中的部分技术特征可能因此无法得到一一比对，涉案专利侵权行为的认定进程将无法推进，跨境式侵权人可能就此免于责任承担。其次，对于多方参与多步骤侵权行为的认定，根据相关调查研究结果显示，目前我国各人民法院基本上都是通过适用共同侵权规则来处理。[①]法律依据是《侵权责任法》[②]

① 参见刘友华、陈骞:《我国专利侵权判定原则及其适用研究》,《湖南科技大学学报》(社会科学版) 2014 年第 1 期。

② 原《侵权责任法》第 8 条:二人以上共同实施侵权行为,造成他人损害的,应当承担连带责任。第 9 条第 1 款:教唆、帮助他人实施侵权行为的,应当与行为人承担连带责任。第 11 条:二人以上分别实施侵权行为造成同一损害,每个人的侵权行为都足以造成全部损害的,行为人承担连带责任。第 12 条:二人以上分别实施侵权行为造成同一损害,能够确定责任大小的,各自承担相应的责任;难以确定责任大小的,平均承担赔偿责任。

中有关共同侵权的规定，这些规定实际包括了有意思联络的共同侵权、无意思联络但行为的结合造成同一损害的侵权行为和引诱、教唆、帮助等行为。显然，我国专利运营中专利间接侵权的法律规定有待明晰和完善。[①]

2. 我国关于专利运营间接侵权行为认定的司法实践

以和美国阿卡迈案情况相似的"法国施耐德电气有限公司和中国正泰集团公司等专利侵权纠纷案"为例，[②] 北京市第一中级人民法院对本案的判决内容典型地体现出了我国有关专利运营间接侵权行为审理中长期存在的一种状态。

本案中，原告法国施耐德电气有限公司拥有一项包含"辅助跳闸单元与多级断路器相连"这一技术特征的专利，被告中国正泰公司的产品本身并未覆盖此技术特征，但在赠与用户的产品说明书中记载了有关此产品可搭配涉案专利技术进行使用的指导性文字。北京市一中院认为：第一，因被告公司的产品采用的是"与单级断路器相连而不是多级断路器"，并未覆盖涉案专利的技术特征，因而被告公司实施的产品制造、销售行为，并没有对涉案专利构成直接侵权；第二，但被告公司产品说明书上的指导性文字向用户明确地介绍了产品可以和多级断路器搭配使用，且详细指导了用户如何进行搭配使用以及推荐搭配使用的型号，此行为应当视为被告公司为用户实施直接侵权行为制造了条件和可能性，且被告公司存在教唆、诱导的主观故意，所以被告构成间接侵权。

北京一中院希望可以在复杂的多方参与多步骤侵权纠纷中尽

---

① 参见冯汉桥：《我国专利侵权行为立法的缺失及补救——以几种特殊类型为视角》，《法学杂志》2011年第7期。

② 参见北京市第一中级人民法院民事判决书（2000）一中知初字第26号。

可能保障专利权人一方的利益，但判决中相关法理阐释和解析却相对匮乏。例如，本案的判决中既没有明确"教唆、诱导"这一主观故意的判定标准，同时对于间接侵权判定的关键性问题，即间接侵权的成立是否需要以直接侵权存在为前提，也只字未提。

我国目前对于如何适用间接侵权规则处理多方参与多步骤专利运营侵权纠纷尚未形成统一的标准，虽然我国当下关于云计算侵权的诉讼案件并没有大量出现，但对于已经发生的类似案件仍有关注的必要。在云计算产业爆发式增长前期、云计算专利逐渐涌现的背景下，这一时期的司法实践将对我国今后云计算专利的保护形成直接影响。

3. 我国法律规定对云计算专利运营中专利侵权判定的适用评析

第一，原《侵权责任法》第 8 条规定的"二人以上共同实施侵权行为"的适用存在障碍。一方面，狭义的共同侵权以行为人的意思联络为要件，即具有共同的过错，可以共同故意，可以共同过失，然而在一个云计算系统中，各方往往独立操作其中的某一个或某一些步骤，很难确认存在共同的侵权故意或过失，可能不存在任何的意思联络；另一方面，这里共同参与实施方法专利的各方须承担连带责任，对于不知道专利存在、无主观故意的参与方而言，显失公正。

第二，原《侵权责任法》第 9 条第 1 款和相关司法解释的可适用预期不高。首先，相关司法解释和《侵权责任法》实质上采纳了间接侵权从属说，也即侵权成立的前提是"积极诱导他人实施了侵犯专利权的行为"，因而只有直接侵权行为已经实际发生，间接侵权才有可能成立，其中，我国在对直接侵权的判定原则上是严格执行"全面覆盖原则"的。因而如果行为人实际诱导了他人（此处"他人"为单一主体），但他人未实施侵犯专利权的行为，则行为人仍不构成间接侵权。但在云计算环境下，由行为人诱导多方共同实施侵权行为是普遍存在的行为方式，行为人可能实施了专利中的一个专利步骤或者未实施任何步骤，同时在多方参与者中，也并未存在任何一个"他人"单独全部实施了整个专利产品或方法，因而在云环境下，很难认定直接侵权的成立，与此同时，行为人"诱导"行为的责任也就无从谈起。其次，司法解释规定的间接侵权成立的另一个条件是他人行为应当是"侵犯专利权的行为"。只有直接实施者系承担侵权责任的侵权人，间接侵权行为才成立。根据我国法律规定，"实施行为是否以生产经营为目的"是判定专利侵权是否成立的形式要件之一，而"行为人是否具有主观故意"不属于侵权认定中的形式要件，而是侵权行为成立后判定情节轻重的依据。因此，行为人若积极诱导"不具备生产经营目的的使用者"实施专利产品或者专利方法，并不构成间接侵权。与我国不同，美国等云计算产业发达地区在立法上将此种情形归为间接侵权行为。因此，司法解释的这一规定，一定程度上限缩了我国专利间接侵权行为的认定范围，使间接侵权行为规则的意义打了折扣，[1]对于云计算专利侵权纠纷的解决并无太大可期待实效。

第三，原《侵权责任法》第11条和第12条无法适用。原《侵权责任法》第11条和第12条是有关无意思联络的"分别侵权"的规定，与云计算专利中多方参与多步骤侵权的形式具有共通之处。但第11条适用的前提之一是"每一方主体的单独行为都足以造成全部损害结果的发生"，这显然是云计算方法、产品专利中各方实施者所无法达到的。因为在云计算方法、产品专利中存在多步骤、

---

① 参见闫文军、金黎峰：《专利间接侵权的比较与适用——兼评2016年最高人民法院司法解释的相关规定》，《知识产权》2016年第7期。

多组件，同时各步骤、各组件甚至可能是跨地域的，因而通常不可能存在单独一方参与者自己完整实施了全部技术方案的可能，依据"全面覆盖原则"，此种情形不存在专利法认定的"侵权结果"和"侵权人"。第 12 条与第 11 条有所不同，不要求每个单一侵权人的行为都足以造成全部的损害结果，只要数个独立实施行为的行为人最终造成了同一损害结果的发生即可。但目前我国《专利法》中并没有关于这种情形的适用规定，而是在《最高人民法院关于审理人身损害赔偿案件适用法律若干问题的解释》中应用了这一分别侵权的规定，因而目前这种情形只适用于有关人身损害赔偿的案件。

综上，关于云计算专利侵权行为的认定，需对其特别的侵权方式进行分析，主要包括多方参与多步骤专利运营的侵权行为方式和跨境式侵权行为方式。云计算技术下普遍存在两类客体——方法专利和系统专利，侵权案件中通常会存在多方参与主体，并以专利间接侵权的形态呈现。其中，对于云计算专利中的多方参与多步骤侵权行为，美国在 BMC 案、阿卡迈案等典型判例的指导下形成了当下的认定标准——明确"间接侵权以直接侵权成立为前提"，同时规定以"单一方规则"和"全面覆盖原则"为第一顺位标准，将"控制或指挥"标准作为补充标准，认定直接侵权结果是否发生。对于云计算专利中的跨境式侵权行为，美国针对方法专利和系统专利作出区分规定——在方法专利的跨境式侵权行为认定上强调"专利权利要求内容都必须在美国境内"，在系统专利的跨境式侵权行为认定上则强调"作为整体且有益地使用"，但因"全面覆盖原则"和"专利地域性特征"在云计算时代延伸出的矛盾点，在认定问题上仍旧存在困境。我国现有的法律法规和司法解释对云计算专利运营中专利侵权行为的认定尚属畸弱，有关云计算专利的法律保护体系尚不健全。

第二节　著作权运营侵权行为的认定

　　著作权运营的直接目的就是对著作权人的应有利益进行保护，同时避免恶意侵权人的不正当行为对著作权人权利造成侵害，通过著作权主动积极的传播实现利益最大化。其中，著作权侵权行为，是指因不法侵害人的侵权行为导致著作权人的人身利益和财产利益受到损害，按照法律规定应当对相应的损害后果承担侵权责任的行为。数字时代，著作权侵权行为具有影响扩大化、手段技术化以及侵权追究困难化的鲜明特点。一般而言，数字著作权侵权客体范畴不仅包括将传统作品上传至网络对其进行数字化处理的作品，同时也包括原本创作形式即为数字化的作品，这不仅是对于著作权人自身利益的保护，同时也是对于社会利益的保护。在作品数字化处理全过程中，任一不当或恶意技术操作均有可能涉及侵权，对数字著作权运营侵权的研究离不开对其内涵和范围的界定。通常来说，数字著作权运营侵权行为，主要是指在未获得著作权人许可的前提下，非法处理其网络作品或以不正当方式行使专属于著作权人的权利，阻碍了该著作权应用交易传播的行为。

一、著作权运营侵权行为的构成要件

　　网络环境下著作权侵权行为的侵权对象更加难以认定，其侵权证据更具隐匿性特点，因而数字著作权侵权行为往往难以被著作权

人发现且对其追责较难。一般而言，根据侵权行为人和侵权条件的不同，可以将其划分为直接侵权行为和间接侵权行为。无论是网络用户和网络内容提供者擅自转载下载的直接侵权行为还是网络服务提供者的间接侵权行为，在认定侵权时，一般而言，数字著作权侵权行为与传统侵权行为一样，都须具备以下四个构成要件，即行为人主观过错、具有违法性的侵权行为、具有损害后果、侵权行为和损害后果之间具有因果关系。但应注意的是，除对于某些特殊主体不必然要求其主观上具有过错外，在认定侵权的一般情况下，这四项构成要素缺一不可。

（一）侵权行为人具有主观过错

根据我国《民法典》第1166条提出的适用非过错责任原则的条件，行为人造成他人民事权益损害，即便没有过错，但法律规定应当承担侵权责任的，应当承担侵权责任。特别法没有规定的，适用于一般法的规定。我国著作权法对侵权行为人的侵权行为归责原则暂未进行特殊规定，因此根据一般原则，包括网络用户、网络内容提供者以及网络服务提供者在内的所有行为主体侵害他人正当权利并造成损害结果时，若其主观上具有故意或者过失，均应承担相应的法律责任，即适用过错责任原则。在包括美国、法国、德国等在内的诸多国家，对于网络用户的直接侵权行为均规定适用无过错责任归责原则，虽然行为人侵权责任的承担并不以其主观上是否存在过错为转移，但是否存在过错对于赔偿损失数额却有直接影响，侵权行为人主观上无过错或著作权人自身存在过错的，可以酌情减轻其赔偿数额。

（二）存在具有违法性的侵权行为

存在具有违法性的侵权行为，指的是具有责任能力的行为人实

施了事实上有危害性并造成了法律上的否定性评价的行为。一般
而言，法律所承认的著作权获取途径主要包括因法律规定或协议约
定取得、因创作而取得以及因委托、遗赠等方式取得等；相对地，著
作权违法行为是对法律法规中命令性和禁止性规定的违反，或行为
人对其应履行义务不履行的行为。在网络环境下行为人进行侵权
行为主要表现为没有法律依据且没有取得数字著作权人授权许可
或者超过其授权许可范围，以下载、转载或其他方式传播著作权人
的作品。除根据法律规定属于法定许可、强制许可、合理使用许可
的情况，以及与数字著作权人、著作权集体管理机构通过协议约定
其可获得授权许可的方式以外，其他没有经过允许任意使用著作权
人知识成果的一切行为，均可能导致对他人数字著作权的侵害，应
承担相应的侵权责任。

（三）行为人造成一定的损害事实

侵权行为人的侵权行为须在客观上造成了一定的损害事实和
损害后果，并使得著作权人的合法利益受到损害。无论以何种归责
原则来确定侵权行为，均离不开行为人的侵权行为造成一定的损
害事实或损害后果这一必要条件。作为侵权行为法律后果的损害
事实，应具有客观性与可补救性的特点。从客观性上讲，损害事实
应是切实发生且未虚造的真实事件；而从可补救性上讲，该事实对
著作权人无论是造成财产性损失还是精神性损失，都应及时进行补
救。一般而言，在网络环境下，著作权人的权益遭到损害，不仅仅
包括其人身权益，更多的是指其财产权益受到损害，既包括既得利
益的损失也包括期待利益的损失，既包括积极利益的损失也包括
消极利益的损失。事实上，在确定侵权行为人于损害后果发生后应
当给予被侵权人的侵权赔偿数额时，也应当先行明确损害赔偿的范

围，人民法院在确定被侵权人所遭受之现实损失时，不仅应计算其直接经济损失，还应计算具有可期待性的、可能得到却未得到的间接经济损失。

（四）侵权行为与损害后果之间具有因果关系

侵权行为与损害后果之间具有因果关系，即二者之间存在必然的内在关联性，侵权行为人未经许可擅自使用、传播著作权人作品的行为直接或间接地造成了著作权人的正当权益受到损害，这是构成著作权侵权的必要条件之一。无论是网络内容提供者或者网络用户未经授权或许可擅自任意传播他人作品导致他人数字著作权受到侵害的直接因果关系，还是网络服务提供者通过提供技术或者设备上的支持使得他人数字著作权受到侵害的间接因果关系，这些行为均是导致著作权被侵害的原因，是侵权认定的必备条件。在错综复杂的网络环境中，对侵权行为与损害后果之间因果关系的判断难度也在逐渐加大，在判断时应秉持全面性及客观性的立场，同时也应注意其周延性，具体表现为在时间上具有一定的顺序性及连续性，因而在逻辑上也具有一定的可推理性。

二、著作权运营侵权行为的表现形式

作为一把双刃剑，网络技术的迅猛发展一方面增进了数字信息的传播和交流，另一方面也在某种程度上大大增加了著作权侵权的方式和种类，恶意侵权人的侵权行为早已突破了传统意义上的制作、购买盗版产品等侵权模式，而是充分利用网络环境下的数字信息处理软件和技术，以不正当方式对数字作品进行转载、下载、链接等。对数字著作权侵权行为进行有效的遏制首先离不开对其类别和范畴的分析，根据侵权所采用技术手段的不同，可以将其分为以下两种类型。

（一）线上非法下载、转载的侵权行为

著作权运营中，线上非法下载行为和非法转载行为均属于侵权行为，均有可能造成对权利人正当权益的损害。具体而言，不仅包括网络内容和服务提供者、网络使用者未经著作权人授权或超越其授权范围将其作品非法下载使用、公开交易以营利或者试用期满不注册而继续使用等行为，还包括非法将他人上载至网络的作品刻录、拷贝至光盘或印刷成书籍、报纸进行营利等行为。

譬如，网络服务提供者越来越多地卷入到著作权侵权纠纷当中，而网络服务提供者分为网络内容服务提供者、网络平台服务提供者和网络技术服务提供者等不同类型。由于网络服务提供者处于网络著作权发展过程中的第三方地位，在使用者利用网络服务违法使用作品时，网络服务提供者属于实施著作权共同侵权行为的帮助人，在著作权侵权中，网络服务提供者主要承担间接责任；在多数情况下，网络服务提供者仅仅提供信息存储、搜索以及链接等服务，不参与信息交流，因此处于消极中立的第三方主体地位。其在同时具备"明知"与"应知"的主观构成要件的基础上才承担过错责任。所以，网络服务提供者的责任并不是典型意义上的连带责任。而厘清网络服务提供者在过程中的责任，离不开不断完善的避风港原则，其中的认定要素，包括合理通知和删除，以及网络服务提供者是否从侵权行为中获得经济利益。与线上非法下载相关联的，是超链接的侵权行为。作为一项新兴的网络技术，超链接为人们的生活带来了便利，但是潜存诸多侵权风险，不经著作权人同意在自己网站使用超链接技术时，容易构成侵权行为。

（二）违法破解技术措施的侵权行为

著作权人通过对其作品设置加密等技术措施，保护其知识产权免受不法侵害，而侵权行为人会恶意制造或向他人销售相应的技术装置，以故意绕开或破解著作权人设置的技术措施，便利其自身或者他人实施侵权行为，进而利用他人作品获取非法利益。在数字环境下，利用电子技术破解他人作品上之技术措施时，著作权人的作品被任意篡改和使用，容易引发著作权归属的混淆及其权属争议，阻碍了著作权的健康运营。

譬如，临时复制行为就是违法破解技术措施之侵权风险的一种表现形式。根据"临时复制"的原理，如果用户在网络上使用一部作品，就需要向云端服务器发送任务请求，后者根据用户的任务请求，开始进行数据处理，借助"超大服务器集群"共同完成，用户所需的数据在服务器"排队等候"的过程中，会在主缓存存储一段时间，这段短暂的存储就是我们所说的"临时复制"。以索尼诉史蒂文斯案为例。索尼公司生产游戏机和配套的游戏软件，为防止用户使用盗版产品，在游戏机和游戏软件中均设有相互匹配的"控制码"，在不同国家使用不同的控制码，如果有人企图使用盗版的游戏软件，或者将在澳大利亚购买的正版游戏光盘插入在美国购买的游戏机，都会因为"控制码"的无法匹配而无法运行游戏。澳大利亚人史蒂文斯向用户提供的"直读芯片"，使得无论插入的游戏光盘是否有相匹配的"控制码"，用户都可以正常地运行游戏。史蒂文斯提供的"直读芯片"在运行时，光盘中的游戏软件可能被临时调入游戏机的内存中，形成短暂的复制件；索尼公司的"控制码"实质上是通过密码制止著作权侵权行为的"技术保护措施"，而这种"临时复制"行为的合法性与否，决定了索尼公司的技术保护措施是否正当。美国高等法院最终认定索尼公司在其游戏机和游戏光盘中加入的"控制码"无法直接"制止或抑制"著作权侵权,索尼公司最终败诉。

那么,"临时复制"是否属于传统意义上的复制,就成为是否构成著作权侵权的关键。有的学者认为,"临时复制"是虚拟的计算机语言临时储存在相关设备上的行为,作品的内容无法按照原作的形式再现,因此不能构成复制行为要件,不属于复制行为。但也有一些学者认为,作品一经复制存储在设备中就构成复制,以时间长短来判断是否构成复制,会导致行为人通过技术手段规避责任。可见,著作权运营中"临时复制"的合法性问题不能一概而论,需要考量著作权人、服务提供商和社会公众等各方的利益。

三、著作权运营侵权行为的归责原则

著作权侵权行为的归责原则在整个侵权行为构成要件体系中具有举足轻重的意义和作用,与侵权行为所导致的法律责任的归属及承担具有直接关系。著作权侵权行为的归责原则是确定不同种类的侵权行为的责任承担和责任归属的一般性原则,具体而言,指的是贯穿于信息处理和交流传播的全过程中,并据以确定负有举证义务方、损害赔偿责任负担方以及确定免责条件的基本原则,一般包括过错责任原则、无过错责任原则以及过错责任推定原则。同时,网络环境下的数字著作权侵权方式较之传统著作权侵权有所不同,在判断数字著作权侵权之责任归属时应当具体情况具体分析,根据条件和情形的不同作出相应的调整。

（一）过错责任原则

过错责任原则是据以判断侵权责任归属的一般性原则，在著作权侵权领域适用过错责任原则具有国际法上的依据。但是，基于网络的虚拟性、抽象性，数字著作权侵权行为具有隐蔽性的特点，在网络技术和设备的支持下难以被发现，并且数字著作权人对于侵权行为人的侵权行为具有主观过错进行举证更为困难，将过错责任原则作为数字著作权侵权归责的单一确定标准有失偏颇。通常情况下，数字著作权侵权归责原则一般应以过错责任原则为主，并以无过错责任或过错责任推定原则为补充。

（二）无过错责任原则

与有形财产不同，数字著作权人无法通过占有或登记等方式宣示自身权利，而且由于受到时间性、地域性等限制，数字著作权的保护难度也随之增加，由此，包括我国在内的许多国家均同时适用无过错责任原则作为归责原则的补充。但是，由于在无过错责任原则的适用条件下，行为人无需对自己是否具有过错举证，也不能以无过错作为抗辩事由，所以大多数国家基于司法实践情形的复杂性以及公平正义的精神，在立法和司法适用中会对其加以限制，即另行规定一定的免责条款，如果行为人有证据证明损害结果是不可抗力或权利人故意造成的，可以在一定程度上减轻或免除其自身责任。

目前，对于网络内容提供者的侵权责任，包括美国在内的大多数国家均实行无过错责任。随着信息传播形式的愈发丰富和多样化，传统信息传播媒介如纸质载体，将伴随相应的"网络版"内容加速信息的传播及扩大自身知名度，而丰富及扩建网站必然要强化信息填充，除使用自身原创作品或公共领域作品外，使用他人作品很容易使自身陷入侵权纠纷之中。与著作权人将其作品复制并传播发行的功能定位相同,网络内容提供者也是通过组织的采集、筛选和加工信息材料的行为,将作品或信息上传发布至网络,使公众广泛访问阅览,从这个意义上讲,网络内容提供者与传统作品的出版者角色相同,均对自己上传至网页供他人浏览的信息具有绝对控制性。因此,如果对于上传至网页上的信息仅通过过错责任予以规制,网络内容提供者会以网络信息作品数量庞大而难以进行全面审核的无过错抗辩事由来为自己开脱责任,从而难以起到维护网络运行健康秩序的效果。在我国现阶段的著作权法律规制体系中,仍然对网络内容提供者实行过错责任原则;事实上,要求被侵权人承担网络内容提供者存在主观过错的举证责任未免强人所难,且对于网络内容提供者而言,其更应知道对象信息是否涉及侵权以及侵权的程度。

(三)过错责任推定原则

过错责任推定原则作为对过错责任原则的补充和发展,是指损害结果出现时,首先推定侵权行为人具有主观过错,除其提供证据证明自己并无过错或提出抗辩事由的情形外,认定其有过错并应承担侵权责任。事实上,这种举证责任倒置是将举证负担转移到侵权人身上,侵权人只要提供证据证明其已尽到合理的注意义务就可以免于承担侵权责任,这样就大大减轻了权利人的负担,也符合《民法典》公平正义的基本精神。

一般而言,过错责任推定原则既可以弥补在过错责任原则下对被侵权人提出过高的举证责任要求而使侵权人逃脱法律制裁的缺憾,又可以调整在无过错责任原则下对著作权使用人要求过于严苛的状况。因此,目前很多国家对于网络环境下的著作权侵权行为均将过错责任原则与过错责任推定原则结合运用,实行较为合理的二元归责模式,也就是法院依据当事人意思自治的原则,赋予原告即被侵权人一定的选择权,被侵权人有权根据自身利益判断是否适合由自己行使举证的"权利",进而选择适用过错责任原则或过错责任推定原则。可见,著作权法应该更加关注网络环境下对著作权人权益的保护,建议结合数字著作权归责原则的特点,合理借鉴其他国家经验,进一步推进我国《著作权法》中归责原则的多元化。

四、著作权运营侵权行为的认定程序

(一)认定主体

著作权运营侵权的认定主体应当由相关行政执法和司法机构联合组成。其中,在预警和打击侵权的进程中,来自相关行政执法机构的综合性、持续性的治理行动越来越规范,著作权运营侵权认定主体中行政执法机构的切实作用不容忽视。譬如,为贯彻落实《国家知识产权战略纲要》,净化网络著作权保护环境,进一步完善著作权法律体系、创新执法手段、加大监管力度,自2005年起,国家版权局联合国家网信办、工信部、公安部持续开展打击网络侵权盗版的"剑网行动"。针对网络侵权盗版的热点难点问题,先后开展了网络视频、网络音乐、网络文学、网络新闻转载、网络云存储空间、应用程序商店、网络广告联盟等领域的专项整治,集中强化对网络侵权盗版行为的打击力度,包括查办网络侵权盗版案件、关闭侵权盗版网站、删除侵权盗版链接、移送司法机关追究刑事责任等具体行政行为,相继查处了快播播放器侵权案、射手网字幕组侵权案、天线视频网侵权案、思路网高清视频侵权案等侵权盗版大案要案。①实践中，针对著作权运营中的侵权认定及其规制问题，我国已经初步形成了前期行政执法部门系统监管、后期司法部门严格惩治的局面。基于此，建议国家版权局作为著作权行政主管部门，进一步主导构建我国著作权运营联合管理机制或者大部门管理机制，统一行政执法，针对各类著作权运营侵权风险行为进行更加系统化、规范化的审查认定。

（二）滥用合理使用制度的内容审查

"今日头条"新闻作品著作权侵权纠纷案是网络时代滥用合理使用制度进行著作权侵权的典型案例。②"今日头条"手机客户端并非直接转载他人作品，而是以发布其他网站的新闻链接为内容，因此其对外宣称和抗辩的事由是"我们不生产新闻，我们是新闻的搬运工"，即通过"链接搜索"，而非"复制粘贴"。《著作权法》与《信息网络传播权保护条例》对于新闻报道的合理使用范围划定为"不可避免地再现或者引用已经发表的作品"，将对于网络新闻的合理使用限定在"不可避免"的情况下。"转载"一词是一个中性词，经过著作权人许可的是合法的转载，但未经授权非法转载就是侵权行为。"今日头条"所展现的新闻并非用户直接使用搜索引擎精确搜索得来的，而是该款 APP 事先通过对信息的整理、归类、排行和大数据算法之后，得到的"二次头工"新闻。尽管时政类的新闻本身属于合理使用的范围，但是"今日头条"转载的大都属于新闻报道类型，而非客观的时政事实消息，因此不能将其作为合理使用抗辩。

---

① 参见国家版权局主办的"剑网 2019"专项行动，http://www.ncac.gov.cn/chinacopyright/channels/11376.html。

② 参见"今日头条"新闻作品著作权侵权纠纷案，江苏省高级人民法院民事判决书(2018)苏民终 588 号。

鉴于如上述的滥用合理使用制度行为的性质较为复杂，对于这种行为的审查较一般网络侵权也须更加严格。首先，以获利为目的的滥用行为，使用者一般通过如介绍、评论等行为，擅自对作品进行传播与公开，从而间接谋求一定的利益回报。以"央视公众公司诉多普达公司"一案为例，使用者虽然并未直接从作品中获利，但是其间接地通过播放电视节目起到了宣传手机的作用，增加了手机的销量，从而达到了获利的目的。其次，对原作进行"二次创作"，二次创作后产生的新作品与原作品之间既有区别又有联系，这种编辑作品产生版权的依据是存在"再次创作"的行为，并且二次创作后的传播并非基于著作权人的授权或者法律的强制许可。我国一直鼓励的是文化的创新与发展，是各种作品百花齐放，如果二次创作的作品与原作一样经典、值得欣赏，那么其也没有必要依附于原作、依靠原作的影响力运营自身的作品。诚然，有些作品仅仅借用了原作的人物形象，但无论从情节上还是从逻辑上看，可能都与原作毫无关系，可以说是全新的作品。所以，需要据实分析。

（三）著作权人的登记证明

值得关注的是，对于网络著作权运营中侵权与否的认定，除认定主体与内容审查方面存在的一系列问题外，在登记等操作技术层面更存在问题。数字媒体的虚拟性导致著作权人在发表网络作品时往往并不具以实名，这对证明权利人拥有数字著作权提出了挑战。我国著作权登记采取自愿非强制性原则，且著作权登记程序较为复杂，需要到版权局或其授权委托的机构提交申请、各种相关身份证明，以及能够表明作品权属的证明，经过一定时间的审查，才能获得登记。这种传统登记制度打击了网络著作权人主动登记的积极性。同时，网络信息技术背景下，伪造难度大大降低以致常常是网络原件真伪难辨。因此,数字著作权平台登记制度亟需推广和统一。

除鼓励网络作品作者本人实名发表且注意保存证据,以及司法审判中增强数字证据的效力和增强技术调查官职能外,应当进一步构建全国统一的数字著作权登记制度,对于网络著作权,无须再通过传统版权登记方式进行登记,而可以直接在统一平台上提交相关资料和申请,再通过人工审查并进行登记,甚至可以在技术条件允许的情况下通过智能认证与人工认证相结合的方式进行审查。通过快捷方便的数字作品著作权登记制度,鼓励数字著作权申请人主动直接通过统一的全国平台系统,将其在网上发表的作品进行及时登记,从而缓解数字著作权证明难的问题。

五、网络环境下著作权运营行为的法律限制

(一)合理使用制度

网络环境下,著作权人的作品被上传至数据网络中,著作权人对其作品仍然享有著作权,对著作权的保护随之扩展到网络空间。现有数字技术措施的应用虽然对著作权的保护和运营起到了积极效果,但是也在一定程度上将一部分原属于网络共有的领域划为了私有,将大多数社会公众隔绝于其作品之外,阻碍了传播的同时也使得著作权人与社会公众间出现了新的利益失衡。

作为保持著作权人权益与社会公众利益之间的均衡、排除著作权人对于大众合理使用其作品不正当妨碍的一项法律制度,"合理使用"一直是各国国内法及包括《伯尔尼公约》在内的国际法的重要组成部分。在欧盟、英国、美国等国家和地区均对合理使用制度作出了明确而详尽的规定。在欧盟的"版权指令"中,详细规定

了数字著作权使用中属于合理使用的 21 种情形。我国著作权法对合理使用制度也有明确规定,《著作权法》第 24 条规定了合理使用的具体情形,著作权使用人在符合法律明确规定的条件下,有未经原著作权人同意且在指明作品原作者及作品出处的前提下使用已经发表的作品并免于支付报酬的权利。《计算机软件保护条例》(2013)第 16 条提出了软件合法复制品所有人的三项权利,并在第 17 条提出学习研究之用的限制。由于网络环境下数字作品的获得和使用具有特殊性,借助于电子信息技术,著作权人的创作成本更加低廉、创作方式更加便利,同时作品的使用方法与传播范围更加广泛,收益也随之增加,因此,基于公平原则,社会公众使用数字作品所付出的社会回报也应相应降低。所以,我国网络环境下的合理使用制度范围应当适当扩大,诸如非基于营利目的对作品的适当浏览,以及因此导致数字作品在计算机内形成的缓存等情形,可以考虑适用合理使用制度。

（二）著作权运营中的法定许可制度

网络环境下的法定许可制度与合理使用制度存在相似之处,二者均是对著作权进行的限制,是立足于对公众利益适当增加的考虑;二者又存在差异和不同。合理使用制度更多的是基于社会利益,而法定许可制度则是基于利益平衡理论使公众可以更多地获得接触及使用作品的机会,二者的设立目的不同。法定许可制度是指在满足法律规定的条件下,允许作品使用人未经该作品著作权人同意,在给予著作权人合理报酬的情况下,有权使用该作品的制度,但应注明作者姓名、作品名称及出处。

我国《著作权法》(2010)明确了法定许可制度的适用范围:除作者事先明确指明不许使用以外,可以不经著作权人许可,在支付报酬的前提下，使用他人已经合法录制为录音制品的音乐作品制作其他录音制品；除著作权人明确表明不得转载、摘编外，其他报刊可在其作品于报刊刊登后，转载或者作为文摘、资料刊登；在未经著作权人同意但支付相应报酬的前提下，广播电台、电视台播放已经出版的录音制品等情形。《信息网络传播权保护条例》(2013)进一步明确了数字著作权的法定许可制度，包括设立特殊限制保护合理规避行为、设立扶贫的法定许可使用制度并通过公告方式进行保护等制度措施，体现了我国既强化保护著作权人的合法权益又注重平衡对于社会文化发展与进步具有保障功能的发展权的宗旨。诚然，我国《著作权法》对于法定许可制度是否适用于网络环境并没有明确规定，笔者认为，对于著作权人来说，非经法律明确规定不得限制和剥夺其在网络上传播作品的权利，基于网络传播速度快且具有较强开放性的特征，对信息网络传播权适用法定许可有失合理性；相关立法应当考量和《与贸易有关的知识产权协定》以及《伯尔尼公约》之间的冲突和协调。

第三节 商标运营侵权风险的认定

一、认定商标网络侵权的前提要件——商标使用行为

在商标运营侵权实务中，商标使用行为可被称为"商标侵权使用行为"。之所以将商标使用行为作为认定商标网络侵权的前提要件，是因为商标网络侵权中的使用行为必须是具有商标法意义上的

使用行为，也就是能够体现商标的基本功能，识别商品或服务的来源。就商标侵权案件的审理思路而言，"判定被诉行为是否属于侵犯注册商标专用权的行为，首先要判定被诉行为是否构成商标法意义上的使用行为"[①]。由此可见，商标使用行为在认定商标侵权案件中具有先导作用，推理可得在认定商标网络运营侵权的案件中，商标网络使用行为是前提性要素。

传统的商标使用行为是将商标与具体的商品或服务进行连接，所以传统的商标使用行为具有很强的商品指向性，并且使用行为是具体的、容易判断的。但在网络环境下，尤其是在电子商务中，运用的技术及手段都是电子化的，有些商标的使用方式就会发生变化，如作为域名构成、作为元标签隐藏在网页代码中等，这些情况下的商标并没有与具体的实物相联系，所以基于网络环境的虚拟性及信息性，对商标使用行为的判断是不明确的、模糊的。

诚然，商标使用之于认定商标网络侵权存在例外事由。商标权人对于商标享有的是一种垄断的权利，商标权人的权利是私法所赋予的极强的专有权利。但知识产权法的目的是促进社会的再创造、为社会谋福祉，所以知识产权法在强调个人权利的同时也推动着商标权之社会公共利益的达成。知识产权法中的一项特殊制度——合理使用，就是对私权的限制。商标合理使用，是指在一些情况下，基于正当目的，善意使用与注册商标相同或者类似的标记，只要不引起混淆或者误认，就不构成对商标权的侵犯，商标权人不得排除他人的这种使用。合理使用与商标使用是一个镜子的两面，合理使用是一种积极的使用，在一定程度上可以起到增加商誉的作用，这

---

① 北京知识产权法院(2015)京知民终字第1196号民事判决书。

是商标使用权的合理抗辩事由。

互联网本身的迅捷性及技术性使得商标的网络侵权发生得更隐蔽、侵权后果波及的范围更广泛，从而大大增加了各种权利冲突的可能性。所以合理使用在商标网络侵权中也是十分难以判断的，这会导致相关的合理使用人无法保护自身的合法权利。综合传统商标合理使用及网络商标侵权的特点，网络环境下的合理使用行为主要表现为四类：一是以言论自由为目的而使用商标。例如在评论某个网页或微博时夹带着某个商标，商标只是发表言论的一种借助手段，使用人并未从中获利或丑化商标内涵。二是在非商业性网站中的非商业性使用。这种使用不以营利为目的，并且受众也不会对商标进行不合理的使用，这是所有公众的基本使用商标的权利。三是基于必要的描述而使用商标。在广告内容或销售过程中，这种使用会非常普遍，这是一种说明产品特性的必要使用，不应该将其认定为商标网络侵权。四是在网络环境下特有及普遍的合理使用，譬如在域名中加入商标，目的是为了更广泛地介绍产品和对产品进行必要的描述。这些就是网络环境下商标侵权的主要例外事由，构成了对商标专有使用权的规避，并尊重了社会大众对于商标所享有的权利。

二、认定商标网络直接侵权的构成要件

（一）商标网络直接侵权的主要主体——网络内容提供者

在对商标网络直接侵权主体进行考量时，首先就应该考虑到其是商标网络侵权行为的直接实施者，并且该主体在主观上应被默认为具有过错。因其在侵权行为的源头上实施不法行为，并对侵权所

带来的后果有一定认识，在网络环境下这一主体就是网络内容提供者。网络内容提供者自身在网上发布或转载侵犯商标权的内容，这种情况下，首先被考虑到的主体就是实际侵犯商标权的侵权行为人或实际经销商；其次应该是网络平台，一般作为间接侵权的主体。

网络内容提供者是指面向网络用户提供网络信息服务或增值服务的主体。该类主体的基本功能是提供网络平台或网络信息供网络用户进行选择，一般为搜索引擎、电子邮件和聊天软件等基本业务。广义的网络内容提供者只要在网络上发布内容就是内容提供者，而不仅仅是一直存在的网站类的网络内容提供者，例如百度、搜狗等搜索引擎提供商。在商标网络运营直接侵权的案件中，直接侵权的主体十分广泛且普遍，并且在网络环境下网络内容提供者利用网页链接、搜索引擎和电商平台等多种路径进行商标侵权，这就导致网络内容提供者作为商标网络直接侵权的主体越发复杂化。

（二）相似性要件

根据我国《商标法》第57条和第59条的规定，商标的相似性包括商标近似和商品类似两类。在商标网络运营侵权的判断过程中，通过内涵及外延往往还无法明确判断出商标是否存在相似，需要进一步识别相似性的程度，具有较高相似度的无疑是商标网络侵权，相似性程度较低的就要进一步判断是否容易造成公众的混淆。相似性要件是商标侵权案件认定的关键，相似性问题的复杂性越来越多地聚焦在网络商标侵权行为上，尤其是电商平台中的假冒商品。这类商标侵权以相似性要件进行判断就足够了，相似性高必然容易导致公众混淆，而相似性低的仍需进行下一步混淆可能性的判断。相似性要件作为法院判定商标网络侵权的第二步，是一个具有承上启下作用的实际步骤，相似性既是对商标使用行为的进一步阐释，也是混淆可能性的开端。

(三)混淆可能性要件

我国《商标法》将混淆可能性理论作为认定商标侵权的标准。混淆可能性的判断以大多数理性的人的选择为依据，即最普遍的消费者是否会对一种商品或服务的来源产生误判。混淆可能性作为相似性要件之后的判断，对于相似性程度较低的商标具有重要的判断意义。

较之于传统商标侵权，商标网络侵权行为的具体形式正在发生翻天覆地的变化，在直接侵权行为中，域名侵权、网页侵权以及搜索引擎侵权，都附加了网络侵权新形式。在网络环境中，初始兴趣混淆认定理论的重要性越来越得到显现，甚至在一定程度上出现了商标侵权认定标准由混淆可能性向初始兴趣混淆过渡的趋势。[①]这是一种较之于传统混淆可能性理论更易使人迷惑的混淆理论。对于混淆可能性的判断所要考虑的因素也是多种多样的，商标的显著性、相关公众的认知，以及商品所占市场的份额等都是需要具体分析的。而初始兴趣混淆是混淆理论的升级，继相似性要件之后，混淆可能性要件对于侵权的认定具有完结和归纳的效果。初始兴趣混淆是一种严于传统混淆的理论，虽然侵权行为人的行为并没有引发商品销售过程中的混淆可能性，但其在网络环境中不当利用权利人商标的行为仍然损害了该权利人与其合法持有之商标间的对应关系，因此同样损害了商标权利人的合法权益。这种混淆可能性是一种事前的混淆，相较于传统商标混淆，商标网络侵权造成的混

---

① 参见刘燕：《论互联网环境下商标侵权认定的标准及原则》，《兰州大学学报》(社会科学版) 2015 年第 1 期。

淆结果发生时间更为提前。可见，尚待完善的初始兴趣混淆认定制度更有利于追究侵权行为人的侵权责任，更能有效打击网络商标侵权行为。

三、认定商标网络间接侵权的构成要件

（一）商标网络间接侵权的主要主体——网络服务提供者

商标网络间接侵权行为是指网络服务提供者对他人随意冒用知名或驰名商标标识的行为不予理睬的行为，商标网络间接侵权的主体为网络服务提供者，其之所以在商标网络侵权中承担间接责任，是因为其在直接侵权行为中的不作为。网络服务提供者是指自己收集或他人提供网络信息后，经过组织和整理向公众发布信息的主体。现有网络服务提供者分为营利性和非营利性两种，其中非营利性主要是指免费向公众提供公开性的、具有共享性的信息资源，[①]这类主体包括政府网站、公益网站等。如果网络服务提供者提供的服务被直接侵权人利用，而且网络服务提供者并未采取合理措施减少损害发生，那么就有被追究承担间接侵权责任的风险。

（二）商标运营中网络服务提供者的帮助行为要件

不同于商标网络直接侵权，网络服务提供者间接侵权的重要认定要件是行为人实施了帮助、诱导行为。考虑到网络服务提供者也是获利人，被侵权人常常更愿意选择其作为承担赔偿责任的一方，这将加大网络平台的争议风险，不同程度地限制我国网络平台的健

---

① 参见徐家力：《知识产权在网络及电子商务中的保护》，人民法院出版社 2006 年版，第 103 页。

康发展,所以我国对间接侵权行为人的认定要素是从事了帮助、诱导行为。也就是说,间接侵权行为人在商标运营直接侵权行为的实施过程中,具体进行了帮助、教唆、诱导等行为,这是判断网络服务提供者构成间接侵权的重要构成要件,并且这种帮助、教唆、诱导行为需要在实质上对商标网络直接侵权行为造成了影响,而不是简单的在形式上表现为提供帮助的行为。在商标网络间接侵权行为中,网络服务商处于服务提供者的地位,对侵权行为的达成起着不可或缺的作用,其在一定程度上为侵权行为提供了便利。服务提供者因其所处地位的重要性而间接促成了侵权事实的发生,因此网络服务商的侵权行为表现为间接侵权。此时的帮助行为更是一种事实的认定,是一种逻辑推理产生的行为。实际上,间接侵权行为人具有一定的注意义务,其在直接侵权发生时并未尽到合理的审查义务,所以其为侵权行为的产生提供了帮助,促成了直接侵权行为的产生。

(三)商标运营中网络服务提供者的不作为要件

不作为要件是继帮助要件之后的又一要件,帮助行为的产生也许并非网络服务提供者所能控制的,但其在侵权行为发生后的作为与否却是判断其是否承担责任的重要因素。也就是说,其面对直接侵权行为的态度是不作为,不作为要件的产生来源于网络服务提供者的基本义务。网络服务商进行平台的运营时,负有一定的合理注意义务,而合理注意义务的重心就是"通知—删除"义务。当网络服务提供者不采取必要的措施挽回被侵权人的损失时,就会导致其承担不作为的代价。而作为义务是指在被侵权人通知网络服务提供者侵权信息时,后者应当采取措施降低损失以保护被侵权人的权利。

网络服务提供商在明知或有合理理由应知自己的平台存在商标网络侵权事实的基础上，如果没有采取及时有效的必要措施对侵权行为予以制止，就应当承担相应的商标间接侵权责任。所以间接侵权的认定首先是有利用网络平台的事实存在，侵权发生必然意味着网络服务提供商提供了基本的帮助，但是这还不足以认定其侵权，要有不作为的存在才可以认定其间接侵权行为的成立。帮助行为与不作为共同构成了间接侵权的认定要件，这在一定程度上既惩罚了侵权行为又给予网络服务提供者一定弥补，只有在其不作为时才会对其采取相应的惩罚措施，令其对过错范围内的损失承担责任。

可见，分析商标运营侵权风险的前提是对一行为进行商标法意义上的认定，商标使用行为作为认定的前提要件，对于商标网络侵权认定具有合理性及可行性，同时网络环境下商标使用行为需要有新的内涵，并且要以合理使用为例外事由补充积极的商标使用行为。进而，对商标运营网络侵权风险的方式进行划分，侵权行为可分为直接侵权行为和间接侵权行为。直接侵权行为的构成要件是主体网络内容提供者、相似性要件和混淆可能性要件，间接侵权行为的构成要件是主体网络服务提供者、网络服务商的帮助行为要件和网络服务商的不作为要件。

四、商标运营侵权认定的本质：当事人的权利博弈

为深入起见，这里拟选择商标反向混淆为切入点展开评议，以期揭示商标反向混淆行为背后存在的利益对峙现象，以及有关商标运营侵权认定的权利衡平问题。下文分别从双方当事人的视角出

发，分析其各自利益及持有的观点，进而评析权利相对性争论。

（一）商标反向混淆下有关权利相对性的争论

以商标注册取得制度为基准考量，商标反向混淆现象的出现，势必会给我国的商标立法制度带来挑战与威胁，同时也可能将权利人的合法利益消耗殆尽，因此必须及时地对其予以禁止和规制。但如果更深入地探讨商标反向混淆行为背后所隐藏的利益冲突，则会发现存在当事人之间权利博弈的现象。所以，当商标反向混淆行为发生时，应分别从双方当事人各自的视角出发，甚至也需通过考虑社会大众的公共利益来分析每一方主体所获取的利益情况及其所面临的损失。因为只有均衡利益关系，才能做到效益最大化地解决商标反向混淆案件纠纷。

从诚实信用原则看，《商标法》作为民事立法中的一个重要组成部分，要求当事人之间诚实守信，尊重对方当事人的合法权益。商标侵权行为中的恶意抢注，是有违诚实信用原则的典型行为。虽然是以当事人的主观状态为主要方面来考察诚实信用原则，但是否构成真正意义上的违反诚实信用原则，还需要在客观上具体地判断当事人之间利益获损的实际情况。[1] 商标反向混淆中的后使用人无视在先权人享有的商标专用权，直接将争议商标"拿来"使用并通过后续大肆宣传，实则压榨了在先权利人的市场运作空间，侵害了其合法权益，有违诚实信用原则。

诚实信用原则完全是从在先权利人的视角来考察商标反向混淆侵权行为的，也可以说是单一地从立法本身以及维护商标注册制度角度而提出的理论支撑。而公平原则更侧重的是以客观的行为

---

[1]　参见魏振瀛主编：《民法》（第四版），北京大学出版社 2010 年版，第 24 页。

事实为出发点来判断当事人之间的利益是否失衡，主要考察的内容包括平衡当事人之间的权利义务、平衡当事人所承担的民事责任以及平衡当事人风险的负担情况。① 由此可以看出，运用公平原则可以更加深入地探讨民事法律行为的核心和本质问题，上述两种原则之间的联系与对比反映在商标反向混淆问题上，则体现的是当事人权利的相对性和有关利益衡平的争论。商标反向混淆中，后使用人可能存在主观过失情形，并已进行了大范围的投资宣传，同时也使广大消费群体对此予以认可与产生信赖，因此不能将其付出的劳动成果完全予以否定，这也是为了保护消费者的间接利益。

　　这里不得不提到"新百伦商标侵权"案所反映的相关问题。该案中，原告依法享有两个注册商标，即"百伦"和"新百伦"，并将该商标申请核准使用在服装、运动装、鞋袜等第二十五类商品之上。但自 2007 年 11 月起，被告新百伦公司也使用了类似的商标于自产的鞋类产品上，随着该企业宣传力度的加大，其品牌的知名度持续走高，产品的销售业绩也不断提升，受到社会普遍认可。但是原告认为，被告新百伦公司的行为显然导致了大范围内受众的混淆误认，应算作商标反向混淆的典型，应当予以禁止。于是便在 2013 年提起了商标侵权之诉，要求被告停止侵权、赔偿损失。

　　经审理，一审法院认为，首先，这种近似商标的使用行为，属于商标法律条文中规范的商标使用行为。其次，被告新百伦公司并没有合乎规范地使用自己的企业名称从而导致了相关公众混淆的事实，具有恶意的主观意图，既有损于商标权利人的利益，又给市场竞争秩序带来了阻碍。因此，责令被告停止侵权，禁止商标使用

---

　　① 参见魏振瀛主编：《民法》（第四版），第 27 页。

行为，并且以被告在实施侵权行为期间所获利润来确定其赔偿标准。综合考量后，判定被告新百伦公司应当以其侵权期间所获利益的百分之五十予以赔偿，共计 9800 万元。[①] 但如此高的赔偿数额，一时引发舆论热议，对此，被告便又向上一级法院提起上诉。

二审法院在审理过程中，针对一审法院作出的被告新百伦公司的商标使用行为属于一项商标侵权行为的判定予以肯定，但是针对如此高的赔偿数额以及判定赔偿的标准不予认可。二审法院认为，被告新百伦公司能够获利颇丰，主要还是源于其优良的产品品质和被告对该品牌的悉心宣传，才使得众多消费者对其青睐和认可，所以被告所取得的利润并非完全来自于其对原告商标的侵权行为，原告不能主张根据商品本身的价值和该商标标识所蕴含的企业商誉所获得的利益来进行赔偿。很明显，若按照一审法院认定的标准来进行损失的赔偿实为不妥，而且原告在商标财产价值攀升的过程中并没有做出实际的贡献。综上，二审法院结合资产评估认定被告新百伦公司因侵权行为所获取的利益至少为一百四十五万元，在考量侵权损失和所获利益的情况下，最终作出判决，要求被告新百伦公司须向原告支付共计五百万元的侵权赔偿金，并应随即停止商标使用的侵权行为。[②]

该案经历了一审和二审，两级法院对于案件的侵权性质并无异议，但是一审法院和二审法院在该案的赔偿标准及赔偿数额的认定上却有天壤之别，这也是引起社会广泛关注的关键所在。之所以导致这一情形的出现，主要还是由于在我国商标法律制度中仍未明确规定有关商标反向混淆侵权的责任承担方式以及赔偿标准。司法

---

① 参见广州市中级人民法院 (2013) 穗中法知民初字第 547 号民事判决书。
② 参见广东省高级人民法院 (2015) 粤高法民三终字第 444 号民事判决书。

实践中，如何才能更加公平合理并有效率地解决商标反向混淆纠纷问题十分棘手。一方面，商标后使用人不合法的宣传使用行为，已然构成了侵犯商标权，给权利人带来了严重损害；但从另一方面来看，上述案例中原告所持有的商标在知名度和市场影响力上都十分薄弱，并且其经营的范围也十分有限，因此在客观上并不能为被告提供"便利"。若按照一审法院的做法，仅简单地按照被告获有利益的百分之五十来判定赔偿额，而完全不考虑被告具体是因何而获利以及其使用商标时的主观状态，难免有失公允。

（二）商标反向混淆行为侵犯权利人的商标权——以商标权人为视角

商标的识别功能作为其原始功能，可以使其成为一项媒介运用在商品和服务的生产销售过程中，便于消费者区分不同来源的商品和服务。同时生产经营者也可以利用商标标识使得消费者从此记住自己的商品和服务，进而将自己的商誉凝结在商标之上，因此商标对于任何一个生产经营者来说都是至关重要的，它几乎凝聚了权利人的全部心血。如果法律不能及时地制止商标反向混淆行为，则可能导致后使用人在窃取权利人的商标后，再利用商标的广告功能突出地使用该商标，使相关公众对其产生好感从而刺激人们的购买欲望，从而推动自己产品的生产和销售，继而让原商标权利人在市场竞争中再无生存的空间。这无疑是强势的偷盗式行为，与我国的商标立法严重不符，更不符合基本的法律行为准则。

1. 反向混淆行为是一种商标侵权行为

首先，商标反向混淆与商标立法宗旨极不吻合，商标法的立法宗旨就是要力求保障商标专用权、保护消费者权益以及维护商标的商誉。此外，与民法中的物权规定一致，商标权同样具有对世性，商标一旦历经了申请、核准并完成了注册登记，就享有了排他权，可以对抗一切不法侵害。在先商标权人已取得注册商标专用权就可以享受商标法对其的保护，并可以进一步利用该商标发展自己的产品生产及销售，从而使广大消费者对自己的品牌产生信赖和好感，继续使用该商标创造更大的社会价值和财产价值。商标反向混淆一经出现便打破了商标权人最初的愿景，商标权利人不能再继续打造属于自己的企业品牌，甚至还会丢失自己精心设计该商标时的智力成果，因为商标反向混淆中侵权人实力雄厚，商标权人不能与之抗衡。若不及时对商标反向混淆行为予以制止，权利人的商标价值将面临严重减损，甚至连最基本的区分功能最终也将被削弱，更无法继续进行市场竞争，无法凝聚消费者的信赖。"新百伦"案中的被告利用中英文音译上的差别，使用了与原告商标近似的商标进而无限地扩张其商标知名度，最终引发了大规模的混淆与误认，也导致了原告间接性地丧失了对已有商标的控制，阻碍了其未来发展的可能性，构成了严重的侵权行为，严重背离商标法的立法宗旨。除此之外，若不及时加以有效制止，任由该行为肆意发展，还可能构成垄断行为，影响健康的竞争秩序。

其次，商标侵权认定标准完全可以对反向混淆行为予以规制。在商标反向混淆中，侵权人未经许可就在自己的商品或服务上使用权利人的商标并且大肆进行广告宣传，混淆消费大众对商标权属的认识，侵害了权利人的商标专用权，也使权利人的商品和服务在相关公众心中被逐渐淡忘，可见该行为的影响之恶劣及严重程度。所以，该行为应当受到法律的明确禁止和规制。

2. 反向混淆行为是一种不正当竞争行为

2017 年 11 月修订的《反不正当竞争法》第 1 条就规定了其立

法目的。同时,《反不正当竞争法》第 6 条在列举不正当竞争行为的范围时,也将商标混淆的行为列为一种不正当竞争行为,其第(一)项虽然着重于对传统正向混淆的规制,但商标反向混淆行为仍可采用第 6 条第(四)项的兜底条款予以规制。可见,商标反向混淆行为在反不正当竞争法中也可以找到具体的法律条文来对其进行规制,因此,理应属于一种不正当竞争行为。

除此之外,反向混淆行为所涉及的自愿原则、公平原则以及诚实信用原则均在《反不正当竞争法》第 2 条中有所列明。其中,诚实信用原则要求市场各方主体均不得采取损害他人利益的手段实现自身权益、进行经营活动。商标反向混淆中的侵权人为谋取私利而侵害权利人应有的法定权利与利益,显然是对诚实信用原则的严重违背。

(三)在先权人在反向混淆中具有潜在收益——以商标后使用人为视角

商标反向混淆行为在定性上确属侵权,但根据反向混淆产生的原因,实践中也存在后使用人并无利用在先商标权人商誉的意图,只因过失而使用了该商标的情形。再加上后使用人为打造自己的品牌投入了大量的资金和精力,赢得了大部分消费者的青睐,已然获得了较高的知名度,此时若"一刀切"式地禁止商标反向混淆,根据财产权劳动理论,就意味着必将会剥夺后使用者的投资和其应当获得的合理利益。[①]同时,在巨大利益的驱动下,在先商标权人也可能会利用商标反向混淆的现象而创造自己的收益。所以,商标

---

① 参见彭学龙:《商标反向混淆探微——以"'蓝色风暴'商标侵权案"为切入点》,《法商研究》2007 年第 5 期。

反向混淆行为在带来弊端的同时也提醒人们应当及时关注其背后所潜在的风险。

1. 容易引发大量商标抢注现象出现

从本质上分析，对商标反向混淆的强烈禁止与规制，就是在逐步强化商标取得制度，但任何一种高负荷的强加保护均不可避免地会带来些许弊端，[①]不加以准确分析商标反向混淆的成因就单一地认定为是反向混淆行为，极容易滋生商标恶意抢注的现象，为部分企业的投机行为提供温床。目前的商标抢注行为早已形成了一条逐利链，包含抢注、提起侵权之诉以及转卖、赔偿等一系列过程，商标抢注背后的趋利现象不言而喻，这也正是考察商标反向混淆行为所应防范的问题之关键。

例如，在司法实践中不乏此类情形，原告在境外发现了某种商品或服务极具发展潜力，并且该品牌商标尚未在中国境内注册，于是原告便抢先予以注册取得了商标专用权。待被告即真正的商标持有人想要在中国境内发展该品牌商标时，原告则可顺理成章地提起商标反向混淆之诉。此时，被告虽已使用该商标，但商标注册制度却不能承认其享有商标所有权，这将给国际化的驰名商标带来不可小觑的潜在发展危机。因此，在反向混淆与商标抢注行为发生混同时，必须对原、被告使用商标的程度、商标影响力及原告取得商标的主观状态进行全面考量，避免损害的二次叠加。

知识产权立法的最终目的即福祉社会，商标作为一种社会公众资源，商标法不仅要对商标所有权人进行保护，还要加强保护公众获取资源的权利，维护知识产权市场的平衡与创新。因此，过度倚

---

① 参见罗斌：《论商标的反向混淆理论——以 iPad 案为视角探讨反向混淆的规制》，《河北学刊》2012 年第 6 期。

重一项制度，反而易滋生其他弊端，造成权益不对称，给社会进步与发展带来一定阻碍。[①]

2. 小企业存在反向"搭便车"的现象

从客观上来看，发生商标反向混淆行为时，在先权利人即小企业并非仅受有损失，而是在一定程度上也可能会有所获益，即也存在着小企业反向利用大企业已创造的商誉和市场资源来提升自身价值的现象。作为反向混淆的在先权利人，通常以实力薄弱的中小企业为主，甚至有的还面临着破产危机，其经济实力必将十分受限，成规模生产销售的能力也不尽如人意，不能充分达到消费者的满意程度，反而是后使用人商品的高品质保障和优胜的服务质量，获得了消费大众的青睐和信任。所以，但凡出现了商标反向混淆现象，小企业不免会希望利用大企业的强势宣传、优渥的市场资源以及此种混淆现象，为自身的利益筹谋打算。例如"蓝色风暴"案中的原告虽享有商标专用权，但因其竞争实力薄弱，生产销售面临桎梏，所以在被告强大的市场宣传影响下，很难说不会再次借助被告的市场地位和对"蓝色风暴"商标的宣传规模来进一步提升自己产品的销量。所以，在一些商标反向混淆案件中，商标权利人并非完全是善意的，有时会享受商标后使用人所带来的福利。

以商标反向混淆为代表的商标运营侵权行为表现形式多样，双方当事人权利博弈现象频繁，若处理不当，势必会引发利益向一方主体倾斜，甚至损害消费者和社会公共利益。以"权利相对性"作为运营冲突中利益平衡的研究基础，有助于形成效益最大化的问题解决路径。

---

① 参见罗斌:《论商标的反向混淆理论——以 iPad 案为视角探讨反向混淆的规制》。

第六章　知识产权运营资本化风险论：以专利为切入点

知识产权的资本化运营是实现以知识产权为主要内容的资产运营的重要方式，包括知识产权从产品要素转化为投资要素，对其进行价值评估，将知识产权作为一种要素投入，参与生产与经营过程，并量化为资本及价格增值的过程。[①]

第一节　专利运营资本化中财产价值的基本风险与识别

一、专利权资本化中财产价值被贬损的风险

专利运营的唯一目的是实现专利权财产价值的最大化，这就意味着专利权财产价值的贬损等同于专利运营风险防控的失败。可见，任何贬损专利权财产价值的风险，都应当成为专利运营风险防控的对象。

专利权的财产价值是相关权利主体可以借助专利权谋取的利

---

① 参见刘春霖：《知识产权资本化研究》，法律出版社 2010 版，第 7 页。

润，其价值的高低取决于专利权在专利市场中垄断地位的高低，因此专利权财产价值本质为垄断收益。此收益有两种表现形式：其一，通过专利产业化，在产品市场获得优势地位，进而获得垄断利润；其二，将专利输入专利市场，通过许可、转让等法律行为实现专利权的货币化。

专利权财产价值不同于专利技术的价值。有学者认为智力成果也有商品价值，[①] 而根据产权理论，产权的独立性、排他性是市场运行的前提，此产权需要法律予以确认和保障，因此智力成果被授予知识产权才具有商品属性；智力成果虽也是知识产权法益，但仅侵权责任法、反不正当竞争法为其设置了侵权救济手段，并没有法律赋予其以积极的交易方式进入市场流通的权利，如他人可以通过反向工程对技术秘密合法占有。此外，有学者提出主体可以通过技术秘密等方式获取收益，无须借助专利制度赋予的垄断地位，而专利权财产价值的实现则以专利权具有垄断地位为前提。[②]

专利权财产价值的变化可以借助价格来观察，如 2012 年，美国专利法实施改革，专利宣告无效程序更改为双方复评程序（IPR），专利被宣告无效的比例由 31% 增加至 77%，这意味着专利权无效风险的增加。理查德·贝克指出，此项变革使美国专利贬值 2/3，经济损失高达 1 万亿美元。与此同时，专利价格下降，根据《专利价值指数》显示 [③]，2012 年的专利交易中值为 211,212 美元，而

---

① 参见杨延超：《知识产权资本化》，第 20 页。

② 参见郑素丽、宋明顺：《专利权的财产价值由何决定？——基于文献综述的整合性框架》，《科学学研究》2012 年第 9 期。

③ IP Offering, Patent Value Quotient, http://www.ipofferings.com/patent-value-quotient.html.

2013 年的专利交易中值下降至 170,000 美元。

可见,专利权的财产价值是专利运营风险认定的法律因素,甚至可以将其称为"指向标",具体表现为专利产业化、商业化过程中的垄断利润,而专利价格的波动可以作为其是否被价值贬损的识别标志。

二、专利权财产价值实现的阶段性风险

依托于专利制度,专利权财产价值的实现需经过专利申请和专利交易两个阶段。以专利申请阶段为例,专利技术虽享有技术秘密权,可以进入专利市场进行交易,但一旦被提出申请,则须"公之于众",导致技术秘密权丧失。此外,根据我国《专利法》第 34 条规定,对专利申请的审查采用早期公开延迟审查制,让公众提前行使技术无效宣告权,使得该阶段专利呈现不稳定状态,降低了专利权授予概率。可见,若在申请阶段,专利无法获得授权,也就不再具有被运营的价值了。

进而,专利申请阶段的风险同样具有阶段性,如有学者认为,在专利申请阶段,专利技术的价值由专利期待权、技术秘密权决定。提出专利申请之前,专利技术的这两项权能尚稳定。提出申请后至公开前,技术秘密权因形式审查而进入不稳定状态,其价值呈下降趋势;专利期待权则因即将升级为专利权而价值增大。专利公之于众后,技术秘密权丧失,专利期待权的价值反而增加,但是若未获得专利授权,专利期待权也丧失。具体如下图 6.1 所示:

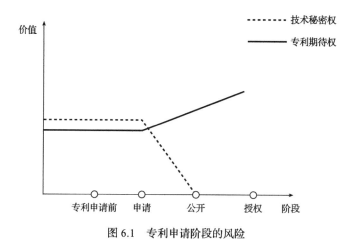

图 6.1　专利申请阶段的风险

可见，专利申请阶段的风险主要表现为减损技术秘密权价值和专利期待权价值，进而阻碍专利进入市场流通。

第二节　专利运营资本化中财产价值减损的突出融资风险

企业参与市场经营需要强有力的资金保障，以专利为代表的知识产权评估质押融资活动正成为企业融资的主要途径，与之相同步，专利价值变现也滋生了一系列风险。所谓知识产权质押，是指以合法拥有的专利权、注册商标专用权、著作权等知识产权中的财产权为质押标的物出质，经评估作价后向银行等融资机构获取资金，并按期偿还资金本息的一种融资行为。知识产权信托，是指权利人将其所拥有的知识产权委托给信托机构进行管理或者处分，以实现知识产权价值。而知识产权证券化，是指发起机构（通常为创新型企业）将其拥有的知识产权或其衍生债权（如授权的权利金），移转到特设载体，再由该特设载体以等同资产作担保，经过重新包装、信用评价，待信用增强后，发行在市场上可流通的证券，借以为发起机构进行融资的金融操作。

一、专利质押融资的市场风险

专利质押融资风险主要体现在三方面。首先，质押期间专利资产价值的不稳定。专利权作为重要的无形资产，相对而言缺乏价值的稳定性，且在质押过程中更容易产生价值贬损，具体原因有三：一是专利自身特性决定了专利权的价值浮动。专利的运用涵盖设计、制作、生产、改装等不同的产业化阶段，而多种专利技术的成熟度以及一种专利在各产业化阶段的技术成熟度均存在差异；同时，专利实施方的技术实力对专利价值也具有相当大的影响，就专利质押而言，某些对环境等特殊条件要求高的专利技术，其产业化实施难度大，且所需成本较大，也会引起权利之价值波动。二是市场经济环境引起的价值浮动。在价值规律及供求关系的作用下，如果用于质押的专利在市场上出现产品供应不足或需求过剩，其专利价值会大幅增加，如果相同或类似产品的供求关系出现波动，也会对专利技术的价值产生影响。三是保护期限与诉讼纠纷引起的价值浮动。专利的法定保护期限不同于其经济寿命，随着保护年限的增加，专利价值则逐渐降低，市场运营主体虽可预见此种风险，但用于质押的专利权容易牵涉恶意诉讼、质押纠纷等影响到主体利益的情况，往往难以避免风险。

其次，用于质押的专利变现难度大。专利权质押多是为担保债务，债务到期时若未能偿还，专利权则需要被处置变现。专利权作为一种无形资产，其变现方式受限，需考虑其技术成熟度、市场潜力、实用性等诸多因素，由于包括中介评估在内的知识产权运营技术服务体系尚未健全，部分金融机构对专利质押业务还望而却步，更减缓了专利质押融资发展的速度。相较于发达国家，我国专利交易量尚偏少，专利质押融资等无形资产交易的相关法律制度规范还有待进一步优化。

第三，缺少分散风险的中介担保机构，导致专利质押融资后的衍生风险。考虑到专利质押融资变现的巨大风险，诸多运营主体并不积极选择从事专利质押交易，这也限制了现存知识产权运营中介担保服务机构业务的拓展。譬如，金融机构与出质人之间签署专利质押合同并进行登记时，往往缺少担保机构的介入，金融机构为规避专利质押变现时的风险，可能缩减业务范围，从而减少贷款发放，这势必影响市场运营及企业健康发展，造成恶性循环。同时，在质押贷款发放后，区域宏观政策及地方经济环境可能对融资期限内的专利价值造成直接影响，而国内的担保机构缺少风险规避措施，国内部分中小担保公司缺乏专业性、业务范围过窄、不了解知识产权运营市场的国内外价值规律，从而难以保障科技服务对象的预期权益。

二、专利证券化的潜在风险

以专利权为代表的知识产权证券化是基于供应链金融、融资租赁、信托等金融形式，以与知识产权质押融资完全不同的形态批量满足科技型中小企业融资需求的金融操作。2017年，国务院印发的《国家技术转移体系建设方案》提出开展知识产权证券化融资试点，加之国家知识产权局一直推动的知识产权质押融资和保险业务迅速发展，我国知识产权证券化工作开始破冰。难题与风险共存，知识产权证券化的风险主要源于知识产权价值的不稳定性，知识产权的无形性以及地域性、时间性限制使得难以预计和测算未来的收益。比如，在专利领域，技术的快速发展极易导致供求结构的改变，进而影响知识产权的价值流。譬如，在法律风险方面，知识产权被宣告无效、知识产权权利人破产等法律事实会造成知识产权无法正常应用，影响现金流的实现，必然对知识产权价值造成巨大负面影响。伴随着以专利证券化为代表的知识产权融资方式的增多，潜存风险也越来越多。归纳起来，主要表现有三：

其一，专利资产池可能因为侵权或者新技术出现等原因导致资产构成及价值发生变化，难以进行证券化。当专利遭遇侵权时，权利人主张权利，往往会招致对方的无效请求或者反侵权之诉，而且过程漫长。此时如果专利资产池中有多个权利内容，发行人通常会通过撤出该诉争权利的方式继续完成证券化过程；如果资产池仅由诉争的权利构成，其发行通常难以进行，且一旦诉争权利存在瑕疵，系列连锁反应会给发行人和投资人带来巨大风险。尤其是数字专利技术的飞速发展促使专利的资产寿命急速缩短，专利许可使用费的降低也使得专利资产池中的资产价值随之发生变化，现金流难以稳定，最终致使证券无法再发行或已发行的证券得不到清偿。

其二，专利资产价值不易确定，专利评估机构发展迟缓。对拟证券化的专利价值进行评估是进行专利证券化运作的前提，以此确定其是否值得采取该种运作方式，以及要发行的证券数额。但是，信息共享社会使得专利价值瞬息万变，当前通常由综合性的资产评估机构对专利价值作出评估，而专利价值评估要求相当高的技术性和专业性，不同评估机构采取的评估方法不同、评估水平不同，导致评估结果大相径庭。可见，专利评估机构应配备高素质的从业人员，不仅应懂得评估、核算等各种经济方法，还应精通国内外的相应法律规定以规避风险；同时，专利运营市场应当彻底打破专利评价垄断发展模式，依托市场化的竞争模式进行商业化、国际化运营，高质量地促进国内专利证券化的深度发展。

其三，专利证券化的成本过高。将知识资本转化为产业资本或金融资本是社会发展的趋势，也是知识产权运营的主要方式，包括使用、许可、转让等多种形式。但是，由于资产证券化本身具有的交易结构和专利证券化牵涉的法律关系的复杂性，我国专利证券化成本一直较高，其涉及专利权人、被转让人、发起人、投资者、资产评估机构、担保机构、法律服务机构、审批机构等多方主体利益。诚然，我国专利证券化尚处于起步阶段，在其渐成趋势之初更应当进行充分评估，综合分析具体要素，以确定融资方式是否合理，以全力规避无形资产产业化中的运营风险。

三、知识产权价值评估法律风险

评估是质押及证券化的前提。对知识产权价值进行独立、客观、科学、公平、公正的评估是平衡知识产权买卖各方利益的重要手段，是各方追求收益最大化的有效途径。知识产权出资属于非货币出资，其无形性决定了价值、市场、经济的不确定性和估价不实的可能性，增加了对其准确评估作价的难度，加之我国的评估体系不完善、制度不健全，法律法规缺位，更加剧了知识产权评估结果的差异以及购买知识产权主体的运营风险。下文拟从普遍风险入手，进而透视综合评估要素。

(一)普遍风险识别

知识产权价值评估因素直接关系到评估的准确性,因此评估前必须厘清这些因素。一是知识产权形成成本风险,虽然其形成过程特殊,量化比较复杂,甚至有的成本很低,但仍是不能忽略的因素。二是预期收益风险,就是给购买主体带来的全部预期收益,包括经济收益、社会收益、政治收益、环境收益。这是形成企业核心竞争力的关键因素,综合价值越高,估值越高。这里尤其要关注社会收益和环境收益,也就是知识产权的正外部性,体现着人们追求美好生活的主潮流,是决定知识产权价值的不可或缺的因素。三是使用期限风险。在法律准许的范围内,伴随着新技术的迅速迭代,以创造性和实际参用为主的技术自身之寿命周期和法律保护期的长短影响着知识产权价值的高低。四是技术成熟风险,知识产权运营的过程就是从思想萌芽到投放市场形成压倒性核心竞争力的漫长过程。显然,处于成熟区域的知识产权最具实用性,垄断程度更高,购买主体将其投放市场的失败率最低,购买主体承担的风险最低。五是市场供求关系风险,未来社会需求量、市场的占有率和饱和度是决定知识产权价值、价格的显著因素。知识产权的适用程度较高,产品市场前景广阔,社会需求量较大,同类替代和重复率低,则估值越高。六是知识产权受转让条件风险,即知识产权许可使用方式的不同直接影响其在市场的垄断程度和价值评估。七是知识产权购买主体的资金、人才、技术基础和管理现状风险。必需的物质基础、人才技术条件、良好的生产管理水平是知识产权转化的强大后盾,知识产权购买主体经济及综合实力越强,则评估结果越好。八是同类比价风险,同行业的平均投资收益率和行业投资风险等指标的选择和运用将直接影响知识产权的评估价值。九是国家政策导向风险,知识产权符合国家急需的重点发展和扶持的产业方向,评估价值必然会大幅增加,反之则降低。

(二)知识产权的综合评估风险因素

1.法律属性认识不清晰的风险。知识产权不同于市场上的普通商品,可以待价而沽。如果在评估过程中不据实分析知识产权的法律属性,则评估结果就会偏离,从而给知识产权购买各方带来风险。譬如,对于专利价值评估,专利权的范围是一个重要的参照指标,评估时必须根据法定权利要求书的权利范围圈定评估内容,而不少实际操作却忽略了权利要求书,仅盯住技术特征和产品特性,评估结果必然出现偏差。再如,我国《专利法》规定,外观设计专利与实用新型专利只需登记备案,不需实质审查,但同时也制定了"无效"程序,防止出现侵权诉讼。因此,在评估过程中切不可将外观设计和实用新型与发明专利同等对待。

2.知识产权评估的管理保障体系风险,也就是评估理论、方法、手段保障体系不健全。诚然,我国知识产权评估行业尚处于起步阶段,健全的知识产权评估理论及其标准有待构建,缺乏统一规范、模式、方法和流程,评估水平不高,质量参差不齐。评估手段和方法五花八门,采用较多的市场法、成本法和收益法也基本上是照搬移植了有形资产评估的方法,忽略了知识产权作为无形资产的特殊性,导致评估结果偏离真实的价值或市场价格,评估作用缩水,成果应用难免受到局限。

具体来说,其一,保障制度体系不健全。首先没有专门性的法律法规保障知识产权价值评估参与各方的责权利,现存的《资产评估准则——无形资产》《专利资产评估指导意见》《著作权资产评估指导意见》等行业指导性文件滞后且问题较多。规章制度之间相互矛盾的现象比较严重，内容分散且权威性不够，没有体现出行业特性和差异性，导致知识产权的评估主观判断较强，知识产权评估价值难以精准预测，无法适应知识产权评估业国际化的发展需求。显然，应当全面彻底清理现有知识产权评估规章制度，制定统一的、约束性强的咨询评估行业相关法律法规和构建专业化的服务平台，以弥补行业发展中法律保障的缺位，将知识产权评估服务纳入现代法治轨道。其二，评估方法及评估标准风险。知识产权本身的价值并不稳定，其价值的确定涉及知识产权本身的商业化程度、市场前景及数据分析等，是一个全方位的复杂过程。由于我国知识产权评估市场体系尚不健全，资本市场、产权市场发育有待成熟，尚缺少系统科学的评估标准及严密程序，有关的市场价格及投资收益率等市场数据难以同步取得，评估机构无力采用多种方法进行结果比对，导致难以保障评估结果能够客观反映实际价值，从而给收购各方带来了风险。首先是参数选取随意的风险。科学、公正地评估、测算预期收益是知识产权价值评估的重要目的之一，评估结果真实与否，关键在于包括收益额、市场占有率、折现率等数据参数的选择，选择不同的参数导致评估结果有可能相差几倍甚至更多。实践中，价值评估参数的选取过于随意，会导致评估结果缺乏说服力。其次是评估方法选择不当的风险。由于知识产权的开发成本与收益水平不对称，同一知识产权分别采用成本法和收益法进行评估，得出的结论可能大相径庭；主观上确定知识产权的价值固定不变，在不同评估阶段始终采用同一种评估方法，这种忽略了知识产权随时间、环境、使用目的和当事人不同，而存在极大不确定性和模糊性的粗暴评估方法，很难准确评估知识产权的真实价值。其三，我国知识产权评估市场管理有待规范，地方行业垄断和行政干预尚且严重，一些地方政府职能部门将知识产权评估管理纳入自己的权限内，甚至由商标、专利等管理部门设立资产评估机构，自我设定评估标准，导致行业垄断及市场竞争失衡，影响了评估结果的公正性和公平性。其四，执业队伍不健全。知识产权价值评估服务具有较强的综合性、创造性及复杂性，越来越需要依托科技和专业背景，这对执业人员提出了高要求。一是要求执业人员知识结构多元化，懂得专业技术、国家政策、法律法规，具备实战经验等综合素质和能力；二是要保证执业人员的职业道德和自我约束力。但是目前行业准入门槛并不高，执业人员的职业资格和从业范围往往不受资产类型限制，资格审查和业务培训有待规范和严格执行；甚至少数评估人员在高额利润诱惑下，道德底线失控，不能恪守独立、客观、公正的原则，肆意简化评估步骤、调整评估结果，恶性压价以承揽业务等，这些现象加剧了知识产权评估的不确定性及风险性。其五，评估机构信誉评级的法律风险。不能只要拿到评估资格，就可以在全国范围内竞争资产评估业务，而不管评估专业水平高低和评估力量强弱，否则会导致规范的评估机构得不到足够业务，不利于优胜劣汰。

　　3.资产漏评、低评的法律风险。在进行知识产权评估时，资产漏评、低评的情况偶有发生，导致企业资产的流失。一方面，一部分知识产权评估公司可能有意漏评，以便在"合适"的时候操纵股价，在资本市场获利。此外，有些上市公司只是在涉及股权或债务重组等业务、国家规定必须评估的时候才对知识产权进行评估，缺乏评估的主动性。另一方面，有的企业虽然在产权交易中对知识产权进行了评估，但由于没能真正认识到知识产权的重要性和自身知识产权的价值，以及评估方法不当，导致自身知识产权价值被严重低评。

4.商业秘密导致评估信息不对称,信息难以搜集,增加了评估难度并降低了准确性。知识产权价值的评估是根据知识产权本身的真实资料,以及参考以往类似知识产权的市场价值、具体作价、相关经济数据、使用情况及获利资料等,来进行衡量和估定的过程。但是,实践中有些资料因涉及商业秘密导致采集难度很大,所以评估人员的经验在评估中所起的作用相当大。可见,实现知识产权价值评估的科学、客观和真实性,是一项长期工程,贯穿于我国知识产权运营体系建设的始终。

第三节　专利运营资本化的出资风险

专利运营作为知识产权运营的重要组成部分,参与出资不仅降低了经营主体的资金压力,也有利于技术成果转化为现实生产力;实践中,有形资产公司与专利权等无形资产主体联合入股已成为一种比较成熟的运营模式。但是,由专利出资引发的争议渐次增多,风险也呈多样化,突出表现有以下几点:

一是规避最低出资额的法律风险。我国《公司法》不再限制公司设立时股东的首次出资比例,也不再限制股东的货币出资比例,为了落实创新驱动发展战略,知识产权正成为主要出资方式。问题是,现行专利出资比例的规定过于笼统,没有针对公司类型、规模、行业特点进行区分。

知识产权出资本身就是一种风险投资管理,对其出资额度进行限制确有必要。一方面,由于知识产权的专有特性决定了难以用精确的方法准确评估其价值，可能导致相关注册资本总额过高或过低；另一方面，由于知识产权具有可替代性，如果遭遇贬值，注册资本就会骤减。

高新技术知识产权具有资金密集和高附加值的特点，因研发投入高昂而货币价值巨大，投资人为规避法律对资本比例的限制，一方面可能贬低知识产权的货币价值，在公司设立登记时虚报瞒报，以尽快成功设立公司；另一方面也可能在公司设立之初，为了证明实力，选择以货币出资，公司成立后，再以公司资产购买知识产权，从而导致新增股东因担心投资风险而难以准确决策，债权人及其他股东的利益极有可能遭受相应减损。

二是专利权出资瑕疵的风险。主要包括权利合法性及主体合法性两方面。接受以专利权出资的主体应当依据《专利法》的规定对专利权进行审查，即便专利技术已获得授权，仍可能存在漏洞。譬如，某发明专利初步符合授权条件，在公示期内未发现其曾被申请过或公开，但在用于出资后却被法院确认无效，导致出资份额归零，这将给企业造成巨大经济损失。同时，对于接受出资的主体而言，如果专利出资方对该专利的权属具有法律上的瑕疵，譬如涉及职务专利的发明人、共有专利的共有人或者在先权利人与专利出资人的关系，将给接受出资的一方带来损失；若出资人以通过转让获得的专利出资，还可能存在手续不全、专利无效等风险。

三是专利权的技术实用性难以预估。专利制度的建立，凭借其实用性等特质，扎根于知识商品化的土壤。在市场经济的环境下，专利"三性"最为重要的是实用性，即其应能够被用于制造或运营，带来良好的经济效益。但依据《专利法》规定的实用性标准，只能在申请专利方案上适用，由于法律上缺乏对用于出资的专利实用性的认定标准，实践中已得到专利权的相关产品同生产使用具有一定差异，也并未产生实用性的通行认定标准，对于接受专利出资的主体而言，难以测评出资专利的预估发展。

四是专利权的经济生命周期模糊。专利的法律保护年限并不等同于其经济价值年限。当下，信息资源大量共享，科技革新速度加快，诸多创新主体能够在现有技术基础上发明更前沿的技术，极大地缩减了专利权的经济寿命；而企业在接受专利出资时，往往会忽略专利的经济价值年限，将其等同于法律保护年限，且易忽视法律对专利权"独占"保护的局限性。以发明专利为例，其申请周期较长，即便该发明极具先进性，但可能随着时间推移，在获得专利授权后其市场前景早已大打折扣，此时对接受其出资的主体而言，专利的先进性已消失，其竞争力也渐次弱化，从而给市场运营带来了威胁。

五是高新技术知识产权贬值出资的法律风险。值得肯定的是，我国《公司法》取消了股东货币出资金额的限制。高新技术产业知识产权的开发成本极大，时间和资金成本都相当高，导致高新技术产业知识产权的价值巨大。如果要求在知识产权资本之外再筹集一定比例的货币资金，这对于一般中小企业来说存在现实困难，容易造成高新技术产业知识产权运营中的贬值出资现象，可能严重损害股东的利益，也可能催生公司注册和登记资本与实际资产价值不符的造假现象。可见，上述限制无积极意义，也更易诱发知识产权价值波动及其贬值风险。

第七章　国防知识产权运营的特殊性

　　国防知识产权运营是国家知识产权强国战略的必要组成部分。其中，国防知识产权是指在国防科研、生产、使用、维修和军民两用产品研发过程中产生的创新成果，以及其他能够应用于武器装备和国防建设的发明创造。国防知识产权运营，是以发明专利为主要客体，包括实现军转民、民参军技术转化、促进国防技术再创新、实现利益最大化的一系列过程。不可否认，全球知识产权制度正处于快速发展变化之中，国内相关立法、执法、司法等需要不断调整适应，包括国防知识产权保护、转化、纠纷解决等运营问题。从邓小平同志富有远见的军工体制改革——军民结合，到中共十八大作出的战略部署——军民融合，再到十九大报告进一步强调要"形成军民融合深度发展格局"，军民融合被纳入了习近平新时代中国特色社会主义思想，与我国科技创新驱动下知识产权强国战略的发展历程同步。当下，世界舞台上演着的贸易战、科技战，和幕后涌动的国家之间的军备竞赛，又开始了一曲气势磅礴的交响乐，可以发现我国国防强军战略和知识产权强国战略存在异曲同工之妙。那么，冷眼细看，我国国防科技再创新及其成果转化的知识产权运营有哪些瓶颈？下文拟以专利运营为视角提出几个基本问题。

第一节 国内外国防专利运营发展现状和我国相关基本问题

和普通专利成果转化相比，国防专利因其内在的特殊性，需要严谨的法律予以规制。同时，在国防科技部门和民营企业签订的专利转让合同中，专利作为合同标的有其特殊性：一方面，国防专利作为无形资产，其内在的保密性及商业价值导致对专利价值作出准确的评估存在一定难度；另一方面，国防专利转化成功的不确定性，增加了军民双方在风险承担方面的纠纷。

一、国防专利运营的各国发展现状

国防专利运营包括科技成果的军转民和民参军两个环节。一般国防专利仅涉及发明专利，不包含实用新型与外观设计。国防专利具有普通专利的三性，同时具有以下特性：一是权利主体的唯一性，国家进行投资，并依法拥有对其形成的用于国防目的技术成果的所有权；二是不完全市场性，涉及国家战略武器装备生产的国防专利，被禁止参与市场经济行为；三是权利行使的有限性，国家有关部门可指定单位实施本系统或者本部门内的国防专利，实施本系统或部门外的国防专利，也须报国家有关部门批准后实施；四是保密性，国防专利首先基于国家安全利益，必须严格遵循《保守国家秘密法》的规定，其申请、审查、转让、实施和查询都存在保密要求。

世界主要国家都在大力推进国防科技，实现军事能力整体跃升和国家经济实力增强双赢。美国 85% 的关键技术是军民通用技术，80% 以上的企业同时生产军用品和民用品，80% 以上的民用关键技术被直接用于军事目的。美国、英国、俄罗斯、日本等军事强国高度重视国防知识产权的运营，并已建立起较为成熟的法律法规和规章制度体系，重视国防知识产权的保护、转化和良性循环，但也各有千秋：俄罗斯国防专利具有浓重的行政干预色彩，自上而下开展"军转民"，组建军民协调机构，为军民融合提供组织保障，包括国防仲裁；日本依赖民间力量发展军工实力，民品竞争力强，军品生产潜力大，实施的《日本工业技术院设置法》影响较大；以色列颁布了《以色列工业研究开发鼓励法》，以武立国，高度重视国防工业，用军事技术带动国民经济发展；欧盟采取多国合作模式，整体推动军民融合，组建跨国家的军民融合体系。

美国的国防专利法律体系比较健全，包括《美国联邦技术转移法》《发明保密法》《出口管理法》《国防部合同知识产权问题指南》《安全援助管理规定》《国际军品贸易条例》《陆军知识产权管理规定》《联邦采购条例》《联邦采办条例国防部补充条例》《商务部实施条例》《美国能源部和航天局条例》《1983 年政府专利备忘录》《知识产权问题指南》《专利审批程序手册》等一整套专门的、层次分明、操作性强的国防知识产权法律、法规政策。这些法规全面规范着美国国防知识产权的开发、使用、转让、转化和出口等。尤其是《拜杜法案》被称为美国国防知识产权的母法，提升了高校和中小企业的技术转化，扩大了高校和企业自主权，政府投资产生的专利权可以归创新单位和个人所有，国家只对关系国家重大利益和国防安全的一些国防知识产权保留所有权。

比较而言，我国国防专利制度"重定密、轻解密"，国防专利工作"重申请，轻推广"，诸多优秀国防专利技术长期"沉睡"在保险柜中。据统计，我国国防科技成果仅 10%—20% 转化为商业生产，美国等发达国家的国防科技成果转化率达 50%—60%。我国每年省部级以上科技成果有 3 万多项，但能大面积推广产生规模效益的仅占 10%—15%；每年产生的 7 万多项专利，实施率仅为 10% 左右；科技进步对经济增长的贡献率为 30% 左右；高新技术对经济增长的贡献率仅为 20%，远远低于发达国家 60% 的贡献率。

值得肯定的是，国防专利运营已有所起步。2015 年 7 月 15 日，国家国防科技工业局与国家知识产权局共同发布了首批国防科技工业知识产权转化目录，共计 118 个项目，包含 600 余项专利。2017 年 3 月，中央军委装备发展部国防知识产权局集中解密了国防专利 3000 余件，首次发布解密国防专利信息 2346 件。在财政部与国家知识产权局联合开展以市场化方式促进知识产权运营服务试点工作的背景下，陕西西安设立了军民融合特色知识产权运营平台。

二、我国国防专利运营的基本问题

我国国防专利运营的理论基础薄弱并缺乏顶层设计。总体来说，第一方面是国防专利涉及的军转民、民参军知识产权权属、解密、评估、利益分配等基本问题，目前仍无系统研究成果。《国防知识产权战略实施方案》虽然提出了国防知识产权战略实施的近期、远期目标，但仍缺乏国防知识产权在军民融合应用方面的顶层设计，没有法律对政府部门资助的科研项目的归属作出统一的规定，科研成果分配制度往往也会在"权利政策"和"许可政策"之间摇摆。重精神奖励、轻物质奖励，重评比、轻产权，界定不清、结构单一等现象也很明显。

第二方面是法律、法规不健全。我国国防知识产权建设起步较晚，目前尚无一部能够系统规范和指导国防知识产权在军民融合方面运用和实施的法规。《国防专利条例》在军转民民参军的融合应用、产生和保护中的规范、引导作用难以有效发挥。受《保守国家秘密法》约束，国防知识产权的权利持有者难以判断哪些国防知识产权可以转为民用，哪些国防知识产权可以解密或降密，往往需要采用个案识别的方法。虽然《国防专利条例》明确了国防专利的解密、降密规定，但是由于一直以来，国防专利权人申请专利解密往往要经过层层严格审批，同时权利人顾虑到可能涉及泄密的高风险，往往不敢触碰这一领域，导致大量国防科技成果处于"沉睡"状态。

第三方面是管理机构设置不健全。目前，国防知识产权的保护、管理工作分别由地方和军队两方面来负责，协调管理难度较大。地方的国防知识产权管理工作由国防科工委负责；总装备部下的国防知识产权局，海、空、火箭军等军队和十大军工集团公司都有国防知识产权管理职能。职责划分不清晰，相互间缺乏协同，导致国防知识产权运营的贯彻执行难度较大。具体来说，拟从以下六个层面予以分述。

（一）国防专利的定密从严、解密从延

作为国防专利转化的前提，首先需要厘清保密性问题。"公开"是普通专利的显著特征，作为一项专利技术成果，公开是必然的。通过公开性传播，达到了专利权人和社会之间的利益平衡，推动科学技术的稳步发展。国防专利隶属于知识产权，须构建在知识产权的基本理论下，与专利制度紧密衔接，而国防专利因涉及国家秘密具有独特的保密性，在保护和管理方面又区别于普通专利。然而，

对待国防专利的保密性问题不能"因噎废食","严防死守"只会延误专利转化的最佳时间,阻碍国防专利技术向民营领域的适时转化和推广。知识产权保护制度是把"双刃剑",适当的保护有助于科技创新,但是,我国现行法律制度过度强调国防专利的保密性,从而导致国防专利面临定密从严,解密从延的问题。

对于国防专利的定密制度而言,在实践中我国主要依托《国防专利条例》和《保守国家秘密法》联合展开实施。一般情况下,由国家知识产权局在审查申请发明专利的过程中,将涉及国家安全和国防利益的专利转交国防专利局进行审查。在确定需要保密之后,严格遵守《保守国家秘密法》和国家有关规定进行一系列保密管理工作。至于保密期限,根据我国《国防专利条例》第5条的规定,从申请专利之日算起,国防专利权的保密期限为20年。与某些发达国家设置的保密期限相比,我国设置的保密期限较长。国外对保密专利的期限设置较短,以美国为例:美国保密专利的保密期限为1年,1年后自动转为普通专利,从而大幅度提高了国防专利技术交易量。但也存在特殊情况,如果在规定的1年期限后解密会影响国家安全,可向联邦政府提交延长保密申请,但期限远不及我国的20年之久。在立法上,我国过度强调保密的重要性,但事物皆有两面性,物极必反,在国防科技发展和技术交流过程中尤为明显。国防科学技术的稳步发展建立在思想创新的基础上,而架起两者之间的桥梁却是沟通。如果一味地追寻国防专利的保密性而与世隔绝,在授予专利权后将其搁置一旁,严加管理,最终结果只会如一潭死水。另外,国防专利定密责任人的职业水平能力也有待提升。因国防专利涉及军事航天、航空、舰船及武器装备等多领域的科学技术问题,定密责任人需要具备较高的专业知识水平且足够了解该技术的国防安全价值。然而，我国国防专利的定密责任人往往只考虑保密性和安全性问题，缺乏从民用角度考虑其内在的经济价值，以致解密期限不能迎合民营企业的需求。

我国国防专利在解密制度上存在解密从延的现象。国防科技工业部门作为国家高端武器的出产地，手里已拥有众多亟待解密的国防专利。国防专利的解密通常分为以下两种情况：第一种情况是国防专利局对保密期限已过的国防专利，自动进行解密；第二种情况是由国防专利权人自行提出解密申请。在满足国防专利已有新技术接替而失去保密价值，或者可应用在退役武器装备中，再或者通过权衡各方面的利弊关系，认为解密对国家更有利等条件时方可进行解密。但是，这种方式在我国并未真正打开解密国防专利的通道。同样，由国防专利权人主动提出申请解密的国防专利也屈指可数。整体来说，我国国防专利在解密程序上仍处于被动状态，缺乏自发性。究其根本原因，一方面是我国在解密制度立法上尚未形成有效机制，只规定了保密期限，在执行上还存在薄弱环节；另一方面反映了国防专利权人转化意识不强，国防专利权人大多数为在编军人，首先想到的是以国家安全利益为主，但可能忽略解密后专利所突出内在本质的商品属性。长此以往，将在军民两用技术的创新发展道路上，形成一道屏障，阻碍国防专利向民营领域转化。

（二）"国有模式"导致国防专利转化权属不明晰

目前，国防专利权利归属不明晰已成为制约国防专利转化的关键点，如果权属环节出现纰漏，在利益分配方面则会更难落实。国防专利转化主体大致分为三类：国家、单位和个人。然而，我国法律在国防专利权归属问题上仍处于空白或模糊的状态，国家、单位和个人之间的权利、责任难以界定，自主知识产权难以形成。如果现行法律制度不能得到及时完善，将会成为国防专利向民营领域转化的绊脚石，甚至会影响到国防科技工业的创新能力。

纵观我国法律法规，其中涉及国防专利权利归属的规定空泛且潦草。与其直接相关的《专利法》只是在其第4条规定，申请专利的发明创造涉及国家安全的，按照国家有关规定办理。同时，《国防法》和《国防专利条例》中的规定也不统一。根据《国防法》第40条的规定，国家投资生产用于国防目的的武器装备、设施和技术成果等都属于国防资产，国防资产属于国家所有。假设这种情况成立，那么，行使相关权利的代表者将由谁来承担，是中央军事委员会，还是国务院？在实际生活中，我们无从判断。而且这种单一的国有产权模式忽视了国防科技研究人员在创造发明过程中所付出的智慧和汗水。同时，《国防专利条例》第6条第2款规定："被授予国防专利权的单位或者个人（以下统称国防专利权人）可以向国防专利机构提出变更密级、解密或者延长保密期限的书面申请。"该条例只是笼统地规定国防专利归属于单位或个人。而国防专利的等级不同，在专利权归属方面何时归单位，又何时归个人？该条例中并没有给予明确的表述。由此可见，在依法治国的进程中，需要及时填补立法上的空白，力争做到有法可依。

在以往的实践中，我国国防专利权一直受控于"国有模式"的顽固思想，只有国家才能掌握国防专利的所有权，导致研究主体和权利人之间存在责任不明晰及所有者缺位的状况。所申请的发明专利被识别为国防专利，会给该技术成果蒙上一层神秘的面纱，直至保密期限过后或者国防专利局批准后才能公开。在此期间，国家过多地对国防专利进行管制，发明人实施国防专利转化的权利受到限制，必然影响国防专利的转化率。根据《国防专利条例》第22条的规定①,国防专利权一旦被授予后,研究创造专利的设计人或发明人就不再享受独占使用的权利,因其明确规定在国务院或中国人民解放军有关部门的允许下,可以在本系统内部或者以外通过提交书面申请,由国防专利机构上报相应部门,最终经由国防科技工业主管批准后实施。也就是说,由谁来实施或者采用何种方式实施专利都不需要再征得设计人或者发明人的同意,只是在不影响国家安全和确保技术秘密不被泄露的前提下,可以进行专利转化和实施。保密的限制以及繁琐的手续导致国防专利的发明人几乎无法自主实施专利成果转化。

总之,在国防专利转化的立法和实践中,我国并没有走出一条适合国防专利权属分配的道路,长此以往,会使更多的国防专利成果被闲置,国家政策在执行层面被扭曲,国家、单位和发明人之间不能实现利益最大化。

(三)国防专利转化的利益分配缺乏统一规定

当前,有关国防专利转化的利益分配规定散见于下列几项法律法规中:《促进科技成果转化法》规定,科技研究人员在研究开发一项技术成果后,通过转化或者许可他人实施这项专利获得收益后,可以提取不低于 50% 的利润。同时,在实施专利转化后连续的三至五年,科研人员每年可从该项科技成果转化获得的利润中提取不低于 5% 的比例。《国防专利条例》第 25 条和第 27 条规定,实施

---

① 《国防专利条例》第22条第1款:国务院有关主管部门、中国人民解放军有关主管部门,可以允许其指定的单位实施本系统或者本部门内的国防专利;需要指定实施本系统或者本部门以外的国防专利的,应当向国防专利机构提出书面申请,由国防专利机构依照本条例第三条第二款规定的职责分工报国务院国防科学技术工业主管部门、总装备部批准后实施。

他人国防专利的，应当向国防专利权人支付国防专利使用费。当国防专利属于职务发明的，将由国防专利权人给予发明人不少于50%的补偿费用。《专利法实施细则》第78条规定，被授予专利权的单位许可其他单位或者个人实施其专利的，应当从收取的使用费中提取不低于10%，作为报酬给予发明人或者设计人。可见，有关国防科技研究人员补偿机制的法律规定很多，但缺乏统一性，导致原立法目的落空。

在实践中，对国防科研人员报酬的计算存在几种方式并存的现象，使得国防科研人员的付出和奖酬比例失衡。国防专利大多是以国家基金为资金来源展开研发的，在专利转化过程中时常受到政府的干预，以致利益分配难以明确，国防科研人员得不到相应的报酬。此外，与国防军工集团相比，科技研究人员处于相对弱势的地位，往往不愿与单位抗衡而选择息事宁人。久而久之，国防专利技术成果不能及时再创新，转为恶性循环，影响国防专利的质量，甚至会出现假性专利和低劣专利。而我国国防专利存在"重专利申请，轻专利应用"的现象，相关科研人员往往没有及时去清仓查库，去伪存真，导致国防专利被大量闲置的现象屡见不鲜。针对上述情况，我国应及时出台有关国防专利利益分配机制的统一规定，力争让那些在幕后默默付出的国防科技研究人员得到应有的奖励和报酬。

（四）国防专利价值评估和投资法律机制不健全

1. 评估机制

只有对国防专利价值给予正确的评估，才能有效推动国防专利成果的转化，而如何盘活蕴含丰富技术创新的国防专利，打通国防专利价值评估的环节，则成为目前亟需解决的问题。国防专利的保密性及不完全市场性决定了其在价值评估过程中，要比普通专利价值评估更加艰难。国防专利价值评估包括智力劳动所产生的内在价值，也包含其评估后获取收益所产生的外在价值。国防专利价值的独特性主要体现在其专有的时效性。一项专利成果被研发出来，就必然有其受保护的期限。如果保护期届满或者由于特殊原因导致权利终止，专利权将不复存在，也就无所谓价值可言。因此，保证国防专利价值的存在是对其转化的前提要求。[①] 西北工业技术研究院在实际工作经验中得出，国防专利在投资、转让活动中，对其定价和议价是关系到双方之间利益的焦点。[②] 就目前来看，国防专利的议价是采用双方谈判的方式，该方式的弊端在于"仁者见仁，智者见智"，没有准确的参照价格，双方难以在价格上达成一致，缺乏规范科学的国防专利权评估方法。此外，国防专利在发明创造和实施推广过程中长期处于半封闭的状态，国防专利价值评估人员难以根据市场状况对国防专利的价值进行准确定位，国防专利价值评估人员的知识水平和专业素质也有待提高。

　　我国的法律法规在国防专利这一领域通常采取较大的保护力度，但在涉及其内在的国防专利价值评估方面，就显得较为苍白。《专利法》和《促进科技成果转化法》中提出可以采用专利许可、转让及技术入股等方式进行专利转化，但就其专利价值评估并没有给予明确的规定。[③] 由于国防专利缺少价值评估这一环节，国防军工集团与民营企业签订的技术合同通常是一种混合合同，不能充分

---

　　① 参见张翀、郑绍钰、王璐璐：《基于 ANP 的国防专利价值影响因素相关性研究》，《装备学院学报》2013 年第 5 期。

　　② 参见曾慧、杨文斌：《国防知识产权的生成、转化与激励机制研究——以西北工业技术研究院为例》，《军事经济研究》2009 年第 11 期。

　　③ 参见冯颖：《专利成果转化率低的原因及对策研究》，《安徽科技》2012 年第 8 期。

体现国防专利的知识产权价值。而国防专利价值评估工作得以有效实施的前提是健全的法律体系予以支持,进而才能全面实现国防专利成果的商业化和产业化发展。纵观我国的法律法规,我国国防专利价值评估的依据主要为《资产评估指导意见》《资产评估准则——无形资产》《国有资产评估管理办法》和《国防专利条例》中的有关规定,现实中缺乏可行的价值评估法律规定。

2. 国防专利转化风险投资机制不健全

我国一直高度重视国防科学技术成果和武器装备的建设,对于一项国防专利的研发,国家在初始阶段便投入大笔资金予以支持。而在形成国防专利到投入市场前的这一期间则普遍存在断层现象。由于缺乏资金投入,国防科技成果只能停留在国防专利这一层面,不能很好地融入民营领域,难以实现经济价值,最终成为"沉没成本"。然而,一项专利技术成功转化实施包括基础研发、中试以及投入生产等一系列过程,其投入资金的比例是 $1:10:100$。[1] 国防科研机构的国防专利仅属于完成基础研发,而后续将专利顺利转化为现实生产力仍需要较高的投资。巨大的资金投入外加国防专利商业化成功的不确定性,决定了国防专利转化是一项高风险、高投入、高收益且周期性长的活动。当前我国的市场融资主要采取银行贷款的方式,但这并非是专利转化最完美的融资方式,因为银行贷款的稳健性和专利转化的高风险、高收益是相悖的。一些发达国家已抓住国防专利转化高风险这一特性,对于高端科技行业的融资主要依靠风险投资基金。如果国防专利转化缺少足够的风险投资,其

---

① 参见杨艳军、张伟超:《发展国防风险投资促进国防科技成果转化》,《国防科技》2008 年第 4 期。

后续便难以激活市场这滩活水。①

国防专利的特性决定了国防专利转化必须树立风险投资意识和建立风险投资机制，但目前我国法律法规中并没有关于国防专利转化风险投资机制的规定，现有的国防科技拨款还不能完全适应其特点。而国防专利作为知识性财产，其本身蕴含着丰富的经济价值。国防专利作为国家高端武器装备的核心技术，具有高风险性，这就决定了将国防专利纳入风险投资对象的可行性。风险投资已逐步成为我国国防专利转化的催化剂，但我国风险投资机制的起步比较晚，还远不及发达国家。例如美国就高度重视国防专利产业化的风险投资，善于实施优惠政策为军队专利风险投资发展提供优质的制度保障，并且在高科技企业发展历程中实施民参军、军转民专利产业化方面也有了诸多成功的案例，同时，这也有益于推动全社会风险投资基金的壮大，全方位提升国家整体的经济增长。②

在国家政策的支持下，我国第一家风险投资公司创立于 1985 年 9 月，标志着我国风险投资行业的开端。但是与风险投资相关的法律制度并不健全，相关规范散见于《公司法》、税法以及《证券法》等法律条文中，且较为笼统，缺乏权威性。根据《促进科技成果转化法》第 33 条的规定，可以采用风险投资的方式使用科技成果转化的财政经费，但是并没有有关风险投资的具体规定；而《创业投资企业管理暂行办法》《国防科技工业科研生产协作配套管理办法》等的法律效力位阶比较低，从源头上起不到有效的推动作用。

---

① 参见刘期家、冯晓青、胡梦云：《我国专利成果转化现状、成因与对策研究》，《广西社会科学》2014 年第 1 期。

② 参见靳晓东：《我国专利产业化中的风险投资制度研究》，《商业时代》2011 年第 15 期。

制定专门的法律法规是风险投资领域正常运转的必要前提和保障。因此，我国在法律法规亟待对风险投资组织形式、监督管理以及融资渠道等内容进行统一规范，在政府的扶持下，促进我国风险投资机制的健康发展，确保我国国防专利在转化过程中能够获得充足的资金支持。

（五）国防专利转化中介服务机构模式单一

中介服务机构已成为国防专利转化不可或缺的桥梁和纽带，健全的中介服务是推动国防专利向民营企业转化的助推器，并且能够高效地实现产业化进程。然而，当前的国防科技研发领域受制于保密性，外加传统计划体制的影响，导致国防科技工业部门和民营企业之间以及地区之间相互分割的现象严重。当前，我国多数中介服务机构服务范围狭窄，结构较为单一，其多侧重于专利申请环节，极少涉及专利产业化的实质性服务。归结起来，制约我国国防专利转化中介服务机构发展的原因有二：

第一，我国在立法上并没有明确国防专利转化中介服务机构的法律地位，缺乏刚性的法律扶持。现行法律规定往往过于简单化，不具备专门性和适用性。《促进科技成果转化法》的第30条，只是提及鼓励创办科技中介服务机构，以及科技中介服务机构应承担保密义务，但就其权利、地位和作用并没有作出明确的规定。在实践中，我国也只是在政策上鼓励国防科技中介服务机构的发展，由政府主导的国防科技中介服务机构往往缺乏动力，且在各地区的发展极不平衡。

第二，国防军工集团和民营企业之间缺乏成熟的信息交流平台。国防专利转化不仅需要一个相对公平的市场交易环境，还需要确保技术和市场能够在此平台上相结合。在我国，国防专利作为国防科技领域的高端技术，出于国家安全、单位之间的利益分配以及行业壁垒等方面的考虑，国防军工企业往往没有积极向国防专利局提出申报，导致国防科技工业信息交流闭塞，众多民营企业不能及时掌握一手信息，军民之间不能融合发展。考虑到国防专利技术的特殊性，一般的信息交流平台显然不能完全满足其转化的需要，唯有建设专业规范的信息交流平台才是国防专利转化得以顺利进行的必要条件。因此，当前我国亟需建设和完善国防专利中介服务信息交流平台。

（六）忽略运营保障，国防知识产权纠纷解决路径问题突出

国防知识产权纠纷处理机制分为诉讼机制下的民事诉讼和行政诉讼，非诉讼机制下的调解、仲裁、行政处理。

我国商事知识产权纠纷已引入仲裁制度，但是，对于国防知识产权纠纷能否引入仲裁机制解决却一直存在争议。由于国防知识产权对于保密性的要求，国防知识产权纠纷的仲裁制度能否建立，以及仲裁机构、仲裁人员如何特殊设置等问题还须进一步深入探讨。

国务院、中央军委于 2004 年颁布实施的《国防专利条例》规定，他人未经许可使用国防知识产权而引发的纠纷，可以通过和解、调解、诉讼的途径解决，排斥了仲裁。实践中，当事人由于国防知识产权严格的保密规定而无法获得充分的证据，致使司法途径解决纠纷的愿望难以实现。根据国家知识产权运营军民融合特色试点平台上的报道，已解密的 3000 余件国防专利中，就有 1000 余件国防专利属于重复申请，但是却没有发生一起维权事件。国防知识产权蓬勃发展的重要保障就是纠纷解决路径的打通，在强军发展战略建设中，对国防知识产权纠纷非诉讼解决路径的研究，既迫切也重大。

第二节　民参军的专利权属识别及其风险防控

国防专利的学术研究焦点大都在军转民及其大方向的制度构建上，对民参军的关注相对不足。下文拟从细节出发，将民参军划分为两种不同的模式：模式一，企业持有专利参与，由于立法空白，探讨的是"这个模式会怎么样"，是一种设想；模式二，企业自身参与，探讨的是"这个模式现在是什么样"，是一种客观现状。拟通过透视民参军过程中专利在性质、权属和实施上的精微变化和利益冲突表象，提炼出民参军专利运营的风险防范思路。

一、参军模式一：企业所持普通专利参军

第一种参军途径为企业现有的普通专利被应用于军方市场，企业优秀技术具备进入军工市场的潜力，被应用于军工产业。

（一）企业专利参军的分类情形

民参军之前，专利主体为普通民营企业，其专利向社会公开，用于民间市场，因此性质上毫无疑问为普通专利。然而并非民营企业的所有普通专利均能参军。普通专利要进入军工市场，须依据以下路径安排 ①（选取民参军的部分），如图 7.1 所示。

根据该路径安排，普通专利转化，进入军工市场实现民参军的前提是评判其是否具有"进入军工市场的潜力"。目前对于所提及的"潜力"，作为官方军民融合平台的军地创新网并未进行明确的

---

① 参见军地创新网，http://zl.ejmrh.com/jmrhljgh/index.jhtml。

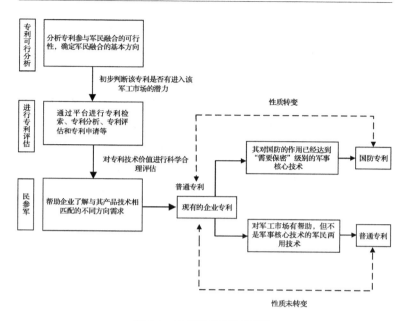

图 7.1 民参军专利路径安排

界定，因此尚无定论，其是否能等同于《国防专利条例》中规定的"涉及国防利益以及对国防建设有潜在作用需要保密"的含义尚待明晰。

检索发现，已有的研究成果集中于对强军发展战略整体大局的思考[①]，鲜少对民参军过程中的专利性质变化问题进行详细探讨。下文尝试对企业所持普通专利参军情形加以细分，依据企业所持普通专利对国防作用程度的不同，将普通专利参军情形予以分类并据实地将其识别为两种形式：一是已经达到"需要保密"的级别的军事核心技术；二是对军工市场有帮助，但不是军事核心技术的军民

---

① 参见唐林辉：《对推动军民融合发展战略深下去实起来的几点思考》，《国防》2018 年第 11 期。

两用技术，军方可以用，民方因为无须保密依旧可以使用。

（二）企业专利参军的性质变化

第一种形式为达到军事核心技术高度的普通专利，应当将其性质转化为国防专利。2004 年的《国防专利条例》已经列举过相似的情形，即在普通专利申请中发现达到"需要保密"的级别，转为国防专利申请的情形。①2010 年修订的《专利法实施细则》第 7 条和第 8 条也有类似的规定，即国务院专利行政部门发现专利申请涉及国防利益需要保密的，应及时移交国防专利机构进行审查。以上列举的法规明确了专利性质由普通专利转变为国防专利的情形。退一步讲，如果不将达到军事核心技术高度的普通专利转变为国防专利进行保密保护，则涉及国防安全的技术将会被广泛公开，国防安全利益将会有受到损害的危险。军事核心技术涉及国家安全利益，关系到国家的长治久安，因而应当作为国防专利予以特别保护。

第二种形式的军民两用技术，不应列为国防专利来排除其在民间其他领域的使用，性质上应当属于普通专利。第二种形式较第一种更为广泛，军民两用技术如今已有相当多的实例，在民参军过程中比比皆是，实践中，军民两用技术就是被作为普通专利对待的。从逻辑上分析，其参军后并未排除在民间其他领域的使用，与国防专利保密性的本质特征不符；其公开性的特征也可清晰地表明其普通专利的性质。

可见，形式一企业所持专利参军后的性质发生了变化，由参军前的普通专利转变为国防专利；而形式二军民两用技术的性质并未

---

① 《国防专利条例》第 11 条第 1 款：国防专利机构定期派人到国务院专利行政部门查看普通专利申请，发现其中有涉及国防利益或者对国防建设具有潜在作用需要保密的，经国务院专利行政部门同意后转为国防专利申请，并通知申请人。

发生转变，参军后依旧是普通专利。

（三）企业专利参军中对专利权属模式的设想

权属由性质决定，不同性质的专利对应不同的专利权属。专利性质一旦改变，牵一发而动全身，专利权属也随之改变。企业持有的普通专利参军的两种情形中，军民两用技术因其性质不变，自始至终为普通专利，专利权属因此也未变化，仍遵循《专利法》的规定，归专利申请人的民营企业所有，军方获得的仅为专利的使用权而非所有权。因此，性质转变为国防专利的这部分专利的权属，不可避免地成为讨论企业所持专利参军的焦点问题。

根据国防专利相关规定，譬如《武器装备研制合同暂行办法》，国防专利的权属，遵循国家所有的单一产权模式。《国防法》对于国防专利的产权归属作出了明确的规定：技术成果属于国防资产，国防资产归国家所有。我国国防专利的权利归属坚持"谁投资，谁享有"的原则，涉及国家安全、由国家投资的国防专利成果一律归国家所有。[1] 普通专利性质转变后，是否一并适用当前国防专利的权属规定？我国军民融合的法律规定对此问题尚未明晰。有学者提出依据"合同优先原则"，专利权归属于完成单位。[2] 也有学者提出国防专利权归属于项目承担单位。[3] 显然，学界对国防专利归国家所有这一单一模式的质疑越来越普遍，认为我国国防专利的现有

---

[1] 参见梅术文、朱南茜：《基于军民融合的专利运营研究》，《科学学研究》2018年第6期。

[2] 参见陈昌柏、任自力：《国防科技工业知识产权归属与分享政策研究》，《科技与法律》2002年第4期。

[3] 参见李泽红、张娅如：《完善国防专利激励制度的若干思考》，《科技成果纵横》2008年第1期。

制度设计导致的产权分离性、权责不对等性严重影响了利益分配的公平性与合理性。可以想见的是,这种不利的影响在民参军专利转化后将更为明显和尖锐,因此对现有国防专利权属规定的法律进行补充完善,务实也紧迫。

美国国防部采取的原则是国防部仅接收国防专利的使用许可权,国防合同中约定的专利所有权一般由承包商保留。[①] 我国可否合理借鉴西方国家的放权模式以及对放权程度的把控,可以据实细分。囿于权属的单一性,我国国防专利的转让、实施和许可已受到相当程度的限制。由于军事核心技术的保密性和涉及国家利益的特性,民参军专利转化后对于其主体的确定,应满足其被国家所垄断使用的要求,否则就失去了国防专利保护国家安全和公共利益的特殊意义。但是,国家利益被满足后,不能忽视民营企业的私人利益满足情况。伴随着专利性质转化和权属规定的变化,利益分配也会随之变动,这关系到民营企业民参军的积极性与热情。在满足国家利益和民营企业利益双重需求的前提下,有学者提出了下面两种权属新模式:

第一种权属模式是先确保国家对国防知识产权的绝对控制权,再通过单独确定适当范围内的收益权来落实国防智力成果完成单位和个人的合法权益。[②] 这种模式是立足于国家所有单一模式之上的改善,它并未根本上将权利完全放给民营企业。专利主体依旧为国家,国家作为专利权人,决定专利的实施、许可,民营企业的经

---

① Diane M. Sidebottom, Intellectual Property in Federal Government Contracts: The Past, the Present, and One Possible Future, *Public Contract Law Journal*, 2003 (33).

② 参见王林:《对国防知识产权归属制度的思考》,《国防》2007 年第 1 期。

济利益通过国家专利局发给补偿费来实现，即通过建立合理的补偿制度来满足民营企业的利益。

第二种模式则放权更多，认为应当首先明确国防专利权归属于项目承担单位，同时政府在维护国家安全和公共利益方面对国防专利保留必要的权利。[1]这种模式参照了西方的放权模式，明确了民营企业的专利权人地位，国家对专利的垄断使用，由国家与民营企业通过约定的专利实施许可方式来加以实现。军方可选择与民营企业签订专利独占实施许可。

（四）不同权属模式的利益权衡分析

上述两种权属模式，反映了发展民参军政策需要考虑民参军专利利益分配的新思路。两种模式均具有一定的积极意义：一是有助于推动军民融合进程，提出了如何能在不损害国家利益的前提下，最大限度地激励民营企业成为新背景下国防建设的新问题；二是提出了民参军企业所持专利参军后性质发生转变的国防专利与自始为国防专利相比的利益变动识别问题。

在第一种权属模式中，民营企业作为原先的专利权属人，丧失了自己研发的专利所有权，民营企业将不能通过与他人签订专利使用合同来营利。国防专利制度本身就存在一定程度的利益失衡。国防专利补偿在程序上具有"内部性"的特征。[2]补偿金额的确定、程序的推进等诸多权力被掌握在国防专利局手中，相对人完全处于被动地位，而非如在普通专利的使用制度中一般拥有平等的话语

---

[1] 参见李泽红、张娅如：《完善国防专利激励制度的若干思考》。
[2] 参见李亚伦：《国防专利补偿制度多元化构建必要性研究》，《法制与社会》2018年10月（下）。

权。在民参军新背景下，企业所持专利转变为国防专利则面临更严峻的形势，其专利的所有权不是一开始就无，而是基于专利的参军被迫丧失，是从有到无的关系。而纯粹的国防专利——专利申请时即为国防专利，则是从无到无的关系，因为国防专利申请人自申请时就已明晰专利所有权为国家掌握，专利所有权带来的利益从未享有。两种情况相比，看似结果最终归于无，但其中民营企业利益的变动幅度不同。以拥有专利所有权作为 1，丧失权利为 -1，利益变化幅度如图 7.2 所示，民参军下企业利益变动幅度更大，由利益不平衡带来的心理落差更为明显。

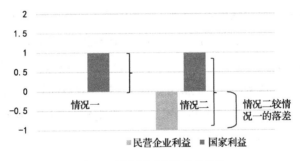

图 7.2 民参军后企业利益变化

民参军需要民营企业的积极响应，但如果仅仅依靠责任感和使命感，难以保证民参军的规模化和持续性。因而权属模式一需要为其建立合理的补偿制度，加大对民营企业的补偿，以期弥补在参军过程中由所有权丧失带来的心理落差，从而避免民营企业因利益变动而丧失参军热情。

在第二种权属模式中，民营企业作为专利权人申请获得专利权，最终目的在于营利，创造经济利益。根据《专利法》第 12 条的规定，专利权人通过向专利使用人收取专利使用费来实现经济利益。[1] 因此，确定企业为专利主体的意义，在于彰显专利权的私权属性，通过专利权的垄断倾向来营利。专利独占实施许可只能由被许可方在规定的时间段和地域内使用专利技术，包括专利权人在内的其他人均不得在该规定的时间段和地域内使用该专利技术。企业所持专利参军后，企业原本享有的专利所有权并未丧失，此为模式二相较模式一的区别，模式二中发生变化的是企业专利的实施主体，从包括企业自身在内的不特定主体变为单一军方。在专利独占实施许可下，由于连专利权人自己都不能使用该专利技术，因此就同等价值的专利而言，许可使用费自然会比其他几种专利许可使用方式的费用要高。[2] 因此，权属模式二要求军方支付的许可使用费应能够弥补企业因所持专利实施主体的缩限带来的利益亏损。

所以，两种模式下，民营企业获得经济利益的性质不同：国家作为专利权人，民营企业获得的是国防专利补偿费，发给主体是国防专利局；民营企业作为专利权人，获得的是专利使用许可费，发给主体是与之签订合同的军方。为了解决由参军带来的利益失衡问题，两种模式提出了不同要求。

（五）专利参军的实施变化

1. 模式一中的专利实施先后变化

专利的实施，包括实施范围和实施方式，由所适用的法律决定，专利性质差异决定其适用不同法律。普通专利应适用普通知识产

---

[1]　《专利法》第 12 条：任何单位或者个人实施他人专利的，应当与专利权人订立实施许可合同，向专利权人支付专利使用费。被许可人无权允许合同规定以外的任何单位或者个人实施该专利。

[2]　参见刘迎春：《签订专利实施许可合同应注意的几点问题》，《法制与社会》2016 年 9 月（下）。

权法,以《专利法》为代表;国防专利应适用国防专利相关法律法规,如《国防专利条例》《国防专利补偿办法》等。适用法律之差异引起了关于专利实施诸多方面的相应变化。

民参军前,普通专利的实施,适用《专利法》第 12 条之规定,任何单位或者个人实施他人专利的,应当与专利权人订立实施许可合同,向专利权人支付专利使用费。被许可人无权允许合同规定以外的任何单位或者个人实施该专利。企业所持专利参军后,军民两用技术专利性质依旧为普通专利,仍适用《专利法》,但涉及军事核心技术的专利在性质上转变为国防专利,专利实施受到严格限制。《国防专利条例》第三章对国防专利的实施进行了详细规定,其实施具备以下特征:一是严格的行政审批程序。国防专利的实施需要诸多繁琐的文件及申请书等,相关部门须给予书面意见。二是实施主体特定。实施国防专利的主体须满足两项限定条件,实质条件为其必须承担国防科研、生产、试验任务,形式条件为其须经上级主管部门批准。只有同时满足以上两条件的特定主体才可实施国防专利。三是实施范围特定。国防专利仅实施于军方市场,并不允许向民用市场公开。

企业所持专利参军,性质转化前后的专利实施存在如下差异:参军前为普通专利,其实施的主体、实施的范围并未特别限制,任何单位和个人只需与专利权人订立实施许可合同即可使用;国防专利是否经过了主管部门的行政审批是专利能否许可他人实施的实质要件,而普通专利中的备案行为 ① 并不影响专利实施许可合同的

---

① 《专利实施许可合同备案办法》第 5 条:当事人应当自专利实施许可合同生效之日起 3 个月内办理备案手续。

效力，即行政程序并非普通专利实施的实质要件。

2. 两种模式在专利实施上的利益权衡

模式一中的企业所持专利参军后，就性质转变为国防专利的部分专利而言，从企业私人利益角度出发，实质上会产生诸多不便。对于同一专利，参军后需要履行更繁琐复杂的行政程序，且实施范围和实施主体较之前被极大地限制约束。而企业作为营利主体，势必希望其专利得到广泛的使用，以期实现更多经济收益。专利参军前后实施的变化，深刻反映的是民参军专利转化过程中国家利益与私人利益的矛盾冲突。

专利制度的目标在于保护私人利益，激励再创新，更在于福祉社会。通过实施专利运营的过程，鼓励、支持、引导和保护科学创新成果，发展和创新作为社会第一生产力的科学技术。[①]国防专利相较普通专利具有优先性的特征，即只要满足国防专利的申请条件，优先申请为国防专利。针对国防专利的优先性，有学者认为其可以实现资源的合理配置，将社会中的专利资源向重要、稀缺的国防安全领域配置。[②]国防专利涉及国家安全利益，是确保国家长治久安的重要法宝。企业所持专利参军后所产生的不便和私益减损，是企业为促进国家安全能力重大提升而作出的妥协。企业在专利实施方面作出了部分妥协，为了达到民参军新背景下促进民企参军积极性的目标和需求，国家要有意识地通过收益权和补偿制度落实等措施弥补企业参军后因专利实施差异而减损的利益。国家利益

---

① 参见李文兵：《利益平衡在知识产权法中的作用分析》，《法制博览》2018年11月（下）。

② 参见章桂韶：《略论国防专利在专利制度中的优先性》，《国防科技》2018年第4期。

优先满足，同时最大限度地弥补私人利益，即在实施制度构建上，两种利益存在优先、主次关系。

模式二军民两用技术的发展，则与国防专利的情形不同。民营企业持有专利的实施主体和实施范围不仅较参军之前未被限缩，参军反而为其开拓了新市场。这部分专利参军后，专利性质依旧为普通专利，仍适用《专利法》。既有实施范围和实施主体并未因参军受不利影响，参军前已签订使用许可合同而获得许可权的其他民企依旧享有使用权。军方作为新实施主体与民营企业签订专利实施许可合同。企业私人利益并未因国家利益而作出妥协与让步，而是可以得到充分实现。民参军背景下参军要求促进国家军事技术发展，因此企业在实现私益的同时，须注意保密管理，避免泄露国家秘密。私人利益优先满足，同时注意对国家利益的保护，即在实施制度构建上，私人利益满足的前提是不损害国家利益。

可见，企业普通专利参与民参军后，国防专利和军民两用技术两种情形，前者的实施较参军前有更多限制，其反映的是国家利益优先的思想；后者的实施开拓了新的市场，较之前反而有所扩大，须国家重视企业私人利益的实现。

二、参军模式二：企业自身参军

企业自身参军，专利研发主体身份发生转变，这里的研究对象界定为企业作为国防科研生产单位后研发的专利。

原本承担国防专利研发任务的多半是各军工单位和科研院所，民参军让更多的民营企业参与国防专利的研发过程，为国防专利的研发和改进提供了生机与新力量。下文探讨的是企业参军后新研发的专利如何定性，而并非如模式一企业持有专利参军，着眼于专利的性质转变。如图 7.3 所示：

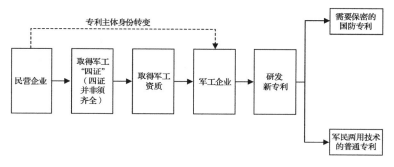

图 7.3 民参军后新研发专利的性质转变

（一）企业自身参军后所研发专利的分类

国防科研生产单位所研发的所有专利是否都一定能够申请为国防专利？回答是"不一定"，只有对国防利益的影响达到"对国防建设有潜在作用需要保密"[①] 的程度，专利才能达到国防专利的标准。国防专利具有保密性的特有属性，要求在决定是否将专利确立为国防专利时慎之又慎，若一概而论地将所有专利视为国防专利对其进行保密保护，将不利于社会发展。《关于加快吸纳优势民营企业进入武器装备科研生产和维修领域的措施意见》中规定了分类审查准入制度，按照装备重要和涉密程度不同，将企业分为三类：第一类是武器装备的总体、关键、重要分系统和核心配套产品的承制单位；第二类是武器装备科研生产许可目录之外的专用装备和一般配套产品的承制单位；第三类是军选民用产品的承制单位。[②]

---

① 《国防专利条例》第 2 条。

② 参见《关于加快吸纳优势民营企业进入武器装备科研生产和维修领域的措施意见》（装计〔2014〕第 809 号），http://finance.china.com.cn/roll/20161121/3994763.shtm。

笔者立足于国防知识产权运营的风险防控问题，聚焦在企业转型、资质改变后新研发的专利性质，结合《关于加快吸纳优势民营企业进入武器装备科研生产和维修领域的措施意见》中的分类思想，认为企业自身参军后研发的专利性质可进行以下分类：一是需要保密的国防专利。即应用于武器装备的科研生产中武器装备的总体，关键、重要分系统和核心配套产品的专利。二是不排斥民用市场的军民两用技术。譬如应用于武器装备中的一些军选民用产品、一般配套产品，以及装备之外的低端配套产品的专利。低端配套产品是参军企业中提供最多的。因民企主体性质转变为军工单位，军民两用技术优先应用于国防领域，再运用于民用领域实现商业价值，这其实是一种宽泛意义上的"军技民用"。不少学者对"军技民用"的讨论常常将"军技"识别为国防专利[①]，进而对国防专利制度的诸多方面进行研究。本文对民企转变为军工企业之后专利的具体分类突破了以往对"军技"单一化理解为国防专利的限制。

需要说明的是，前文提到的在企业持有专利参军中关于军民两用技术的分析，是典型的"民技军用"，将民用市场已成熟的技术运用于军方市场；而企业自身参军后新产生的专利是军工企业的技术，为军技，此处军民两用技术为"军技民用"。

（二）企业自身参军后所研发专利的定性

对企业持有专利参军后的性质讨论聚焦于性质的转变，对企业自身参军后所研发专利的性质讨论则关注于定性。前者讨论"从什么到什么"，后者分析"是什么"。转型为军工企业后研发的专利达到"对国防建设有潜在作用需要保密"的程度，根据《国防专利条例》将其定性为国防专利。国防专利对应单一市场，仅在军方市场

---

① 参见军地创新网，http://zl.ejmrh.com/jmrhljgh/index.jhtml。

使用。第二种为军民两用技术，不排斥在民用市场的使用，因此将其定性为军工单位持有的普通专利。

综上，企业作为国防科研生产单位，其研发的专利性质上分为两种，即国防专利和军民两用普通专利。关于是否会研发出完全民用的普通专利，由于企业的身份是军工单位，其身份的转变决定其研发专利的目标首先应考虑军工价值，仅有民用价值的普通专利并不在军工单位的研发目标之中，因此笔者对此种情形持保留意见。

（三）企业自身参军后所研发专利的权属

不同专利性质对应不同专利权属。对企业自身参军后所研发专利权属的分析，远没有企业持有专利参军后专利权属那般复杂。由于企业持有专利参军是专利性质的变化，转变过程在当前立法中尚属空白，因此上文对企业持有专利参军后专利权属的分析，探讨的是设想模式之下的权属。而企业自身参军，并不涉及个体专利性质的转变，一项新的技术自研发完毕之日起即定性为一项新国防专利抑或是一项新普通专利，其权属适用相应法律。

民营企业参军后作为科研生产单位研发的国防专利，适用以《国防专利条例》为代表的一系列国防知识产权法律法规，譬如《武器装备研制合同暂行办法》。根据国防知识产权相关现有法律规定，对于国防专利，我国一直强调"国家所有"的单一产权模式，如研制武器装备的技术成果归国家所有。

民营企业参军后研发的普通专利和军民两用技术，其性质均为普通专利，应适用《专利法》的规定，专利权归属于民营企业自身。根据《专利法》第6条，执行本单位的任务或者主要是利用本单位的物质技术条件所完成的发明创造为职务发明创造。职务发明创造申请专利的权利属于该单位；申请被批准后，该单位为专利权人。

（四）企业自身参军的实施风险与防控

军民两用普通专利是一种"军转民"，但同时性质上是普通专利，这决定了其在实施上有不可忽视的特殊性。为了凸显其特殊性，下文将对比军民两用普通专利与传统"军转民"专利、民用普通专利的区别。

军民两用普通专利，即军方研发具有军工价值的专利，在不需保密的前提下，具备民用价值，因而同时应用于民用市场。不需保密是前提条件，如若达到需要保密的标准，就为国防专利，即便其对民用有价值，但是出于国家利益的考虑也不能将其投入民用市场。这是一种"军转民"的思路。

但军民两用普通专利与一般"军转民"专利存在相当大的区别。首先，由于其并非国防专利，因而不需解密程序，程序上得以简化，而事实上国防专利的重保密、轻解密、解密迟滞等问题是制约军民融合的主要因素。[①] 其次，其性质为普通专利，适用的法律是普通知识产权法，而非国防专利相关法律法规。最后，随着解密的完成，"军转民"的国防专利的性质转变为普通专利，其专利权是否依旧归属于国家，抑或由国家归还给企业，立法上有待明晰。有学者认为应采取"放权原则"，对于军民两用国防知识产权，可通过合同适当将所有权下放给科研单位，这样既有利于调动国防科研单位和科研人员的积极性，又有利于建立"归属明确、权责统一、管理严格、流转通畅"的现代国防知识产权制度。[②]

---

① 参见武剑、郑绍钰、李倩：《基于技术转移的国防专利解密机制研究》，《装备学院学报》2016 年第 5 期。

② 参见苌军红、王春光、李红军：《国防知识产权制度管理完善研究》，《中国军转民》2013 年第 1 期。

除了与传统"军转民"专利的区别,军民两用普通专利的实施与民用普通专利的实施也存在巨大区别。两者适用的法律均为《专利法》,但军民两用普通专利的实施以军方与民方作为专利实施许可合同签订的双方主体。军工企业上市发展军民两用技术的过程中,存在泄密风险,军民两用产品在商业化实施中容易被可能威胁我国国家利益的不法之徒无遗漏地解构其设计技术。技术本身的复杂性与交融性使之后新产品的开发或多或少都要用到已有技术成果与设计理念,完全保密变得不现实。①

这里涉及民参军过程中国家利益与私人利益的兼得问题,既要投入市场促进民企利益实现,又要防范泄密和注重保密建设工作,保证国家利益不受损,两者缺一不可。企业参与民参军,其身份将产生变化,应当谨记自身专利不仅应用于民品市场,更应用于军品市场。风物长宜放眼量,权属保护与风险防范并行。

---

① 参见亓文婧:《军民融合发展中"军技民用"推进问题与支持策略研究》,《科学管理研究》2018 年第 5 期。

第八章 基于发展权理念的我国知识产权运营风险防控基本框架

基于发展权理念的知识产权运营风险已经历历可数,心无如履薄冰的被动和无助,但怀时不我待任重道远的关注和责任。作为本书的最后一章,笔者拟作精要归纳和总体建议,从梳理前文详述的发展权理念下知识产权运营风险本身的认定入手,进而明晰风险识别的基本路径,从而提炼出风险防控的基本框架。最后,探索性地设计框架落地的综合配套方案,包括立法、司法、企业科研院所和政府四个层面。

第一节 基本要素:兼评专利风险认定要素

专利运营结合了"专利"与"运营"概念的双重含义,是专利权主体在遵循法律规定的前提下,利用其专利权创造市场价值、实现其专利保值增值的一种市场行为,是对专利动态的商业化运用。基于运营方式的不同,专利运营可以分为两类:一是通过自行实施进行的专利运营,即专利权主体对专利进行产业化生产与输出,将所得产品进行市场销售的专利价值变现过程;二是通过专利交易进

行的专利运营，具体包括专利的许可、转让、投融资等。这里拟从
专利运营多元属性的本质出发，阐释归纳出诱发运营风险的关键
要素。

一、专利运营潜存风险的理论诠释

（一）内部性：从"商品二因素"看专利运营风险产生的自然因素

专利作为一种以知识为保护客体的权利，能够通过生产实践环
节被投入市场并予以商业化运作从而获得利润，是因为专利同商品
一样具备使用价值和价值。其一，根据马克思《资本论》关于物的
有用性与使用价值之理论，商品的使用价值即体现为其所具有的有
用性。[①] 专利所具有的使用价值体现为专利权人对其专利技术或者
专利产品在一定期限和地域范围内所享有的独占排他性支配地位。
但因知识本身所具有的共通特殊性，专利的使用价值也存在两方面
特殊性：第一，由于知识的无形性，专利的使用价值须通过搭载一
定的有形物来实现，一个好的专利技术方案甚至能够同时实现专利
和搭载媒介本身的增值。如触控技术开发公司意美森（Immersion
Corporation）推出的 TouchSense® 为全球多个领域的电子产品提供
触觉体验技术方案，其中智能手机便凭借触控技术实现了创新，手
机因触控技术而增值，触控技术通过手机搭载而实现自身价值的变
现，更可能因所搭载手机的畅销而实现增值。第二，专利的使用价
值具有创新的可能性。根据奈斯比特的理论，与有形商品的再生产

---

① 参见马克思：《资本论》（第一卷），人民出版社 1975 年版，第 49 页。

不同，相较于环境、资源等物质因素的限制，知识的再生创造更多地取决于人类本身不同的认知水平与思维活跃度。可以想见，知识创新已成为推动人类社会进步的主力军，而专利运营正是通过自行实施或者专利交易，使人类知识创新的经济效益得以最大化。

其二，从价值来说，商品的价值由其社会属性决定，反映的是社会劳动关系，而作为知识产权客体的知识，是一般智力劳动的凝结，具有价值。[①] 如今人们在从事技术研发时，已不仅仅是出于个人所需，而会更多地考虑到市场交换所带来的利益以及社会公共利益，专利因此也具有了越来越多的社会属性。同时，根据马克思的劳动价值理论，商品的价值量由其所包含的有用劳动量决定，而知识产品因其具有无形性，易出现投入和产出信息不对称的现象，往往在投入阶段耗费了巨大的脑力劳动，却在产出阶段形成不了任何具体成果，这部分脑力劳动没有得到社会的认可，因而没有完成从个人劳动向社会劳动的飞跃，也即该知识产品中的有用劳动量为零，使其成为没有价值的知识产品。

相应地，当专利作为一种客体和商品被运营时，专利的使用价值和价值对运营行为具有关键作用，其中，专利能否完成从使用价值到价值的转变是专利运营能否顺利进行的重要决定因素。从专利客体来看，当专利技术具备相应的创新性与市场竞争力时，专利能够通过生产实践环节产出具体产品并且在市场中畅销、得到社会的认可，成功地完成从个人智力劳动到社会劳动的转化，专利价值得到充分实现，那么此种专利无论是通过自行实施还是专利交易，都将为专利运营者或专利运营双方带来可观利润；反之，当一项不

---

① 参见马克思：《资本论》（第一卷），第49页。

成熟且不具备相应市场竞争能力的技术被授予专利并运营时，则该专利运营者就将承担一定的法律风险。

（二）外部性：从"反公地悲剧"看专利运营风险的发生规律

根据迈克尔·黑勒提出的"反公地悲剧"理论[①]，当同一个产品之上的一个或者多个核心权利被分割给多个所有者且这些核心权利可排斥其他所有者对该产品的使用时，每一个要使用该产品的人需征得各个核心权利拥有者的同意，此时核心权利拥有者出于个人利益的考虑竞相设置较高的使用门槛，变相压制了产品、资源的利用效率。

在政府授予专利权后，专利权人不予实施、不予合理许可转让，导致专利价值闲置浪费，是专利商业化投机的体现，最终酿成专利运营领域的"反公地悲剧"。对于专利运营者而言，手中握有核心专利的数量和质量尤为重要。按照科斯定理，在产权边界明晰且交易成本为零的情况下，多个核心专利持有者之间较容易通过交换等方式解决自身的困境，各个专利的价值可以得到充分实现，避免"反公地悲剧"的发生。但在实际的专利运营战场上却并不存在交易成本为零的情况。拥有核心专利的专利运营者为了阻碍竞争者对该核心专利的顺利获取可能采取诸多策略，如设置高昂的专利许可费、刻意向被许可人隐瞒专利中关键核心的隐性技术，或者在进行专利交易谈判中恶意设置相关屏障（如附条件的专利许可、专利转让协议中对权利有所保留等）而让对方望而生怯，这些都加大了专利运营中的交易成本，影响专利的实施和交易效率。

---

① Michael A. Heller,The Tragedy of Anti-Commons:Property in the Transition from Marx to Markets,*Harvard Law Review*,62(1998).

（三）交互性：从"权利产权"和"关系产权"看专利运营风险的实质内涵

作为一项社会认同的经济权利，产权包含所有权以及在此之上派生出的一系列权利，且致力于确定各主体之间权利、义务及利益分配的内容以及相关界限的范围，实质是人们之间权、责、利的关系。专利体现的是专利权人对专利客体在特定的时间和地域范围内所享有的独占排他性支配地位，专利运营中的各种行为也同样体现着专利交易主体之间权、责、利的分配以及相关产权边界的变动。

根据权利产权理论，产权的独立性与排他性以及相关联组织之间存在着明确分离的边界，产权制度是保证市场机制得以运行的基础性经济制度。产权是主体对某一客体拥有的最高的独占排他性的权利，是其对某客体的拥有得到法律上认可和保护的体现，可见，专利运营作为产权的明晰化有利于效率经济的发展，体现有二：第一，在专利运营中的研发投入阶段，"权利产权"理论鼓励着研发人员的创新积极性，专利运营主体须对其自身与科研人员（发明创造者）之间的权、责、利进行合理把控与安排。譬如，成立于2000年的高智发明公司是目前世界上知名的专门从事发明创造投资的公司。其向下设有专门的发明开发基金，本着自愿、权属无争议的原则致力于国际创意合作，该基金项下的发明合作者须在创意方案确定后积极配合专利撰写。其基本运营流程为：确定发明创意—投资发明创意—促进发明成果转化（申请国际专利）—共享发明硕果。高智不仅完全尊重发明合作者的合作意向，对于成功申请国际专利以后所带来的利润也会与发明人共享。第二，在专利运营中的实施及交易阶段，应当时刻保持对拟运营专利权属状况的警惕和明晰。现今许多专利运营主体常常遭受专利投机者的阻碍与攻击，频繁面临专利侵权纠纷，除了因为我国暂时缺乏相对完备的检索数据库以外，专利运营主体对于拟运营专利权属状况审查意识淡薄也是重要原因。

根据关系产权理论，产权转化为一种"关系性"的分析概念，其中，一个组织机构与其内外环境之间稳定而长期的各方面纽带关系是该理论的内核，"关系产权"理论从组织机构与其所处外部环境之间的关系来看待产权所扮演的角色，将产权作为维系和稳固这段关系的重要工具。"权利产权"理论推崇产权状态的明确化，而"关系产权"理论却认为，企业出于适应市场的需要，以及已经对某些非经济环境形成必要依赖的考量，需要作出适当的利益牺牲，即适当地维持产权状态的模糊。关于"关系产权"理论中蕴含专利运营风险的启示可通过下图得以诠释。

如图8.1所示专利运营潜存风险的一种假设情形：企业A、B、C、D因专利运营而在彼此间编织出了一张隐形的关系网络，其中D在受让专利的过程中因权属审查意识薄弱导致其专利权受到侵犯，但阴差阳错地侵犯了其专利权的B却是D在另一产品领域的重要客户。在这样的关系网络中，D为了维护其与B之间合作关系的和谐与稳固，则承担着放弃对自身专利权被侵犯进行救济的风险。

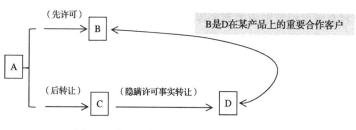

图 8.1　专利运营中的"关系产权"内涵示例

上图说明：

①A 与 B：企业 A 先将专利 P 附条件地许可给企业 B，由于 A 在签署合同时不够谨慎，合同简单地将许可期限约定为"自 2016 年 3 月 1 日起至 2026 年 3 月 1 日止"，在此期限内 A 不会就 B 所实施的专利 P 范围内的产品提出专利侵权诉讼。

②A 与 C：2020 年，A 将 P 转让给企业 C，并如实告知 A 与 B 之间的许可事实及相关约定，但在办理专利转让登记时，没有披露专利已许可给他人之事实。在之后的几年内，专利 P 的发展前景愈发可观。

③C 与 D：2025 年 3 月，C 出于资金周转不开等各方面原因，将专利 P 转让给企业 D，但 C 怕之前 A 与 B 之间的许可合同会影响到专利 P 的售价且专利许可期限只剩 1 年，就没有主动将此事实告知 D。

④D 与 B：D 由于缺乏专利权属审查意识，一直对此不知情，直到 2026 年 5 月才发现有人侵犯了其 P 的专利权。D 在准备发起维权诉讼的过程中，调查发现侵权方竟然是本企业旗下主打产品的重要合作客户。实际上，B 按合同约定在 2026 年 3 月 1 日已停产，但在其工厂门店还有许多之前生产出的库存商品没有完全售出，因而基于合同许可期限的漏洞，B 直到 2026 年 5 月还在市场上销售专利 P 所保护范围内的那些库存产品。如若 D 因为 B 仍在销售剩余库存产品对其提起诉讼，D 与 B 之间的合作伙伴关系将就此破裂，D 因此而损失的商业利益将远远大于其因提起诉讼而有可能追回的利益，D 最终并没有对 B 提起诉讼。

在这个关系网络中，由于 A 与 B 之间的专利许可合同条款存在漏洞，导致 B 与 D 之间关于专利 P 的使用权、收益权等专利财产权的边界模糊，并对 B 和 D 之间的关系和利益造成了影响。一言以蔽之，专利运营中涉及产权边界的变动，也因此影响着运营主体的多方利益关系，专利运营中的许多风险隐患都与产权状态不明晰有关，因此对于拟运营的专利，应当保有高度的权属审查意识。

二、专利运营风险认定的关键要素

根据"微笑曲线"理论，制造环节所能贡献的产品附加值极为有限，产品附加值的提升应更多地倚靠研发和营销这两个阶段。基于此，如下图 8.2 所示，通过专利技术的研发、投入产出以及品牌文化建设，能够有效提高产业链的附加值，为企业营利，专利运营已经成为企业在汹涌的知识经济浪潮中占据有利竞争地位的关键武器。但专利运营本身内涵丰富，加之外部环境的协同催化，往往从研发阶段开始就潜存着多种法律风险。

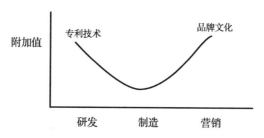

图 8.2　专利运营中的"微笑曲线"内涵

（一）专利技术是潜在的风险因子

专利技术之于专利运营的意义极为关键。专利运营是将专利定位为商品进行运营，以专利价值的最大化为目标。德国奥托·拜斯海姆商学院恩斯特（Ernst）教授将"专利授权与专利申请之间的比例""技术范围""国际范围"和"专利引用频率"综合描述为决定专利价值的四项质量衡量指标。其中,专利技术无疑是专利质量的重要考量因素,其优劣在专利运营中的作用十分关键,如果一项专利所保护的专利技术存在市场竞争力弱、创新性低等缺陷,将使得专利运营举步维艰、困难重重,难以在市场上确立持久而有利的竞争地位。

专利技术的优劣牵动着专利运营的各个阶段及各个方面,因而其也成为引发专利运营风险的不确定因子,在专利实施和专利交易过程中,务必重视对专利技术的价值评估,建议善用专利宽度进行相应考量。欧洲经济研究中心的学者吉尔伯特(Gilbert)和夏皮罗(Shapiro)研究发现,专利宽度具有定价功能,其内涵体现为专利持有者在专利有效期间所能得到的流动利润率,在此强调的是专利持有者在特定的时间、地域范围内对专利垄断权的利用和实现。专利宽度集中体现了一项专利的经济属性(反映专利所产生的直接利润、间接产品空间和模仿数量等内容)和法律属性(反映专利所保护范围也即权利边界)。国内外在理论和实践中也已创造了诸多评估专利技术价值的指标,如价值总额指标(主要通过中介机构评估无形资产的价值)、专利运营能力指标、专利收益指标、专利保值增值指标等,同时在各类评估指标项下设有多项小指标,每项小指标都能够通过相应公式予以量化,最后综合各项小指标来对专利技术价值进行评估,相对科学、系统且操作性较强。

(二)专利权属是必然的风险因子

专利制度是一种对技术创新成果进行产权界定的法律制度,因而专利运营人也必须在法律规制的范围内对目标专利之上的产权状态及边界予以足够的重视和审查。专利侵权纠纷和假冒案件的产生大多与专利权属存在争议或不明确有关，无论是在专利自行实施还是在专利交易的过程中，专利权属问题都可能引发专利运营危机，因此应当成为考量风险的必要因子。

第一，就专利成果形式来看，在职务性发明成果、共有的发明成果、合作开发或委托开发下的发明成果之中，专利权属的风险因子属性在职务发明中体现得最为明显。从国际层面来看，各国立法所确立的职务发明制度之核心，都在于如何解决权利归属问题，其中以英、美两国为代表，可大致划分为两种模式，这两种模式对专利权属的规定自然也存在差异。在英国，其专利法明确规定，职务发明创造的专利权归雇主（公司）所有，雇员作为发明人依法享有额外报酬。英国的职务发明与非职务发明以雇员是否"对公司的发展负有特殊义务"为关键划分标准。在美国，其专利法规定只有发明人才能进行专利申请，且没有"职务发明"一说，因而美国公司通常会和雇员签订以"转让发明创造"为主要权利义务关系内容的协议来获取雇员的发明专利权。美国判例法也相应地衍生出三类雇员发明：雇主牵头的发明（employer-initiated inventions）、雇主实施权发明（shop right inventions）和自由发明（free inventions）。雇主牵头的发明也即职务发明，其专利权归公司；雇主实施权发明是利用雇主资源而形成的发明，但雇主对该发明享有的是非独占、不可转让、免许可费的实施权；自由发明的专利权归雇员自身所有。

从国内层面来看，据国家知识产权局统计，职务发明创造已然成为我国发明专利的主力军：2014年，我国职务申请占国内发明专利申请的81%，职务发明占国内有效发明专利的比例高达90%。但我国《专利法》及《专利法实施细则》中对职务发明的定义较为笼统和宽泛，导致职务发明权属纠纷在司法实践中时有发生。这一现实加大了因职务发明专利权属不明而引发专利运营风险的可能性。

第二,运营中的专利权属状态通常有三种,即运营者自主所有、第三方所有、运营者与他人共有。其中,在一些技术交叉许可协议中,专利所有权和使用权处于分离状态,使得一项专利的权属状态更加复杂,极易引发风险。专利技术许可属于技术贸易行为,作为被许可人应当明晰该专利之上的权属状态,即专利许可方的主体资格是否存在瑕疵,对于许可方是否为合格的专利权人、是否为共同专利权人等权属信息都应当予以充分审查。例如,浙江民企华立集团在2001年收购了荷兰飞利浦半导体公司CDMA研发部门,意欲通过此次收购获取全球移动通信系统(GSM)方面的专利,但却没能审查到如下信息:飞利浦CDMA芯片研发的关键技术,特别是GSM方面的技术,大多与美国高通公司签有交叉授权协议,即便被收购也不对第三方公开。因此,华立集团并未如期实质获得核心技术,拿到的只是除核心专利技术以外的其他早期技术,华立最终因未能及时而适当地防范专利权属风险而蒙受了损失。

由此可见,为了对专利运营法律风险进行有效规避,专利运营主体的确应当对目标专利的权属状况及边界予以适时关注。

(三)专利交易合同是主要的风险因子

"合作是最有利的利己策略"是纳什均衡理论的核心内涵,合作之于专利运营同理。与专利自行实施这种较为传统的专利运营方式相比,专利交易这种合作运营的方式可以使专利价值得到更为完备和充分的实现。专利交易的形式多种多样,其主要形式有三,即专利许可、专利转让及专利质押。专利许可合同中的标的仅是专利财产权中的使用权而不涉及所有权,许可内容庞杂,涉及许可期限、许可对象、许可方式、许可地域等各方面的边界性内容,专利许可合同中任何条款的约定不明或者签订不周等问题，都将导致专利许可边界模糊，成为风险诱发因子。以"专利许可期限"条款为例，合同中通常从起始期限和终止期限两方面对专利许可期限进行规定和限制。对于被许可人而言，许可人出于维持自身市场竞争力的考虑，可能对于专利中的部分关键隐性技术（此部分技术是专利得以充分实施的关键）不主动告知，因而被许可人须在与许可人进行多次交涉的过程中尝试获取这些隐性技术，而只有获取了这些隐性技术，被许可人才能从实质意义上实施被许可的技术方案，在这种情形下，合同中约定的起始日期其实并不代表被许可人自该时起就可以顺利实施专利。对于许可人而言，在许可终止期限届满前，对产品的生产、包装、销售等多个环节停止时间节点的安排与协调，也不是一个固定的静态终止期限可以予以明确规范的内容。若关于终止期限的约定不明，便可能阻碍许可人及时制止被许可人超期实施专利技术或者销售专利产品，从而引发许可费结算纠纷。

专利转让合同中也潜存着诸多风险因素，其中，在专利权转让的备案与登记环节表现得尤为突出。根据我国《专利法》第10条的规定，专利申请权（专利权）转让合同需要向国务院专利行政部门登记，自登记之日起，专利申请权（专利权）的转让方可生效。根据该条款，专利权转让合同的签署和成立仅代表双方当事人之间债权债务关系的成立，而合同标的物——专利申请权（专利权），发生转移的时间点不在合同成立之时，而是自国家知识产权局登记之日起。因而，专利转让合同可能因为未经行政机关备案登记而不生效，加剧专利转让的法律风险。

基于专利运营本质的多元化内涵，专利运营风险的形成具有内部性、外部性以及交互性的特点，为有效防范风险的形成与发展，专利运营主体应当对专利技术、专利权属以及专利交易合同等诱发风险的关键要素予以深层认识和系统预警。

第二节 基本路径：兼评专利风险识别路径

专利运营虽呈现多元化的属性,但始终围绕"体"和"魂"进行。专利权为专利运营的"体",专利权的垄断地位为专利运营的"魂",两者缺一不可。"体"是"魂"存在的前提,削弱"魂"更将减损"体"的价值。若技术信息成为公知技术,则专利不再具有商品的交换价值。若专利权垄断利益受损,则专利权的潜存价值下降。这里尝试从"体"和"魂"两个角度,结合专利运营中法律风险的特殊性,探求法律风险的切实识别路径。

一、专利运营中识别法律风险的特殊性

专利运营中法律风险丛生,其中识别的法律风险须具有特殊性:关键性、阶段性。

（一）关键性：法律风险是影响专利价值的关键因素

有学者认为知识产品具有商品属性,[①] 这与知识产权的价值发生了混淆,笔者认为单纯的智力成果并不具有商品价值,只有上升为专利权才具有商品的"可交换性",理由如下:第一,知识产品同样具有法益,但其转让为转移"占有",而非对财产权利的合法控制;

---

① 参见杨延超:《知识产权资本化》,第113页。

第二，知识产品具有公共产品属性，在使用上无对抗性，可被不同主体在同一时空内同时使用；第三，商业秘密权虽被纳入知识产权范围，但可以被第三人通过反向工程取得占有，即第三人通过剖析他人含有商业秘密的公开产品，从而合法获取商业秘密，且权利人无权排斥反向工程实施者的占有和使用。因此，知识产品占有的低成本、高风险，使得其不宜直接作为商品交换。

而知识产权制度使专利权具有商品属性。专利权具有私权属性，权利人可以自愿处分；专利权是无形财产权，可以与权利人相分离。我国《专利法》第10条、第12条的规定表明专利权具有转让属性。专利权具有垄断属性，权利人可以在一段时间内获得垄断利益，即专利权具有价值属性。根据我国《民法典》第440条的规定，知识产权中的财产权可以进行质押融资，此种融资方式正是利用了专利权的交换价值。

马克思引入"社会必要劳动时间"计算商品价值。[①] 然而专利权不同于马克思"商品价值论"中的商品。专利权的产生具有随机性、偶然性、不可预测性，不存在社会平均劳动熟练度，因而无法运用"价值理论"计算专利价值。

杨延超教授提出过"释放的劳动量"理论，即专利为权利人节约或增加的社会必要劳动时间为专利权的价值。例如，专利权A可以提高劳动生产效率，假定在专利使用之前，甲生产1台电脑的社会必要劳动时间为0.5小时；专利使用后，甲生产10台电脑仅需2个小时。而在专利权A成为公知技术前，社会必要劳动时间并未改变。假定甲每天生产10台电脑，则使用专利后，甲每天可以节约

---

① 参见马克思：《资本论》（第一卷），第125页。

3个小时，公司甲在10年的专利有效期内可以节约"3×365×10"个小时，即10950个小时。专利权A释放的10950个小时的劳动量即为专利价值。该学者进一步提出，专利价值与时间存在反比关系。

专利运营旨在发挥专利商品化过程中的潜存价值，而价格是价值的表现形式。目前，我国完全由市场配置专利资源，根据市场规律形成专利价格。此外，据前文所述专利价值与时间成反比关系，"加速专利权到期"的法律风险将减损专利价值。美国发布的《专利价值指数》显示，2012—2014年的专利交易中值分别为211,212美元、170,000美元、123,144美元。有学者指出，2012年9月16日，美国开始施行新专利法，使用双方复评程序（IPR）宣告专利无效。双方复检程序宣告专利无效的比例为31%，而IPR程序建立后，该比例提升至77%。该项法律增加了专利权无效的风险，进而"加速专利权到期"，缩短了有效专利寿命。理查德·贝克指出，IPR使得所有的美国专利都贬值了2/3，美国经济因此损失了1万亿美元。

可见，识别的法律风险是影响专利价值的关键因素。潜存法律风险通过阻碍"体"的获得，影响专利权属之"体"的稳定性，提高"加速专利权到期"的可能性，削弱了专利垄断地位之"魂"，使专利价值缩水，进而阻碍专利运营。

（二）阶段性：法律风险的发生具有阶段性

根据"体"之取得、"体"之产业化，可将专利运营分为两个阶段：专利申请阶段、专利死亡之谷阶段。多样的潜存法律风险正是来源于这两个阶段。

1. 专利申请阶段

根据利益平衡理论，专利制度对专利权人与社会公众之间的利益进行分配，其中专利权人以公开技术作为对价换取一定期限的垄断利益。[1]为使专利权人履行"公开技术"这一义务，各国通常采用早期公开延迟审查制。[2]该制度规定，形式审查通过后公开申请案，任何人都可以对其进行查阅。虽然不可避免技术的重复开发，但公众可以提前介入专利权的授予。

据前文所述，知识产品只有上升为专利权才具有商品属性，而早期公开延迟审查制迫使专利申请案提前进入公众视野，使技术信息提前进入不稳定的状态，降低了知识产品转化为专利权的概率。此外，专利申请案被驳回后，申请人将无法采用"技术秘密"的方式对已公开技术进行保护。如图 8.3 所示：

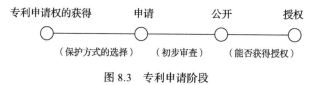

图 8.3　专利申请阶段

"公开技术"的方式使得专利申请阶段成为法律风险的高发期。我国《专利法》第 34 条也规定了早期公开延迟审查制。因此，申请阶段的法律风险也呈现阶段性的特点。

专利申请权为财产权，依法可以转让，但其价值不同于专利权。专利申请权包含三项权能：程序性权利、专利期待权、技术秘密权。权利人申请专利的行为并不包含财产内容，因而程序性权利不具有专利价值。而对于专利期待权是否具有财产内容，学界尚存在分歧。笔者认为，专利期待权属于财产权。德国民法学家阿

---

① 参见吴汉东：《知识产权多维度解读》，北京大学出版社 2008 版，第 103 页。
② 参见刘春田：《知识产权法学》，中国人民大学出版社 2015 年版，第 96 页。

斯·冯·图尔认为，期待权本身不具有实际功能，但其统领权利在"先期阶段"所表现的法律现象。专利权为财产权，因而统领专利权内容的专利期待权应当具有相同的性质。技术秘密权具有价值是毋庸置疑的。

杨延超教授以担保为例，提出了专利期待权、技术秘密权在专利申请各个阶段的价值量变化。专利申请前，尚不存在减损专利期待权、技术秘密权价值的风险，专利申请权价值稳定。专利公开前，技术秘密权的价值因接受形式审查而逐渐下降，而专利期待权距离专利授权日越近价值越大。专利公开后，技术秘密权成为公开技术，价值为零，此阶段专利价值由专利期待权的价值决定。

可见，专利申请阶段的法律风险同样呈现阶段性，且主要通过降低专利授权率影响专利期待权、技术秘密权的价值，进而减损专利申请权价值。

2. "专利死亡之谷"阶段

有学者提出，由于专利市场信息不对称，专利转化为现实生产力，需要经历"专利死亡之谷"。[①] 为了促进专利成果转化，减少"沉睡专利"，根据我国《专利法》第53条的规定，若在一定期限内无正当理由阻碍专利成果转化，对该专利实施强制许可。国家知识产权局公布的《2015年中国专利调查数据报告》显示，2014年我国有效专利实施率仅为57.9%。[②]

有效的专利运营可以盘活"专利死亡之谷"的左侧，能够增强

---

① 参见孙华平、唐恒、龙兴乐：《基于服务平台的区域专利运营体系构建》，《知识产权》2015年第9期。

② 参见国家知识产权局：《2015年中国专利调查数据报告》，http://www.sipo.gov.cn/tjxx/yjcg/201607/t20160701_1277842.html。

专利信息交互性，形成专利卖方市场和买方市场。如果专利权人缺少资金完成专利成果的转化，可以通过专利交易、专利出资入股、专利信托"赚钱"，也可以通过专利融资"借钱"。然而，不管是"赚钱"还是"借钱"，必然潜存法律风险。

以专利交易为例，根据我国《专利法》第10条的规定，专利申请权、专利权转让须订立书面合同，且转让效力采登记生效原则。假设A分别与B、C订立专利权转让合同，而仅为C办理了专利权转让登记，则专利权归属于C，B只能基于合同要求A承担违约责任。关于专利实施许可合同，根据《专利法实施细则》《专利实施许可合同备案办法》的规定，是否备案并不影响合同效力。假设A与B签订了专利实施许可合同，此后A将专利转让给C，但专利负担的许可合同会贬损专利价值，因此A并未向C透露专利实施许可合同。根据《最高人民法院关于审理技术合同纠纷案件适用法律若干问题的解释》第24条的规定，若专利实施许可合同成立在前，其效力不受专利转让合同的影响，类似于"买卖不破租赁"。因此，如果C向B发起侵权诉讼，败诉风险畸高。

专利权人成功规避专利申请阶段风险，跨过"死亡之谷"之左侧，迈入专利成果转化阶段，却仍然面临种种风险。"诉讼"本应作为专利权人维护"魂"的防御工具，而非专利实施主体（NPE）的出现使得"诉讼"成为其获得高额专利使用费的攻击工具。作为上游的NPE大量收购专利权，再利用专利制度向下游专利使用者索取高昂的使用费，可能构成"专利劫持"。[①] 专利密集型产业多为累积

---

① 参见胡允银、林霖:《当代专利制度改革的理论思潮:劫持论与反向劫持论》，《科技进步与对策》2016年第8期。

创新，即在原始创新的基础上完成二代创新，如智能手机涉及的专利高达 25 万项。[①] 如果一代许可费过高，将阻碍二代创新。黑勒和艾森伯格将此种现象描述为"反公地悲剧"。[②] 科斯定理认为，只要交易成本为零且财产权的界限明晰，便会形成最有效的资源配置。假设企业进行交叉许可或形成专利池，可降低专利交易成本，避免"反公地悲剧"，然而 NPE 手中集聚大量专利的目的是为了"获利"，反而使得专利交易成本提升。为此，有的经济学家甚至提出废除专利制度。[③] 可见，潜存的法律风险呈现阶段性，前一阶段风险将阻碍专利运营进入下一阶段，且不同阶段的专利价值不同。诺德豪斯认为在专利生命周期内，专利单位价值呈现阶段性，随时间推移先增加后递减。[④]

二、专利运营中法律风险的识别路径

专利运营中识别的法律风险不仅具有关键性和阶段性的属性，还皆源于专利权之"体"和专利垄断地位之"魂"。

（一）"体"：专利权的取得及有效性

1. 无法取得专利权

专利申请权由于包含期待权、技术秘密权而具有财产价值，可

---

① 参见董亮：《专利池还是纵向合并》，《科技管理研究》2016 年第 3 期。

② Michael A. Heller, Rebecca S. Eisenberg, Can Patents Deter Innovation? The Anticommons in Biomedical Research, *Science*,1998(280) : 698-701.

③ Colleen V. Chien, From Arms Race to Marketplace: The New Complex Patent Ecosystem and Its Implications for the Patent System, *Hastings Law Journal*, 2014(62): 297-313.

④ W. D. Nordhaus, The Optimal Life of a Patent.

以进行出资、质押，但若专利公布后无法转化为专利权，则期待权、技术秘密权的价值都降为零。国家知识产权局发布的数据显示①，2020 年上半年国家知识产权局受理发明专利申请 68.3 万件，而发明专利授权量仅为 21.7 万件。

专利申请风险呈现阶段性，本质源于专利"三性"。"创造性"始于 1850 年美国最高法院"门锁"案，该案法官首次提出新颖性、实用性以外的专利要求，但并未明确新专利要求的标准，后来最高法院将此标准定义为"创造性天才的火花"。在 1952 年专利法中，美国进一步提出"非显而易见"标准，并通过提审格雷厄姆（Graham）案确定了"格雷厄姆检验要素"。2007 年美国最高法院通过 KSR 案，对 1982 年确定的"动机（TSM）检验法"判定准则进行了修正。自此，格雷厄姆检验要素与 TSM 判定准则协同确定"非显而易见性"。②

美国"非显而易见性"的确定历程异常复杂，其概念本身非常模糊，极具主观性。对于开拓性的发明非常容易判断，而现在大多数技术为"累积创新"，因而使得对"创新性"的判断极为奥妙。

就新颖性而言，目前大多数国家采用先申请制，美国也于 2013 年开始以此制度代替"先发明制"。智力成果的产生需要投入大量的资金和时间，如专利密集型产业研发经费投入强度达到 1.3%，因此大多数企业在研发初期便申请专利，以争取时间上的优势。而"抵触申请"扩大了现有技术范围，提高了后申请专利丧失新颖性的风险。因专利审查制度及"三性"而潜存的法律风险属内生风险，属"体"的必生风险。

---

① 参见国家知识产权局：《2020 年上半年知识产权主要统计数据》，http://www.cnipa.gov.cn/tjxx/index.htm。

② 司艳雷：《中美专利创造性判断比较研究》，《法制与经济》2017 年第 1 期。

2. "加速专利权到期"

"加速专利权到期"的法律风险潜存于"专利死亡之谷"阶段，通过缩短有效专利寿命，进而贬损专利价值。

以"专利宽度"为例。各国均根据权利要求书的内容对专利权予以保护，因而权利要求书撰写的专利宽度便成为专利权的核心，影响"有效专利寿命"，决定了"魂"的强弱。吉尔伯特、夏皮罗对此提出"专利宽度是专利保护期内专利持有者获得的利润流量"。[1]

专利价值在生命周期内的损耗来自两个方面：一是新技术的出现，二是专利使用者的数量。如果专利宽度过窄，不利于阻碍新技术对专利的申请，会对专利价值造成严重损耗，从而使得"有效专利寿命"缩短，"加速专利权到期"。如图8.4所示：

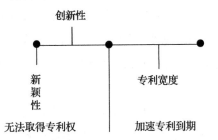

图 8.4　知识产权运营中"体"的法律风险识别路径

可见，上述法律风险对专利权的影响方式为：阻碍专利权的取得；即使取得专利权，尚有"加速专利权到期"的法律风险存在，即缩短"有效专利寿命"，贬损专利价值。法律风险具有阶段性的特点，分为专利申请阶段和"专利死亡之谷"阶段。由于专利制度采

---

① Richard Gilbert, Carl Shapiro, Optimal Patent Length and Breadth, *The Rand Journal of Economics*, 1990: 106-112.

用"早期公开延迟审查制",使公众提前行使"申请专利宣告无效"的权利,因而专利权人合法取得授权后,在"专利死亡之谷"阶段,"体"被宣告无效的概率下降,基本稳固,但仍存在"加速专利权到期"的风险。

(二)"魂":专利权的垄断地位

专利价值来源于专利垄断地位,而潜存法律风险通过削弱"魂",减损专利价值。专利权垄断地位的前提为"体"的有效,因而对"魂"的削弱多发生于"专利死亡之谷"阶段。

"专利死亡之谷"阶段左侧为专利交易,而专利交易的前提为专利权的"有权处分"。因此,若"专利权属"不明晰,专利交易主体将面临侵权风险,进而影响其专利权垄断地位的取得。

"专利死亡之谷"阶段右侧为专利成果的转化,而专利交易主体"滥用垄断地位"的行为将增加专利交易成本,进而阻碍专利转化为现实生产力。

1. 专利权属

专利权属的明晰是其进入市场流通的前提。根据科斯定理,有效资源配置的前提为界限清晰的产权,而专利权属代表专利垄断地位,因此专利运营必须对专利权属风险进行识别。根据国家知识产权局公布的数据,2019 年涉及专利侵权纠纷的行政执法案件量为 3.9 万件[1],而 2009 年专利侵权纠纷受理量仅 937 件[2],10 年增长了 40 余倍。专利研发需要大量资金的投入,因而职务发明、共有发明、委托代理发

---

[1]　参见国家知识产权局官网:《2019 年政府信息公开工作年度报告》,https://www.cnipa.gov.cn/art/2020/1/23/art_250_150169.html。

[2]　参见国务院新闻办公室官网:《中国知识产权保护与营商环境新进展报告(2019)》,http://www.scio.gov.cn/xwfbh/xwbfbh/wqfbh/42311/42936/index.htm#4。

明在专利权中占有大量的比例,其中职务发明中权属纠纷尤为显著。2019年,职务发明占国内专利授权的比例高达95.4%。

美国《专利法》规定单位只有发明专利的实施权,侧重发明人利益。德国《雇主发明法》虽然规定雇主享有职务发明所有权,但是为了平衡雇主与雇员的利益,规定雇主获得所有权的方式:收到发明人信息4个月内,可以宣布所有权为非限制获取(unrestricted claim)、限制性获取(restricted claim)、自由发明(free invention)。[①]而我国《专利法》《专利法实施细则》对职务发明的规定采用"职责标准"和"原则性标准",且在雇主与雇员的利益划分中采用"单位优先"原则。有学者对此提出,此标准缺乏可操作性,不利于保障处于弱势地位发明人的利益,极易引发职务发明归属纠纷。[②]

专利成果转化的关键在于合法取得专利权,取得的方式可分为两种:一种是自主研发,另外一种是交易取得。因此,专利交易中仍要明确专利权权属。因交叉许可、普通许可的存在,专利权权属成为专利交易的高发风险。假设A欲收购B以取得某项核心专利,但B与C之间签订了核心专利交叉许可协议,且约定此协议不对第三方公开。那么,A既无法取得核心专利,也无法请求B承担违约责任。

2. 滥用垄断地位

针对NPE的负面影响,美国颁布了《美国发明法案》及一系列

---

① 参见贾佳、赵兰香、万劲波:《职务发明制度促进科技成果转化中外比较研究》,《科学学与科学技术管理》2015年第7期。

② 参见郑其斌:《我国职务发明认定和利益分配制度的完善》,《社会科学》2009年第5期。

新规以遏制滥诉行为,如惩罚措施、披露权利人信息、提高审查标准等。但典型的大陆法系国家并未对滥诉作出明确的界定,而是大都通过判例或程序法体现,如《法国新民事诉讼法》第 32-1 条规定,用罚款的方式遏制滥诉。目前,我国相关法律只对"虚假诉讼"进行规制,"恶意诉讼"规制问题有待立法明确。

其实,只有 NPE 实际发动了"诉讼",且符合"滥诉"的标准,才可以对其进行规制。"诉讼"专利制度赋予权利人合法防御措施。NPE 作为专利权人,可以将其作为"议价"手段,且 NPE 主张权利的时间可以自由选择,因而形成了"专利劫持论"。专利劫持最常见的形式为专利伏击、专利寻租,大都为"劣质专利"的权利人在下游厂商使用技术后,以"诉讼"作为谈判筹码索取高昂的专利使用费。"专利劫持"根源于不均衡的专利赔偿补救机制及产品中专利的叠加。美国联邦巡回上诉法院法官兰道·瑞德曾确定了"25%规则",以此判定赔偿数额,即"一个被控侵权专利价值应相当于实施该专利产品价值的 25%"[①],但产品中包含无数的专利,因此专利赔偿数额仍然高昂。然而,美国专利劫持不减反增。

专利劫持中,相比下游厂商,"专利权人"利用垄断地位处于优势。而"反向劫持"中,专利权人的"垄断地位"被强势下游厂商削弱。"反向劫持"指发明人缺乏资金完成专利成果转化,而下游厂商基于其市场优势地位,不经专利权人许可即实施专利。这种现象根源于"专利诉讼成本"。据美国知识产权法协会公布的数据,2013 年,专利诉讼标的额低于 100 万美元,双方当事人需要承担的

---

① Michael J. Meurer,Patent Examination Priorities,*William Mary Law Review*,2009,6(51).

诉讼费为 91.6 万美元；诉讼标的额超过 2500 万美元，双方当事人需要承担的诉讼费为 360 万美元。[①] "专利劫持"与"专利反向劫持"根源于专利制度本身，将"诉讼""禁令"作为议价资本，属于必生风险。此外，权利人易利用专利权扰乱市场竞争秩序。

专利交易中，专利权人拥有垄断地位，相对于专利使用者处于优势地位。合同是民事主体协商一致的结果，只要不存在合同无效的法定情形，即为有效，因此专利权人常常在合同中加入限制性条款，排除或限制竞争，如搭售协议、一揽子许可条款。如美国布鲁特诉泰斯公司一案认定"过期使用费"违法。该案认为，公众以赋予专利权人垄断地位为对价，换取对公知技术的使用，如果权利人要求使用者支付"过期使用费"，相当于扩张了其垄断权，属于滥用。

专利权人可以通过合同滥用专利权，也可以使专利成为某一行业的标准必要专利，获得垄断地位。自 2013 年开始，各国开始注意标准必要专利的权利人滥用市场支配地位，索取高额使用费的情形。我国通过诉讼、行政处罚、附条件批准等方式遏制标准必要专利的滥用：2012 年商务部对谷歌并购摩托罗拉移动作附条件批准；2013 年广东省高级人民法院对美国 IDC 公司判处赔偿华为公司 2000 万元；2014 年商务部对微软并购诺基亚作附条件批准；2015 年国家发展和改革委员会对美国高通公司进行行政处罚，数额高达 60.88 亿元。企业专利运营的重要手段为专利池，其主体之间大都存在专利交叉许可。根据池中专利的类型，分为互补型专利池、替

---

① Michael J. Mazzeo, Jonathan Hillel, Samantha Zyontz, Explaining the "Unpredictable": An Empirical Analysis of U.S. Patent Infringement Awards. *International Review of Law & Economic*, 2013, 3 (35).

代型专利池。有观点认为，如果是互补型专利池，专利的互补性越强，专利池对社会的贡献越高。然而专利池将经营者集中，极易形成垄断，如东芝 DVD 专利池。

日本专利法、独占禁止法确立了专利池反垄断审查标准。[①] 日本独占禁止法第 21 条规定：“本法之规定，不适合用于被认定为基于专利法行使专利权之行为。”换言之，如果权利人滥用专利权，违背了专利制度的保护宗旨，应当用垄断法进行规制。此外，规定只有必要专利才可以入池。目前，我国尚无对专利池风险的明确规制。“魂”的法律风险的识别路径如图 8.5 所示：

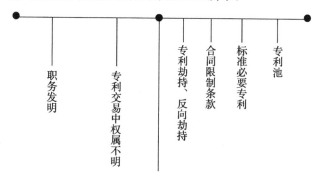

职务发明

专利交易中权属不明

专利劫持、反向劫持

合同限制条款

标准必要专利

专利池

图 8.5　知识产权运营中“魂”的法律风险识别路径

专利运营中识别的法律风险呈现多样性，堪称“风险丛林”，皆是影响专利价值的关键因素，不仅源于制度本身，还源于交易行为、市场行为。因此，“体”“魂”结合的风险识别路径有利于刻画“风险丛林”，形成预警，进而形成较完善的专利运营策略。

---

①　参见〔日〕根岸哲、舟田正之：《日本禁止垄断法概论》（第三版），王为农、陈杰译，中国法制出版社 2007 年版，第 169 页。

"体""魂"在专利运营中扮演不同的角色,"体"的取得是专利运营的前提,"魂"是专利价值的来源。"体"产生"魂",影响"魂"的价值;"魂"反作用于"体"的"有效寿命"。知识产权运营风险的识别路径基点有三:第一,识别该法律风险是否影响专利价值。贬损专利价值的法律风险才有识别价值。第二,识别法律风险的发生阶段。专利价值与专利时间呈反比关系,且前一阶段的法律风险将阻却专利进入下一阶段。第三,识别法律风险是否破坏"体"的有效性,或者影响"魂"的垄断地位,进而阻碍专利成果的转化。

第三节 综合配套方案:世界视角看中国

如何设计、夯实我国自身的知识产权运营堡垒,以迎战常态化的世界知识产权风暴,正引发政府、企业及科研界的共同关注。2019 年,中共中央办公厅、国务院办公厅印发了《关于强化知识产权保护的意见》[1],提出了我国强化知识产权与创新保护的方向和举措。在此之前国务院印发的《"十三五"国家知识产权保护和运用规划》中提出的四个重大专项,已将加强知识产权交易运营体系建设列于首位,该专项的第一项具体措施就是完善知识产权运营公共服务平台。[2]基于此,本书拟利用发展权这一理论基础,深耕知识产权运营的着陆点,尝试从扩大合理使用范围、强化核心自主专

---

[1] 参见国家知识产权局官网,http://www.sipo.gov.cn/zscqgz/1143991.htm。

[2] 参见《国务院关于印发"十三五"国家知识产权保护和运用规划的通知》(国发〔2016〕86 号),http://www.gov.cn/zhengce/content/2017-01/13/content_5159483.htm。

利布局和建立全国性知识产权运营服务平台和发展基金投融资平台三方面，探究我国促进强国建设推进知识产权运营的综合配套方案。

对于我国运营配套方案的设计，应当直面国际化的竞争情势，站在世界视角看中国；紧密结合本国国情，根植于发展权理念。本书尝试探索性地以知识产权运营风险的基本要素及其风险防控的路径为创设基础，初步设计出我国知识产权风险防控综合配套方案，分为立法、企业、政府三个层面，涉及著作权、专利权和商标权的合理使用、滥用规制的立法建设、平台布局建设和精微的运营战术。限于能力和篇幅，虽达不到全面的程度，但期望能为国家陆续出台的相关举措，提供些许有价值的学术参考。

一、优化知识产权运营的认定标准和合理使用权责

（一）健全合理使用制度：以著作权运营为切入点

知识产权运营必然会涉及知识产权的运用，也会有权利人对智慧成果的独占，如果这种独占超过了合理限度，形成滥用，就会损害到社会公众利益，成为知产霸权。亚里士多德曾说："过度即邪恶。"知产霸权集形式上的合法性与实质上的非正当性于一身，成为先进国家打压后发国家最为常见和有力的手段。

对此，根据发展权理论，实现知识产权合理运营就是针对利益冲突问题，切入点就是在权利人与社会公众之间划定一个合理使用的边界，以此保证双方对智慧成果的充分使用。在数字时代，权利人对于智慧成果的控制已经从传统模式深入到网络模式，社会公众的合理使用空间正受到越来越多的限制，审慎扩大合理使用范围已

确有必要。

其实，完善合理使用制度的限制功能，是知识产权运营的有力支撑。合理使用是使用者依法享有利用他人著作权作品的一项权益。立足于合理使用是一种合法行为，现代著作权法是平衡创作者权利、出版商权利与使用者权利的产物，否认使用者的使用权会导致著作权控制社会公众，最终只有少数人谋取到经济利益；著作权法为了实现福祉社会的根本目标，必须包容所有权和他人合理使用权的相互冲突，即著作权人将作品公之于众所期待的经济回报权与使用者合理利用作品进行学习的权利。

不妨将合理使用视为一种权利，在著作权和使用权这一对法律关系中，著作权人在拥有著作权的同时，也负有相应的民事义务，须服从使用者，不应干涉或禁止他人合理使用。赋予使用者相应的权利，同时也蕴含着某种义务。为了保证相对人享有和行使权利，就需要相对人承担相应的义务，包括作为的或者不作为的。使用者在合理使用著作权作品的同时，不得侵犯著作权人依法享有的其他权利，并且应当标明作者的姓名和作品名称。使用者权是附义务的权利，是一种有限制的权利。使用者权只是法律对于这种合理使用习惯的认可，并不是统治者主观任意决定的，这对于把握著作权法发展动向有着重大的意义，我们不仅仅需要认识到著作权的重要性，更要恪守著作权的本质。

1. 运营中合理使用的法律理论——集体权利说

目前合理使用制度面临的困境一方面来自于知识产权人权利的不断扩张，另一方面则来源于该制度自身法律理论的不足。学界对于合理使用制度的认识主要集中在两种观点：使用者权利说和著作权限制说。前一种学说，在分析工具上，没有清楚地意识到所使用的权利概念的多重含义，造成了分析的混乱；而后一种观点，实际上并没有揭示出合理使用的本质属性是什么。[1] 正是这种理论上的缺憾限制了合理使用制度的发展，基于此，有学者提出了新的观点，认为应将合理使用定性为一种集体性权利。这种观点把合理使用看作由作为某种社群、社区或组织等即有着共同身份特征的人们享有的集体性权利，这种性质的权利将多数人的利益作为社群或社区或社团组织等成员的整体利益进行保护[2]，通过给予个人以集体成员身份使其都能对参与性的产品进行使用。每个具体个人对其所属环境的享用取决于社会中的其他主体如何参与到社会中的各个领域，正是很多个人的努力才形成了一种良性的环境，而这种良性运作得以维持和进步也依仗于生存在其内的集体成员。因此，参与性产品是由参与其中的集体性成员生产和使用的，也正是这种参与性本质[3] 使得每个成员具有一种集体性权利。这种权利允许成员对于作为集体一部分的产品的创造和使用进行参与。进而，该理论强调著作权法的目标除赋予创作者对于作品的排他性权利外，还有保障建立在对创作者工具性权利的矫正的基础之上的使用者接触和使用作品的权利，以防止著作权保护对无形公共空间中信息自由流动的扼杀。[4] 由集体权利说可以发现，数字时代的作品属于参与性作品，公众基于参与性可以合理地接触和使用数字作品，因此拓

---

[1]　参见朱理：《合理使用的法律属性——使用者的权利、著作权的限制还是其他》，《电子知识产权》2010年第3期。

[2]　Hao Chen Sun, Fair Use As a Collective User Right, *90 N.C.L.Rev.* 125 (2011-2012).

[3]　George W. Rainbolt, *The Concept of Rights*, p.206 (2006) .

[4]　参见鄂昱州：《著作权合理使用制度法律性质探究》，《学习与探索》2015年第5期。

宽现行合理使用范围是可行和必要的。

2. 运营中合理使用立法模式的选择——半开放式

纵观世界，合理使用的立法模式主要有三种。一是美国法上的"fair use"模式，即开放式。该模式下立法列举的合理使用类型和判定条件都是非穷尽的，法官可以在司法实践中行使自由裁量权，对特定行为是否构成合理使用作出认定。二是除美国之外的著作权体系国家采用的"合理利用"（fair dealing）模式，即半开放模式。该模式对合理利用行为进行了目的限定，目的以外的因素则留给法官在个案中判断。三是作者权体系采用的"著作权例外"（exception of copyright）模式，即封闭模式。此模式中法律穷尽式地列举构成例外的具体行为，相应地，在解释上也只能采用狭义解释原则，只要法律没有明确规定，法官不得认定为权利的例外。[①] 开放式立法基于判例法传统，与我国成文法传统相悖，不适宜借鉴。而我国一直采取的相对封闭式立法潜存僵化问题，难以适应数字时代知识产权的迅猛变化。半开放式立法模式综合了前述两种模式的优点，对于我国具有借鉴的可操作性，建议我国《著作权法》审慎引入美国著作权法中判断合理使用的"四要素"[②]，在发生合理使用争议时，法官首先判断被诉行为是否符合法律规定的具体情形，符合则构成合理使用，若不符合，则根据"四要素"，并结合合理使用的立法本

---

① 参见李琛：《论我国著作权法修订中"合理使用"的立法技术》，《知识产权》2013年第1期。

② 参见美国版权法第107条："任何特定案件中判断对作品的使用是否属于合理使用时，应予考虑的因素包括：(1)该使用的目的与特性，包括该使用是否具有商业性质，或是为了非营利的教学目的；(2)该版权作品的性质；(3)所使用的部分的质与量与版权作品作为一个整体的关系；(4)该使用对版权作品之潜在市场或价值所产生的影响。"

意综合判断。

3. 扩展运营合理使用的内涵范围——以立法明确著作权技术保护措施的内涵及范围为例

作为一种技术保护手段，技术保护措施当然性地能对数字著作权及其权利人的其他合法权益形成有效保护，但是实践中也存在行为人在利益的驱使下，滥用技术措施对于已过保护期限或公共领域的作品等其他不应受保护的作品实施技术措施的行为，这种行为不仅会破坏数字著作权运营秩序，导致恶性的技术滥用现象，同时会侵害社会公众合法接触及浏览使用数字信息作品的权利，导致社会公众利益难以得到维护，著作权人对于其作品进行的正当有效的技术措施保护也会失去应有的稳定性。根据实践中我国数字著作权技术保护措施制度运行的现状，应在《著作权法》及相关法律法规中对于技术措施的内涵及有效性要件进行明确的规定，同时对于其保护范围即允许适用与禁止适用数字著作权技术保护措施的条件和情形进行兼具包容性与明确性的列举与规定，以促进制度的规范运行，提高制度的运行效率，防止侵吞与破坏公共资源的滥用行为的发生。

基于其保护数字著作权运营与发展的制度宗旨与目的，对于数字著作权技术保护措施的内涵可以明确为，它是著作权人及其邻接权人主动采取的，旨在对未经其许可擅自接触或使用其作品的行为产生控制或阻止作用的方法、产品或设备等。对于技术措施的合法性和有效性的规定，是指满足特定条件的技术措施是经法律所承认和许可的措施，具有正当性。所谓合法性，不仅是指技术措施所保护的作品须为受法律所保护的作品，还包括其使用不应超过制止侵权行为的限度，且应仅具有防御性功能而不应具备攻击性；而有效性的要求是，技术措施不仅在技术上具备可行性，同时在使用时应事先获得著作权人及相关权利人的合法授权。技术措施的合法性与有效性的规定，可以在很大程度上减少恶意行为人对于技术措施的滥用行为，避免对公共领域的作品及信息的不正当侵害。值得注意的是，为更好地协调与平衡著作权人与社会公众之间的利益，不仅应对技术措施的适用范围作出规定，同时也应对限制或禁止适用技术措施的情形进行明确，如非营利性档案馆、图书馆、教育机构、广播组织，以及执法及情报活动等对于技术措施的禁止适用。

4. 拓展相关的运营使用权利——以健全网络著作权使用者的权利为例

其一，强化使用者的权利，拓宽网络环境下的合理使用范围。合理使用制度是著作权法内在利益平衡原则的外在表现，然而在网络著作权时代，合理使用制度常常遭到滥用，使用者滥用合理使用制度作为著作权侵权的抗辩事由，因此我们必须调整合理使用制度从而使其在网络时代发挥最大程度的功效。

值得肯定的是，《著作权法》对于合理使用制度的修改亮点突出有三：首先，关于著作权法的客体即合理使用的客体，将《著作权法实施条例》中对作品的定义上升到法律的层面，著作权法意义上的作品，是指文学、艺术和科学领域内具有独创性并能以一定形式表现的智力成果；同时将作品的类型扩张至16种，明确了原本界限不清的规定。其次，将合理使用制度规定在了"权利的限制"一节，主张"权利限制说"，为合理使用的情形增加了一项兜底条款，对于使用作品的量限制为少量和非实质性使用，将基于报道时事、社政评论、公众讲话的使用规定在内。最后，采用了国际条约中通行的"三步检验法"的判断标准，将其概括为两条：一是不得影响作品的正常使用，二是不得不合理地损害著作权人的合法权益。同时，特殊情形下的合理使用优先于技术保护措施，如出于学校课堂教学、科学研究目的，或非营利性向盲人提供作品时，可以规避技术保护措施而进行通畅使用。

同时，可以考虑使合理使用制度在稳定且可预见的前提下更加灵活，建议在规则主义模式的基础上增加因素主义的立法，将两者相互结合，不再简单地将行为与法律条文一一对应，而是考虑面对不同的情形，依靠法官对于合理使用制度和条文规定情形的理解进行自由裁量。可以适当借鉴美国的"四因素法"，将影响合理使用的条件纳入考量范围之中。二者相互结合有益于解决现行合理使用制度的一系列问题，以不断适应数字技术背景下的新型争议依法解决需求。

在合理使用的具体情形中，为个人学习、研究或者欣赏而使用他人已发表的作品属于合理使用，该情形中限定了"个人"，没有扩展到第三人或者家庭、单位等。著作权法未对"个人使用"在目的上加以区分，包括创造性学习和消费性学习，都在合理使用的范畴之内。个人使用的合理性在于其出于学习、研究的目的，在于其具有发展权与生存权的正当性。

为适应新技术发展的需求，合理使用的情形也应适当增加，譬如电子公告服务（BBS）、计算机软件、个人浏览和数据传输时的临时复制，网站定期备份的制作等情形也应纳入合理使用的范围，以免将这些不可避免的行为归入侵权行为之中，同时，不排除将某些合理使用的行为转化为法定许可。当合理使用制度无法对公共利益进行救济时，许可使用可以作为"先斩后奏"的利用形式进行补充，将合理使用的部分情形转化为法定许可，即无须事先征得著作权人的同意，事后支付相应报酬。具体报酬和补偿事宜，可以由法律规定，也可以通过签订合同进行约定。

其二，拓宽复制权，解决数字著作权运营中"临时复制"的合法性问题。数字技术支持下，"临时复制"的表现形式多种多样，每一种"临时复制"的经济价值和法律后果也不尽相同。可能产生临时复制的行为分为以下三种：浏览、数据传输与重复登录。首先，浏览是最为常见的一种作品获取方式，这种方式的附带性后果就是会在内存中产生附带性存储，这种附带性存储是"临时复制"过程中不可缺少的一个步骤，整个过程都是连续进行的，间隔时间非常短，限于现有的技术水平，很难将这种复制件提取出来加以使用。作品的这种复制件很难甚至不可能被人所利用、阅读以及欣赏、传播，著作权人可以继续保持作品的安全性，用户的行为并未损害其经济利益。其次，数据传输是必经的一种网络中转，每时每刻都有海量的数据在网络中进行传输和转换，这种传输的数据会被后来的数据所更新、覆盖，因此这种复制行为与前述浏览行为相类似，只存在于服务商的系统中，用户无法接触及使用，是一种不可避免的客观行为，是技术过程中必要的、不可分割的组成部分。最后，重复登录是网络用户在短时间内重复登录先前浏览过的网页时，可以直接调取使用，这种暂时性存储虽然存在于云服务商的服务器里，但是用户重复浏览网页时，这种行为类似于下载。重复登录符合"复制"的构成要件，用户在重复登录后，可以反复观看、浏览某一作品，作品持久稳定地存储在服务器中，具有独立的经济价值，因此这种重复登录行为应当被纳入复制权的保护范围之内。可见，我国著作权法可将因重复登录所产生的"临时复制"纳入复制权的控制范围之内，而将浏览和数据传输归入合法的临时复制行为当中，为"临时复制"寻求部分的合法性和正当性。

其三，运营中强化用户知情权，细化对网络用户许可协议的规范和审查。对于网络用户协议中存在的问题，我国目前还没有制定完善的法律规范，重点考虑建议有二：一是在订立合同之前或者过程中，软件开发者须以能够提请合同相对人注意的方式，并且这种提醒必须达到清晰明白的程度，譬如以特别公告的方式，使相对人意识到合同签订后产生的权利义务。从用户知悉合同内容到最终签订合同这段时间，叫作"犹豫期"。如果在合理的期限内，用户未能获悉合同条款，能够给予用户一段犹豫期，并对期间的计算和费用的承担进行细化规定。二是在合同的内容方面，首先，不得与法律的强行性规定相违背，必须符合法律所规定的公平、诚信等基本原则；其次，不得规定排除相对人主要权利、不当豁免自身责任的条款，若有这种规定也当属无效。用户协议应当遵循公平原则规定当事人之间的权利义务，不得滥用缔约的优势扩张自身权利，不得以取得竞争优势为目的而限制相对人的相关正当权利；与此同时，不得不当豁免自身责任，在软件自身存在病毒等造成使用者损害的情况下，开发者须承担损害赔偿责任。

为保证网络著作权领域开放、公平的环境，只有事后的法律救济还远远不够。应设立专门审查计算机软件的组织，负责用户协议的核准、撤销以及监督，从而避免软件开发者用晦涩难懂的文字规避法律责任；事先制定或者审查一般合同的格式条款，供软件生产商参考和借鉴；对于每个软件中必备的标准条款，可以进行事前规范和制定，从而对软件交易行为与市场进行严格规制。

通过事后救济和机构的审查，可以进一步落实行业的公平公正原则，但是计算机软件行业自身的规范才是解决用户协议问题之根本所在。在软件行业自由竞争的市场，行业自律的作用可以充分发挥出来，促进软件开发者寻求有利于双方的格式范本，网络用户维权意识不够，也需要行业内部整体的规范以减少纠纷的发生。行业自律组织能够通过聘请计算机专业人士帮助用户理解法律与计算机的专业语言，减少误会和歧义的产生，针对软件的特色和市场去拟定合同的内容，这些对整个行业的发展都有重大的意义，可以为计算机软件用户提供一个健康良好的上网环境，使用户更加安心地使用正版软件，避免退而求其次地选择盗版或侵权作品。

5. 合理使用制度具体条款的设计

《著作权法》共规定了十二项合理使用的情形，但不能完全适应数字时代著作权的快速发展，笔者建议在现行合理使用制度的基础上，增加三种新的情形。

第一，增加戏仿例外。戏仿也称滑稽模仿，是人们在模仿中带有演绎性的表达方式，属于一种刻意的移植、挪用或模仿。戏仿保留模仿对象的某些可以辨识的特点，同时改变、利用另一些特点，形成一种对模仿对象的滑稽讽刺，以期达到戏谑、娱乐或警示的目的。[①] 数字时代，戏仿性的吐槽在人们对新闻事件的评论中屡见不鲜，推特、微博等社交平台在几乎每一个新闻事件发生后几分钟的时间里就会有戏仿评论出现。[②] 这种戏仿行为与权利人对作品的独占产生了冲突，但从发展权的视角分析这一现象，戏仿行为实际上是公众对作品的一种自由表达，而充分的文化交流能促进我国的文

---

① 美国坎贝尔诉阿库夫-罗斯音乐公司（*Campbell v. Acuff-Rose Music*）案苏特（Souter）法官对"滑稽模仿"（parody）的定义。

② William McGeveran, The Imaginary Trademark Parody Crisis (And The Real One), *Wash. L. Rev.* (2015) 90.

学创作,增强文化自信。正当的戏仿不仅不会侵害作者的利益,反而会对作品产生一种宣传效应,扩大作品的受众群体。

把戏仿认定为合理使用在欧美国家的司法和立法中都有据可循。在1994年美国的坎贝尔诉阿库夫-罗斯音乐公司案中,一审法官认定被告将歌曲改编的行为符合戏仿,构成合理使用,最高法院亦维持了这一判决。美国的戏仿—讽刺二分法认为,作品要构成戏仿,不仅要将原作品当作一项社会评论的媒介,还要至少部分地评论了原作品的实质内容或风格。[1]美国著名学者、大法官波斯纳进而认为,如果戏仿创作是以原作品或其他作品作为戏仿对象的,则可以被认定为合理使用,但如果只是将原作品作为手段或"武器"来评论一般的社会现象或社会价值观,则不能得到合理使用的保护。[2]后来的布兰奇诉昆斯案[3]和塞林格诉科尔汀案[4]也坚持了这一观点。《欧盟信息社会版权指令》允许各成员国(选择)在其国内法中规定对著作权侵权行为的免责条件,其中第5条第(3)款(k)项规定了"以讽刺漫画(caricature)、戏仿(parody)或者模仿混搭(pastiche)为目的使用著作权作品并不构成侵权"的免责。[5]欧盟法院在2014年的

---

① 参见龙井瑢:《数字时代的戏仿与版权合理使用制度的新发展》,《电子知识产权》2017年第3期。

② Richard A. Posner, When Is Parody Fair Use, *Journal of Legal Studies*, (1992) 21.

③ *Blanch v. Koons*, 467 F 3d 244 (2d Cir .2006).

④ *Salinger v. Colting*, 641 F Supp 3d 250 (S.D.N.Y.2009); *Salinger v. Colting*, 607 F 3d 68 (2d Cir.2010).

⑤ Art 5(3)(k) of Directive 2001/29/EC of the European Parliament and of the Council of 22 May 2001 on the Harmonisation of Certain Aspects of Copyright and Related Rights in the Information Society (2001).

"Deckmyn"案中进一步对戏仿免责的适用给出了统一解释，[1] 法院认为戏仿应当至少具备两项特点：首先，戏仿作品必须能让人联想到（从中辨识出）原作品但又必须与原作品有明显的区别；其次，戏仿作品必须构成一种幽默或者讽刺的表达。[2]

我国2006年年初的网络视频搞笑剧《一个馒头引发的血案》（以下简称《馒头》）在当时引起了轩然大波，理论界对其法律性质也产生了热烈讨论。[3]《馒头》的出现代表着一种新的创作行为，数字时代下这种创作行为将越来越多，及时为其提供法律保护将激励创作，使文化市场保持鲜活生命力。但戏仿毕竟利用了原作品，如果不正当地使用就会对原作者造成损害，尤其是精神方面的损害，因此应将这种使用行为限制在合理范围内。对此，对戏仿不应当单列为一种受《著作权法》保护的作品，《著作权法》列举的作品种类完全能够涵盖戏仿作品，只需要在合理使用中增加戏仿例外明示保

---

① (C-201/13)*Deckmyn v. Vandersteen*, [2014] ECDR 21, ECJ (Grand Chamber).

② Baden-Powell and Juliane Althoff, The Parody Exception: Having the Last Laugh, *Entertainment Law Review*, (2014)26.

③ 相关讨论参见甘明：《论"戏仿"作品的知识产权保护——以〈一个馒头引发的血案〉为视角》，《图书馆建设》2007年第5期，作者认为《馒头》是对《无极》的戏仿，并结合美国著作权法"合理使用"的四个标准，主张其构成合理使用；温万名：《我国模仿讽刺作品的版权法保护——从〈一个馒头引发的血案〉与〈无极〉的著作权纠纷引申》，《编辑之友》2008年第3期，作者亦持上述观点；谢小瑶：《论TRIPs协议中三步检验法的理论与适用——以〈一个馒头引发的血案〉为例》，《浙江社会科学》2010年第9期，作者以TRIPs协议中三步检验法论证《馒头》符合合理使用；邓社民：《数字环境下著作权合理使用与侵权的法律边界——由〈一个馒头引发的血案〉引起的思考》，《法学论坛》2006年第6期，作者认为《馒头》是合理使用产生的独立作品，非戏仿作品；罗莉：《谐仿的著作权法边界——从〈一个馒头引发的血案〉说起》，《法学》2006年第3期，作者认为《馒头》很难援引我国著作权法中的合理使用来替自己开脱，即便躲过来自陈凯歌的侵权指控，也无法从法律上为自己未经许可使用中央电视台法治频道的新闻节目、上海马戏团的演出录像以及《灰姑娘》等歌曲的行为辩解。

护即可。[①]《著作权法》可对合理使用的情形新增加一项:"为创作戏仿作品,使用他人已经发表的作品,但不得侵害原作者的署名权和保护作品完整权。"

第二,增加远程教育例外。全球疫情时期,远程教育成为了学校授课的主要方式。其实,数字时代的教育已经有能力突破传统的地域和时间限制,以线上线下相结合的现代教育模式最为典型。在这种模式下,结合课堂学习,学生进入相关平台即可随时随地自主学习。但是远程教育本身并不享有其提供课程的著作权,我国《著作权法》规定的教学合理使用只限于"为学校课堂教学",明显不能延及远程教育。远程教育能否顺利发展会影响到我国的文化教育,进而影响到我国知识产权运营中的人才素质,依据发展权,可以考虑将远程教育纳入合理使用范围,拓宽教学合理使用的目的和手段。为教学设置合理使用是为了充分促进教育,现行立法"为学校课堂教学"的规定稍显狭窄,不利于未来教育模式的创新发展,在数字时代不宜再限定教育形式。就合理使用的方式而言,《著作权法》只为教学规定了"翻译、改编、汇编、播放或者少量复制",这些有限的方式不仅难以适应课堂教学需要,更满足不了远程教育的需求,把方式扩宽为"使用"较为合适。

同时,远程教育这种新型教育模式的推广,既需要法律保驾护航,也要兼顾著作权人利益,远程教育与著作权人利益产生的冲突,可以通过完善远程平台自身来化解。首先,区分使用性质,允许非商业性使用。授予平台合理使用著作权人作品的权利,是基于其促进教育发展的作用,因而公益性是其享受合理使用制度庇护的必备

---

① 参见罗莉:《谐仿的著作权法边界——从〈一个馒头引发的血案〉说起》。

条件，也即应以非商业性为运行目的。这一点可以在美国法院的判决中得到印证。在涉及教学目的的一起案件中，法院认为，即使被告的复制行为是以教学为目的，但该行为本身具有商业性质，因此不构成合理使用。[①] 在涉及学术研究的另一起案件中，法院也以被告的商业机构身份而否决了合理使用的适用。[②] 对于商业性的认定可以由国家版权局负责，经认证为非商业性的远程教育平台可以对著作权作品进行合理使用，非商业性的平台则须在使用著作权作品前经过权利人同意。需要注意的是，非商业性是指不能以营利为目的，并不排斥平台获利，获利的范围以其收回运营成本为限。[③] 其次，控制课程传播范围。远程平台的课程只能提供给在平台注册的用户，未注册的用户无法获得课程，且平台应对提供的课程采取一定技术措施，使用户只能在线观看，不能缓存、下载或分享给其他人。最后，履行著作权明示义务。远程平台应该在每集课程的显著位置标明著作权信息，并在每集末尾详细列明，包括作者、年份、出版机构、标题、页码等，制作课程时无法获得著作权信息的，应在获知后及时在平台首页刊登著作权信息。[④] 由此，建议我国《著作权法》对合理使用的情形新增加一项："为实现教育目的，非商业性教育机构可以使用著作权作品，但只能提供给注册用户在线浏览，并明示著作权。"

第三，增加视障人士使用例外。《关于为盲人、视力障碍者或

---

① *Basic Book, Inc. v. Kinko's Graphics Corp.*, 758 F. Supp.1522(1991), p.1531.
② *American Geophysical Union v. Texaco, Inc.*, 60 F. 3d 913(2nd Cir. 1995).
③ 参见王丽霞：《摭谈慕课教育版权合理使用制度的建构》，《图书馆工作与研究》2017 年第 5 期。
④ 参见邹琳、陈基晶：《慕课教育的合理使用问题研究》，《知识产权》2015 年第 1 期。

其他印刷品阅读障碍者获得已出版作品提供便利的马拉喀什条约》（以下简称《马拉喀什条约》）已有包括中国在内的 91 个国家签署，其中有 31 个国家已批准实施。该条约的唯一目标，就是促进印刷品阅读障碍者获取图书、杂志和其他印刷品，并通过制作和跨境分享无障碍格式版实现这一目标。该条约对弱势群体的关注，从盲人扩大到"有视觉缺陷、知觉障碍或阅读障碍的人，无法改善到基本达到无此类缺陷或障碍者的视觉功能，因而无法以与无缺陷或无障碍者基本相同的程度阅读印刷作品"和"在其他方面因身体残疾而不能持书或翻书，或者不能集中目光或移动目光进行正常阅读的人"，并将该类群体能获得的作品范围，从已出版的作品扩大至"以其他方式通过任何媒介公开提供的作品"和"无障碍格式版"[①]。据统计，视障群体人口数约有 3.14 亿，主要分布在发展中国家。全球每年出版的图书有 100 多万种，仅 5% 被制成视障人士可以使用的格式版本。[②] 我国已经签署了《马拉喀什条约》，可以预见未来我国也会批准该条约，因此《著作权法》的修订应当以《马拉喀什条约》为参照，符合该条约的要求。

但是原《著作权法》的规定限于"将已经发表的作品改成盲文出版"，这种规定无法满足广大弱势群体的需求，也不能与《马拉喀什条约》保持一致，更不利于我国阅读障碍群体分享到知识产权运营成果。根据发展权理念，我国《著作权法》有必要对阅读障碍群体给予更多关注，建议有三：第一，扩大受益主体。除了盲人，还有很多人无法像正常人一样欣赏作品，他们往往在视觉、知觉、理解能力

---

①　参见《马拉喀什条约》第 2 条和第 3 条。

②　World Braille Day 2014,WBU News,http://www.worldblindunion.org/English/news/Pages/World-Braille-Day-2014.aspx.

等方面存在障碍，需要外界帮助。因此凡是不能正常阅读作品的人都可以成为合理使用的主体，包括盲人，有视觉缺陷、知觉障碍或阅读障碍的人，也包括其他因身体残疾而不能持书或翻书，或者不能集中目光或移动目光进行正常阅读的人。第二，拓宽合理使用的作品类型。据悉，目前我国视障群体人数已达到1731万，但能够读懂盲文的很少，不到总人数的百分之十。[1]可以看出，仅为这些人提供盲文是远远不够的，现阶段可以先从听觉上入手改善他们的阅读状况，允许将已发表作品制作成有声读物或是视频和音频作品，此外大字书和数字电子书等形式也应该涵盖在合理使用范围内。简而言之，允许制作成《马拉喀什条约》规定的"无障碍格式版"以供视障群体使用。第三，明确提供主体。《著作权法》尚未对出版主体进行规定，但随着数字新媒体的发展，未来会有更多主体进入出版业，著作权人的利益面临着潜在风险，有必要对这种风险进行预先规制。不妨借鉴《马拉喀什条约》第2条关于"被授权实体"的规定，将我国有资格从事"无障碍格式版"作品出版的主体限定为得到政府授权、承认或接受政府财政支持的非营利组织及政府机构。[2]

6. 完善数字技术环境下的补偿金制度

著作权补偿金作为对著作权人权利的补偿，由著作权集体管理组织统一收取，主要是针对实践中著作权人的作品未经授权就被私人非法复制且广泛传播与使用的行为而产生，在生产商和销售商出售复制设备时，相关组织根据商品价格的一定比例事先向生产商和

---

① 参见: http://weixin.blc.org.cn/gzzh/artview-12.html?rid=725&wxid=o1CUOul WXqm Ab Mm4GZ9D6qz1Uv Kw#mp.weixin.qq.com。

② 参见谢惠加:《视障人士版权合理使用制度的审思——评〈著作权法〉(修订草案送审稿)第43条》,《出版发行研究》2015年第1期。

销售商收取"补偿金",并在著作权人利益受到侵害时以该"补偿金"对著作权人进行救济。早在 1965 年,德国就在其著作权法中规定了著作权补偿金制度,随后,在英国、日本、法国等国家也陆续建立了著作权补偿金制度,规定录音、录像等数字化载体的著作权人享有著作权补偿金请求权。著作权补偿金制度是以解决个人使用权与复制权之间的冲突与矛盾为目的,是平衡当事人之间的利益以及对当事人之间权利的二次分配。

数字著作权补偿金制度具有实施成本低、可操作性强的优点,同时可以协调著作权人与作品使用者之间的利益冲突,作为网络环境下切实保护数字著作权人权益、维持各方当事人之间利益平衡的重要手段之一,其不仅是网络环境下创作者维护自身著作权的必然要求,也是网络环境下数字著作权健康发展的现实需要,对于网络背景下文学创作的健康发展具有不可替代的作用。但目前我国的数字著作权补偿金制度仍存在调整范围不明确、征收比例和征收金额不明晰、立法中对于社会公平的实现程度低,以及公众的著作权意识薄弱等一系列弊端,须从以下几方面对数字著作权补偿金制度进行完善:

其一,确定数字著作权补偿金的调整范围。对调整对象和调整范围的确定是一项制度实施得以取得良效的基础和前提,也是制度具有可操作性的重要保障。随着电子技术的迅猛发展以及网络文学的快速崛起,著作权补偿金制度也应随着现实发展需要而变化和调整。除传统的信息复制设备外,依托于电子技术及新媒体的复制工具如录像机、复印机、扫描仪等设备的出现,向数字著作权保护制度提出了新挑战。

以德国为例,面对新技术对于数字著作权保护制度的挑战,德国不仅在现行立法中对数字著作权补偿金制度的具体操作方式进行了明确规定，同时在现有判例的基础上，以司法解释作为补充，初步形成了一整套较为完善的数字著作权补偿金制度体系。由此，为应对社会发展的现实需要以及电子信息技术带来的挑战和冲击，立足于我国国情适当调整补偿金制度的适用范围，将对运用补偿金制度解决数字著作权纠纷提供支撑。作为主要规制网络作品的数字化利用行为的制度，数字著作权补偿金制度的调整对象应根据实践进一步予以明确，如搜索引擎查找，数字化下载、复制、传播，及数据库汇编与建设等。同时，随着电子信息技术的更新，调整对象的确定也应适当突破传统的规制内容，包括扩展到新型的作品利用方式上去。

其二，明确数字著作权补偿金分配比例及补偿金额。目前，在我国对于补偿金分配比例及金额的确定主要由著作权集体管理组织与著作权人共同协商确定，再申报获得批准，对于具体比例及数额没有事先制定明确且统一的标准。现阶段，我国应先在受到私人复制侵害较多的领域试行预先标准，制定具体的补偿金标准，并根据实际情况进行调整。至于具体的补偿金收取率，也应该基于科学合理的原则制定，在进行详细调查与分析的基础上，综合考虑确定补偿金分配比例及金额。

对于数字著作权补偿金的分配，应先由著作权集体管理组织立足于公正客观的出发点，结合与著作权人的事先约定以及对于作品种类、影响力、利用率等因素的充分考量，统一收取补偿金后再区分类别下发至各个著作权集体管理组织，并由其根据具体情况进行实际分配。同时，分配比例应根据作品的种类和质量的不同尽可能事先细化标准并留出一定的浮动调整空间，允许根据作品的最终使用率及影响力确定具体比例；至于补偿金金额的确定，可以采取以销售金额的若干比例来确定的相对定额模式。

其三，调整数字著作权补偿金征收客体及支付人义务范围。对于数字补偿金征收客体范围的合理确定是该制度得以落地实施并起到良好效果的基础性工作及重要前提。一般而言，判定一设备是否为数字著作权补偿金征收客体的主要标准是该设备的主要功能是否为复制及其相应的使用率之高低。由于电子信息技术设备具有种类庞杂、功能多样，且更新速度快的特点，在征收补偿金时对于设备的审查排除工作的难度相对较高，因此，对于审查工作的开展应由具备专业技能的人员分工进行。根据我国数字著作权补偿金制度的立法与实施现状，笔者建议可设立专门机构采取阶梯式分工审查的工作模式负责审查，由基层机构进行形式审核，若出现争议难以确定或支付人及第三人提出异议时，可由基层机构提交至国家版权局进行实质审核并作出最终决定。

对于数字著作权补偿金支付人范围的确定，由于实践中直接向设备购买者收取补偿金往往难以操作且影响商品交易及经济的发展，因此，可行的做法是由制造商或生产商代为支付，后者往往会通过转嫁费用的方式防止自己利益受损，这样就会达到实际由购买者承担的效果。而就支付人的义务而言，由于数字著作权补偿金制度是为了规范数字作品创作者与出版商等主体之间的著作权交易行为，防止和避免对权利人作品的不正当传播及对其上著作权之侵害行为，因此最重要的是明确作品不正当"传播"行为的范畴及主要表现形式。目前在我国《著作权法》中规定了著作权人享有信息网络传播权，而数字著作权补偿金所适用的传播行为则应该对此作出扩大解释，即网络环境下的数字著作权人不仅有权因侵权行为人的非法传播行为获取著作权补偿金，还可以从网络传播设备的无意识传播过程中获取补偿。

其四，完善集体管理制度。面对数字著作权运营风险越发严峻的情势，我国著作权集体管理制度亟须完善。作为著作权补偿金收取及分配的主体，著作权集体管理组织的运作机制是否健全、成员组织分工是否科学直接关系着整个制度的实施成效。明确数字著作权集体管理组织的性质、地位和权责，既务实也紧迫。目前，我国对于著作权集体管理组织的立法仍处于不成熟和不完善的状态，在实践中，著作权集体管理组织对网络作品的规范和保护缺乏明确的法律指引，对促进著作权运营的效果不明显。对此，建议根据我国实际情况包括司法实践中遇到的问题，在充分借鉴和参考其他国家成功经验的基础上，在立法中对于著作权集体管理组织进行专章规定，包括其法律地位、权利义务、职权职能范围以及具体管理方式等方面，充分发挥其在维护数字著作权人权益上的优势，切实保护数字著作权人的合法利益，为网络作品的流通与传播建立优质的营商环境。

目前我国对于著作权集体管理组织的性质并没有十分具体明确的规定，《著作权法实施条例》中规定"著作权人可以通过集体管理的方式行使其著作权"，同时在现行《著作权法》中规定其为"非营利法人"。从现行立法状况及我国国情可以推知，我国对于著作权集体管理组织的性质倾向于认为其属于非垄断性质的民间协会。现有的著作权集体管理机构如中国音乐著作权协会、中国文字著作权协会以及中国音像著作权集体管理协会等，均属于非营利性的民间团体。明确我国的著作权集体管理组织为民间团体性质，更能符合组织为著作权人利益服务的宗旨和精神，同时也符合我国的政治经济体制以及国际趋势。同时需要注意的是,著作权集体管理组织的成立应当得到国家相关部门的批准,机构的行为也应受到相应监督。

(二)立法优化运营滥用规制体系

知识产权制度的根本目标包括实现个体利益与社会公共利益和谐发展、共生共荣,这也是知识产权运营合理的基本前提。国际上专利滥用规制的呼声越来越高,我国也不应例外。针对知识产权滥用的反垄断法律制度在我国尚处于萌芽阶段,为规制滥用行为,我国应从立法、执法等层面构建完善的规制体系,以保障私权和公共利益的平衡发展。从立法上来看,我国知识产权保护制度的确处于先进水平,但是规制以及防止滥用方面的立法却仍然薄弱,对于国际条约的规定也没有完全掌握和运用。

知识产权运营过程中,越来越多的行为面临被认定为滥用甚至垄断的风险,当滥用到一定程度,实际产生了损害后果或者有可能损害其他市场主体,超越了民商法的认定范围时,就需要竞争法的介入了。《反垄断法》第55条禁止经营者滥用知识产权,这种规定是模糊性的,对于具体到权利人,专利滥用范围究竟为何,法院如何援引及判定适用该项条款,并没有确切指引。在国家政策层面,我国已经提出将防止知识产权滥用提升到战略地位,初步显示出我国对知识产权滥用规制的重视,但是在立法、司法中仍然存在认定难、执行难的问题。下文拟从反不正当竞争法、反垄断法、著作权法三个层面予以列举性的建议:

1. 完善反不正当竞争法对网络领域的规制

网络技术的迅速发展对知识产权运营提出了新挑战,运营中离不开反不正当竞争法的必要补充,这就需要反不正当竞争法作出相应调整,以规范网络行为、协调各方利益关系。首先,需要对网络不正当竞争损害赔偿作出更细化的规定。德国竞争法明确了损害赔偿的具体内容,包括直接受损的利润、因不正当竞争行为所带来的信誉损害费、实现权利的支出和扰乱市场费。日本法律也对权利人的商业信誉损害给予一定关注。商业信誉作为一种无形资产,能为权利人带来巨大和长远的收益,我国法律宜将商业信誉损害纳入到考虑因素中,可以将相关网站的流量减少、用户数量减少作为衡量商业信誉受损的要素。此外,在计算损害赔偿额时,还应当兼顾互联网独有的经营要素,譬如,广告收入、软件业务中的增值业务收入减少,以及互联网环境下侵权行为迅速扩大及蔓延等造成的损失。对这些要素给予足够关注,才能较为全面地弥补受害人损失,规范不正当竞争行为。

其次,在认定某一行为的正当性时,可以遵循最低限度干预原则和排除恶意搭便车原则,待相关实践成熟后再将其纳入法律或司法解释中。最低限度干预原则要求安全软件对于消费者的日常计算机使用及软件安装行为应当秉持谦抑的态度,非基于公益不得频繁干预,否则可能被认定为是不正当竞争行为。确立该原则主要是因为目前软件市场上一些经营者利用安全软件干扰消费者对软件的选择和使用,甚至以兼容性为借口迫使消费者卸载其他软件,从而实现其限制同行业其他竞争者发展、独霸市场的不正当目的。这既损害了消费者的自主权,也破坏了市场的公平竞争秩序。北京市高级人民法院在"百度诉360插标"一案中确立的"非公益必要不干扰原则",可以看做是此原则在司法实践中的成功运用。排除恶意搭便车原则,是禁止网络环境下一些经营者凭借技术手段,利用其他经营者的商业信誉和市场知名度等宝贵资源,获取不正当利益的行为。恶意搭便车者多通过各种手段误导消费者，从竞争者处抢夺网络流量，增加自身利益，破坏竞争秩序，损害其他主体经营积极性，对这种不正当竞争行为的规制十分必要。对恶意搭便车的认定，除了要从客观的损害后果和行为的危险性等方面去认识"恶意"，还要注意两点：一是重点关注对诚信原则、商业道德和交易习惯的遵守，而非个体利益的简单得失。反不正当竞争法允许正常的商业竞争产生的利益得失和一些必然的经济变动，而违反行业公认规范、影响日常商业活动的行为才是规制对象。二是即便其他竞争者并没有在经济利益上受损，也不影响恶意搭便车对商业道德破坏的事实成立。规制恶意搭便车在于此种行为违背了诚实守信的商业道德，冲击了良好的市场秩序，不利于商业活动的开展，因此不以受损为要件。

最后，适当考虑增加网络不正当竞争行为具体条款的列举，以为规制实践提供更明确的指引。流量劫持、广告拦截、客户端干扰、软件捆绑和竞价排名等都是实践中发生频率较高的不正当竞争行为，可见，在知识产权运营中应当给予《反不正当竞争法》必要关注。

2. 健全对标准必要专利的反垄断法规制

知识产权运营中的滥用在反垄断法领域突出表现为标准必要专利的滥用，可以从以下两个层面加强对这一行为的规制。第一，加快出台知识产权运营滥用的反垄断指南，并结合标准必要专利的特点进行规制。美国、日本和欧盟等国家和地区积累了丰富的反垄断实践，并出台了知识产权滥用的反垄断指南，为规制实践提供了明确规范。国务院反垄断委员会已于 2017 年 3 月 23 日公布了《关于滥用知识产权的反垄断指南（征求意见稿）》（以下简称《意见稿》），《意见稿》将主要的知识产权滥用行为分成垄断协议、滥用市场支配地位、经营者集中和其他情形四个部分予以规制，同时在垄断协议部分规定了安全港规则，为经营者提供了免责条款。《意见稿》的公布表明未来我国知识产权反垄断将有明确的法律依据，当前应当加快对《意见稿》的修改和知识产权反垄断立法工作，尽早出台《知识产权反垄断指南》的正式版本①，为执法实践提供明确规范。同时，正式的指南中对于标准必要专利尤其要明确规定几点：一是专利权人获利应基于其专利权，而不能因其掌握的标准获得额外利益，如果标准必要专利许可费严重限制了相关市场上的有效竞争，则这种费用就是不合理的。二是在判定许可费的合理性时，重点考虑专利的边际价值贡献和竞争性替代因素。三是当专利权人违反 FRAND（"fair, reasonable and non-discriminatory terms"的简称，即公平、合理和不带歧视性的条款）原则，产生许可费争议时，涉及的不仅有《反垄断法》，还可能有《合同法》和《专利法》等法律，应坚持合同法优先的处理原则，在滥用行为确实存在并对竞争造成严重损害时，才宜适用反垄断法。四是 FRAND 承诺实际上也是标准专利持有人的一种合同义务，可以依据该承诺判断许可行为的合法性，同时还应关注该行为对下游市场创新竞争的影响，对创新的损害也是一个审查重点。

第二，对于运营中标准必要专利垄断，采取三步审查策略。存在标准必要专利的行业多是高科技行业，竞争者之间争夺的不只是现有产品或技术，更是创新市场，反垄断法对此应给予足够关注。因而，滥用知识产权的反垄断问题中，知识产权相关的市场主要有

---

① 国务院反垄断委员会已于 2020 年 9 月 18 日正式发布《关于知识产权领域的反垄断指南》。——编者

三个：创新市场、技术市场和产品市场。由于一项技术成为标准后，就不存在可替代性，因而竞争的主要对象是行业标准确定前的创新市场和技术市场，即事前的竞争。但是此时相关产品还未进入流通领域，产品的商业价值具有不确定性，仅考虑创新市场和技术市场并不能准确判断垄断问题。因而，需要综合考量三个相关市场，并将竞争替代性分析和商业价值贡献分析加以结合运用。具体来说，可以将对标准必要专利的反垄断审查划分为事前、事中和事后三个阶段。在事前阶段，主要考虑创新市场的竞争，采用替代性竞争分析，涉及专利相对于替代专利的边际技术贡献和替代技术的价值等因素；事中阶段则考量对技术市场的争夺，采用许可条款审查法，考察其他类似专利的许可费、许可的性质和范围、专利的有效期和许可期限等，如果许可费是采取自由谈判的方式，还要分析标准中互补专利的贡献度，以及许可条款是否包含反竞争条款；事后阶段则分析产品市场的竞争程度，采取市场要素分析法，这时可以纳入的因素有，专利对产品商业价值的贡献、实用专利产品的获利能力，许可是否导致被许可企业处于一种不公平的市场地位。

3. 明确知识产权运营滥用的相关法律责任：以技术措施滥用为例

一般而言，著作权人在符合法律规定的情况下，在正当的保护范围内合理使用技术措施保护其著作权的行为是具有合法性的，但是伴随数字技术的发展，技术措施违法滥用的情形越来越多，当行为人出于故意或技术过失等原因在一些不属于技术措施保护范围内的作品上，或保护期限届满应归属于公众所有的作品上捆绑技术措施，使得有权使用作品的合法使用人的正当权利被损害甚至被剥夺时，就应当对自己不当行为造成的损害承担法律后果。

　　针对知识产权运营中规避技术措施的保护和限制，应当遵循两个前提条件，一是其所保护的对象是与著作权有关的使用，二是规避技术措施须用于保护未得到著作权人许可但是受到法律保护的使用。为了保护著作权人的利益，我国选择了牺牲个人使用者对作品享有的自由，但是在现实生活中，因为有不同的利益诉求存在，导致冲突不可避免。具体到使用者的个人使用，承认个人使用受信息网络传播权的限制，在非商业性目的和不与作者相竞争这两个条件同时满足的情况下，应当视为合理使用而受到保护。合理使用有双重目的，一方面保护著作权人的市场垄断权，另一方面防止该市场垄断被用于抑制学习。因此，为个人学习采取的规避技术措施的行为当属合法，即使用者为个人学习等合理目的使用作品时可以避开著作权人采取的技术措施，同时，著作权人也应为使用者提供必要的便利。

　　具体到技术措施保护规则的调整，受保护的技术措施必须是"有效的"。在美国 *MGE UPS Systems Inc. v. GE Consumer and Industrial Inc.* 一案中，法官的判决对于如何按照"有效性"与"著作权相关性"要求而限制性应用反规避技术措施规则，提供了有益参考。法院认为，仅仅避开限制使用者浏览或使用作品的技术措施不足以触发反规避规则的适用；反规避规则只针对规避行为本身，而不适用于技术措施已经被规避以后对著作权作品的使用行为。该案限制了技术措施的适用范围。[①]

---

　　① Ryan Iwahashi, How to Circumvent Technological Protection Measures Without Violating the DMCA: An Examination of Technological Protection Measures Under Current Legal Standards (March 28, 2011), *Berkeley Technology Law Journal*, Vol. 26, 2011, available at:http://ssrn.com/abstract=1797902.

我国《著作权法》中仅对于规避技术措施的行为作出了禁止性规定，但是对于为规避技术措施提供设备、产品及技术等便利条件的行为性质及后果却缺少明确的规定。虽然最高院在《关于审理涉及计算机网络著作权纠纷案件适用法律若干问题的解释》中对此进行了补充性规定，但是尚不够详实。对此，建议有三：一是制定专门的技术措施保护细则，对技术措施的适用范围、适用条件、合理使用的限度、技术措施滥用的情形以及相应的法律后果予以规定。二是应当结合实践中技术措施在实施过程中遇到的经常性问题及阻碍进行针对性的立法，如设立反规避技术措施性质的条款，对于制造、生产或销售以规避或对抗技术措施为唯一用途的设备、装置等行为作出禁止性规定等。三是应当根据运行方式及具体作用的不同，对技术措施进行分类，并根据不同的类型对其进行相应的针对性保护，对于强制规避或破坏技术措施以及滥用技术措施的行为的法律责任进行明确规定，从民事责任、行政责任、刑事责任等方面对其进行规制。对于技术措施滥用的法律责任的规定，不仅要在技术措施保护细则中以一般性条款的方式规定技术措施的适用要以不损害他人及社会公众利益为限度，同时也要在具体条款中规定技术措施滥用时行为人应当承担的责任。

（三）完善商标运营的合理性和平衡性

1. 重构驰名商标法律保护机制

在对驰名商标进行保护时，要考虑到驰名商标跨类保护制度与注册商标同类禁止混淆制度的适用选择，也要考虑到驰名商标跨类保护与欲跨类别上已经注册商标保护的利益冲突问题。建议审慎构建我国注册驰名商标运营的保护体系：当注册商标受到侵害时，首先，要区分被侵害的商标是否为驰名商标，不是驰名商标的，根据注册商标同类禁止混淆制度，禁止他人在相同或近似商品或服务上，混淆性使用与其注册商标相同或相近似的标识；如果是一般的驰名商标，根据注册商标跨类禁止混淆制度，禁止他人跨商品或服务类别，混淆性使用该注册商标；如果是高度驰名的商标，根据注册商标跨类反淡化保护制度，即使他人跨商品或服务类别使用商标的行为，不会导致消费者对商标来源产生误认以及对二者经营关系产生混淆，也可以禁止他人可能使商标与服务之间特定联系削弱以及贬损商标声誉的使用行为。其次，坚持"因需认定"的驰名商标认定原则。只有当不认定驰名商标就无法充分保护权利人时，才认定权利人是否享有驰名商标，否则就以其他方式保护权利人。最后，驰名商标跨类保护的请求，应受到欲跨类别商品或服务上已经注册商标的限制。

2. 强化对未注册在后商标使用者的并存式保护

美国、欧盟、日本及中国台湾地区均存在商标共存制度，但这些国家和地区的商标共存制度多运用于有关行政程序或者申请注册过程中达成的共存和解协议，而不是解决注册商标权与在后未注册商标使用之间的冲突，这一差异根源于商标权的产生是基于注册还是使用。德国商标法还规定了时效取得型的商标共存制度。德国商标法第 21 条（1）"权利丧失"规定，商标和商业标志所有人在明知的情况下，默认一个在后注册商标连续 5 年使用，则该所有人应无权禁止该在后注册商标在其注册的商品和服务上使用，除非在后商标申请为恶意申请。日本商标法第 24 条规定，只要在相同或近似的商品或服务上的商标使用时附加适当标记，避免产生混淆，相同或近似的商标就可以共存。澳大利亚商标法第 44 条规定，商标共存的使用范围是以商标使用人曾经的商业范围为限，不得在未来商业领域扩张使用该商标。可以看出，商标共存需要在先使用者的许可，被许可使用的在后使用者也不能拒绝其他人的商标共存请求。国外商标共存制度的成熟运作和我国商标先用权的成功实践表明，我国引入商标共存制度是可行的。可以考虑初步构建我国商标运营的共存制度：对于在后使用的有一定影响的未注册商标，只要不和在先注册的商标产生混淆，误导公众，就可以在原有范围内及其自然扩张区域继续使用这一商标，并享有完整的商标权，在先商标注册权人可以要求在后使用者附加适当的区别性标识。进而，我国商标运营共存的认定可以基于当事人双方合意或者法院裁判而产生。

（四）强化知识产权运营权利人的责任和完善相关侵权责任的规定

1. 适度为著作权人及相关权利人设立相对义务

数字著作权技术保护措施的设定虽然在一定程度上避免了不法行为人对数字著作权的侵害，但仍不可否认，技术措施使得交易条件愈发模糊和不透明，在单方面的保护倾斜下，合理使用人的正当权益在一定程度上受到了威胁，对此，应在立法上为著作权人及相关权利人设定相对义务，使其提供必要的协助来平衡合理使用人的利益。

根据我国数字著作权运营与发展的具体情况，同时参考欧盟《数字版权指令》中的相关规定在实践中取得的成功经验，可以立法确立我国数字著作权人及相关权利人的相对义务。首先，著作权人在特定情形下具有披露技术措施的义务。这是指为增加数字著作权领域交易的安全性与透明度，维护数字著作权交易秩序，保障数字著作权良好的交易环境，著作权人应秉持诚实信用的交易理念，对其施加技术措施的作品所使用的技术措施种类及相应的限制内容向合理使用人以清晰、明显的方式进行事前披露和告知，如在包装上张贴标签等，使对方基于真实的购买意愿及初衷来进行交易行为，避免其在不知情的情况下遭受损失。其次，著作权人在特定情形下具有主动提供破解和规避方法的义务。也就是说，著作权人不能对具备规避其技术措施条件的行为进行限制，以保证社会公众合理使用的权利；同时，如果著作权人在保护期限届满后，怠于履行其义务的，还应允许合理使用人自行对其技术措施进行规避进而使用的行为。明确著作权人对合理使用人主动提供协助的义务，保证后者顺利进行合理与正当使用，还包括在著作权保护期限届满以后，向主管部门主动提供破解方法，对于行政执法部门对其技术措施合法性的定期检查工作，著作权人也应积极配合并为检查工作提供便利。

2. 规范知识产权间接侵权制度

不同于单纯的知识产权保护，在知识产权运营过程中，更多的时候发生的是怠于履行或者不需要赔偿的侵权行为。间接侵权问题是知识产权运营建设回避不了的问题，关于专利间接侵权问题，我国正式的法律条文尚没有直接的明确规定，导致现阶段面临具体诉讼无章可循的困境。如何在现行法律体制基础上规制间接侵权行为，是知识产权运营发展进程中需要弥补的立法缺陷。

学理上，间接侵权是实施了不受专有权利控制的行为，想要追责则该行为必须具有可责备性，即有主观过错，因此间接侵权应实行过错责任原则，应在过错责任框架下具体建构。在谈论归责原则时还要考虑是否必须以直接侵权存在为条件。直接侵权行为的存在应作为损害赔偿要件，在此之外的权利要求则不需要直接侵权行为的存在，即权利人不要求损害赔偿时，只要有合理理由认为自己的权利受到了威胁，就可以要求义务人履行一定义务，而要求损害赔偿时则必须有直接侵权行为的存在。

例如义务人应履行一定义务，但怠于履行，这时候并未发生直接侵权行为，权利人的权利未受到任何损害，但却处于一种不安全的状态，如果必须存在直接侵权行为，则权利人必须等到发生侵权行为时才能保护自己的权利，法律目的就落空了，也会造成大量机会成本的浪费。这时法律应当允许权利人要求义务人及时履行自己的义务，消除这种危险状态，这样可以更好地保护权利，减少侵权行为发生概率。但是若要求损害赔偿则必须有侵权行为发生，否则会导致权利义务失衡。如果不存在直接侵权行为，行为人仅实施了间接侵权行为，不会对权利造成任何法律意义上的损害，自然也不能要求其赔偿。

2016 年最高人民法院《关于审理侵犯专利权纠纷案件应用法律若干问题的解释（二）》对间接侵犯专利权予以了明确规定。根据该解释，在我国现行法律制度及法律规制模式下，一方面，帮助行为可被定性为间接侵权行为，另一方面，教唆行为可被定性为间接侵权行为。相较于仅规定了辅助行为的一些国家，我国对间接侵权行为设定的范围较宽，与美国相似。纵观行为表现模式，无论呈现状态如何，都可以直接援引适用侵权责任法关于帮助侵权和教唆侵权的相关法律规定。对于我国是否应当引进并吸收该制度，国内学者存在争议：一部分学者认为，专利间接侵权理论与我国侵权判定标准的"全面覆盖原则"相冲突；还有一部分学者认为，专利间接侵权有其特殊性，与其他侵权形式不同，是截然相反的法律行为，因此有必要用法律具体加以规定 ①。专利间接侵权是一种特殊的专利侵权类型，无论是从其他国家法律规制的状况还是从我国司法现状着眼，共同侵权理论都不能完全解决专利间接侵权问题。为使我国专利制度健全发展逐步完备，应当结合专利发展现状及司法实践情况，审慎建立专利间接侵权法律制度，实现对专利运营的全面保护。

对此，建议在知识产权运营的实践中，注意对侵权责任与违约责任的双重规制。首先，侵权责任法中的侵权责任规制。专利运营应在被侵权时，以该法主张权利。这是我国目前对专利侵权明确予以立法的规制方式，对于专利侵权中的帮助、教唆等行为，直接适用侵权责任法中关于共同侵权等的规定。从一般意义上而言，专利间接侵权涵盖在专利侵权范围之内，帮助行为与教唆行为是实现专利侵权的共同组成部分，当以侵权责任法中侵权责任规制。

其次，合同法中的违约责任规制。应在专利运营合同中注意添加相关保密条款，以免权利受损。根据合同法，双方在达成一致意见后形成了书面的合约，合同双方应当履行合同中规定的权利义务。专利权使用许可合同中，被许可人应当履行保守合同秘密的义务，对于熟知的专利权人的权利实现方式和方法，不能透露给第三人知情或使用。对于为他人侵权提供技术秘密辅助的侵权人，当以合同法中违约责任规制，要求其承担违约责任。

（五）加快国防知识产权运营的法律法规建设

为了实现保证维护国家安全和推动国防知识产权运用的双重目的，国防知识产权运营的实际执行过程中往往会出现左右为难的

---

① 参见王迁、王凌红：《知识产权间接侵权研究》，第 159 页。

窘境，这就需要进一步健全国防知识产权运营的法治环境。首先，建议增强国防知识产权运营工作的法律保障。在《国防法》《专利法》《保守国家秘密法》等相关法律中对国防知识产权的概念予以界定，认可国防知识产权存在的私权属性，并明确国防知识产权的地位、管理机制、纠纷处理机制等内容，解决制约国防知识产权运营的重难点问题，保障国防知识产权运营工作的开展。可适当提高国防知识产权相关法规的位阶，如《国防专利条例》作为授权法规，法律位阶较低，不利于国防专利保护，可将其升级为法律，以增强对国防知识产权运营的重视。此外，进一步加强国防知识产权相关法律与其他法律之间的配合，完善国防知识产权运营的配套制度。

其次，建议改善国防知识产权解密制度。针对当前国防专利解密难的现状，成立专门的保密、解密审查机构并从法律上明确其职责，对已授权的国防专利定期审查。对于一般国防专利按照法律设定的保密年限执行保密工作，到达年限则自动解密投入市场运营；对于涉及国家重大安全的国防专利，由专门机构按具体情况确定保密期并制定保密措施。降低国防专利权人申请解密的举证难度，推动符合解密条件的国防专利解密。

二、提升本土企业知识产权运营风险防范意识和运营能力

（一）审慎选择知识产权运营风险防控的措施

根据产业异质性理论，不同产业的知识产权运营模式应有所区别，如软件行业，因其成本低、技术更新快，将专利免费向社会开放的运营模式，不仅能为企业抢占市场份额，还能加快技术创新；再如生物技术领域，不仅在纵向存在累积创新，还在横向存在反公地

悲剧，针对其专利交叉覆盖和密集问题，有学者提出可以将该产业进行纵向联合 ①，如生物研发技术公司和药品制造公司联合。可见，专利运营风险防控措施应成为企业乃至产业专利运营的核心选择。

具体操作上，企业专利运营风险防控措施多种多样，主要表现为七种：一是构建专利池，如美国高智发明公司运用"投资许可＋研发许可＋合作研发许可"，以抢占高新技术领域专利创新市场份额，提前3—5年进行研发。二是专利投机＋专利反投机，由专利诉讼衍生，为企业应对专利诉讼提供风险解决方案，以主诉和应诉为标准划分为两类：专利投机者、专利防御者，分别以逻辑专利运营公司、合理专利公司为代表；三是打造专利交易平台，以 ICAP 为典型的专利经纪公司；四是政府主导＋官民合作，以政府为主导，采用官民合作的方式，将国内优势专利集聚，致力于防止国内专利外流，降低国内专利的国际竞争风险，以韩国专利运营模式为代表；五是"一站式管理"，以为企业提供"一站式"专利管理服务为宗旨，从技术价值评估到专利许可合同的鉴定，以上海盛知华知识产权服务有限公司为典型代表；六是专利托管，其运营以专利托管为主，通过与专利市场买卖双方签订委托合同，为买方寻找专利，为卖方寻找买家，以江苏常州佰腾科技有限公司为例；七是以专利池信托为主，专利运营风险防控侧重于专利池信托，服务于专利质押融资，以镇江专利运营模式为代表。

上述众多的专利运营风险防控措施，在宏观层面，或着眼于专利创新市场，或着眼于专利交易市场，又或者致力于为创新市场和

---

① Arti K. Rai, Fostering Cumulative Innovation in the Biopharmaceutical Industry: The Role of Patents and Antitrust,16 *Berkeley Tech. L. J.* 813,833-35(2001).

交易市场搭建信息交流平台；在微观层面，以专利权的财产价值链为依托，细化专利分工，或着眼于管理，或着眼于托管，或着眼于增值。不同企业乃至产业可以在宏观、微观层面选择其着力点，进而选择合适的专利运营风险防控措施。

（二）有预见性地搭建专利运营获取网络

对于运营主体而言，专利资源是运营成功的前提，其获取能力也就决定了专利运营风险防控是否有效。鉴于此，建议运营主体有预见性地主动搭建专利获取网络，主要包括以下两个方面：

其一，获取资金来源、专利来源、专利交易主体等信息的网络，并对各类信息予以梳理归纳，包括资金、客户、专利、市场经验等。如高智得以运营成功取决于强大的资金支持，其投资者达到60余家，包括活跃的大型跨国公司，如微软、苹果，也有投资基金，如摩根银行，此外还有大学，如斯坦福大学、康奈尔大学、清华大学，投资总额已达到60亿美元，为其抢占专利创新市场份额提供基金支持，分别为发明开发基金、发明科学基金、发明投资基金。

其二，构建优质专利识别网络。专利交易市场日趋活跃，优质专利和劣质专利良莠不齐，而劣质专利不仅没有开发价值，还面临无效宣告等风险，只有优质专利才能为专利运营主体带来可持续利润，因此，如何识别优质专利的问题就被推至专利运营的风口浪尖。专利识别网络的构建依托于两类认定主体，即技术专家和法律专家。技术专家一部分着眼于专利创新市场，其可以借助自身对技术领域的精通，精准识别哪些专利为某一领域核心专利、将在专利市场最受欢迎；另一部分着眼于专利需求市场，借助敏锐的市场洞察力，评估优质专利是否可以实现货币最大化。法律专家则专注于对专利风险的法律分析，因为专利的价值来源于法律所赋予的垄断地位。

（三）积极打造企业的知识产权布局和运营预警方案

1.尽早设计适合本企业的知识产权运营布局

伴随全球化核心技术竞争的加剧，各产业均呈现越来越多的累积创新和反公地悲剧现象，尤其是专利密集型产业，单个专利无法覆盖整个产品，催生了专利回避设计、专利劫持等法律风险。因此，专利运营风险丛生，除专利运营风险识别外，积极的专利布局成为专利运营风险防控的关键，进而可将专利池中的专利用于投资，以换取企业股权。企业专利运营布局主要分两步走：

第一步是专利分级。专利具有不同的价值，最基本的分类为优质专利、劣质专利，其分级对象不仅包括专利本身，还包括与其相关的专利和专利族，以价值为标准，可对其技术价值、商业价值分别进行分级。如 ICAP 对专利权人提交的专利进行可竞拍性审核，包括公司专利评分系统和专家团队评审系统，通过双层专利评价体系完成专利分级。

第二步是专利组合。"1+1＞2"理论在专利运营风险防控中尤为适用，通过专利组合，不仅可以增强专利风险防控能力，还可以提高专利整体价值。如高智发明公司总裁纳森曾提出："虽然每一种专利都具有一些价值，但打包后的专利组合价值就更具有吸引力，因为客户节省了用来查出所有专利持有人和对单个专利交易进行逐一谈判的时间与开支。客户可很容易获得他们加速推进新产品所需要的所有专利，同时又降低了错失必要许可和遭到措手不及的侵权诉讼的风险。"可以将专利分成不同层级的专利组合。此外，专利池对规模不同的企业发挥不同的作用，譬如智谷公司利用核心专利为大规模企业提供"诉讼防御"，而为小企业发动积极诉讼。

2. 制定符合企业知识产权运营布局的预警方案

在实施知识产权布局的基础上，企业通过对市场状况、自身产品侵权状况的分析，发现具有竞争力的行业对手，针对其做好专利预警方案，是企业知识产权运营的攻坚工作，目的是增强自身风险防范能力。预警方案设计的基本建议有三：

其一，需要强化企业自身知识产权运营风险及布局意识。企业应消除侥幸心理，不将侵权仿冒视为企业发展、获取利润的"捷径"，在产品研发前进行专利分析，保持侵权可能性的清醒认识；在市场价值高的技术问世后，充分考虑未来的产品可能覆盖范围，先进行专利布局，考虑不同时期的市场需求，做到既有进攻性专利策略，又存防御性专利策略；对于需要申请专利的技术不仅要关注本企业产品的技术创新，也应关注竞争对手的专利技术，尤其是同质产品专利技术的创新。

知识产权布局需要主动性策略的运用。首先应利用专利权的独占性，通过申请专利，提前进行专利布局，对己方及竞争对手专利布局整体情况的掌握不仅是专利权人发起侵权诉讼的关键，也是制定专利诉讼策略及最终赢得专利诉讼的必要准备。其次尝试建立企业自身的知识产权应急预警机制，把握现存及潜在竞争对手动态，知己知彼。最后做好诉讼的必要证据准备，以选择恰当的时机向有利于自己的诉讼管辖地法院提起侵权诉讼，以最小的代价获得最大的收益。

其二，借助知识产权布局和预警机制打造知识产权防御之盾。企业应重视对竞争对手的动态跟踪，当发现其申请了某项与自身产品相关、易引发侵权风险的重要专利时，应对该风险进行认真评估；如果产品确实侵权，在做好规避措施及绕行计划的同时，还应结合双方产品特点、市场特点申请防御专利,譬如,基于对手基本专利技术进行创造性改造或者外围技术专利申请,以此在对手"基本专利"周围形成专利墙,限制对手对该专利的实施余地;还可以采取在竞争对手重要领域的专利布局薄弱环节"埋地雷"的方式,积累日后与竞争对手开展专利竞争和专利谈判的核心筹码。

其三,积极主动地申请有质量的知识产权。有质量的知识产权就是企业走出去参与市场竞争和扩大宣传的重要筹码,企业应当及时发现技术真空领域、提高产品和技术的创新程度;充分掌握专利壁垒情况,避免产品同质化,避免企业专利运营的法律风险及不必要的诉讼之累。

3. 示范:以商标域外被抢注风险的防范为例

梳理商标案例同样会发现,企业尤其是走出去的企业,商标运营和风险预警的意义,必要也深刻。我国企业面对外企的商标抢注行为,进行再好的事后补救也没有事前预防来的效果好。尤其是针对我国的中小企业,对抗商标抢注最经济实惠的方式就是要建立适合本企业的商标防御体系。因此,企业应当提高商标国际保护意识,要有忧患意识防微杜渐,不能等到商标在海外被恶意抢注之后才被动地亡羊补牢。例如,上海冠生园集团就非常重视商标的国际注册,他们在100多个国家和地区注册了"大白兔"糖果的商标。冠生园集团的商标国际注册战略在开拓国际市场的过程中抢占了商机,更是有效地保护了自身的商标权益。冠生园集团的商标运营示范也给我国其他企业在对抗商标域外抢注的风险防范上带来了诸多启发。

第一,我国企业亟须提高商标域外运营能力。企业商标的国际确权,是其进入全球市场的第一步。应当及时地将商标进行国际注册，不能等到商品已经有一定的市场之后才考虑商标注册的问题，以有效地防范我国商标被外商恶意抢注。上海冠生园集团的商标产品在国内外的销量和口碑均具有一定高度，该商标产品从1960年开始出口美国、澳大利亚、泰国、新加坡等40多个国家和地区，1985年起，冠生园集团在国外很多国家注册了"大白兔"商标，在海外市场的开拓过程中，冠生园集团投入大量资金进行商标的海外注册活动，其目的在于全面保护自身商标，防止商标被域外抢注。其在《马德里协定》的30个成员国进行了"大白兔"商标的注册，同时在另外70多个国家和地区也都拿到了"大白兔"商标的国际注册证。上海冠生园集团的商标运营战略是通过在已经出口或者将来可能出口其产品的国家和地区注册"大白兔"商标，从而可持续地保护其商标全球运营过程中的相关权益。

企业在开拓海外市场的过程中，必须要把知识产权运营包括商标注册或使用作为一个先行因素进行考量。当前商标确权通常有注册在先和使用在先两种方式，所以企业需要针对不同的情况选择对应的确权方式。首先，如果是在日本、意大利等实行注册优先的国家，企业就应该树立商标注册意识，提前进行注册。毕竟，企业从商标申请到审核通过需要经过一段时间。同时，企业在商标注册地的选择上也要有未雨绸缪意识，不能仅仅针对其已经进入的国家和地区进行商标注册，对于企业有可能进入的市场所在地，也要提前进行商标注册。其次，如果是在美国、澳大利亚等实行使用在先的国家，企业不仅要重视其商标产品在出口国的实际使用，还要对相关使用证据进行保留。企业只有掌握了在先使用的有效证据，才能通过所在国家的法律来对抗外商的抢注行为。最后，即便是在实行使用在先的国家，企业也需要通过繁杂的取证过程，再根据所在国法律程序提出异议，因此，提前在所在地申请商标注册，作出其商标权益的法律声明是最有效的预防手段。

第二，企业在对商标注册模式进行选择时，应结合自身具体情况找到最佳注册途径。例如，上海冠生园集团在进行商标的国际注册时就有自己的注册策略，主要采取了逐一国家注册、马德里注册、非洲知识产权组织注册和欧盟注册四种方式。其有策略地选择这四种不同的商标注册模式，为国内企业对商标注册模式的合理选择提供了参考。第一种是采取逐一国家注册的方式。上海冠生园集团针对没有参加《马德里协定》的国家，采取的就是逐一进行注册的方式。当然，采用逐一注册的方式是比较麻烦的，因为不同的注册国对于商标注册的相关规定也不尽相同，这就可能增加企业的注册成本。企业可以委托当地商标代理组织或者律师事务所等代理商标注册。第二种是采用马德里注册模式。注册国如果是《马德里协定》的成员国，可以依据《马德里协定》及《商标国际注册马德里协定有关议定书》的规定进行商标国际注册的申请。通过这种方式进行商标注册，企业只需要提交一份商标国际注册的申请书就可以获得指定的一个或者多个成员国家的商标注册。马德里商标注册是较为便利的商标注册模式，因为目前马德里国际商标体系的覆盖国已经超过了 70 个。第三种是通过非洲知识产权组织进行商标注册。由于非洲知识产权组织的成员国并没有自己独立的商标制度，只能向非洲知识产权组织申请统一商标注册。最后一种是通过欧盟商标注册。这主要是针对并未参加马德里协定的欧盟成员国，选择欧盟注册模式，商标注册成功后就会在所有欧盟成员国获得相应的保护。同时，通过欧盟商标注册所需的注册费和续展费也相对较低。

　　国内涉外企业从事商标运营过程中要选择适合自身的商标注册模式，不能盲从。首先，企业需要确定进行商标注册的目标国家，排除没有必要注册的国家，对已经打开市场的目标国家和有可能涉及的国家及时进行商标注册。其次，企业应当熟悉目标国的商标法律，结合自身的经济实力选择效益最大的商标注册模式。可见，仅仅有商标国际注册意识还远远不够，为了防止商标被恶意抢注，企业更需要有自己的商标国际注册运营方案。

　　第三，积极主动申请驰名商标的认定十分必要。目前，世界各国对于驰名商标的保护在一定程度上突破了商标的地域性限制，驰名商标的海外维权成功案例相较于普通商标要多。根据《巴黎公约》的规定，各成员国应在本国法律允许的条件下，依法对商标注册国或使用国主管机关认定的在该国已经驰名的商标予以保护，不论该商标是否注册，都应加以保护。上海冠生园集团为了使其商标能够在国外得到更大程度的保护，就十分重视驰名商标的认定，其同时拥有的两个中国驰名商标，即"大白兔"奶糖商标和"冠生园"食品商标，成为企业"走出去"的有力支撑。"蝴蝶"缝纫机商品商标在印度尼西亚被恶意抢注，当地法院还曾经有判决我国出口"蝴蝶"商标商品侵权的案例。为维护自己的权益，上海协昌缝纫机厂申请商标主管机构于1989年认定其"蝴蝶"缝纫机商品商标为驰名商标，并以此认定有效支持了其在印度尼西亚的反抢注行动。不难发现，驰名商标的认定对于国内企业对抗外商抢注、维护自身商标权益有着重大意义。企业应当积极主动地申请驰名商标的认定，即便真的出现商标被抢注行为，企业仍可以依据相关国际公约中驰名商标的特殊保护规定进行商标海外维权。

　　第四，企业应当建立科学的域外商标监测体系。我国企业在预防、应对域外商标抢注的问题上，比较重视商标被抢注之后的救济，而忽略了事前的风险防范。建立一个完整的商标监测体系，是防患于未然的关键环节，其中的反抢注监测是指通过委托专业商标代理机构进行海外市场实时监控，及时搜集侵权信息，而得以及时应对商标抢注的措施。[①] 商标在一个国家进行确权，往往都会有一个公示，因此我国企业应该定期对目标国进行商标监测。当然，企业也可以选择让当地的商标代理机构代为监测，以便及时了解企业商标在目标国的安全程度。如果发现商标被外商抢注，就可以在异议期内向该国商标局提出异议申请，从而能够防止商标被外商抢注成功。同时，企业在商标监测过程中，需要了解目标国有关异议期的法律规定，抓住商标初审公示的异议期及时提出异议。商标监测是企业获取商标是否在国外被注册信息的重要途径，只有发现自身商标在目标国被他人注册才能采取措施进行阻止。同时，与企业采取跨国诉讼进行维权相比，通过商标监测的方式进行商标维护优势颇多。海外诉讼维权不仅经济花费较大，而且就算胜诉也只能起到一次维权成功的作用；而通过商标监测进行维权是企业开发国际市场的一种长期战略，不仅能有效对抗商标抢注，还可以提高企业的知识产权国际保护力度。因此，建立完整的目标国商标运营监测系统对预防商标域外风险意义重大。

（四）注重知识产权运营开发和"匠才"的培养

1. 运营开发知识产权交易价值

对专利运营而言，专利能否在交易市场"大放异彩"是运营风险防控成功的要素。例如，苹果公司的手机界面功能模块，作为一

---

① 参见虞海升：《商品未动　商标先行》，《法律风险观察》2007年第6期。

项技术含量不高的外观设计专利，其本身的技术价值并不高，但苹果公司对其专利的运营比较成功，数亿手机用户依赖于该操作界面，使其商业价值远远高于技术价值。

同时，知识产权运营是提升知识产权交易水平的系列过程。以商标运营为例。首先，在同一领域内的商标运营中，通过对同一领域内的商标进行兼并收购，以获取同行业竞争优势和扩大市场份额；通过商标的许可扩大市场范围打入新市场，吸收地区性商标作为驰名商标的子商标，实现企业运营区域的突破和结构的升级。譬如：可口可乐公司通过商标许可使用，实现了在世界范围内的不断扩张，形成了其不可估量的品牌价值；我国的吉利汽车通过收购沃尔沃品牌，一举突破了国际市场，实现了企业结构的升级，增加了品牌价值。其次，对于不同生产经营阶段甚至不同领域的企业商标运营，通过对上下游产业兼并收购完成商标积累，形成驰名商标的统治地位，达到控制生产成本、建立竞争优势的目的。其中，两个或两个以上相互之间没有行业交集、分属不同领域的企业之间进行的商标交易，通过混合商标扩张满足了现代企业集团跨行业扩张的要求，其主要目的是为了拓展其产业机构，实现集团化、规模化的战略目标。

2. 潜心对知识产权运营匠才的培养和发掘

知识产权运营布局与方案的实施，离不开知识产权运营专业人才，这些匠才是实现知识产权升值的催化剂。客观上来说，知识产权运营的"匠才"需要兼备专家的视角和技工的动手能力，主要包括以下五类：第一，技术型匠才。其不仅精通某领域技术，还具有敏锐的市场洞察力，复合知识背景使其对专利需求市场有精准判断，从而为专利市场推广指明方向。第二，应急型匠才。专利运营风险丛生，种类多样，需要法律、金融等领域专家控制研发经费投入强度和预警防御风险。第三，谈判型匠才。专利权的财产价值难以固定，因此专利交易的价格便成为双方的聚焦点。各方难以认同对方提供的专利价格形成依据，且专利价格的形成掺杂主观因素，因此急需谈判专家予以协调。第四，IT 型匠才。在信息技术时代，专利运营倾向于"互联网＋"的线上、线下结合模式，如 ICAP 将拍卖信息进行网上公示，IT 人才成为线上平台维护、技术推广的中坚力量。第五，管理型匠才。专利作为企业的战略资源，也是管理的对象，尤其是其涉及的主体、市场活动等繁多，需要管理专家对此"条分缕析"和"同构协调"。

从长远角度看，作为市场主体的企业要从事国际化和市场化的专利运营，就需要专业人才的有效运作。在企业内部强化人力培训，健全知识产权运营主体国际化视野下的人才培养机制的重要性不言而喻。

三、融合共建中国自主的知识产权运营服务体系

当下是我国基于发展理念强化知识产权运营的历史时期，中美贸易摩擦及其系列协议实为以知识产权为利器的科技战过程，协议停止不了竞争的常态。其实，这一点早在思科诉华为案和近年来的中德高铁声屏障专利案中已显露端倪。伴随科技战的国际化，高科技竞争导致世界范围内的知识产权非理性运营现象愈演愈烈，会威胁社会公众利益，一定程度阻碍可持续创新，限制国内外公平竞争。维护国家利益，依法防控科技竞争中的风险，是知识产权运营的应有之义。

对此，我国发布的《深入实施国家知识产权战略行动计划
(2014—2020年)》强化了知识产权运用和保护的协调发展，使得
知识产权领域尤其是专利运营体系得以全面建设。虽然当前专利
的商业化运营活动正日益增多，对专利交易等运营环节的保护水平
正在提高，但是相关的专利运营服务平台建设仍处于起步阶段，且
专利联盟的建设质量及企业应对海外专利风险的运营能力仍有待
提升。对此，笔者建议逐步设计、构建国家知识产权运营体系。在
全球视野下，自主知识产权乃国家间竞争的制高点。针对我国不同
知识产权产业类型，通过多元途径实现知识产权密集型产业结构
调整，才能更有效地激励和保护社会创新。基于发展权的融合共
建的中国自主知识产权运营服务体系框架的建设，其意义既现实也
重大。

我国知识产权运营服务体系落地建设应该是跨部门的齐抓共
建，包括但不限于国家知识产权局、财政部、教育部、科技部、工信
部、国资委、中科院以及中央军委装备发展部等多个部门。在建设
内容上，主要涉及运营服务平台的建设和完善、鼓励创建国家专利
联盟、完善和用好军民融合特色的知识产权运营平台、知识产权资
产交易体系的健全、知识产权滥用监管的职能构建、海外知识产权
运营的能力倡导，以及知识产权运营争议多元化解决机制的强化等
七个层面。

（一）政府导向上鼓励专利运营服务平台建设

海外对于平台建设已拥有诸多颇具建设性意义的成果，例如
美国、德国在知识产权运营平台建设和规制上的做法比较成熟。德
国的平台是纯公益性质，这种公益的特性决定了企业了解知识产
权信息的免费性；在区域布局上，平台在每个州设立分站，不仅承

担了技术转移，也研究科技战略。[①] 对此，我国可以充分借鉴PPP（Public-Private-Partnership）的政府与社会资本合作模式，[②] 此种模式下政府在国家专利运营平台建设中起主导作用，提高了企业的政策导向运营能力与安全防范运营能力；辅以企业提供服务，又在宏观主体保障的基础上增加了创新能力，对增强产业安全将有所提升。具体建议有三：

一是建议政府职能部门加大对重点领域核心专利运营及其平台建设的财政支持力度。在专利运营投入总量上，逐步增加政府R&D（研发经费）投入、专利保护及管理经费投入、核心技术研发环节等投入[③]；在投入构成上，增加基础性研究的投入，以协调基础性和原创性技术开发之间的比重，激励创造形成科技含量高、权利稳定性高、市场竞争力高的高水平专利技术。同时，促进重点领域的专利技术改造，在经济欠发达的省市或地区引导和支持传统产业领域的企业，以获取自主专利权为目标，开展技术改造和技术引进消化吸收模式下的自主知识产权再创造活动；在长三角、珠三角等经济发达地区加强对生物技术、信息技术、新材料和医药等高新技术领域专利权状况及其发展趋势的研究、分析和预测，强化重点领域专利技术生产、研究合作，促进专利密集型产业产出集群效应之形成；引导和支持开展以获取基础发明专利、组合发明专利为目标的高新技术领域研发活动，扩大知识产权运营的市场范围。

---

① 参见赛音托娅、葛囡囡：《产学研结合：中小企业的知识产权发展平台》，《中国知识产权报》2011年7月27日。

② 参见张冬、尹若凝：《专利运营风险与法律控制》，《学术交流》2016年第1期。

③ 参见唐恒、朱宇编著：《区域知识产权战略的实施与评价——江苏之实践与探索》，知识产权出版社2011年版，第77页。

二是加强对知识产权运营服务机构的扶持力度，并加大行业监管力度。通过资金支持和政策引导，在全国范围内（尤其是经济发达地区）建立不同类型的以专利为中心的知识产权运营中介服务机构，为企业提供全面产业信息，开展出口咨询，提供市场战略研究、计划制订、出口法律服务等业务；扶持和指导知识产权服务机构立足于自身特色，向国际标准、专业化看齐，推动基础好、发展潜力大的知识产权服务机构牵头设立专利集团服务公司；鼓励知识产权服务机构建立专利服务联盟，汇集特色的专业化专利服务机构，形成优势互补；探索建立企业与专利中介服务机构合作的长效机制。针对服务机构的管理，国家实行统一的宏观政策，由省级知识产权管理部门会同知识产权行业协会结合地区、行业发展的实际情况，制定具有可操作性的评价标准，将对专利管理机关、代理机构、代理人等的评价标准予以公开化、透明化，推动其市场化进程；同时，加大对专利服务机构和人员违法从事专利代理业务的处罚力度，规范知识产权中介服务市场。

三是搭建重点产业专利预警机制和知识产权运营交易信息平台。鼓励支柱产业协会组织完善、更新专利数据库和文献检索平台及预警应急数据库，譬如 IP 数据库、WTO/TBT 技术标准数据库和 IIPM 管理数据库等，掌握行业技术发展动向，强化市场主体对全球专利信息的汇总、分析及运用能力。对涉及重点领域的国内外专利状况，进行国内外专利分布状况、竞争态势及其发展趋势和对我国产业发展影响的研究分析，做出前瞻性的研究分析报告或预警报告，并通过适当渠道发布，为相关政府主管部门编制科技计划项目指南、科研机构和企业开展新产品研制等提供有价值的参考。同时，为提升保护和管理专利的效率、及时对重大专利项目成果转化情况予以反馈，应建立专利管理部门同企业的沟通机制，保障企业等主体可及时反馈相应信息；可借鉴参考日本经验，设立专利局直通线路，同时，保障企业等主体的知情权，及时发布内部、网站信息等[①]。

譬如，建立有资信的全国专利交易信息平台。进一步明晰《专利法》中有关信息披露制度的权责，并制定相应实施细则。明确在专利交易前须进行信息披露，首先是专利交易主体的准确信息，包括交易各方的工商登记信息、经营现状、资质证明等；其次是交易对象信息，即项目资金利用状况、人才资源、经营管理模式、资产评估、盈亏分析等交易对象相关的限制性条件信息。如此既有利于强化专利交易的安全程度，也有利于通过信用制度规范交易市场秩序。此外，应支持鼓励创建依法注册的、有资质的、持续的、行业权威性的专利交易信息平台，结合自愿披露原则，将上述披露的专利交易相关信息予以公布，同时提供信息查询、发布、置换、更新等服务；在资源共享的前提下，增加信用评价功能，通过对搜集的专利交易相关信息进行整合，将提供虚假信息、虚假评估、虚假服务等的主体或机构列入黑名单，以平台的监测功能及时查处扰乱交易市场的恶意主体。

再如，可以扶持审慎创建知识产权运营发展基金投融资平台。该平台应以公益性为主，由国家知识产权局主办，下设申请资格审核机构，平台资金来源于财政拨款，并可以独立自主使用。如果主体需要获得平台的资金支持，应先提出申请，由国家知识产权局下设的申请资格审核机构，会同与申请者无利害关系的律师事务所、

---

① 参见王瑜、王晓丰：《公司知识产权管理》，法律出版社 2007 年版，第 307 页。

会计师事务所和申请者所在的行业代表进行审查。通过审查的申请主体，在申请资助的年限内，每年都可以获得一定额度的资金支持。申请主体获利后，按照申请时与平台约定的比例，每年向平台支付一笔资金，该笔资金将作为平台资助其他主体资金中的一部分。

显然，资金支持应当贯穿于知识产权运营的全过程，具体体现在知识产权培育、知识产权业务需求，以及知识产权法律争议三大环节。由发展基金投融资平台为被诉企业承担一定额度的侵权赔偿费用，由知识产权运营服务平台为被诉企业提供专业的律师团队，这样可以免去企业的后顾之忧，使企业大胆维权，专心于知识产权运营，同时能够有效地限制滥诉行为。

（二）鼓励创建国家专利运营联盟

鼓励支持创建技术标准化下的综合性专利产业运营联盟。在新的国际竞争情势下，国内技术标准发展相对滞后、总体水平偏低的现状使我国企业在高新技术领域国际化的知识产权竞争中比较被动。在企业自身不断提高其专利技术标准战略意识、健全技术标准机构的同时，政府职能部门也应在宏观政策、行业协会、产业联盟等方面给予切实支持。

其一，助力市场主体建设专利技术产业联盟。要有充足的实力面对国外企业技术标准和专利技术的竞争优势，国内企业应以行业为基础，组建业界专利技术产业联盟；究其原因，任何单一经济运营体均无法同时掌控其行业技术要素体系。就技术标准产生条件而言，涵盖了技术革新、主体市场运营等一系列要素。鉴于此，我国企业以产业联盟的模式共同开发行业核心技术及其技术标准，可以在互补中充分利用企业各自的优势技术与开发资源，打破相关行业的封锁。

伴随高科技的发展,专利丛林出现了专利由不同主体联合持有的现状。为了最大限度地实现企业利益,跨国公司多将专利打包,自设专利许可行为模式,表现为垄断模式。因此,及时了解专利技术现状着实重要,政府应当战略性地支持开展知识产权战略和公共政策研究,为企业提供咨询等服务。[①] 无论是以战略眼光一览全局还是以企业微观角度关注市场,政府无疑都是平台建设的核心力量。单独专利的竞争空间往往不如专利集群巨大,专利集群即形成专利联盟,以相关专利技术为纽带。[②] 出于利益保护需要,即使像苹果、摩托罗拉、飞利浦这样的大型智能手机企业,也是高智发明公司的股东,可见加入反专利滥用联盟的必要性。高科技企业专利数量庞大,应在政策引导下构建专利池保护联合防御机制。[③] 相较于大企业,联合防御机制对于规模较小的智能手机企业的专利安全运营尤为重要。小企业发展规模小、经济基础薄弱、技术水平不高,很容易成为脆弱的被攻击对象。

以手机产业为例,在合规的前提下,为防范安全运营风险,我国科技企业同样需要加强联合,互相帮助。例如,小米等专利较少的企业,可以给予华为、中兴等专利大户适当的经济补偿,[④] 在大型

---

① 参见黄鹏飞:《基于专利运营的知识产权公共服务平台建设的建议》,《情报探索》2016 年第 8 期。

② 参见尹若凝:《我国高新技术企业专利风险及对策分析》,《法制与社会》2015 年第 1 期。

③ Richard J,Gilbert, Ties that Bind:Policies to Promote (Good) Patent Pools, *Antitrust Law Journal*,2010 (1).

④ 参见赵丽敏、刘鹏:《智能手机企业遭遇国际专利壁垒的现状与对策》,《对外经贸实务》2015 年第 2 期。

企业的帮助下，提高自身防御外来安全隐患的能力。我国专利运营基金已经设立，其参与者就有以小米为代表的智能手机企业，相信其在专利储备上能有更好的发展。在此基础之上，联盟成员可共同为联盟整体核心利益服务，针对联盟外成员侵犯联盟内智能手机专利权的行为发起侵权之诉，以期获得赔款或专利许可。

其二，重视专利确权，加快市场主体之专利国际化运营。国内市场主体拓展全球市场的重要发展路径为专利国际化运营，因此，企业应拥有自主创新能力，在国内外相关行业和产品领域保持相当的专利数量，否则，将无法防止相同产品在别国被仿制，或被同行业对手获得专利权，进而导致主体全球竞争力被极大削弱。政府应助力各市场主体专利国际化运营并促进其策略应用，在过程中渗透标准战略意识，关注竞争主体相似产品的国际标准趋势[1]，对比自己的产品与国际标准的差异。

（三）完善和用好国防知识产权运营平台

根据国务院印发的《2018年深入实施国家知识产权战略 加快建设知识产权强国推进计划》中提出的深化知识产权"放管服"改革，要推进知识产权领域军民融合改革试点，在有关试点地区委托下放国防专利申请受理、实施备案和转让审批等职能，逐步放开国防专利代理服务行业。完善国防知识产权信息平台，完成国防专利的标准数据加工，完成国防专利电子申请系统等应用系统开发和部署，开展国防关键技术领域专利分析，分类建设国防相关领域知识产权信息资源库，建设和完善国防科技工业领域知识产权信息系统，形成国防科技工业领域专利技术分类体系。促进军转民和民参

---

[1] 冯晓青：《企业知识产权战略》（第3版），知识产权出版社2005年版，第193页。

军,相关职能部门加强知识产权运营交易平台的建设势在必行。

首先,建议激活国防专利平台参与度,调整、细化利益分配标准。当专利权涉及国家重大安全利益时,国防专利权归国家所有;承包商拥有非独占的、可被撤销的、免费使用的许可证。当专利权仅涉及一般国家安全利益时,可遵照合同优先的原则予以约定。当专利权不涉及国家安全利益时,应当将产权赋予研发者,以激励更多企业或机构参与国防科技创新;国家拥有指定其他承包商为国防目的免费使用的权利,对保密、解密、实施转让和优先使用等的审批权以及介入权。同时,在保障国防安全的前提下,理顺国防专利与普通专利的转换机制,制定有利于交易流通和成果转化的国防专利解密制度,研究解决解密后国防专利与普通专利的权利冲突问题。

在多元化的、灵活的、复合型国防专利产权结构基础上,进一步完善国防专利运营利益分配机制,明确专利权人、发明人和运营单位各方收益原则,鼓励产业界、高校院所和军方研究人员进行合作,突破关键技术。可借鉴一般性专利转让、许可、质押融资、技术入股和股权奖励等市场经济环境下的成熟机制,在国家安全利益优先的前提下,按照合同自治的原则,确定参与各方的利益共享。知识产权制度应当遵循交易成本最低化的原则,调整信息生产者、传播者、使用者的权利配置关系,促进文化发展和推动社会进步的效益最优。

其次,建议健全评估交易平台。在保证国家安全的前提下,本着推进国防知识产权商业化运营并预防滥用的目标,可以考虑创建有效、规范的国防知识产权运营民用化评估机制,健全国防知识产权价值评价体系和设置专业的评估机构,进而尝试创设国防知识产权运营交易制度、交易平台和交易市场。

（四）扶持健全知识产权资产交易体系

伴随着全球信用制度和股份制度的发展，发达国家早在19世纪就出现了无形资产的评估业务。在美国，对专利等无形资产的价值评估活动，广泛存在于高新技术产业以及企业经营、技术转移、法律诉讼、公司兼并等经济活动中，其专利资产的价值评估遵循完全市场化原则，可由专利被许可方和授权许可方充分协商确定，也可通过评估机构为买卖双方进行评估，这些评估机构主要包括美国评估师协会（ASA）、国际咨询师评估师分析师联合会（IACVA）、美国企业价值评估师协会（IBA）等，此外，一部分IP专业律师、RMA成员与经济咨询公司也介入了专利的价值评估服务。评估的标准则是《美国价值评估行业统一操作标准》《企业价值评估标准》《企业并购与相应损失的测试》《价值评估服务准则公告》等。此外，行业组织对从事专利价值评估人员的资质要求、专利价值评估人员的能力框架与知识结构，以及专利价值评估人员的培训和管理等方面也有独特的要求体系。

在韩国，其依据《科学技术革新特别法》设立了国家科学技术委员会（NSTC），作为非常设、关涉科技之最高审议、调整政策机构，同该国贸易、工业与能源部和信息与通信部等辅助下的工业技术政策研究所（ITEP）等机构，周期性地开展技术调研及市场预测工作；同时，韩国科学与工程基金会（KOSEF）和韩国科学技术评价院（KISTEP），依据《科学技术革新特别法》对国内及进出口的专利技术进行价值评估。

在日本，其颁布了《关于利用科学振兴经费的基本方针》《研究评估指南》《科学技术基本法》等法律文件，并建立了较为完善的价值评估体系，避免资源配置失衡，促进科技成果的产业化发展，同时通过科学技术的年度计划改善科技活动的环境，利用市场化手段提高专利成果转化之能力。日本早在 1997 年的《国家研究开发评估实施办法大纲指南》中就明确了价值评估的客体、目标、周期、评估方法及相应结果等操作流程，并将研究开发的课题和机构的评估囊括其中。[①]

我国可以合理借鉴美、日、韩等国家专利资产化运营管理的经验，通过顶层设计和组织完善，健全知识产权资产交易体系，包括质押市场、信息披露体系等，以期在科学运营中提升知识产权的竞争价值。

1. 规范专利质押市场行为

专利作为一种财产权利，还未成为主流的融资手段，专利质押融资的实践步履维艰。建议完善专利权质押登记制度。一是规范统一登记机关，健全专利权质押登记的法律法规；二是确立登记事项和程序的可操作性，除立足于知识产权质权本身外，更应注重相关细则、规范的可操作性。

2. 健全专利运营信息披露制度

首先，健全专利申请人信息披露制度。在对专利申请进行审查时，专利申请人与专利审查人所掌握的专利信息具有差异性，且专利申请人理应对专利相关信息了解得最为全面，因此应当明确规定专利申请人负有对现有专利信息进行披露的义务。这也是美国专利审查制度的重要内容，而我国专利法并未对此作出强制性规定，仅在《专利法》第 36 条作了原则性规定，指出专利申请人在实质审查时负有提交相关材料的义务，但并未规定违反此义务的法律后

---

① 参见肖利、乐慧兰:《迈向新世纪的日本科技评估》,《科学对社会的影响》2002 年第 2 期。

果。若将其此义务上升至强制性规定，将对劣质专利起到有效的控制作用。

信息披露的主体包括专利代理人在内，应当在请求专利实质审查时，以书面形式提交所需技术相关信息；所披露的信息应当具有关联性、关键性。若专利申请主体积极履行披露义务，可以给予缩短审查期限等奖励；若未完全履行披露义务，可以根据过错责任原则对其课以惩罚措施，如义务人存在主观过错，可以限制其专利权行使。此外，应当由义务人承担过错认定的举证责任。

其次，完善专利交易信息披露制度。专利权的财产价值通过专利交易行为实现，专利交易中潜存专利权属不明晰等风险，专利申请人信息披露可由专利审查人员予以监督，而专利交易信息披露缺少监督机构；为保障专利交易行为，可应用专利申请人信息披露义务原则，建立专利交易信息披露制度。例如，日本依据《知识产权信息披露指南》设置了较为完善的制度框架，包括信息披露范围、流程、审核机制，并以官方专利交易信息披露平台作为辅助。本书对我国专利交易信息披露制度建设的具体建议有三：

一是由相关部门借助"互联网＋"，搭建专利交易信息披露平台。此平台的基础功能为发布、查询、置换、更新专利交易信息；为监督专利交易披露义务的履行，附加专利交易主体之信用评价、黑名单等惩罚性功能，如将提供虚假交易信息的主体列入黑名单，并定期在平台上予以公布。

二是明晰专利交易信息披露的范围和违反制度的民事责任。交易信息包括交易主体的信息和交易对象信息。前者包括交易主体的工商登记信息、交易资质、公司资本等信息，后者包括专利权属、专利权的财产价值评估情况、项目资金等信息。同时加强对违反专利交易信息披露义务行为的监管。专利交易信息披露实质上是对市场行为的一种监督，对其的违反并未严重损害社会某一法益，因此无须用刑法予以规制。此外，也不适于用行政手段予以规制，因为专利交易双方为平等主体。实践中，对于平等交易双方中一方未完全履行义务的，采用民事责任予以规制，如损害赔偿等。政府在监管过程中，可以考虑组织创设监督主体"专利交易协会"，形同律师协会等进行行业监督。

三是规定具有可操作性的专利信息披露执行办法。我国的《信息披露内容与格式准则》对专利披露制度有宏观及零散的规定，尚缺乏可操作性。我们可以借鉴日本于 21 世纪初颁布的《知识产权信息披露指南》①，整理专利运营执行信息；充分考虑披露制度的严密性（即明确的信息披露范畴）、规范性（明确的信息披露流程及审核机制）和及时性（完善官方专利交易信息平台及数据库），以制定符合实践的专利交易信息披露流程及执行办法。

（五）增强知识产权运营监管的政府职能

首先，国家通过行政手段对专利运营滥用进行规制确有必要。以国内智能手机专利运营为例。国内通信产业的知识产权运营中，一直存在着同行跨国公司的竞争，作为全球通信标准必要专利的集大成者，高通公司对其芯片专利运营中存在的一揽子专利许可收费模式以及差别对待等问题，备受各国关注，欧盟、日本、韩国等政府反垄断执法机构先后对高通公司的上述行为发起过反垄断调查。中国国家发改委于 2015 年对高通公司处以人民币 60.88 亿元（约 9.75 亿美元）的罚款，并要求其改变标准必要专利的收费模式，以

---

① 参见李红：《解析日本知识产权信息披露导引及其对我国的启示》，《图书情报工作》2010 年第 2 期。

及取消不合理的反向授权等附加条件。的确，下游智能手机厂商通过诉讼并不能完全解决标准必要专利的高价垄断行为，且诉讼有可能破坏双方的合作关系。特别是高通的专利运营行为不仅涉及个别智能手机企业，其掌握的芯片专利授权已经触及国家通信产业安全，影响国家通信产业的战略发展利益。此时，国家的行政规制对于智能手机专利安全运营的重要性不言而喻。此外，完善侵权风险的预警机制，对提高专利权行政保护水平也有切实意义。①

美国国际贸易委员会作为独立的准司法性质的联邦机构，根据关税法"337条款"的授权，受理本土企业的申诉或依职权对进口贸易进行调查，对不公平贸易进行制裁。该机构以其准司法程序进行裁决，其审结时间短、救济措施严厉，成为专利权人的重要救济途径之一。一般在专利权人申请书提交后一个月内便开始证据交换，在8—10个月内开庭，在一年半左右就能作出裁决并发布救济措施。美国设置国际贸易委员会的目的无外乎对进口贸易中的不公平行为予以规制，进而保护国家经济安全。知识产权密集型产业涉及产业安全及国家经济安全，面对国外专利权人及持有大量专利的投机机构，单纯的企业诉讼难以解决根本问题。对此，笔者建议对于进口贸易中的不公平行为，我国可以审慎借鉴美国的做法，通过制度性的设计鼓励国内企业制定适应自身发展的知识产权运营布局，② 设置专门的委员会机构，进行贸易调查和行政处罚，不服从决定的可向法院继续主张权利。

其次，国家知识产权运营监管体系有待深入构建。根据《国务

---

① 参见冀瑜、李建民：《试论我国专利侵权纠纷行政处理机制及其完善》，《知识产权》2011年第7期。

② 参见张平、黄贤涛：《我国应对美国337调查现状和对策分析》，《中国高新区》2010年第10期。

院关于机构设置的通知》(国发〔2018〕6号),市场监督管理总局对反垄断局和国家知识产权局进行统一管理,有利于国家知识产权与反垄断部门统一协调执行知识产权运营的行政管理工作。进而,通过立法、司法和执法部门各司其职并三方联动,国家知识产权运营监管综合体系有望切实理顺并深入构建。

(六)政府助力市场主体防范海外知识产权运营风险

伴随着贸易国际化趋势的日益加强,我国企业在国际知识产权贸易及参加、举办展会的过程中,所涉及的海外知识产权运营风险日益增多。政府应当助力"走出去"的国内企业,大力提升知识产权保护意识和运营能力。政府应积极参与国际知识产权运营规则或公约的制定,拓宽全球性交流渠道。[①]

首先,加强有建设性的政府间谈判交流。面对当前发达国家主导知识产权等国际公约制定和制度构建的不利局面,政府应更加积极地通过政府间协议、条约等途径增强对我国企业专利技术发展的保护,为国内市场主体的发展拓宽合作渠道和交易对象。我国已成为多个国际知识产权保护公约的缔约国,但是已签订的大多数国际公约是在发达国家的引导下制定的,未能充分考虑发展中国家的本土情况。值得一提的是,第一个在中国缔结并以中国城市命名的国际知识产权条约——《视听表演北京条约》已于2020年4月28日正式生效。该条约旨在保护著作权运营过程中表演者对其录制或未录制的表演所享有的精神权利和经济权利。我国为该条约的起草发出了中国声音。

其次,倡导提醒企业为"走出去"做好充分准备。一是鉴于海

---

① 参见姜晓燕:《政府在海外知识产权保护中的作用》,《中华商标》2007年第5期。

外专利交易及运营信息对企业"走出去"的重要作用，各级政府应重视倡导我国海外专利信息库的建设，以此为国内企业提供专利制度、信息预警及维权成功案例的指导。二是倡导制定海外专利运营、参展促进战略，鼓励企业的科技创新、资源汇集整合，鼓励建立海外的专利交易保险[①]和专项基金来保障高新技术企业或技术型中小企业的海外诉讼维权。[②]

第三，协助保障国内企业举办展会及境外参展的知识产权安全。展会作为知识产权密集型产业的交流洽谈平台，有利于企业的国际化知识产权运营，但无论作为主办方还是作为参展方，侵权风险仍须防范。就国内企业作为主办方而言，政府应制定相应的知识产权保护规则，在宏观上对展会流程、参展方资质、模糊性的技术和产品等作出可操作性的规定，依托我国现行的"知识产权问责制"、预警机制、专利审查等政策，有关部门共同推进联合现场执法，加强展会期间的监督、检查，依法查处违法行为，保障交易秩序。就国内企业境外参展而言，政府部门可帮助企业对参展国相关的专利信息进行调研，为其提供必要的咨询服务；面对境外的专利侵权指控，企业应判断是否存在展品侵权及标的价值是否过高，必要时可求助于本国政府。

第四，助力企业提高应对海外专利侵权诉讼的主动性。一是倡导企业转变观念，增强应诉意识，在遭遇跨国公司等提出专利诉讼、设置专利陷阱、差别对待时，倡导国内企业应摒弃传统的"厌讼"心

---

①　参见靳晓东：《论我国知识产权保险制度的建立》，《生产力研究》2012 年第 1 期。

②　参见胡平：《企业知识产权海外维权援助问题研究》，《商业文化》2011 年第 10 期。

理,积极应诉,运用策略来对抗竞争对手的专利滥用及恶意诉讼行为。二是提醒企业审慎处理侵权警告函。专利权主体遭遇他方侵害其专利权时,发出警告函或公开信等,虽有利于维护专利权人自身利益,但也存在滥用侵权警告从而妨碍正常的市场竞争、非法掠夺市场份额的可能。企业在收到警告函后,根据最高人民法院《关于审理侵犯专利权纠纷案件应用法律若干问题的解释》,通过专业的侵权对比分析,判定自己所实施行为并未构成侵权时,应及时回复侵权警告函,说明依据和理由,在规定时间内依法向法院提起确认不侵权之诉,以及时摆脱竞争对手的滥诉。如果被警告企业确实存在侵权嫌疑,应慎重评议侵权行为,调查、收集必要的风险应对证据,积极制订多种专利侵权风险应对措施。

(七)强化知识产权运营多元化争议解决机制

全球知识产权制度处于快速发展变化之中,国内在执法、司法等方面需要不断调整适应。为了保障知识产权运营争议妥善解决以优化营商环境,强化以仲裁为代表的多元化争议解决机制,是知识产权运营的需要,更是大势所趋。建议有二:

一是扶持创建更加独立并有国际影响力的知识产权仲裁机构。虽然在我国已经出现了上海知识产权仲裁院、华南高科技和知识产权仲裁中心、青岛知识产权仲裁院及重庆知识产权仲裁院等专业的知识产权仲裁机构,但是仅仅依靠这几家专业仲裁机构尚难以应对现有的知识产权商事争议的庞大数量。而且,我国的知识产权仲裁机构大多依附于当地的仲裁委员会,独立性小、专业性弱。比较国外知识产权仲裁机构的发展现状,可以预见,知识产权仲裁机构对于知识产权争议解决机制的健全,将发挥不可替代的独特作用。

二是探索国防知识产权运营争议解决路径。伴随军转民、民参军项目成果的转化与融合，越来越多的国防专利在解密后可能存在与一般专利的权利冲突问题，尤其是随着民参军合同的增多，相关商事争议增多实属正常，也不容回避。可以探索建立国防专利与一般专利互通的审查制度，适当降低不确定性法律风险。基于上述困境，可以尝试联合构建国防知识产权的多元化争议解决机制。国防知识产权纠纷仲裁解决的优势有二：一是仲裁突出的法律特征与国防专利争议的特点基本符合，尤其是在自愿性、灵活性、保密性和一裁终局等方面。其中，灵活性包括对仲裁地点的自愿选择，譬如国防专利的大型设备商事争议，特殊身份仲裁员就是国防技术专家，可按需选择仲裁地；仲裁的保密性决定了采取不公开审理方式，正满足国防专利的解密难与国家安全需要。二是可仲裁的合同争议范围较广，囊括了国防专利纠纷中大量的特许经营、技术服务、技术转让及技术咨询等军转民、民参军过程中的商事争议等。

第四节　展望我国知识产权运营风险防范的基本建设框架：落地发展权理念

一、发展权理念凸显著作权运营的合理使用制度亟须体系化

数字时代，我国著作权运营建设的首要目标应当是实现技术进步与著作权保护协调发展。随着电子信息技术与知识产权智力成果的相互融合愈发明显与广泛，数字技术犹如一把双刃剑，在促进权利人的智力成果得到愈发广泛的交流、传播与发展的同时，也促

发着更加纷繁复杂的侵权风险。著作权保护制度顺应现实需要也早已突破传统的保护模式和保护范围,但是其宗旨和价值都是通过规范著作权运营发展秩序来保护著作权人的合法权益,同时激励其创作热情,在最大限度地平衡权利人利益与社会公众利益的同时,促进社会文化的繁荣发展。数字时代为著作权的运营与发展带来了挑战,无形的载体虽然便利了作品的传播和交流,但同时也使得著作权人对其智力成果的控制被削弱,著作权法律制度对著作权人权益的保护离不开新技术措施的支持,通过赋予著作权人在作品上使用技术措施保护其著作权的权利便是例证。

同时,数字技术背景下我国著作权运营应当注重各方利益的平衡。在著作权法律制度设计和完善的过程中,对于专有权和社会公众的正当使用权之间矛盾的调和以及利益的平衡,一直是最基本也是最重要的设计指南与指导原则。以"传播权"为核心的现代著作权制度不断冲击着以"复制权"为核心的传统著作权制度,权利个体与社会公众之间的矛盾与冲突也愈发明显和突出。著作权法一方面通过在一定时期内赋予权利人对其智力成果以垄断性的权利,使其获得经济利益以补偿其劳动创造以及对后续的创造行为产生激励;另一方面又通过法定许可使用及合理使用等法律制度来限制其垄断权的扩张,打破著作权人对继续传播与使用其作品的控制与束缚,促进作品社会价值的实现,保障社会公众对社会智力成果接触及使用的权利,促进文化创新和发展。

进而,应当基于平衡发展原则,对著作权法律制度作出适当调整和完善,包括在立法方向上从限制模式向共享模式转变,注重全方位地对权利人利益进行动态保护,保障其经济利益合理实现,同时要促进作品社会价值的实现。

尤其须要注意，知识产权强保护进程中更需要对合理使用制度予以优化，它是实现著作权保护目标的必要保障。基于发展权理念，知识产权权利人和使用人对成果本身应当有序又充分地使用，更需要在社会公众和权利人之间依法划定一个公平的界限，以期实现知识产权的合理运营，而不是将成果待字闺中，否则便谈不上惠益分享。数字时代，权利人对于智力成果的控制已经从传统模式深入到网络模式，社会公众的合理使用空间正受到越来越多的限制，审慎扩大合理使用范围确有必要。

其中，合理使用立法模式的选择——半开放式对于我国具有借鉴意义和可操作性。赋予法官判断被诉行为是否符合合理使用具体情形的权力，如果不符合，法官有权结合合理使用的立法本意予以综合判断。同时，为了适应数字时代对智力成果保护的需求，建议对合理使用情形予以扩充性解释，包括增加非商业用途的线上教育例外等。

二、用发展权释解商标权运营中的共存保护与公平竞争

我国商标运营体系的建设，需要依赖绿色营商环境和智能服务机制的两翼同飞。一方面，本土企业本着工匠精神要树立对自主品牌的自信，积极进行商标运营创建驰名商标，建立企业商标预警制度，积极应对商标侵权行为，勇于通过行政执法和司法程序寻求救济，维护商标的合法权益。本土企业商标的日益规范化、流程化和国际化，能够有效降低商标运营的人为失误及风险。另一方面，全社会应联手创建完整的本土商标管理体系，优化对注册、评估、使用等驰名商标运营各个阶段的强保护，以期构建将自主品牌视为时

尚的社会风尚。

显然，国际竞争愈演愈烈的情势下，国际商标权运营争议的焦点正集中在国际驰名商标保护的问题上，而知识产权强国建设的一个标志，就是建设出国际驰名商标保护的机制。我国确需根据发展权保护理念，审慎构建我国注册驰名商标保护体系。一是区分被侵害的商标是否为驰名商标。对于非驰名商标，采用注册商标同类禁止混淆制度；对于高度驰名的商标，即使他人跨商品或服务类别使用商标的行为不会导致消费者对商标来源产生误认以及对二者经营关系产生混淆，根据注册商标跨类反淡化保护制度，也可以禁止他人可能使商标与商品或服务之间特定联系削弱以及贬损商标声誉的使用行为；对于普通的驰名商标，根据注册商标跨类禁止混淆制度，禁止他人跨商品或服务类别混淆性使用该注册商标。二是坚持"因需认定"的驰名商标认定原则。只有当不认定驰名商标就无法充分保护权利人的权利时，才认定权利人享有的是否为驰名商标，否则就以其他方式保护权利人。

这里，谨以企业商标运营体系建设为例。本土企业商标建设可以考虑采取选择、注册、管理、应诉全阶段的保护布局。其一，注重商标选择阶段的保护。商标是公众识别产品或服务的标志，选择一个有内涵、有深度、容易被消费者记住的商标，意味着商标的保护已经成功了一半。一是选择具有显著性特征的商标。商标的显著性是商标彼此区分的基础，商标特征越明显，越会给人留下深刻的印象，将来在成为驰名商标后被淡化的可能性才会越小。二是不选《商标法》禁止注册的标志。禁止注册的往往是属于国际组织和国家的相关标志或是一些带有歧视性、不符合道德规范的文字或图形。三是避免选择已存在合法权利的商标。他人已经在先取得合法权利的商标、名称等受到法律保护，在商标选择前，应做好调查以避免重复。四是选择具有文化内涵的商标。现代企业营销是对企业文化的营销，当前经济属于知识经济，一个有着文化内涵的商标，符合当前消费者的消费观念和心理。

其二，提升对商标注册阶段的保护能力。针对目前商标抢注、假冒等行为猖獗的现象，商标注册阶段的保护，可采取以下措施：一是先申请后使用。目前市场上恶意抢注未注册商标或是国外发生的恶意抢注驰名商标的情况，应当引起我们足够的重视，在商标投入使用之前，先申请注册，避免因被抢注而使我们发生侵权风险或是造成财产损失。二是对商标、商号和域名进行一体注册。目前我国商标、商号、域名的注册存在冲突的现象比较突出，为避免今后产生纠纷，同时也为了保护三者的注册利益，企业在就某一项权利进行注册时，应同时就其他两项权利一起申请注册。三是根据企业发展布局，提前进行国际注册。我国目前正处于经济转型时期，转型后的企业随着资本和技术实力的增长，必然会积极参与国际竞争，针对国外对我国驰名商标恶意抢注的现象，我国企业应提前布局，提前通过《马德里协定》或其他国际协议进行商标注册，避免被抢注现象的发生。

其三，坚持商标管理阶段的持续优化。商标管理阶段是通过商标综合运营带来商标价值变化的阶段，在该阶段，企业应当充分认识商标的价值，对商标的运用应当由商业化运营模式进入资本运营模式，通过商标资本运营来获取收益，扩大市场竞争范围和扩充资金，实现产业结构由技术型向知识型的转变，实现我国商标品牌推动创新、促进经济发展的目标。一是扩张型商标运用。在商标运营过程中，若是商标具有广阔的发展前景和较强的创新能力，可以选择扩张型运用模式，通过资本运营获得研究发展资金，实现商标价值的不断增长，推动企业走向国际市场，推进我国商标品牌战略的实现。二是收缩型商标运用。针对一些商标因为质量问题或是经营问题导致商标价值不断下降的情形，我们可以通过对商标进行收缩性运营，拆分不良类别的商标、转让无升值价值商标，来保护正常部分的商标不受贬损，从而集中资源投资良性发展商标，带动企业走出困境。

其四，强化商标侵权保护能力。商标侵权的手段日益多元化，商标权人需要保持高度的警惕，对于商标侵权的防御可以从以下两方面入手。一是构建积极的商标防御体系。针对近似商标对企业注册商标的影响，企业在注册商标时可以采取"防御注册""联合注册"等商标群体注册形式，完成商标防御体系的构建，为防止商标侵权和不正当竞争创造有利的外部环境。二是充分调动商标运营主体的积极性，建立商标侵权联动制度，共同维护商标权利。一方面可加强与行业协会的配合。通过行业协会可以获取更多的市场信息，便于收集侵权线索和证据，为今后维权提供帮助。另一方面可加强与执法部门的配合。执法部门对侵权案件通常都是被动性地介入，企业可以发挥自身主动性，调查收集线索，对侵权行为进行举报，配合执法部门介入干预。

三、用发展权理念支撑专利运营探寻利益平衡点的基本框架

构建我国专利运营风险防控的生态圈，建议以专利权的财产价值为核心。专利市场可被分为专利创新市场、专利交易市场，该市场风险丛生，各运营主体采用诸多的专利运营风险防控措施。其

中，专利运营风险防控措施的选择是基础，专利获取能力是前提，专利布局是关键，三者结合发挥专利权的财产价值，而商业网络拓展是将专利权财产价值提升为商业价值的助推器。专利运营风险认定的法律要素应当贯穿于运营全过程，尤其需要从保护发展权的理念出发，建议加快对我国专利滥用规制体系的建设，为权利人和公共领域找到利益平衡点。

　　一方面，应当进一步规范专利侵权诉讼行为。首先，专利权滥用的系统规定急需完善。在我国知识产权运营稳步发展进程中，《专利法》需要对滥用现象予以进一步规制，在立法和司法解释中针对专利权滥用的规制作出更为详实的规定，以创设更加优质的营商环境和竞争市场。其次，要提升专利侵权诉讼主体的门槛，规定更严格的立案条件，直接减少知识产权运营中的滥诉现象。我国现有提起专利侵权诉讼的主体包括专利利害关系人，导致大量的 NPEs 具有了诉讼主体资格，这样的土壤更容易潜存引发恶意诉讼增多的风险，建议审慎而严格地限制专利诉讼主体的资格。

　　另一方面，合理解决民生专利与公众需求之间的冲突。民生专利与发展权利保护息息相关，而民生专利以药品最为突出。一个国家在决定是否实施药品专利强制许可时，不仅要考虑公共健康，还要考虑药品专利链接和首仿药保护制度是否完善。美国只是将药品专利强制许可制度作为降低专利药品价格的谈判手段，而不会轻易在司法实践中予以使用。相对而言，我国的药品专利链接和首仿药制度还不够成熟，国内法律尚未明确规定首仿药概念，在这种环境下运用强制许可制度，容易导致利益失衡。建议我国坚持审慎使用强制许可制度，尽快完善我国的药品专利链接制度和首仿药数据保护制度，必要时作为谈判筹码，可以使用强制许可制度以降低专利药品价格，推动我国仿制药市场的繁荣发展。

不容忽略的是，知识产权运营的中国化建设，离不开竞争法的保驾护航。伴随数字技术措施在互联网产业的推广使用，对于合理使用和滥用规制的知识产权运营争议之审定，越来越多地交叉着《反不正当竞争法》甚至《反垄断法》的基本原则和法律规定。然而，竞争法毕竟有国家之手的干预性功能，增强竞争法对知识产权运营的规制，确需慎重而科学，包括对损害赔偿额的认定时，对私力救济作用的保护。

可见，知识产权运营中国化的进程方兴未艾，中美贸易摩擦引发科技战全球化和时政化的竞争情势，为我国知识产权运营建设提出了新要求。在适应新技术变化而完善知识产权保护立法制度的同时，应当本着保护发展权的理念，深耕著作权、商标权、专利权运营的基本问题，全力平衡私权利与社会公共利益，以期稳步实现本土知识产权运营，促进国家创新发展的可持续性。

基于此，为了国家知识产权运营体系的落地，可以考虑构建全国性的系列服务平台。譬如，我国知识产权运营公共信息服务平台。依托国家专利、商标、著作权等数据库资源，促进地方及国家的知识产权运营公共信息服务平台的深入健全，推动实现我国知识产权商业信息资源的互动共享；呼吁引导科技类企业建立以专利为重点的地图信息分析系统，在研发、出口、诉讼、技术引进等过程中对知识产权信息进行深层次利用。又如，我国知识产权投融资商业化建设平台。加快发展知识产权代理、咨询、评估、转化、交易和法律服务等各类中介服务机构；规范健全知识产权投融资和担保机制。再如，我国知识产权展示和商业交易体系平台，以及我国知识产权行业专家网络在线服务平台，促进为本土企业提供一系列权威咨询及企业人才培训的互联网全程服务平台建设。

综上所述,基于发展权理念的知识产权运营,自始至终贯穿于知识产权的整个动态发展过程,包括战略规划、权属界定、交易流通、投资融资、中介服务和争议解决等环节。实践中,知识产权运营呈现出五大基本特征:一是侧重经济效益,亦追求文化等方面的综合效益。运营主体进行知识产权运营的主要目标是营利,即利用智慧成果获取经济利润,但同时也追求文化、政治等方面的综合效益,知识产权运营是多方获益、共同发展的利益平衡过程。二是注重整体效应。知识产权运营是一个复杂的行为过程,关联诸多环节,涉及各方主体。可以用"木桶效应"分析知识产权运营。三是具有极强的战略性。知识产权运营已从个体的逐利行为,上升到国家间综合国力竞争的高度,战略意义重大。知识产权运营的焦点是未来收益,需要长期的运营、持续的投入和敏锐的眼光。四是注重法律风险的防控。法律风险贯穿于知识产权运营始终,需要时刻警惕,且这种风险多处于潜藏状态,一旦发生往往造成巨大损失,运营主体必须有较强的风险意识。五是需要主体具备较强的综合能力。知识产权运营涉及法律、经济管理和行政管理等多个学科,兼有争议解决和风险预警等能力的复合型人才方能应对。此外,知识产权运营的实质应是充分发挥智慧成果的综合效益,实现效益最大化。进而,知识产权运营的具体原则可以概括为理性运营和市场主导。企业在进行知识产权运营时,要合理兼顾社会公众和同行业其他经营者的正当利益,在兼顾各方利益的基础上创造自身的经济利益。市场是配置资源的最佳手段,根据市场反馈来规划运营,同时辅以行政等必要的手段,才能充分实现智慧成果的价值。

可以预见,科技战的国际化和常态化正在提升知识产权运营的社会功能,而知识产权保护可持续创新的本质不会改变。发展理念下知识产权对私权利与社会公共利益平衡保护的问题将越发突出。① 在创设适合我国本土的知识产权运营框架方案时,发展理念应当贯彻于知识产权运营的全过程。诚然,知识产权中的私权获取并不是该制度创设的最终目的,以运营促发展,才是我国知识产权强国建设的新常态。

---

① 参见张冬:《知识产权运营中国化的建设框架》,《中国社会科学报》2020 年 1 月 3 日。